Das große Startup-Dictionary

Moritz Grumbach

Das große Startup-Dictionary

Von Annual Run Rate bis Zombie Fund: die 1.000 wichtigsten Fachbegriffe und Slangwörter kompakt übersetzt und verständlich erklärt

 Springer Gabler

Moritz Grumbach
DeinStartup.Coach
Augsburg, Deutschland

ISBN 978-3-658-46585-8   ISBN 978-3-658-46586-5 (eBook)
https://doi.org/10.1007/978-3-658-46586-5

Die Deutsche Nationalbibliothek verzeichnet diese Publikation in der Deutschen Nationalbiblio-
grafie; detaillierte bibliografische Daten sind im Internet über https://portal.dnb.de abrufbar.

Springer Gabler ist ein Imprint der eingetragenen Gesellschaft Springer Fachmedien Wiesbaden
GmbH und ist ein Teil von Springer Nature.
Die Anschrift der Gesellschaft ist: Abraham-Lincoln-Str. 46, 65189 Wiesbaden, Germany

Wenn Sie dieses Produkt entsorgen, geben Sie das Papier bitte zum Recycling.

Vorwort

Als ich vor fast genau 20 Jahren als frisch gebackener Wirtschaftsabsolvent in die Arbeitswelt eintrat, wurde mir schnell klar, dass ich an der Uni zwar die Theorie der BWL, nicht aber deren Arbeitsrealität kennengelernt hatte. In meinem ersten Job im Corporate Finance- bzw. M&A-Umfeld hörte ich viele Begriffe und auch Slangwörter zum ersten Mal und suchte nach einem Medium, das einem Neuling wie mir nicht nur die Fachbegriffe, sondern auch die bisweilen sehr flapsige Alltagssprache im Investment Banking erklärte.

Ich fand es schließlich in einem – mittlerweile vergriffenen – kleinen Büchlein mit dem vielsagenden Titel „The Book of Jargon" (herausgegeben von der US-amerikanischen Großkanzlei Latham & Watkins), das mir, wenn auch auf Englisch, nicht nur Fachtermini wie „Leverage" verständlich machte, sondern auch Slang- und Fantasiebegriffe wie „Haircuts" und „Magic Roundabouts" erklärte. Ich schwor mir, diese „Geheimsprache" irgendwann auch für deutsche Berufseinsteiger nutzbar zu machen, und als ich dann als Startup-Gründer abermals mit einem Hurrikan aus neuen Begriffen konfrontiert wurde, fing ich an, diese systematisch zu notieren und mit entsprechenden Übersetzungen bzw. Erläuterungen zu versehen.

Ergebnis ist dieses Buch, das nun weit über 1000 Fachbegriffe und Slangwörter aus der Startup-Welt enthält und diese kompakt und – wie ich hoffe – verständlich erklärt. Der Bogen spannt sich dabei vom Bereich „Finance, Accounting & Law" über „Marketing & Product Development" bis hin zum Fundraising und allgemeinen Begriffen aus der Startup-Szene.

Ziel dieses Buches ist, dass sich kein frisch gebackener Startup-CEO mehr durch unbekannte Begriffe eingeschüchtert fühlen soll – auch hier wird unabhängig von allen Hypes meist nur mit Wasser gekocht. Aber auch für Freunde und Familie von Gründer*innen ist dieses Buch gedacht, die anschließend hoffentlich mehr verstehen, was ihre Nahestehenden da so treiben. Sollte ich den ein oder anderen wichtigen Begriff vergessen haben, freue ich mich über entsprechende Hinweise.

Mein Dank für dieses Buch gilt meiner Lebensgefährtin Elke Graßmann, „meinen" Professoren an der Technischen Hochschule Augsburg Marcus Labbé und Georg Erdmann, den Klienten in meiner Startup-Beratung, an deren Erfolgen ich täglich teilhaben darf, meiner externen Fachkraft Weiwei Zhang sowie allen Geburtshelfern, Investoren und Advisors meiner eigenen ersten Startups, insbesondere Frank Itterheim und Tobias Fries.

Augsburg, Deutschland   Moritz Grumbach

Wie man dieses Buch nutzt

Dieses Buch ist zusätzlich zu einem Stichwortverzeichnis am Ende, das sämtliche Begriffe und Abkürzungen enthält, in sechs thematische Kapitel aufgeteilt, die jeweils die relevantesten Fachwörter in ihrem Fachgebiet enthalten. Diese Aufteilung macht es möglich, zusätzlich zur Stichwortsuche auch durch einzelne Fachthemen zu blättern, um en passant das eigene Wissen zu erweitern. Während links jeweils der englische Begriff samt Abkürzung steht, findet sich rechts – sofern existent – sein deutsches Pendant. Fett gedruckte Wörter innerhalb der Erklärung verweisen auf weiterführende Erklärungen bzw. Begriffe. Sie sorgen dafür, dass man in diesem Buch parallel zum gezielten Nachschlagen auch „spazieren gehen" kann.

Inhaltsverzeichnis

Finance, Accounting & Law

1

Zusammenfassung

Egal ob Accounts Payable, Sunk Cost oder Unit Economics: Auch wenn die meisten Startups in der Anfangsphase keinen echten CFO brauchen, so zahlt es sich nicht zuletzt im Hinblick auf die eigene Profitabilität bzw. das Finanzamt aus, frühzeitig die jeweiligen Fachwörter aus den Bereichen Finanzwirtschaft und Recht zu kennen. Und spätestens wenn die sehnlichst herbeigewünschte Finanzierung platzt, füllen sich Begriffe wie Cash Burn Rate (CBR) oder Runway für jede*n Gründer*in schnell mit Leben. Denn Startups mögen über eine ganz spezifische Innovationskraft und Arbeitskultur verfügen – aber am Ende ist auch für sie dasselbe Handels-, Bilanzierungs- und Insolvenzrecht wie für „normale" Unternehmen gültig. Es lohnt sich also, die grundlegenden Ausdrücke in diesem Kapitel nicht nur zu überfliegen, sondern zu verstehen – und ab dem Moment, wenn ein Startup die Gewinnschwelle (Break-even) überschritten hat, machen sie auch richtig Spaß.

Acquisition (ACQ)	Übernahme

Unter einer Acquisition, zu Deutsch Akquisition oder Übernahme, wird i. d. R. der Kauf oder Erwerb einer Kontrollmehrheit eines fremden Unternehmens verstanden. Insofern ist abgesehen von Börsengängen (IPOs) jeder Startup-Exit auch eine Akquisition durch einen Erwerber. Da jede Akquisition strategischen Regeln folgt, macht es Sinn, sich entsprechend im Vorfeld schon Gedanken für ein **Exit Window** bzw. über mögliche Kaufmotivationen von potenziellen Erwerbern

zu machen. Diese können z. B. auf bestimmte Technologien, aber auch auf Marktanteile oder „Wettbewerbsglättungen" abzielen.

Acquisition Strategy	Übernahmestrategie

Acquisition Strategies bzw. Übernahmestrategien kommen im Startup-Bereich
vor allem in **Later-Stage**-Phasen zum Tragen, wenn ein **Grown-up** durch Übernahmen in andere Märkte (z. B. im Ausland) eintreten will oder es bestimmte „Assets", z. B. Technologien oder Mitarbeiter gibt, die man durch Übernahmen in das
eigene Unternehmen integrieren will. Manchmal geht es innerhalb solcher Strategien aber einfach nur darum, Wettbewerber „vom Markt zu nehmen", z. B. wenn
kostspielige Werbeschlachten um Marktanteile langfristig verlustbringender sind
als eine Monopolisierung. Nicht wenige Startups haben auch dadurch ihren Exit
erzielt, dass sie größeren Wettbewerbern schlicht „zu lästig" geworden waren und
letztendlich deswegen aufgekauft wurden, um ihre Tätigkeit einzustellen zu können.

Acquisition Value	Anschaffungswert, Akquisitionswert

Der Acquisition Value (Anschaffungswert) bezeichnet den Kaufpreis, der für
den Erwerb eines **Assets** (z. B. Immobilie, Firma) gezahlt wurde, einschließlich
aller Steuern, Gebühren, Abgaben und weiterer Aufwendungen, die für den Erwerb
anfallen.

Acceleration Clause	Vorzeitige Fälligstellungsklausel

Unter einer Acceleration Clause, z. B. in Kreditverträgen, versteht man eine
vertragliche Bedingung (**Covenant**), die den Darlehensgeber beim Eintritt bestimmter Ereignisse berechtigt, das Darlehen vorzeitig samt ausstehender Zinsen
zurückzufordern. Dies kann z. B. eine unterjährig eingetretene Verschlechterung
der Unternehmensbonität sein, aber auch externe Ereignisse wie Naturkatastrophen oder Terroranschläge (s. a. **MAC Clause**), die die Rückzahlung an sich gefährden können.

Accounts Payable (AP)	Verbindlichkeiten aus Lieferung und Leistung (VLL)

Accounts Payable sind ein Begriff aus der Buchhaltung bzw. Bilanzierung und
stehen für Verbindlichkeiten aus Lieferungen und Leistungen (VLL), d. h. Beträge,
die man – salopp formuliert – „Lieferanten schuldet". Damit grenzt man diese Verbindlichkeiten z. B. von Bankverbindlichkeiten ab. Die aktuellen Accounts Paya-

ble sind in Bezug auf die jährlich bezogenen Gesamtleistungen auch ein Indikator dafür, wie schnell man aus bezogenen Lieferantenleistungen Umsätze generieren kann, z. B. im eCommerce, aber auch bei der Herstellung von Produkten. Ziel ist es hier, durch gute Zahlungskonditionen (z. B. 30 Tage ab Lieferung) bereits vor der Fälligkeit der Lieferantenrechnungen entsprechenden Umsatz zu generieren, um das sog. Working Capital entsprechend im Überschuss zu halten.

Accounts Receivable (AR)	Forderungen aus Lieferungen und Leistungen (FLL)

Unter Accounts Receivable versteht man Forderungen aus Lieferungen und Leistungen (**FLL**) – in der Regel sind dies „offene Rechnungen" gegenüber Kunden. Diese Position ist nicht nur wichtig zur Berechnung des Working Capital, sondern dient auch als Indikator dafür, wie schnell Kunden ihre Rechnungen bezahlen. Diese sog. **Days Sales Outstanding** (DSO), also die durchschnittlichen Tage bis zur Rechnungsbegleichung durch den Kunden, erhält man, wenn der durchschnittliche Forderungsbestand mit 360 Tagen multipliziert und dann durch den Jahresumsatz geteilt wird. Ein Beispiel: DSO = (90.000 € Forderungen × 360 Tage)/1.350.000 € Jahresumsatz = 24 Tage. Jede Optimierung dieser Zahl, z. B. durch Skonti, erhöht die Liquidität der Unternehmung und reduziert auch das Insolvenzrisiko.

Accruals	Rückstellungen

Unter Accruals versteht man Rückstellungen, also Bilanzpositionen, die zum Schutz des Unternehmens (und auch seiner Gläubiger!) gebildet werden, wenn Zahlungsverbindlichkeiten erwartet werden, die jedoch noch nicht konkret eingetreten sind. Ein Beispiel: Droht einem Unternehmen eine empfindlicher Schadensersatzzahlung aus einem Prozess, der zum Zeitpunkt der Bilanzierung noch nicht abgeschlossen ist, werden entsprechende Rückstellungen aus „schwebenden Verfahren" gebildet. Auch für zu erwartende Garantiefälle oder nicht eingelöste Gutscheine müssen i. d. R. Rückstellungen gebildet werden, was bei manchen Startups mitunter zu Überraschungen führt.

Accrued Interest	Aufgelaufene Zinsen

Accrued Interest steht für (aufgelaufene) Zinsen, die nicht laufend, sondern z. B. endfällig bezahlt bzw. vergolten werden. Banken z. B. gewähren im Rahmen von Förderkrediten oft gewisse „Schonfristen", bis ein Unternehmen mit den laufenden Zins- und Tilgungszahlungen beginnen muss. Vor allem aber spielen Accrued Interests eine Rolle bei der Vergabe von Wandelkrediten (**Convertible Notes**). Hier „erhöhen" die aufgelaufenen Zinsen im Zuge einer Wandlung in Anteile entsprechend den Wert, zu dem in Anteile getauscht wird.

Acid-Test Ratio (ATR)	Liquidität zweiten Grades

Die ATR-Kennzahl setzt sich zusammen aus dem Verhältnis der flüssigen Mittel und kurzfristigen Forderungen zu den kurzfristigen Verbindlichkeiten eines Unternehmens. Sie zeigt, in welchem Umfang eine Firma in der Lage ist, ihre kurzfristigen Verbindlichkeiten zu bezahlen. Ist das ATR kleiner als 1, heißt das, dass ein Teil der kurzfristigen Verbindlichkeiten nicht durch (kurzfristig) vorhandene flüssige Mittel gedeckt wird. Dadurch kann im Zweifelsfall eine Zahlungsunfähigkeit drohen.

Addendum	-

Als Addendum bezeichnet man im Schrift- oder Vertragswesen nachträglich hinzugefügte Elemente, z. B. kleine Anmerkungen oder Anhänge wie Gesellschafterlisten. Ein gebräuchlicher Ausdruck ist auch der sog. **Annex**, in dem die Überarbeitungen dem Vertrag nachträglich hinzugefügt werden können. Ein Grund kann z. B. sein, dass man sich bei einem Unternehmenskauf bereits über prinzipielle Konditionen einigen möchte und bestimmte offene Entwicklungen als Teil des Addendums nachreicht.

Advisory Board (AB)	Beirat/Beratungsausschuss

Unter einem Advisory Board versteht man ein externes Gremium, das die Geschicke eines Unternehmens bzw. Funds beratend und manchmal auch kontrollierend begleitet. Ein solches Board dient als Ratgeber für das Management und Bindeglied zwischen Firmenleitung und Gesellschaftern. Nicht selten gilt ein prominent besetztes Board, z. B. mit bekannten Business Angels, auch **Signaling**-Zwecken an weitere zukünftige Investoren.

Amortization (AMORT)	Amortisation

Unter Amortisation versteht man einen Prozess bzw. Zeitpunkt, in bzw. zu dem eine anfängliche Investition (z. B. in eine Produktionsanlage) sich durch Rückläufe von Verkaufserlösen (i. d. R. nach Abzug von Material- und Personalkosten) vollständig gegenfinanziert hat. Andere Beispiele für Amortisation sind z. B. Investitionen in Solar- oder Geothermie-Anlagen, die sich dann über geringere Energiekosten über eine bestimmte Laufzeit „amortisieren". Auch bei Immobilien-Investments spricht man von Amortisation in Bezug auf zu erwartende Mieterlöse.

Annual Financial Statement (AFS)	Jahresabschluss

Der Jahresabschluss ist der arithmetische Abschluss eines Geschäftsjahres. Er bestimmt die finanzielle Situation und den Erfolg eines Unternehmens und umfasst den Abschluss der Buchhaltung, die Erstellung von Buchhaltungsunterlagen sowie deren Prüfung, Bestätigung und Veröffentlichung. Ein Jahresabschluss besteht nach Maßgabe des Art. 242 HGB aus einer Bilanz sowie einer Gewinn-und-Verlust-Rechnung, bei Kapitalgesellschaften wird ein Anhang nach Art. 264 HGB eingefügt. Gegebenenfalls wird der Jahresabschluss durch einen Lagebericht ergänzt. Kleine Händler und Freiberufler sind nicht verpflichtet, Jahresabschlüsse zu erstellen; sie erstellen i. d. R. eine Gewinn-und-Verlust-Rechnung.

Annual Growth	Jahreswachstum

Mit Annual Growth wird das jährliche Wachstum eines (Erfolgs-)Parameters in Prozent angegeben – manchmal auch als YoY Growth (Year-over-Year) ausgedrückt. Typische Beispiele sind Umsatz, Kundenstamm oder allgemeine Marktgröße. Soll eine durchschnittliche Wachstumsrate über mehrere Perioden angegeben werden, spricht man von der sog. Compound Annual Growth Rate (CAGR), die ein (theoretisch) gleichmäßiges Wachstum in Prozent zwischen Anfangs- und Endperiode (i. d. R. um die 5 Jahre) angibt.

Annual Recurring Revenue (ARR)	Jährlich wiederkehrender Umsatz

ARR ist eine Abkürzung für Annual Recurring Revenue (jährlich wiederkehrender Umsatz), eine Metrik, die sich aufgrund guter Prognosegrundlagen für SaaS- oder andere Produkte auf Abonnementbasis eignet. Sie errechnet sich aus dem (Annual) **Contract Value**, also den Kosten des Abonnements, der Wachstumsrate (**Growth Rate**) sowie der Kündigungsrate (**Churn Rate**).

Annuity	Annuität

Unter einer Annuity bzw. Annuität (lat. „annus" = Jahr) versteht man einen jährlichen und gleichbleibenden Ertrag, z. B. aus einer Verpachtung. Während im SaaS-Bereich ein **Annual Contract Value** durchaus den Charakter einer Annuität haben kann, spricht man dennoch i. d. R. nur dann von Annuities, wenn dem Ertrag keine operative Arbeit des Erhaltenden gegenübersteht, so z. B. im Kreditbereich.

Anti-Sandbagging Clause	Anti-Vorbehaltsklausel

Unter einer Anti-Sandbagging Clause (dt. „Anti-Vorbehaltsklausel") wird eine Regelung innerhalb eines (Kauf-)Vertrags verstanden, die verhindern soll, dass z. B. der Käufer eines Unternehmen, nach dem Kauf Garantie-, Gewährleistungs- bzw. Schadensersatzforderungen stellt, obwohl ihm der zugrunde liegende Mangel bereits bei Vertragsabschluss bekannt war. Hat hier zuvor eine Due Diligence stattgefunden, wird ein Verkäufer i. d. R. versuchen, solch einen Mangel als bekannt oder zumindest „kennenswert" darzustellen. Auf größere Mängel hingegen muss der Verkäufer nach deutschem Recht aktiv hinweisen und darf sie nicht stillschweigend als bekannt voraussetzen, wenn er nicht aufgrund arglistiger Täuschung selbst zum „Sandsack" werden will (s. a. **Representations and Warranties**, **MAC Clause**).

Dealing at Arm's Length	-

„Dealing at Arm's Length" bedeutet frei übersetzt, ein Geschäft auf Augenhöhe unter gleichberechtigten Partnern nach den üblichen Marktkonditionen auszuhandeln. Im Steuerrecht steht der Ausdruck ferner für den sog. Fremdvergleichsgrundsatz, wonach verbundene Unternehmen Geschäfte zu solchen Konditionen aushandeln müssen, wie sie auf dem freien Markt gelten würden.

Asset	Vermögenswert/Aktiva

Unter einem Asset versteht man in der Bilanz bzw. im Banking einen Wertgegenstand. Dies kann z. B. ein Lager mit Vorräten, aber auch eine Aktie oder eine (wertvolle) Marke sein. Im Startup-Bereich findet man den Ausdruck jedoch vor allem, wenn es darum geht, das wichtigste „Asset" eines Startups selbst zu definieren, also das, worin Investoren letztlich investieren sollen – sei es eine Technologie, eine interessante Marktpositionierung oder das Team.

Asset-backed Securities (ABS)	Forderungsbesicherte Wertpapiere

Das Prinzip der Asset-backed Securities (ABS) besteht einfach ausgedrückt darin, dass Kredite oder kreditähnliche Finanzinstrumente gestückelt und als handelbare Wertpapiere weiterverkauft werden, um Risiken auszulagern und dem Kreditgeber frische Liquidität zuzuführen, während die Käufer weiterhin aus den zugrunde liegenden Forderungen gegenüber dem Kreditnehmer bedient werden. Der Ausdruck „Asset-backed" (dt. „mit Werten hinterlegt") bezieht sich darauf, dass diese Papiere mit entsprechenden Forderungen des ursprünglichen Kreditgebers oder anderen Aktiva (z. B. Vorräten des Kreditnehmers) gedeckt sind. Im Startup-Bereich spricht man daher auch manchmal bei **Venture-Debt**-Finanzierungen von „Asset-backed", wenn mit dem Fremdkapital vorrangig Ware gekauft wird, die im Gegensatz zu Gehaltszahlungen etc. als Besicherung verwendet werden kann.

Assets under Management (AUM)	Verwaltetes Vermögen

Assets under Management (AUM) drückt als finanzielle Kennzahl aus, wie viele (Vermögens-)Anlagen ein Fonds bzw. eine Investment Company verwaltet. Diese Angaben werden in der Geschäftskommunikation oft auch als „Potenzmittel" verwendet, da die AUM nicht nur einen Ausdruck des Anlegervertrauens darstellt, sondern indirekt über die erwartbare **Management Fee** auch Auskunft über die jährlichen Gehälter des Fonds-Managements gibt.

Auditor/Auditing (Company)	Wirtschaftsprüfung (WP)

Unter einem Auditor bzw. einer Auditing Company werden im angelsächsischen Raum meist Wirtschaftsprüfungen klassischer Prägung verstanden. Der Begriff stammt hier vom lateinischen Begriff „audire" (dt. „hören") und meinte ursprünglich einen unabhängigen Gutachter vor einem römischen bzw. mittelalterlichen Gericht. Heute verdienen Auditing Companies nicht nur Geld mit der Erstellung und dem Testat traditioneller Jahresabschlüsse, sie sind vielmehr auch als Berater und Servicer, z. B. bei Finanztransaktionen wie Börsengängen, tätig. Das eigent-

liche „**Audit**" bezieht sich dabei nach wie vor auf unabhängige tiefergehende Prüfungen, z. B. im Rahmen einer **Due Diligence** (s. a. **Data Room**).

Average Revenue per Account (ARPA)	Durchschnittsumsatz pro Account

Average Revenue per Account (ARPA) bezeichnet den durchschnittlichen Umsatz, der pro Kunden-Account pro Jahr oder Monat erzielt wird. Er dient als Indikator für die Fähigkeit, Einnahmen zu generieren und die Ziele zu erreichen. Ähnlich, aber nicht immer gleich ist die gerade für SaaS- und App-Unternehmen extrem wichtige Kennzahl **ARPU** (**Average Revenue per User**) bzw. **ARPPU**
(**Average Revenue per Paying User**), die sich auf den Umsatz pro (zahlendem)
Nutzer bezieht, während ein Account im weitesten Sinne auch mehrere Nutzer umfassen kann.

Balance Sheet (BS)	Bilanz

In einer Bilanz bzw. einem Balance Sheet werden sowohl Vermögenswerte als
auch Schulden einer Unternehmung zu Auskunfts- und Analysezwecken aufgelistet
und gegenübergestellt (lat. bilancia = Waage). Hierbei teilt sich die Bilanz auf in
sog. **Aktiva**, also die Werte, in welchen das Firmenvermögen gebunden ist
(z. B. Bankguthaben, Vorräte, aber auch Forderungen gegenüber Kunden), und die
sog. **Passiva**, welche erklären, woher das Geld für diese Vermögenswerte stammt
(Eigen- und Fremdkapital). Bekanntestes Beispiel ist die Jahresbilanz bzw. Steuer-
bilanz von Kapitalgesellschaften, die regelmäßig im Zuge des Jahresabschlusses erstellt wird. Ausdrücke wie „Sozialbilanz" oder „Umweltbilanz" unterstreichen jedoch, dass es immer Versuche gibt, neben der rein wirtschaftlichen Beurteilung von
Unternehmen auch weitere Aspekte des unternehmerischen Handelns zu erfassen.

Bankruptcy	Insolvenz

Unter Bankruptcy wird i. d. R. eine Insolvenz bzw. Zahlungsunfähigkeit einer
Firma oder Institution verstanden (s. a. **Chapter 11**, **Chapter 7**). Auch wenn dies
sowohl in den USA als auch in Deutschland zu einer Liquidierung oder einer Sanierung in Eigenregie führen kann, ist das amerikanische Recht deutlich stärker auf
eine Restrukturierung bzw. Weiterführung ausgelegt und stellt dafür auch weitaus
weniger Hürden auf, z. B. durch den Verzicht auf einen Insolvenzverwalter.

Bear Hug	-

Unter einem Bear Hug wird der Versuch eines Kaufinteressenten verstanden, die Geschäftsführung bzw. den Vorstand eines Unternehmens mithilfe von „Zuckerbrot und Peitsche" dazu zu bewegen, einem Verkauf zuzustimmen. Dies geschieht meist durch eine Mischung aus großzügigen Angeboten, z. B. einem Aktienpaket des Erwerbers, verbunden mit harten Wettbewerbsmaßnahmen bei einer fortgeführten Eigenständigkeit.

Best Case	-

Ein Best Case drückt aus, wie bestimmte Konstellationen, z. B. Umsatzziele, unter optimalen Bedingungen aussehen könnten. Meist begegnet man diesen Best Cases innerhalb der Szenario-Bildung, wenn diese einem **Worst Case** (schlechtmöglichster Ausgang) und einem **Base Case** (Ergebnisse unter erwartbaren Bedingungen) gegenübergestellt werden.

(Unlevered/Levered) Beta	Beta ohne/mit Verschuldung

(Unlevered/Levered) Beta ist ein Begriff aus der finanzmathematischen Bewertung von Unternehmen bzw. Geld- und Kapitalanlagen im Rahmen der sog. **WACC**-Methodik. Mithilfe eines Betas wird das Risiko der Anlage abgebildet, indem historische Kursschwankungen von vergleichbaren Unternehmen (**Peer Group**) oder Finanzanlagen mit in die Bewertung einbezogen werden. Je höher das Beta bzw. die Schwankung, desto höher sollte die geforderte Rendite sein, um das Risiko einer Abwertung oder eines Totalverlustes auszugleichen. Während beim **Unlevered Beta** die individuelle Kapitalstruktur des Unternehmens bzw. der Peer Group unberücksichtigt bleibt, wird beim **Levered Beta** der individuelle Verschuldungsgrad berücksichtigt und erzeugt so einen genaueren Wert.

Blackmailing	Erpressung

Unter Blackmailing werden generell Erpressungsversuche verstanden, z. B. von Mitarbeitern, die im Rahmen von Kündigung mit der Weitergabe von Interna drohen, aber auch von Cyber-Kriminellen, die interne Datenbanken sperren und Lösegeld für eine Freigabe verlangen.

Bona fide	In gutem Glauben

Dies ist ein Ausdruck aus dem Rechtswesen und bezeichnet ein (Kauf-)Verhalten, das im guten Glauben (lat. bona fide) an ein rechtmäßiges Geschäft getätigt wurde. Dieser „gute Glaube" spielt z. B. dann eine Rolle, wenn ein Produkt mit Mängeln behaftet war oder dem Verkäufer gar nicht gehörte, und schützt den Käufer bei etwaigen anschließenden Rechtsstreitigkeiten.

Book Value	Buchwert

Unter dem Buchwert versteht man in der Unternehmensbilanz denjenigen Wert, zu dem ein Vermögensgegenstand (**Asset**) eingetragen ist. Dieser Wert muss nicht zwangsläufig mit dem Marktwert des Gegenstandes übereinstimmen, z. B. bei stark abgeschriebenen Maschinen, die bei freier Veräußerung einen weitaus höheren Wert erzielen würden, oder selbst erstellten Patenten, die noch nicht in marktfähige Produkte geflossen sind. Die Kluft zwischen Buch- und Marktwert rührt daher, dass der Wertansatz von Assets – gerade in Deutschland – zahlreichen strengen Regularien unterliegt, die u. a. verhindern sollen, dass sich Unternehmen „zu reich" rechnen, um Banken und Anleger zu täuschen.

Break-even Point (BEP)	Gewinnschwelle

Der Break-even (Point) bezeichnet die Gewinnschwelle bzw. den Umsatz eines Unternehmens, ab der bzw. dem es durch vermehrte Verkäufe und eine gewachsene Kundenbasis keine „roten Zahlen" mehr schreibt, sondern Gewinne einfährt. Somit steht der Break-even nicht nur für einen Zeitpunkt, sondern auch für einen Zielumsatz, die nicht selten in den berühmt-berüchtigten „**Hockey Stick**"-Darstellungen miteinander verknüpft werden. In der Tat entschärft ein erreichter Break-even für Startups nicht nur die Abhängigkeit von externem Finanzierungskapital, sondern stärkt auch die Verhandlungsmacht bei künftigen Investorenverhandlungen.

Burn Rate	-

Die (Cash) Burn Rate gibt an, wie viele Finanzmittel oder, besser gesagt, wie viel „Cash" ein Startup verbraucht, während es noch keine bzw. nicht genügend Umsätze erzielt. Es ist damit auch ein Maß für den Runway, d. h. die verbleibende Zeit in Monaten, bis die Company „**Out of Cash**" ist. Während die **Gross Burn**

Rate hierfür alle laufenden Ausgaben (z. B. Gehälter, Marketing etc.) angibt, werden bei der **Net Burn Rate** die laufenden Einnahmen abgezogen, was den sog. Runway, also die prognostizierte Zeit bis zum endgültigen Cash-out, verlängert.

Capital (Cap)	Kapital

Capital steht als englischer Ausdruck von „Kapital" für einen Überbegriff im Wirtschaftsgeschehen. Er meint i. d. R. die Ausstattung mit Finanzmitteln, die im Gegensatz zu Geld, das innerhalb dieser Definition einer reinen Zahlungsfunktion dient, für ein weiteres, profitables Wirtschaften eingesetzt werden sollen. Dazu gehört z. B. das Eigenkapital einer Firma, aber auch Fremdkapital und das sog. **Working Capital**.

Capital Expenditures (CapEx)	Investitionsaufwendungen

Capital Expenditures (CapEx) sind Investitionsmittel, die von einer Firma zur Anschaffung, zum Erhalt oder zur Erneuerung von Gütern des Anlagevermögens (z. B. Immobilien, Maschinen) aufgebracht werden. Letztere können innerhalb eines **Cash Flow Statement** von den „normalen Aufwendungen" (z. B. Gehaltszahlungen und Werbekosten) getrennt betrachtet werden. Ziel einer solche Betrachtung ist es, die Kapitalintensität einer Firma bzw. Branche zu analysieren, aber auch die Renditen zu untersuchen, die z. B. ein Investor oder eine Bank durch eine Co-Finanzierung erwirtschaften kann.

Capital Gain	Kapitalgewinn

Kapitalgewinne bezeichnen den gewinnbringenden Verkauf von Kapitalanlagen, z. B. Aktien oder Anleihen. Nicht gemeint sind damit verbundene Ausschüttungen bei weiterlaufendem Besitz, wie Dividenden o. Ä.

Capital Reserve	Kapitalrücklagen

In die Kapitalrücklagen eines Unternehmens (genauer: GmbH oder AG) fließen i. d. R. diejenigen Investorengelder, die als Aufpreis (Agio) über den Nennbetrag eines Anteils (bei GmbHs 1 € pro Anteil) Teil der eigentlichen Finanzierung sind. Sie sind zusammen mit den Gewinnrücklagen ein finanzieller „Puffer" der Firma, wobei eine Entnahme aus den Kapitalrücklagen bei angespannter Finanz- bzw. Ertragslage gesetzlichen Regelungen unterliegt.

Capital Stock/Nominal Capital	Stammkapital

Das Stammkapital einer Firma (genauer: Kapitalgesellschaft) umfasst die Einlagen der Gesellschafter auf die erworbenen Anteile (bei GmbHs 1 € pro Anteil), deren Gesamtanzahl im Gesellschaftervertrag geregelt ist (bei GmbHs i. d. R. 25.000 Anteile). Es stellt damit einen Mindestbetrag dar, auf den Gläubiger im Fall einer Insolvenz zurückgreifen können. Entsprechend streng wird das Aufzehren des Stammkapitals bei laufendem Betrieb gesehen – hierbei vergessen gerade Gründer oft, dass bei 50-prozentiger Aufzehrung des Stammkapitals sofort eine ordentliche Gesellschafterversammlung einberufen werden muss, deren Ausbleiben im Fall einer späteren Insolvenz empfindliche Rechtsfolgen nach sich ziehen kann.

Carve-out	Abspaltung von Unternehmenseinheiten

Unter einem Carve-out wird die Ausgliederung oder Abspaltung eines Unternehmensteils, meist aus einem größeren Konzern heraus, bezeichnet. Dies kann entweder zum Ziel haben, durch eine eigene Entity, also rechtlich und bilanziell eigenständige Geschäftseinheit, einen höheren individuellen Firmen- und ggf. Börsenwert zu erzielen, als dies „unterhalb des Radars" in einem Konzern erfolgen könnte, oder bei einem Konzernverkauf diejenigen Firmenbereiche, die für den Käufer uninteressant sind, vorher einzeln loszuschlagen. Im Gegensatz zum **Spinoff**, bei dem eine „frische" Ausgründung erfolgt, sind Carve-outs jedoch meist mit hohem rechtlichem und finanziellem Aufwand verbunden.

Cash Position	Kassenbestand

Die Cash Position bezeichnet den Kassenbestand einer Firma, wobei hier auch Sichtguthaben bei Banken mitgemeint sind. Sie ist existenzieller Indikator für die Liquidität des Unternehmens und gemeinsam mit den erwartbaren Umsätzen auch eine Basis für den **Runway**.

Cash Flow Positive	-

Mit **Cash Flow Positive** werden Firmen bzw. Startups bezeichnet, die es schaffen, aus den eigenen Umsätzen heraus nach Abzug der Aufwendungen einen Überschuss bzw. Gewinn zu erzielen. Nicht selten ist jedoch damit vornehmlich ein Gewinn aus dem Operating Cash Flow gemeint, d. h. innerhalb der laufenden Einnahmen und Überschüsse und nicht innerhalb der zusätzlich getätigten Investitionen (s. a. **Cash Flow**).

Cash-out	Auszahlung

Der Begriff Cash-out bedeutet generell eine Auszahlung liquider Mittel z. B. an Gründer, Manager oder Investoren und steht im weitesten Sinn für eine „Gewinnmitnahme". Dies beinhaltet, dass die meisten Cash-outs eher vor Erreichen eines eigentlichen Plans bzw. Exit-Vorhabens stattfinden, z. B. durch eine spontane Gelegenheit zum **Secondary Sale** oder **Trade Sale**. Der Begriff selbst stammt bezeichnenderweise aus dem Wettgeschäft und bezeichnet die Auszahlung eines Wettscheins, bevor ein Spiel zu Ende ist.

Capital Asset Pricing Model (CAPM)	-

Capital Asset Pricing Model (CAPM) ist ein populäres, wenn auch nicht unumstrittenes Konzept zur Bewertung von Anlagemöglichkeiten unter Berücksichtigung ihres Rendite-Risiko-Profils. Hierfür werden in einer modellhaften Annahme bestimmte Einzelwerte mit dem Gesamtmarkt verglichen. Die CAPM-Theorie legt – knapp formuliert – dar, dass die Renditen einzelner Papiere sowohl mit dem Risiko des Gesamtmarkts als auch ihrem strukturellen Risiko einhergehen und dass durch gezielte Diversifikation, die die Korrelation einzelner Werte berücksichtigt, ein zumindest theoretisch optimales Anlageportfolio erzielt werden kann.

Cash Discount	Skonto

Ein Skonto ist ein prozentualer Rabatt, der Käufern von Waren etc. bei einer sofortigen Zahlung bzw. Rechnungsbegleichung innerhalb einer gewissen Frist eingeräumt wird. In der Regel beträgt der Rabatt 2–3 % und bezieht sich dabei nur auf Materialien, nicht aber auf Arbeitsleistungen. Der Verkäufer möchte so seine Adhoc Liquidität verbessern (s. a. **Working Capital**), während für industrielle Käufer ein 2 %iger Rabatt bei hohem Einkaufsvolumen nicht selten fünf- bis sechsstellige Ergebnisverbesserungen zur Folge haben kann.

Cash Flow	-

Der Cash Flow ist eine der elementarsten Messgrößen innerhalb der Startup-Welt und drückt aus, wie viel Liquidität in Form von Barmitteln und Bankguthaben (Cash) ins Unternehmen kommt und damit für die weitere Unternehmensgestaltung verfügbar ist. Dabei ist es innerhalb der allgemeinen Cash Flow-Definition erst einmal unwichtig, ob diese Mittel wirklich aus dem Umsatz erwirtschaftet werden oder in Form von Investments oder Krediten ins Unternehmen gelangt sind. Bei der genaueren Berechung des Cash Flow im sog. **Cash Flow Statement** werden drei weitere Spezifikationen vorgenommen:

1. **Operating Cash Flow (Cash Flow aus der laufenden Geschäftstätigkeit):** Dies ist der Cash Flow, der aus den täglichen Geschäftstätigkeiten eines Unternehmens generiert wird. Er umfasst Einkommen aus Verkäufen und Dienstleistungen sowie alle Ausgaben, die direkt mit diesen Geschäftstätigkeiten in Verbindung stehen, wie z. B. Löhne und Gehälter, Materialkosten und Steuern.
2. **Investing Cash Flow (Cash Flow aus der Investitionstätigkeit):** Dies ist der Cash Flow, der aus Investitionen generiert wird. Er bezieht sich auf den Kauf, aber auch Verkauf von Anlagegütern wie Immobilien, Maschinenhallen, Anlageportfolios und Unternehmensbeteiligungen.
3. **Financing Cash Flow (Cash Flow aus der Finanzierungstätigkeit):** Dies ist der Cash Flow, der aus Finanzierungstätigkeiten stammt, wie z. B. Kreditaufnahme und Rückzahlung von Schulden sowie Ausgabe und Rückkauf von Unternehmensanteilen im Rahmen von Finanzierungsrunden. Der **Free Cash Flow (FCF)** schließlich drückt als Unternehmenskennzahl aus, wie viel Geld nach den operativen, investitions- und finanzierungsbezogenen Aufwendungen vorhanden ist, um an Gesellschafter und Kapitalgeber, aber auch z. B. für erfolgsbasierte Mitarbeiter-Boni ausgeschüttet zu werden. Dabei ist der FCF als Kennzahl vor allem dadurch relevant, dass er im Gegensatz zu ähnlichen Erfolgskennzahlen wie z. B. dem Jahresüberschuss oder dem Bilanzgewinn kaum manipuliert oder schöngerechnet werden kann und einen tatsächlichen Überblick über die frei verfügbare Liquidität im Unternehmen erlaubt. Diese ist gerade für Startups derart elementar, dass dafür sogar ein entsprechender Ausspruch geprägt wurde: „Cash Flow is More Important Than Your Mother", oder abgekürzt: **CIMITYM.**

| Chapter 11 | Insolvenz (mit Sanierung) |

Chapter 11 ist im US-amerikanischen Sprachraum ein populäres Synonym für die Zahlungsunfähigkeit eines Unternehmens, bei dem allerdings eine Sanierung unter Eigenregie eingeleitet wurde. Im Gegensatz zu Deutschland sind die Hürden in den USA hierfür deutlich niedriger und bedingen auch nicht zwingend den Einsatz eines externen Insolvenzverwalters.

| Chapter 7 | Insolvenz (mit Liquidation) |

Chapter 7 bezeichnet im US-amerikanischen Sprachraum eine unternehmerische Insolvenz mit anschließender Liquidierung.

| Commodity Product | Einheitsprodukt |

Unter einer Commodity werden im Finanzbereich hoch standardisierte und homogene Handelsprodukte wie z. B. Agrarerzeugnisse, Rohstoffe, Energie und andere Handelsgüter verstanden, mit denen an der Börse spekuliert werden kann. Im Alltagsgebrauch werden damit jedoch auch andere standardisierte Produkte bezeichnet, die als „nicht besonders" gelten.

| Comparables | Vergleichswerte |

Comparables stehen für vergleichende Bewertungsmethoden zur Schätzung des Wertes eines Unternehmens oder Vermögenswerts. **Market Comparables** nutzen dabei die Marktpreise börsennotierter Unternehmen, um Bewertungsmultiplikatoren z. B. auf Umsatz- oder EBITDA-Basis (sog. **Multiples**) abzubilden. **Transaction Comparables** konzentrieren sich auf die Preise bzw. deren zugrunde liegende Bewertungen, die in jüngsten M&A-Deals bzw. Beteiligungen für vergleichbare Unternehmen gezahlt wurden.

| Compound Interest | Zinseszins |

Compound Interest steht für einen „kumulierten Zins", umgangssprachlich auch „Zinseszins" genannt. Dabei werden innerhalb von Darlehen anfallende Zinsen nicht sofort beglichen, sondern auf die ausstehende Summe aufgeschlagen, was eine exponentielle Steigerung der (meist endfälligen) Summe zur Folge hat. Compound Interest spielt auch bei **Wandeldarlehen** eine besondere Rolle, da diese i. d. R. nicht laufend bedient werden. Bei größeren Summen kann also eine mehrjährige Periode bis zur Wandlung eine deutliche Vergrößerung des Forderungsanspruchs und damit möglicher Anteile bedeuten.

Contract	Vertrag

Ein Contract steht für einen Vertrag, bei dem i. d. R. zwei Parteien (z. B. Käufer und Verkäufer, Darlehensgeber und -nehmer) ein Geschäft schriftlich und rechtlich bindend fixieren. Dies dient einerseits der Transparenz über gegenseitige Erwartungen und Pflichten, andererseits auch als Grundlage für mögliche Sanktionierungen oder Rechtsansprüche. Startup-Gründer vergessen hier nicht selten, dass im Handelsrecht auch mündliche Verträge gelten und ein fehlender Widerspruch, z. B. auf eine E-Mail eines Geschäftspartners hin (Beispiel: „Wir werden dann einfach 400 Stück zum Preis von je 120 € liefern"), u. U. ebenfalls ein rechtsbindendes Geschäft auslösen können. Es empfiehlt sich daher, jegliche Geschäfte schriftlich zu dokumentieren und entsprechend zu archivieren.

Cost of Goods Sold (COGS)	Materialkosten

Als Cost of Goods Sold (COGS) werden Kosten für Wareneinkauf bzw. -produktion bezeichnet. Sie werden innerhalb der klassischen angelsächsischen **Profit & Loss (P&L)**-Darstellung vom Umsatz abgezogen und ergeben die **Gross Margin** bzw. den **Gross Profit** (Rohertrag). In Deutschland werden die COGS als Herstellungskosten bezeichnet und umfassen nur die direkt den verkauften Produkten zuordbaren Kosten, z. B. Material und Fertigungslöhne. Innerhalb einer Bilanz- bzw. Kostenanalyse lässt sich durch die COGS nicht nur sehen, welche Marge die Produkte erzielen, sondern auch, wie hoch beim Vergleich mit dem **EBIT** die Gemeinkosten, z. B. für Verwaltung und Miete, im Unternehmen sind.

(Average) Cost per Unit/Piece Cost (CPU)	Stückkosten

Unter Stückkosten versteht man die auf ein einzeln hergestelltes Produkt umgerechneten, anteiligen Kosten aus (stück-)variablen Kosten (z. B. Material, Hilfsmittel und Akkordlöhne) sowie die anteiligen Fixkosten (z. B. Strom, Miete) sowie – seltener – auch die anteiligen Gemeinkosten (z. B. Werbung, Verwaltung). Da die Fix- bzw. **Gemeinkosten** i. d. R. ungeachtet des Produktionsvolumens gleich bleiben, nimmt ihr Anteil pro Stück bei steigender Produktion ab (sog. **Fixkostendegression**). Eine echte Skalierung im Startup-Sinn ist damit jedoch nicht gemeint: Letztere bezieht sich standardmäßig auf digitale Produkte wie Software, die nach einer erstmaligen Erstellung zu Nullkosten reproduziert werden können und damit – zumindest – auch bei steigenden Verkäufen keine weiteren Produktionskosten verursachen.

Coverage Ratio	Deckungsgrad

Die Coverage Ratio (manchmal auch **Debt Service Coverage Ratio, DSCR**) bezeichnet den Deckungsgrad einer Unternehmung im Verhältnis seiner laufenden Einnahmen und den Aufwendungen für Fremdkapital in Form von Zins- und Tilgungszahlungen. Hierfür wird meist das Verhältnis von **EBITDA** und Aufwendungen für Finanzverbindlichkeiten hergenommen, wobei letztere als Faustregel mindestens unter 50 % des EBITDA liegen sollten. Im Deutschen wird hierfür der etwas altmodische Begriff Schuldendienstdeckungsgrad oder auch Kapitaldienstdeckungsgrad verwendet.

Credit Surety	(Hermes-)Kreditbürgschaft

Unter einer Credit Surety bzw. Kreditbürgschaft wird eine Übernahmeverpflichtung innerhalb einer Kreditbeziehung verstanden, bei der eine dritte Partei (genannt „Bürge", z. B. Eltern eines Kreditnehmers, aber auch der Staat oder in manchen Fällen auch Förderbanken) im Fall einer Zahlungsunfähigkeit des Schuldners dessen ausstehende Verbindlichkeiten zwingend übernimmt. Die meisten Banken geben Kredite – auch und vor allem an Gründer – nur bei Vorhandensein ausreichender Sicherheiten, z. B. einer Lebensversicherung oder Immobilien. Sind diese nicht vorhanden, so wird die Bürgschaft zu einem möglichen – und für den Bürgen nicht ungefährlichen – Instrument. Im Rahmen von Auslandsgeschäften wie z. B. dem Bau von Infrastruktur, die im politischen Interesse stehen, tritt auch der Staat im Sinne einer Wirtschafts- und Exportförderung mit den sog. Hermesbürgschaften als Bürge in Erscheinung.

Custom Union	Zollunion

Eine Zollunion entsteht durch die Vereinbarung mehrerer Länder, innerhalb ihrer wechselseitigen Handelsbeziehungen Zölle zu beseitigen und Importe aus Drittländern mit einheitlichen Zöllen zu belegen. Während **SaaS**-Anbieter unter den Startups kaum von derlei Regelungen betroffen sind, erleben Startups im produzierenden bzw. Handelsbereich mitunter, dass ihre Handelsmarge durch veränderte Zölle oder Einfuhrbeschränkungen, z. B. aufgrund von Sanktionen, empfindlich geschmälert werden kann.

Data Protection Regulation (GDPR)	Datenschutz-Grundverordnung (DSGVO)

Die Datenschutz-Grundverordnung (DSGVO), auf Englisch Data Protection Regulation (GDPR), ist eine EU-Verordnung, die einen einheitlichen Rahmen für den Schutz personenbezogener Daten in der EU festlegt. Sie betrifft insbesondere den Umgang mit elektronisch gespeicherten Daten z. B. von Webseite-Besuchern oder digitalen Kunden-Accounts und beinhaltet unter anderem folgende Rechte der betroffenen Personen:

1. Recht auf Informationszugang: Jede betroffene Person hat das Recht zu erfahren, welche personenbezogenen Daten von ihr gespeichert und wofür sie verwendet werden.
2. Recht auf Berichtigung: Jede betroffene Person hat das Recht, fehlerhafte oder unvollständige Daten über sich zu korrigieren.
3. Recht auf Löschung: Jede betroffene Person hat das Recht, dass ihre personenbezogenen Daten gelöscht werden, sofern keine rechtlichen Gründe für deren Speicherung bestehen.
4. Recht auf Einschränkung der Verarbeitung: Jede betroffene Person hat das Recht, die Verarbeitung ihrer personenbezogenen Daten einzuschränken, wenn bestimmte Voraussetzungen erfüllt sind.
5. Recht auf Datenübertragbarkeit: Jede betroffene Person hat das Recht, ihre personenbezogenen Daten in einem maschinenlesbaren Format zu erhalten und an einen anderen Verantwortlichen zu übertragen.
6. Pflicht zur Dokumentation: Verantwortliche und Auftragsverarbeiter müssen eine Dokumentation ihrer Verarbeitungstätigkeiten führen.
7. Pflicht zur Meldung von Datenpannen: Verantwortliche und Auftragsverarbeiter müssen sicherstellen, dass Datenpannen unverzüglich gemeldet werden, sofern sie ein hohes Risiko für die Rechte und Freiheiten natürlicher Personen darstellen.
8. Verpflichtung zur Datensicherheit: Verantwortliche und Auftragsverarbeiter müssen geeignete technische und organisatorische Maßnahmen ergreifen, um den Schutz personenbezogener Daten sicherzustellen.

Deadlocks	Patt-Situationen

Als Deadlocks (dt. Sackgassen) werden Patt-Situationen, meist in Verhandlungen oder bei Streitigkeiten im Gesellschafterkreis, verstanden, die in einer Bewegungsunfähigkeit der Beteiligten münden. Auch Eskalationen innerhalb von Startup-Teams, bei denen alle Parteien bereits über notariell eingetragene Anteile verfügen, können zu solchen Sackgassen gehören. Zu den regelmäßigen Lösungsversuchen gehört die Mediation durch Dritte oder einen Beirat, aber auch das Herauskaufen einer Partei über bestimmte Preisfindungsmechanismen (s. a. **Shoot-outs**).

Debt	Verbindlichkeiten/Fremdkapital (FK)

Debt (wörtlich übersetzt „Schulden") bezeichnet im angelsächsischen Raum meist Fremdkapital in Form von (zinstragenden) Finanzverbindlichkeiten auf der Passivseite einer Bilanz und ist Grundlage diverser Kennzahlen wie der **Debt-to-Equity Ratio** oder der gewichteten Kapitalkosten (WACC). Der Ausdruck Debt kommt aber auch bei Übernahmetransaktionen ins Spiel und steht für den Fremdkapitalanteil eines Investments (s. a. **Gearing**). Nicht zu verwechseln ist Debt dagegen mit Verbindlichkeiten aus Lieferungen und Leistungen: Zwar „schuldet" man auch hier dem Lieferanten die Bezahlung, dies ist jedoch unabhängig von der Fremdfinanzierung des Unternehmens, auf die sich Debt bezieht.

Debt Instrument	Fremdfinanzierungsinstrument

Unter Debt Instruments werden Möglichkeiten verstanden, sich im Gegensatz zu Eigenkapital und Eigenkapital-ähnlichen Instrumenten (s. a. **Mezzanine**) durch verzinsliche Fremdmittel von Darlehensgebern zu finanzieren. Dazu gehören neben den typischen Bankkrediten auch Anleihen, Beleihungen auf Immobilien (Hypotheken) sowie Leasing-Instrumente. Auch die Einkaufsvorfinanzierung (sog. **Finetrading** oder **Reverse Factoring**) gehört zu diesen Möglichkeiten.

Debt Service Coverage Ratio (DSCR)	Schuldendienstdeckungsgrad

Die Debt Service Coverage Ratio gibt an, wie viel der bestehenden Finanzverbindlichkeiten eines Unternehmens aus dem laufenden **Free Cash Flow** (z. T. wird auch das EBITDA verwendet) bedient werden kann. Dazu setzt man die Erträge eines Unternehmens nach Abzug der Aufwendungen für Herstellung, Einkauf, Marketing etc. in Relation zu den Gesamtverbindlichkeiten – bei genauerer Berechnung kommen hier auch die steuerlichen Abzugsfähigkeiten für Zinszahlungen zum Tragen. Ein DSCR von 1 oder darunter zeigt Probleme bei der zukünftigen Finanzierung. Banken verlangen meist eine Quote von mindestens 1,25 für die Vergabe eines Darlehens.

Debt Table	Gläubigerliste

Ein Debt Table zeigt, ähnlich wie eine Gesellschafterliste, die Gläubiger und Darlehensgeber eines Unternehmens an. Dabei wird meist zwischen vorrangigem (**Senior Debt**) und nachrangigem (**Junior Debt**) Fremdkapital unterschieden. Derlei Listen oder Verzeichnisse kommen zum Einsatz, wenn Fremdkapital umstrukturiert werden soll, z. B. bei ehemals ungünstigen Zinskonditionen, aber auch wenn sog. Covenants (Auflagen) gebrochen wurden, die weiteren Fremdkapitalgebern das Recht geben, ihre Kreditsummen sofort fällig zu stellen. Auch im Fall einer Insolvenz mit anschließender Restrukturierung werden diese Listen im Rahmen einer Gläubigerversammlung genutzt.

Debt-to-Equity Ratio	Eigenkapitalüberdeckung/Verschuldungsgrad

Die Debt-to-Equity Ratio gibt als Verhältnis von Fremd- und Eigenkapital den Verschuldungsgrad eines Unternehmens an. Als ähnliche Metriken fungieren die Eigenkapitalquote, das sog. **Gearing** bzw. die **Leverage Ratio**. Generell gilt, dass bei stabilen positiven Erträgen ein hoher Verschuldungsgrad u. U. förderlich sein kann, da er indirekt die Eigenkapitalrendite erhöht (s. a. **Leverage-Effekt, Tax Shield**), während gleichzeitig ein hoher Verschuldungsgrad auch größere Zahlungs- und Insolvenzrisiken birgt.

Depreciation (DEPR)	Abschreibung (AfA)

Depreciation ist der englische Ausdruck für „Abschreibung". Unter einer solchen wird eine (meist automatisch errechnete) Wertminderung eines unternehmerischen Vermögensgegenstands (z. B. Maschine, Lagerware, Büroeinrichtung) verstanden. Hinter dem Konzept der Abschreibung steht die Überlegung, dass betriebliche Anschaffungen über eine gewisse Zeit genutzt werden und schließlich an Wert verlieren. Um dies auch in einer Bilanz abzubilden, teilt man den Kaufpreis über mehrere Perioden, was zusätzlich den Vorteil hat, dass sich die Ausgaben steuerlich ebenfalls über mehrere Jahre verteilen lassen. Ausgenommen davon sind Sonderabschreibungen auf Vermögen, z. B. Abschreibungen auf Wertpapiere im Fall von größeren Verlusten.

Directors & Officers Insurance (D&O)	Manager-Haftpflichtversicherung

Eine D&O-Versicherung ist eine besondere Haftpflicht-Versicherung, die die Führungsriege bzw. Geschäftsführung (Directors & Officers) einer Firma vor Regressforderungen aufgrund von Fehlentscheidungen und Versäumnissen schützt. Ursprünglich als Schutz gegen Aktionärsklagen angelegt, hilft eine D&O im Zweifelsfall auch, etwaige Anwaltskosten (sog. Abwehrkosten) im Rahmen einer insolvenzrechtlichen Forderung zu decken. Für Startups sind D&Os mitunter nur schwer abzuschließen, da die Gefahr einer Insolvenz in den ersten Geschäftsjahren naturgemäß hoch ist.

Discounted Cash Flow (DCF)	Abgenzinster Cash Flow

Der Discounted Cash Flow steht für einen Ansatz der Startup- bzw. Unternehmensbewertung, bei dem (hypothetische) Zahlungsströme aus der Zukunft wie z. B. Unternehmensgewinne aus dem gegenwärtigen Standpunkt heraus aufsummiert bewertet werden. Da jedes Unternehmen zumindest in der Theorie ewig besteht und summierte Zahlungen aus der Zukunft stets zu einem unendlich hohen Unternehmenswert führen würden, verringert (diskontiert) man den Wert zukünftiger Zahlungen, je weiter sie in der Zukunft liegen. Dies geschieht systematisch durch eine umgekehrte Zinseszinsfunktion, d. h., man teilt zukünftige Zahlungsströme konstant durch einen Faktor größer eins (1 + Zins), der mit einer steigenden Anzahl von Perioden immer größer wird. Die Höhe dieses Zinssatzes bemisst sich am Risiko der Unternehmung und auch teilweise an der Finanzierungsstruktur (s. a. **WACC, CAPM**).

Dual-Track M&A	Zweigleisiges M&A-Verfahren

Ein Dual-Track M&A-Prozess bezeichnet die zweigleisige Exit-Vorbereitung von Unternehmen, bei der parallel zu einem regulären Verkaufsprozess (z. B. **Trade-Sale**) auch ein möglicher Börsengang vorbereitet wird. Hintergrund ist, dass beide Prozesse ähnliche Elemente (s. a. **Info-Memo, Roadshow**) beinhalten und u. U. ein Börsengang die Wertmaximierung des Erlöses besser abbildet.

Earnings Before Interest and Taxes (EBIT)	Gewinn vor Zinsen und Steuern (GvZ)

Das EBIT bezeichnet das Ertragsergebnis eines Unternehmens vor Zinsaufwendungen und Steuern. Hintergrund des Abstellens auf ein EBIT ist die bessere Vergleich- und Bewertbarkeit von Unternehmensergebnissen vor Ergebnisbeeinflussungen durch ihre jeweilige Finanzierungsstruktur. So werden Zinsen steuerwirkend vor der Berechnung des Jahresergebnisses einbezogen, Dividenden auf **Eigenkapital** jedoch erst nach der Besteuerung bezahlt. Da auch die steuerliche Belastung von Unternehmen international unterschiedlich sein kann, dient das EBIT als umstandsneutralere Erfolgsbemessungs- und Bewertungsgrundlage.

Earnings Before Interest, Taxes, Depreciation and Amortization (EBITDA)	Gewinn vor Zinsen, Steuern und Abschreibungen (GvZSA)

Das EBITDA steht als Earnings Before Interest, Depreciation and Taxes für das Betriebsergebnis vor Zinsen, Steuern und Abschreibungen. Wie auch das EBIT dient es als Maß für die finanzielle Gesamtleistung eines Unternehmens unabhängig von der Finanzierungsstruktur und ungeachtet von unterschiedlichen Investitionszyklen und international abweichenden Steuerverordnungen. Damit wird das EBITDA anstelle des Jahresergebnisses zu einer besseren und einflussneutraleren Bemessungsgrundlage, z. B. im Rahmen einer branchenweiten Unternehmensbewertung durch sog. EBITDA-Multiples, bei der das EBITDA mit einem Multiplikator (meist im Spektrum von 4–6) zu einer allgemeinen Bewertungsgrundlage z. B. für Unternehmensübernahmen wird.

Economic Profit (EP)	Residualgewinn

Der Economic Profit ist eine interne Bewertungsgrundlage von Unternehmenserfolgen, aber auch aber auch eine allgemeine Basis für Unternehmensentscheidungen, bei der zusätzlich zu Einnahmen und konkreten Ausgaben auch die sog. Opportunitätskosten miteinbezogen werden. Diese kann man sich im Startup-Kontext wie folgt vorstellen: Indem ein Unternehmen eine bestimmte Entscheidung trifft, z. B. stark in heimisches Marketing zu investieren, fehlen diese Gelder für andere Projekte wie einen Markteintritt im Ausland oder die Einstellung neuer Entwickler. Der Begriff Opportunitätskosten beziehen sich auf den entgangenen Nutzen oder Gewinn solcher *alternativen* Investitionen oder Entscheidungen, die in die Erfolgsbewertung mit einfließen sollten. Wie man sich jedoch vorstellen kann, sind diese Opportunitätskosten in der Praxis schwierig zu bestimmen, sodass der Economic Profit heutzutage meist nur einen theoretischen Ansatz darstellt, um Führungskräfte für alternative Optionen zu sensibilieren.

Economic Value Added (EVA)	Geschäftswertbeitrag (GWB)

Der Economic Value Added ist ein Verfahren zur Bewertung von Unternehmenswerten oder -entscheidungen, bei dem anstelle von Einnahmen und Ausgaben die Kapitalerträge und Kapitalkosten im Mittelpunkt stehen. Ergebnis ist der Economic Value Added, der ähnlich wie der **Return on Investment (ROI)** einen Prozentsatz angibt. Im Gegensatz zum ROI stellt dieser nicht den Bruttoerlös des Investments, sondern den Residualgewinn über den Kapitalkosten dar. In der Praxis wird jedoch weit häufiger auf den ROI als den EVA abgestellt.

Employee Stocks	Mitarbeiteraktien

Unter Employee Stocks versteht man nicht nur von Mitarbeitern gehaltene Aktien, sondern auch Anteile an GmbHs. Die Beteiligung kann dabei direkt erfolgen (z. B. bei wichtigen Mitgliedern in Startups), indirekt in Form von Anteilsoptionen, die erst bei bestimmten Anlässen (z. B. Ausscheiden, Exit) zum Tragen kommen, oder über sog. Mitarbeiterfonds, die einen „Pool" von Anteilen der Belegschaft zuordnen, ohne dass die wirtschaftliche Verfügungsmacht bei den Angestellten liegt. Da das deutsche Steuerrecht den Bezug von Anteilen als Einkommensbestandteil wertet, der sofort steuerpflichtig wird, sind Employee Stocks in Deutschland, zumal bei GmbHs, weniger populär als in den USA (s. a. **Dry Income**).

Enterprise Value (EV)	Unternehmenswert

Der Enterprise Value steht für den monetären Marktwert einer Unternehmung. Er setzt sich aus dem Wert des Eigenkapitals plus der Nettoverschuldung, also der Gesamtfinanzverschuldung minus liquide Mittel zusammen.

Equity (EQ)	Eigenkapital (EK)

Der Begriff Equity beschreibt das Eigenkapital innerhalb der Bilanz eines Unternehmens, aber auch Investmentkapital im klassischen Sinne, d. h. ohne rückzahlbares Fremdkapital. Equity ist zentraler Bestandteil jedes Fundraisings und drückt nicht nur den damit verbundenen Unternehmenswert aus, sondern auch innerhalb des Runways den Restbestand eigener Mittel vor einer drohenden Überschuldung oder Zahlungsunfähigkeit.

Expenses	Ausgaben, Kosten

Expenses sind Aufwendungen, die im Rahmen der normalen Geschäftstätigkeit anfallen und in der Gewinn-und-Verlust-Rechnung erfasst werden. Sie umfassen periodische Ausgaben wie Löhne, Mieten und Abschreibungen und werden unabhängig vom tatsächlichen Zahlungszeitpunkt in der Periode verbucht, in der sie anfallen, gemäß dem Prinzip der periodengerechten Abgrenzung. Ähnlich, aber nicht gleich sind die sog. **Expenditures** (Aufwendungen)

Expenditures	Aufwendungen

Expenditures stehen für den Abfluss von Zahlungsmitteln oder anderen Vermögenswerten aus dem Unternehmen für bestimmte Aufwendungen. Sie umfassen sowohl betriebliche Ausgaben wie z. B. Personalaufwendungen als auch kapitalintensive Ausgaben wie den Kauf von Anlagevermögen oder die Tilgung von Schulden. Expenditures können als Aufwand erfasst oder als Vermögenswert aktiviert und über die Zeit abgeschrieben werden. Während die begriffsähnlichen **Expenses** direkt den Gewinn der Periode mindern, sind Expenditures tatsächliche Geldabflüsse, die nicht unbedingt in der gleichen Periode in der Gewinn-und-Verlust-Rechnung erscheinen.

(Risk, Financial) Exposure	Risikoexposition

Unter Risk Exposure bzw. **Financial Exposure** wird die Summe verstanden, mit der ein Kapitalgeber oder ein Unternehmen bei einer Projekt- oder Venture-Finanzierung, aber auch im Fall eines sonstigen Schadens „im Feuer steht". Der Term Risk Exposure geht hier noch weiter und summiert neben finanziellen auch Marken-, IT-, Lieferanten- und andere Risiken.

Face Value	Nennwert, Nominalwert

Unter einem Face Value wird der Nennwert oder Nominalwert eines Vermögensgegenstands, z. B. einer Forderung oder einer Anleihe, verstanden. Im Gegenzug dazu kann der effektive Marktwert davon abweichen, z. B. wenn die Ausfallwahrscheinlichkeit einer Forderung hoch ist oder eine Anleihe über einen marktunüblichen Zins verfügt.

Fair Market Value (FMV)	(Fairer) Marktwert

Der Fair Market Value (FMV) drückt aus, zu welchem Preis ein Unternehmen, seltener auch ein Produkt, auf dem freien Markt den Besitzer wechseln würde. Somit wird nicht die interne Bewertung, sondern der tatsächlich gezahlte Preis zum Gegenstand des Unternehmenswerts. Liegt kein konkretes Kaufangebot vor, so werden zur Ermittlung des FMV auch sog. **Market Multiples** oder **Transaction Multiples** herangezogen, die auf aktuellen oder kürzlich realisierten Preismultiplikatoren auf **EBIT**- oder **EBITDA**-Basis basieren.

Family Office	Private Vermögensverwaltung

Unter einem Family Office versteht man eine externe Vermögensverwaltung, die sich um das Vermögen und die Rendite zumeist reicher Familien z. B. aus dem

Unternehmertum kümmert. Wird hier mehr als nur ein Familienvermögen verwaltet, spricht man in diesem Zusammenhang auch von einem **Multi Family Office**.

Finetrading	Einkaufsvorfinanzierung

Unter Finetrading wird eine Methode verstanden, bei der ein externer Finanzpartner den Wareneinkauf eines Unternehmens vorfinanziert. Im Gegensatz zu einem Lieferantenkredit (**Seller's Note**) erfolgt die Vorfinanzierung hier durch eine dritte, meist auf Finanzdienstleistungen spezialisierte Partei. Diese auch als **Reverse Factoring** bezeichnete Methode wird vor allem im Industriegüterbereich angewendet, wo sowohl hohe (standardisierte) Einkaufsvolumen als auch hohe Wertschöpfungsaufschläge gewährleistet sind, während die vorfinanzierten Einkaufsgüter im Fall eines Zahlungsausfalls auch anderweitig und i. d. R. ohne Preisverlust verwertet werden können.

Fiscal Year (FY)	Geschäftsjahr (GJ)

Unter einem Fiscal Year bzw. Geschäftsjahr versteht man den Zeitraum zwischen der jährlichen Eröffnungsbilanz und der Abschlussbilanz eines Unternehmens. Im Gegensatz zum Kalenderjahr muss das Geschäftsjahr nicht zwingend zum 1. Januar beginnen, z. B. wenn ein saisonales Geschäft im Skiausrüsterbereich nicht zwischen zwei Bilanzen „zerrissen" werden soll. Wie ein normales Jahr darf auch ein Geschäftsjahr nicht weniger als zwölf Monate bzw. 365 Tage umfassen.

Fixed Cost	Fixkosten

Unter Fixkosten versteht man solche Kosten(-faktoren) in Unternehmen, die laufend, d. h. wiederholt anfallen, aber – im Gegensatz zu den variablen Kosten – unabhängig von der Produktionsmenge bzw. vom laufenden Erwerbsbetrieb entstehen. Dazu gehören z. B. Miet- und Versicherungsbeiträge, aber auch Kosten für einen eventuellen Werkschutz, der unabhängig davon anfällt, ob und wie viel produziert wird. Anschaffungskosten wie z. B. Ausgaben für den Erwerb einer Maschine gehören übrigens nicht zu den Fixkosten, weil sie einmalig anfallen – die Kosten für Zins und Tilgung eines Maschinenkredits hingegen schon.

Gearing	Verschuldungsgrad

Der Ausdruck Gearing bezieht sich vergleichbar dem Begriff **Leverage** auf das prinzipielle Verhältnis von Fremd- zu Eigenkapital in einem Unternehmen. Je höher das Gearing, desto höher können theoretisch aufgrund des sog. **Leverage-**

Effekts auch die Renditen für die Eigenkapitalgeber ausfallen. Gleichzeitig ist ein hohes Gearing auch Ausdruck für ein hohes Insolvenzrisiko.

Generally Accepted Accounting Principles (GAAP/US-GAAP)	Grundsätze ordnungsmäßiger Buchführung (GoB)

Die Generally Accepted Accounting Principles (GAAP) sind ein US-amerikanisches Rahmenwerk für die Rechnungslegung, das die Regeln und Verfahren für die Buchhaltung von Unternehmen festlegt. GAAP definieren, wie Buchhaltungs- und Finanzdaten erfasst, verarbeitet und präsentiert werden sollten, um Vergleichbarkeit und Transparenz sicherzustellen und Betrugsmöglichkeiten zu minimieren. Ursprünglich für die USA verfasst, werden die GAAP mittlerweile auch in vielen anderen Ländern angewandt, um eine internationale Vergleichbarkeit zu ermöglichen.

Going Concern	Unternehmensfortführung

Der Begriff Going Concern beschreibt ein stabiles Unternehmen, das fähig ist, seine Geschäftstätigkeit ohne größere Insolvenzgefahr in einem normalen Rahmen fortzusetzen, und kommt u. a. bei der Bewertung von Kreditrisiken zum Einsatz. Er wird des Weiteren auch im Rahmen von Finanzmodellen verwendet (s. a. **Base Case**), die weder ein unnatürlich hohes Wachstum auf der einen Seite noch einen Liquiditätsengpass auf der anderen Seite vorsehen.

Grant	Förderung, Subvention

Unter einem Grant wird ein Zuschuss, eine Förderung oder Subvention verstanden, die eine Einzelperson oder ein Unternehmen vom Staat oder einer Stiftung erhält. Grants umfassen daher z. B. sowohl Stipendien für Studiengänge als auch Kompensationen seitens der EU für die Nichtnutzung agrarischer Flächen und sind meist dafür da, Anreize für bestimmte Entscheidungen zu schaffen oder bestimmte Personen oder Institutionen zu fördern.

Gross Merchandise Value (GMV)	Außenumsatz

Der Gross Merchandise Value (GMV) ist eine Messgröße für den Wert aller verkauften Waren und Dienstleistungen eines Online-Marktplatzes oder E-Commerce-Unternehmens, ohne die Kosten für Marketing, Lieferung und andere Abzüge zu berücksichtigen.

Gross Profit	Rohertrag

Der Gross Profit ist eine finanzielle Kennzahl, die die Differenz zwischen dem Umsatzerlös eines Produkts oder einer Dienstleistung und den damit verbundenen direkten Kosten (z. B. Wareneinkauf) berechnet. Er steht damit einerseits für den Deckungsbeitrag pro Produkt (**Bruttogewinn**), andererseits auch in Summe für den Gesamterlös aus den Verkäufen bzw. Leistungen (**Rohertrag**) vor dem Abzug weitere allgemeinerer Aufwendung wie Marketing oder Verwaltung.

Gross Sales	Bruttoumsatz

Gross Sales bezieht sich auf den Gesamtumsatz eines Unternehmens einschließlich aller Verkäufe von Waren und Dienstleistungen ohne Abzüge für Rabatte, die Kosten für Warenrückgaben oder andere Verluste wie z. B. Transportschäden. Gross Sales gibt einen Überblick über den tatsächlichen Umsatz eines Unternehmens.

Hedging	Gegendeckung

Hedging ist ein Sammelbegriff für finanzwirtschaftliche Strategien, um das Risiko von Verlusten aus Investitionen bzw. Entscheidungen zu minimieren. Dazu gehören v. a. Termin- und Optionsgeschäfte mit Währungen und Rohstoffen, um Preis- und Währungsschwankungen im Auslandsgeschäft abzufedern, aber auch Zinsgeschäfte.

Hurdle Shares	-

Hurdle Shares sind eine – zumindest in Deutschland – relativ neue Form der Mitarbeiterbeteiligung. Sie müssen in der Gesellschaft als eigene Anteilsklasse geführt werden und haben die Eigenschaft, dass sie nicht am aktuellen Wert der Firma partizipieren, sondern nur an künftigen Wertsteigerungen des Unternehmens. Um dies festzulegen, wird der derzeitige Unternehmenswert als Hurdle (Hürde) und Null-Wert festgelegt. Der Vorteil ist neben der aktuellen Einkommenssteuerneutralität aufgrund des Null-Werts auch, das mit ihnen nicht spekuliert, sondern nur über den eigenen Leistungsbeitrag Wert erzeugt werden kann.

Illiquidity	Zahlungsunfähigkeit

Unter der Illiquidity versteht man eine Zahlungsunfähigkeit, aufgrund der entweder (relativ rasch) neue Finanzmittel eingeworben werden müssen oder eine **Insolvenz** folgt. Startups sind generell nah an der Zahlungsunfähigkeit, die sich aus den verbleibenden Finanzmitteln (s.a. Liquidität) in Relation zur sog. **Gross Burn Rate** ergibt (s. a. **Runway**). Während sog. **Bridge-Finanzierungen** eine Ad-hoc-Lösung bieten können, finden sich auch zahlreiche Startups, die sich von Bridge zu Bridge hangeln, ohne dass es auf absehbare Zeit zu einer nennenswerten „offiziellen" Finanzierungsrunde kommt.

Indemnity	Entschädigung

Eine Indemnity (dt. Haftungsfreistellung bzw. Haftungsübernahme zwischen Vertragsparteien) ist eine Art von Übereinkunft, bei der eine Vertragsartei (meist der Verkäufer einer Sache) die andere Partei vor Verlusten, Haftungen oder sonstigen Schäden schützt. Das können bei einem Exit-Verkauf von Startups z. B. dessen Steuerschulden aus der Vergangenheit sein oder spätere Klagen von Nutzern auf Grund von systematischen Datenlecks in ihrer Software. Ähnlich einer Bürgschaft sind auch bei Indemnities die rechtlichen und finanziellen Risiken für die andere Partei mitunter sehr hoch, was mit der Empfehlung einer sorgfältigen Prüfung einhergeht.

Insolvency	Insolvenz

Der Begriff der Insolvenz steht für ein Ereignis, bei dem ein Unternehmen entweder einen nennenswerten Teil seiner laufenden Verbindlichkeiten nicht begleichen kann (sog. **Zahlungsunfähigkeit**) oder über mehr Schulden als Vermögen verfügt (sog. bilanzielle **Überschuldung**). Damit verbunden ist die gesetzliche Pflicht für Kapitalgesellschaften, diesen Umstand beim Handelsregister zu melden und sich in die Hände eines sog. Insolvenzverwalters zu begeben. Während der Umstand der Zahlungsunfähigkeit schnell festgestellt ist, vergessen Startup-Unternehmer oft, dass auch die bilanzielle Überschuldung ein Insolvenzanmeldungsgrund ist, und begeben sich oft jahrelang in eine rechtlich gefährliche Zone, da im Fall einer Insolvenzverschleppung auch das Privatvermögen der Geschäftsführer belangt werden kann.

Intellectual Property (IP)	Recht an geistigem Eigentum/Urheberrecht

Intellectual Property (IP) bezeichnet die Eigentums- bzw. Urheberrechte an „geistigem Eigentum" wie künstlerisch-schöpferischen Texten, Bildwerken oder Kompositionen. Im Startup-Bereich bezieht sich dieser Begriff jedoch vornehmlich auf geschäftliche Vermögenswerte wie Markenrechte, technische Patente und sog. Gebrauchsmuster. Während diese rechtlich schützbar und im Zweifelsfall auch bilanziell aktivierbar sind, gilt für eigens erstellte Software zwar dasselbe Urheberrecht (der Code darf also nicht einfach von Dritten verwendet werden), nicht aber – wie viele Gründer irrtümlich annehmen – eine generelle Patentierbarkeit. Hintergrund ist, dass das Europäische Patentamt die meisten Software-Programme als „Befehlsketten" in Maschinensprache ansieht, welche zwar technisch, aber nicht in einem unverwechselbaren Sinne „erfinderisch" sind. Eine Ausnahme sind jedoch echte technisch-erfinderische Elemente einer Software, z. B. wenn eine völlig neue Form einer algorithmischen Bilderkennung kreiert wurde, die dann möglicherweise separat patentierbar ist. Unabhängig von der Patentierbarkeit der im Startup geschaffenen Leistungen empfiehlt sich jedoch in jedem Fall, die Übertragung von Nutzungsrechten an jedweder geistiger Arbeit zum festen Bestandteil jedweden Arbeitsvertrags zu machen. Dies gilt insbesondere auch für das **Founders Agreement**, in dem der Fortbestand von Software- bzw. IP-Nutzungsrechten nach einem Ausscheiden eines Urhebers bzw. Gründers verbindlich geregelt werden sollte.

Interest Coverage Ratio (ICR)	Zinsdeckungsgrad

Die Interest Coverage Ratio, auch bekannt als Zinsdeckungsgrad, ist eine Finanzkennzahl, die das Verhältnis zwischen dem **EBIT** (Gewinn vor Zinsen und Steuern) und den Zinsaufwendungen eines Unternehmens darstellt. Damit soll in Form einer Kennzahl ausgedrückt werden, wie wahrscheinlich oder unwahrscheinlich die Fähigkeit des Unternehmens ist, auch in Zukunft seine Fremdkapitalzinsen begleichen zu können.

Internal Rate of Return (IRR)	Interner Zinsfuß (IZF)

Die Internal Rate of Return (IRR) ist eine wichtige finanzwirtschaftliche Kennzahl, die verwendet wird, um die Rendite einer Investition zu bewerten und sie so mit anderen Anlagemöglichkeiten vergleichbar zu machen. Die IRR berechnet den Prozentsatz, zu dem die zukünftigen **Cash Flows** einer Investition die ursprünglichen Investitionskosten neutralisieren. Hierbei ist zu sagen, dass eine echte IRR natürlich nur im Nachgang errechnet werden kann und zukünftige Prognosen immer mit Unsicherheit verbunden sind.

International Financial Reporting Standards (IFRS)	Internationale Rechnungslegungsvorschriften

IFRS steht für International Financial Reporting Standards. Sie dienen dazu, finanzielle Informationen wie z. B. Jahresabschlüsse von Unternehmen in einheitlicher und vergleichbarer Weise zu präsentieren. Die IFRS werden vom International Accounting Standards Board (IASB) entwickelt und weltweit von Unternehmen und Organisationen genutzt, um ihre finanziellen Ergebnisse innerhalb eines einheitlichen Standards darzustellen.

Kick-back	Rückvergütung

Unter einem Kick-back versteht man eine Rückvergütung z. B. für Großabnehmer oder Vertriebspartner, die anhand des erzielten Umsatzes meist jährlich ausgeschüttet wird. In der Regel werden solche Vergütungen und Incentivierungen Dritten, also auch Endabnehmern, nicht mitgeteilt. Während solche Rückvergütungen in Vertriebsnetzwerken nicht unüblich sind, sind Kick-backs im Medizinalbereich oder anderen Branchen, die teilweise vom Staat subventioniert werden, verboten, da sie im Verkaufsprozess als Wettbewerbsverzerrung oder sogar als Bestechung gelten.

Last Twelve Months	-

Der Ausdruck Last Twelve Months, meist abgekürzt als LTM, steht für einen Wert, der unabhängig vom steuerlichen Geschäftsjahr in den letzten 12 Monaten erreicht wurde, z. B. LTM Customer Growth.

Leverage (Effect)	Fremdkapitalhebel

Der Ausdruck Leverage (dt. Hebel) steht allgemein für den Grad der Fremdverschuldung eines Unternehmens z. B. durch Bankkredite. Er rührt daher, dass durch eine höhere Fremdverschuldung unter Umständen die Eigenkapitalrendite „gehebelt", also exponentiell gesteigert werden kann, solange die Gesamtkapitalrentabilität eines Unternehmens über den Fremdkapitalkosten in Form von Kreditzinsen liegt. Dieser sog. **Leverage-Effekt** spielt z. B. bei Bauprojekten eine große Rolle, kann jedoch bei Zinsänderungen auch zu einer schnelleren Überschuldung führen, was das Insolvenzrisiko erhöht.

Lower Value Principle	Niederstwertprinzip

Das „Lower Value Principle" (auch bekannt als das „Lower-of-Cost-or-Market-Prinzip"), zu Deutsch Niederstwertprinzip, ist ein elementares Konzept in der Bilanzierung und besagt, dass Vermögenswerte zu einem niedrigeren Wert bewertet werden sollten, wenn ihr aktueller Marktwert unter ihrem zuletzt notierten Buchwert liegt. Beispielsweise können Preise für Vorräte gesunken sein, die man zu einem höheren Preis eingekauft hat. Das Prinzip soll dazu dienen, eine künstliche oder durch fehlende Wertaktualisierung erzeugte Überhöhung des Firmenwerts zu vermeiden. Während es hierfür im angloamerikanischen Raum noch gewisse Spielräume gibt, ist die deutsche Rechtsprechung hierzu eine der strengsten.

Margin	Deckungsbeitrag

Der Ausdruck Margin steht für den Deckungsbeitrag eines Produkts, z. B. den zwischen Verkaufspreis und Einkaufspreis, aber auch für eine gesamtjährig ermittelte Marge, z. B. zwischen Umsatz und Gewinn. Des Weiteren ist Margin auch ein Begriff aus dem Wertpapierhandel und steht für eine Sicherheitsleistung, die beim Spekulieren mit hochriskanten Papieren wie sog. Futures zu hinterlegen ist, um eine nachträgliche Zahlungsunfähigkeit des Handelnden abzufedern.

Marginal Utility	Grenznutzen

Der Grenznutzen ist ein Konzept in der Ökonomie, das den zusätzlichen Nutzen beschreibt, den eine Person aus dem Kauf einer einzigen zusätzlichen Einheit eines Gutes oder einer Dienstleistung zieht. Die damit verbundene **Theorie abnehmenden Grenznutzens** besagt nun, dass bei vielen fortgesetzten Käufen oder Konsumptionen der Wert jedes einzelnen zusätzlichen Guts für den Nutzer immer weiter abnimmt, bis der Nutzen schließlich negativ wird. Dies wird in Lehrbüchern oft anhand des Konsums von Eiscremekugeln illustriert, bei denen nach jeder Kugel die Lust auf eine weitere abnimmt, das Prinzip gilt jedoch weitreichend auch für andere Güter und Anwendungssituationen.

Mezzanine Debt	-

Mezzanine Debt ist eine Art von Finanzierung, die zwischen Eigenkapital und traditionellem Bankkredit angesiedelt ist. Es ist eine Art von **Hybridkapital**, das dazu beitragen kann, die Eigenkapitalquote eines Unternehmens zu erhöhen (s. a. **Überschuldung**), ohne dass damit Einbußen durch die Abgabe von Anteilen oder Stimmrechten verbunden sind. Beispiele sind z. B. stille Beteiligungen, Wandelanleihen, Nachrangdarlehen und sog. Genussrechte, aber auch bestimmte Formen des Leasings.

Monthly Recurring Revenue (MRR)	Monatlich wiederkehrender Umsatz

Unter dem Monthly Recurring Revenue (MRR) versteht man den mit gewisser Sicherheit prognostizierbaren Umsatz pro Monat, den ein Unternehmen aus monatlich wiederkehrenden Zahlungen, z. B. durch Abonnements aus einer SaaS-Leistung, generiert (s. a. **ARPU, ARPPU**). Er bezieht Rabattierungen und Coupons mit ein, schließt aber Einmalzahlungen z. B. für ein individualisiertes Onboarding von B2B-Kunden aus.

Multiple	Multiplikator

Unter einem Multiple versteht man eine Kennzahl oder Bemessungsgröße, die auf ein bestimmtes „Vielfaches" einer anderen Kennzahl aufbaut. In der Unternehmensbewertung gibt es z. B. Umsatz- oder EBITDA-Multiples, die den Unternehmenswert als ein Vielfaches (z. B. 4,5) von Umsatz bzw. EBITDA darstellen. Manchmal werden diese Multiplikatoren auch anhand von Marktuntersuchungen bestimmt (**Market Multiples, Transaction Multiples**). Eine andere Multiple-Kenngröße ist der sog. Money Multiple, der auf simple Weise angibt, inwieweit ein Geldgeber sein Investment innerhalb einer gewissen Zeit „vervielfacht" hat.

Mutual Fund	Offener Investmentfonds

Ein Mutual Fund ist ein Investmentfonds, bei dem die Anleger die erworbenen Anteile oder Scheine jederzeit an den Emittenten zurückverkaufen oder sogar börslich handeln können. Hier spricht man diesbezüglich auch von offenen Fonds. Im Gegensatz dazu sind **geschlossene Fonds** meist an die Realisierung eines Projekts (z. B. Containerschiff, Immobilienentwicklung) gebunden und können vor Ende einer Laufzeit nicht wieder in Liquidität umgewandelt werden. Auch wenn es in Deutschland immer wieder einzelne Versuche gab, Startup Investing als eigene Anlageklasse innerhalb der Fonds-Landschaft zu etablieren, so gehören bis heute weder offene noch geschlossene Fonds zu nennenswerten Instrumenten der Startup-Finanzierung.

National Association of Securities Dealers Automated Quotations (NASDAQ)	-

Die National Association of Securities Dealers Automated Quotations, meist nur als NASDAQ bezeichnet, ist eine der bekanntesten Börsen in den USA und darüber hinaus eine der größten der Welt. Im Gegensatz zu anderen Börsen, wie z. B. der New Yorker Börse (NYSE), werden auf der NASDAQ die meisten Aktien elektronisch gehandelt und nicht durch einen persönlich vertretenen Handel auf einem Parkett. Insgesamt sind über 3000 Unternehmen an der NASDAQ gelistet, darunter viele bekannte Technologieunternehmen wie Amazon, Apple, Facebook und Google (jetzt Alphabet).

Net Operating Profit After Tax (NOPAT)	Jahresüberschuss nach Steuern (JÜ)

Net Operating Profit After Tax (NOPAT) bezieht sich auf den Gewinn eines Unternehmens, nachdem alle Steuern und andere betriebliche Kosten abgezogen wurden. Es ist ein wichtiger Indikator für die tatsächliche wirtschaftliche Leistung eines Unternehmens und gibt Auskunft darüber, wie viel Geld das Unternehmen wirklich aus seinen Geschäftstätigkeiten generiert.

Net Present Value (NPV)	Kapitalwert

Hinter dem Konzept des Net Present Value (NPV) steht die Idee, dass bei Investitionen und Darlehensvergaben, aber auch dazugehörigen Umsätzen und anderweitigen Rückflüssen solche Zahlungen, die heute oder in naher Zukunft erfolgen, mehr wert sind als diejenigen, die weiter in der Zukunft liegen. Um diesem Konzept Folge zu leisten, werden zur Berechnung des NPV eines Investments Zahlungsströme aus zukünftigen Jahren „abgezinst" (diskontiert), womit sowohl die Zeit bis zur Zahlung als auch deren Ausfallrisiko berücksichtigt werden. Verständlich wird dies, wenn man bedenkt, dass zukünftige Zahlungen nicht nur unsicherer sind, sondern dass einem auch ein entsprechender Zins einer Alternativanlage entgeht, die man mit „jetzigem Geld" hätte nutzen können (s. a. **Discounted Cash Flow, DCF**).

Net Profit (NP)	Nettogewinn

Der Net Profit, auch bekannt als Nettogewinn, gibt die Rentabilität eines Geschäfts oder Unternehmens an, bei dem vom Umsatz nicht nur die Materialkosten abgezogen werden (**Gross Profit**), sondern auch dazugehörige Personal-, Werbe-, Vertriebs- und Verwaltungskosten. Im Gegensatz zum **Net Income**, das für einen tatsächlichen bilanziellen Jahresüberschuss steht, verwendet man den Ausdruck Net Profit auch bei einfachen Berechnungen zu Gewinnermittlungen bei einzelnen Transaktionen, z. B. innerhalb der sog. **Unit Economics**.

Net Realizable Value (NRV)	Nettoveräußerungswert

Der Nettoveräußerungswert (NRV) ist der Wert eines Bilanzgegenstands oder einer Firma, den man realistisch geschätzt bei einem aktuellen Verkauf erzielen kann, abzüglich etwaiger Veräußerungs- und Transaktionskosten. Er dient als konservativer Wertansatz, um Vermögensgegenstände (z. B. Lagerware) einer Firma innerhalb der Bilanzierung realistisch zu bewerten, wobei hier jedoch systematische Zuschreibungen, d. h. Aufwertungen (s. a. **Step-up**, **Write-up**), i. d. R. nicht erlaubt sind (s. a. **Niederstwertprinzip**).

Net Worth	Reinvermögen

Mit dem Ausdruck Net Worth ist das Netto- bzw. Reinvermögen einer Firma oder Person gemeint, bei der vom Gesamtvermögen alle Verbindlichkeiten (wie z. B. laufende Kredite oder anderweitigen Zahlungsverpflichtungen) abgezogen werden. Während der Net Worth bei Aktienunternehmen durch das bilanzielle Eigenkapital (Shareholder Equity) bestimmt werden kann, wird der Begriff innerhalb der Abkürzungen **HNWI** (High Net Worth Individual) bzw. **UHNWI** (Ultra High Net Worth Individual) auch für Personen verwendet – hier meist jedoch nur mit symbolischem Charakter und nicht mit einer genaueren „Berechnung".

NINJA Loan	-

Ein NINJA Loan bezeichnet eine Kreditvergabe an eine Person (oder, erweitert, an ein Unternehmen), bei der (dem) eine Rückzahlung aufgrund der Vermögenslage eigentlich weder erwartet wird noch geleistet werden kann. Der Terminus NINJA bezieht sich dabei auf die Abkürzung von „No Income, No Job, and no Assets", steht aber auch für den Hasardeur-Charakter der Kreditvergabe. Dabei muss ein NINJA Loan nicht zwangsläufig mit einem Wucherkredit (engl. **Predatory Loan**) gleichgesetzt werden, sondern kann auch aus sozialer Solidarität oder staatlichen Unterstützungsprogrammen heraus entstanden sein.

Non-Solicitation Agreement	Abwerbeverbot

Ein Non-Solicitation Agreement ist eine Vereinbarung im Rahmen von Arbeits-, Beratungs- und Unternehmenskaufverträgen, die es einem Mitarbeiter, Partner oder Verkäufer untersagen, für einen gewissen Zeitraum Mitarbeiter des Auftraggebers oder des verkauften Unternehmens abzuwerben. Dies gilt bei Arbeitsverträgen allerdings i. d. R. nur bis zu einem Ausscheiden aus dem Unternehmen. Weitergehende Abwerbeverbote treffen, zumindest in Deutschland, geschützte Grundrechte und sind deshalb i. d. R. unwirksam bzw. unzulässig.

Non-Disclosure Agreement (NDA)	Geheimhaltungsvereinbarung

Eine Non-Disclosure Agreement (NDA), auch als **Confidentiality Undertaking**, Geheimhaltungsvereinbarung oder **Vertraulichkeitsvereinbarung** bezeichnet, ist ein Vertrag oder eine Klausel, der bzw. die i. d. R. im Vorfeld von Geschäfts- oder Arbeitsbeziehungen abgeschlossen wird und dazu dienen soll, über die Inhalte und damit evtl. verbundenen Geschäftsgeheimnisse (z. B. Produkt-Launches, Expansionsvorhaben) Stillschweigen zu wahren. Hier unterscheidet man zwischen einem „harten NDA", das bei einer Geheimnisweitergabe, aber z. B. auch bei Dokumentenverlust mit anschließendem Schaden eine automatische Vertragsstrafe (sog. Pönale) vorsieht, und einem „weichen NDA", der lediglich eine gerichtlich zu klärende Schadensersatzforderung nach sich zieht. Ungeachtet dieser Regelungen sollte allerdings bedacht werden, dass solche Schäden – wie auch der Geheimnisverrat – nachgewiesen werden müssen und dass aufgrund langer Verfahrenswege ein NDA auch eher als Akt der „Vertragshygiene" und gegenseitiger Vertrauensbeweis gesehen werden sollte denn als echtes „Drohmittel".

Off-Balance Sheet (OBS)	Außerbilanzielle Finanzierung

Unter Off-Balance Sheet werden Vermögensgegenstände (**Assets**) bzw. Finanzierungsformen verstanden, die nicht direkt in der Bilanz (**Balance Sheet**) auftauchen. Dazu gehört z. B. der Verkauf von Forderungen an ein **Factoring**-Unternehmen, Leasing-Aktivitäten sowie **Sale-and-Lease-Back**-Projekte z. B. im Immobilienbereich, bei denen man vorhandenes Vermögen an einen externen Verkäufer veräußert und anschließend „zurückmietet", um die Cash-Positionen im Unternehmen zu erhöhen. Ein anderes Ziel kann sein, größere finanzielle Risiken aus der Bilanz herauszutrennen und lieber „gegen Gebühr" an ein fremdes Unternehmen abzugeben. Dies spielt neben der oberflächlichen Kennzahlenoptimierung vor allem dann eine Rolle, wenn das Unternehmen mit Krediten behaftet ist, die bei Verschlechterung gewisser Risiken außerordentlich gekündigt werden könnten (s. a. **Covenants**).

Opportunity Cost	Opportunitätskosten

Opportunitätskosten sind die Kosten, die entstehen, wenn man eine bestimmte Handlung ausführt bzw. eine Entscheidung trifft und dabei eine andere unterlässt. Sie zeigen einem entgangene Gewinne auf, die durch den Verzicht auf eine bestimmte Alternative entstanden sind. Ein Beispiel für Opportunitätskosten sind

z. B. die Zinsen aus einer sicheren Anleihe, die einem Investor entgehen, wenn er stattdessen ein riskantes Investment in ein Startup tätigt. Ein anderes Beispiel sind entgangene Gehälter in der freien Wirtschaft, wenn sich ein Student entscheidet, nach dem Masterabschluss noch einen Doktortitel an der Universität zu erlangen.

Over-Indebtedness	(Bilanzielle) Überschuldung

Unter der Over-Indebtedness versteht man eine (bilanzielle) Überschuldung des Unternehmens, die besagt, dass die Finanz- und Lieferverbindlichkeiten der Firma das aktuelle Vermögen, gemessen am Eigenkapital, übersteigen. Nicht zu verwechseln ist diese Überschuldung mit einer echten Zahlungsunfähigkeit: Wenn ein Unternehmen bzw. Startup bei einem Bilanzwert von 5 Mio. € einen Kredit von 10 Mio. € zur Wachstumsfinanzierung aufnimmt, hat es sogar an Liquidität bzw. Zahlungsfähigkeit dazugewonnen. Nichtsdestoweniger gehören diese 10 Mio. € letzten Endes nicht dem Unternehmen, sondern dem Kreditgeber, weswegen die Schulden des Unternehmens von 10 Mio. € sein Vermögen von 5 Mio. € übersteigen. Gerade im deutschsprachigen Raum hat dieser Umstand große Bedeutung, da junge Startups ihre noch in der Entwicklung befindlichen Produkte in der Bilanz nicht geltend machen können, das Eintreten einer Überschuldung jedoch bei einer späteren Insolvenz erhebliche Auswirkung auf eine mögliche private Nachhaftung der Gründer für die Unternehmensschulden haben kann.

Overhead	Gemeinkosten

Mit dem Begriff Overhead werden Gemeinkosten bezeichnet, also solche Kosten, die allgemein innerhalb des Geschäftsbetriebs entstehen, aber nicht direkt einzelnen Produkten oder Produktgruppen zugeordnet werden können. Dazu gehören z. B. die Büromiete und Aufwendungen für die Mitarbeiterverpflegung, aber auch Versicherungsbeiträge oder Kosten für Personal-Software. Im Zuge des Remote Working können Startup-Gründer den Overhead mitunter erheblich reduzieren. Dennoch wird dieser in der Business-Kalkulation weiterhin häufig unterschätzt.

Payables	Verbindlichkeiten

Payables, zu Deutsch Verbindlichkeiten, steht für Geldbeträge, die ein Unternehmen noch an seine Lieferanten, Dienstleister oder andere Gläubiger zahlen muss. Dies können z. B. Verbindlichkeiten aus Lieferungen und Leistungen (**LuL**) von Zulieferern sein, Honorare für die Rechtsberatung, aber auch ausstehende Steuerbeträge. Im Gegensatz zu Schulden (Debt) stehen Payables für echte Zahlungen im alltäglichen Geschäftsgebaren, während der Ausdruck Schulden im Wirtschaftskontext eher für die Finanzierungsstruktur einer Unternehmung z. B. in Form von Bankkrediten steht.

Payments in Kind (PIK)	Sachleistung

Payments in Kind (zu Deutsch Sachleistung oder Naturallohn) beziehen sich auf eine Art von Zahlungen, bei denen die Schulden eines Unternehmens oder einer Person nicht in Cash, sondern in Form von Waren oder Dienstleistungen beglichen werden. Diese (unübliche) Variante bei der Begleichung von Finanzverbindlichkeiten tritt z. B. dann ein, wenn Unternehmen in einer finanziellen Notlage sind und ihre Ausstände nicht in bar bezahlen können, wohl aber durch die Abtretung fertiger Erzeugnisse (z. B. Baumaschinen). Ein anderes, im Startup-Kontext häufiger eintretendes Beispiel für Payments in Kind ist das sog. **Crowdlending**, wo Kreditgeber eines Startups bewusst über ein zukünftiges Produkt und nicht über Geldleistungen ausgezahlt werden möchten.

Penny Stocks	Kleinaktien

Penny Stocks sind Aktien, die für weniger als einen Dollar pro Aktie gehandelt werden. Sie gelten als hochriskant und haben oft nur geringe Liquidität. Daher werden sie oft nicht von den traditionellen Börsen gehandelt und haben eine geringere Transparenz. Im Startup-Bereich kann umgangssprachlich auch von Penny Stocks gesprochen werden, wenn die Rede auf eigene, schlecht performende Investments kommt.

Poison Pill	Giftpille

Die Poison Pill steht für Unternehmensstrategien zur Abwehr feindlicher Übernahmen, die dem Angreifer den Erwerb „bitter" machen sollen. Dazu gehören beispielsweise Mehrfachstimmrechte, Stimmrechtsbeschränkungen oder Kapitalerhöhungen mit Bezugsrechtsausschluss sowie Aktienerwerbsoptionen, die es den bestehenden Aktionären ermöglichen, bei einem Übernahmeversuch neue Aktien weit unter Marktpreis zu erwerben.

Ponzi Scheme	Schneeballsystem

Ein Ponzi Scheme, benannt nach dem amerikanischen Wirtschaftskriminellen Charles Ponzi aus den 1920er-Jahren, steht für eine Betrugsmasche, bei der Anlegern hohe Gewinne versprochen werden, die sich jedoch lediglich aus den Investitionen weiterer Anleger speisen, bis das System nach einer vermeintlich sehr erfolgreichen Phase zusammenbricht, wenn keine neuen Anleger mehr einsteigen. Diese im deutschen Raum Schneeballsystem genannte Form des Anlagebetrugs ist auch hundert Jahre nach ihrer Namensschöpfung noch eine gängige Masche und sorgt mindestens einmal pro Jahrzehnt für neue Betrugsopfer und Schlagzeilen.

Portfolio Companies	Portfolio-Gesellschaften

Unter einer Portfolio Company wird i. d. R. ein Startup oder eine Firma verstanden, das bzw. die sich (teilweise) im Besitz von Investoren befindet. Letztere verfolgen hier unterschiedliche Strategien: Während einige Investoren sog. **Portfolio-Cluster** bilden, bei denen mehrere Portfolio Companies innerhalb derselben Branche agieren, setzen andere ausschließlich auf singuläre Investments in Marktführer oder sog. Hidden Champions (s. a. **Kannibalisierung**).

Pro Forma Invoice	Proformarechnung

Eine Proformarechnung ist ein Beleg, der auf den ersten Blick wie eine Rechnung aussieht, jedoch meist nur zu Deklarationszwecken verwendet wird, z. B. zur Wertangabe beim Zoll. Manchmal wird eine Proformarechnung auch bei Bestellungen im B2B ausgegeben, um dem Käufer noch vor der endgültigen Rechnung (nach Lieferung) einen Beleg z. B. zur Vorauszahlung zu geben.

Pro rata	Anteilsgemäß

Pro rata steht als Ausdruck für Situationen, in denen mehrere Parteien gemäß ihren Stimmen oder Anteilen dasselbe Recht genießen. Im Startup-Bereich z. B. erhalten Altgesellschafter gelegentlich das Recht, beim Bezug neuer Anteile diese so zu zeichnen, wie es ihrer ursprünglichen Beteiligung entspricht, z. B. um einer **Verwässerung** vorzubeugen. Einen Sonderfall bezeichnet der Ausdruck **Pro rata temporis**, bei dem ein Geldbetrag gleichmäßig über mehrere Zeitabschnitte ausgezahlt wird.

Profit and Loss Statement (P&L)	Gewinn-und-Verlust-Rechnung (GuV)

Im Profit and Loss Statement (P&L), zu Deutsch Gewinn-und-Verlust-Rechnung, werden jährlich die Einkünfte und Aufwendung eines Unternehmens saldiert, um Auskunft über den tatsächlichen Unternehmenserfolg zu geben. Dabei spielen allerdings auch rein buchhalterische bzw. steuerlich relevante Posten wie Abschreibungen und Zinsen für Fremdkapital eine Rolle, sodass der Vergleichbarkeit halber das sog. **EBITDA** (Gewinn vor Zinsen und Steuern) für den tatsächlichen, bereinigten Unternehmenserfolg steht. Spricht man des Weiteren von der P&L-Verantwortung eines Managers, so bedeutet dies, dass er einerseits über eigene Budgets verfügt, die er andererseits über seinen Beitrag zum Unternehmensgewinn rechtfertigen muss. Das P&L Statement wird alternativ auch als **Income Statement** bezeichnet.

Pull-/Put-Option	-

Eine Pull- bzw. Put-Option ist ein Kontrakt, der dem Inhaber das Recht, aber nicht die Pflicht einräumt, einen Vermögenswert zu einem bestimmten Preis und Ausübungszeitpunkt zu kaufen bzw. zu verkaufen. Während der Begriff bzw. das Phänomen dahinter aus den Finanzmärkten stammt, wird er im Startup-Bereich oft innerhalb von **Anteilskaufverträgen** (**SPA**s) angewendet, wo Gesellschafter durch sog. **Tag-along Rights** das Recht haben, im Fall des Verkaufs eines Anteils an Dritte durch einen weiteren Gesellschafter ihre Anteile ebenfalls zum selben Preis mitzuverkaufen. Auch beim sog. **Vesting** oder Mitarbeiterbeteiligungen (**ESOP**) kommen derartige Optionen zum Einsatz.

Rate of Return Pricing (ROR)	-

Eine Rate of Return Pricing (ROR) entsteht, wenn Unternehmen bei der Bepreisung seiner Produkte von einer Zielrendite, z. B. 15 % auf das eingesetzte Kapital, ausgehen und dann entsprechende Preise festlegen. Damit setzt ein ROR-Verfahren – zumindest in der Theorie – weder bei den Herstellungskosten noch bei der Zahlungsbereitschaft der Kunden und auch nicht bei den Preisen der Konkurrenz an.

Rating	Bewertung

Ein Rating steht für eine offizielle und standardisierte Bewertung eines Unternehmens durch Dritte, meist in Verbindung mit seiner Kreditwürdigkeit. Sogenannte Rating-Agenturen wie Fitch, Moody's oder Standard & Poor's bewerten jedoch auch ganze Volkswirtschaften, um Anlegern von außen ein besseres Bild der Profitabilität und Liquidität zu geben.

Recapitalization	Rekapitalisierung

Unter einer Rekapitalisierung wird die Neuordnung einer Finanzierungsstruktur von Unternehmen verstanden, z. B. indem man in überschuldeten Unternehmen Darlehen in **Eigenkapital** oder **Mezzanine** wandelt.

| Receivables | Forderungen |

Receivables ist der englische Ausdruck für Forderungen aus Lieferungen und Leistungen (LuL) gegenüber Kunden, seltener auch gegenüber verbundenen Unternehmen (z. B. durch Ausleihung) oder gegenüber Gesellschaftern. Die Fähigkeit, Forderungslaufzeiten zu verkürzen (z. B. durch **Factoring** oder Skonto-Vergabe), ist ein elementarer Bestandteil des **Working Capital** bzw. Liquiditätsmanagements. Viele Startup-Gründer, aber auch manch andere Unternehmer vergessen dabei gern, dass Anzahlungsrechnungen gegenüber Kunden keine Forderungen darstellen, sondern im Gegenteil Verbindlichkeiten sind, die man tunlichst nicht verwenden sollte, um eine drohende Zahlungsunfähigkeit abzuwenden (s. a. **Insolvenzverschleppung**).

| Reporting | Berichtswesen |

Unter Reporting wird die (periodische) Geschäftsberichterstattung verstanden, die sowohl die „die öffentliche Berichterstattung" von Investoren oder Anlegern betrifft (s. a. **Investor Relations, Ad-hoc-Pflicht**) als auch das interne Reporting, z. B. die Auskunft über Projektentwicklungs- und Absatzerfolge. Wer an wen „reportet", ist dabei auch oft ein versteckter Hinweis auf implizite Unternehmenshierarchien bzw. ein Vertrauensbeweis der Geschäftsführung.

| Required Rate of Return (RRR) | Mindestrendite |

Die Required Rate of Return drückt eine Mindestrendite(-forderung) aus, die ein Projekt oder eine Unternehmung erzielen muss, um internen oder externen Renditeerwartungen zu entsprechen. Man findet RRRs folglich auch als interne Vorgabe von Vermögensverwaltungen, aber ebenso von CFOs, um innerhalb von F&E-Projekten oder dem Portfolio-Management Mindestvorgaben für die Weiterführung zu kommunizieren (s. a. **Sunsetting, Target Pricing**).

| Restriction of Transferability | Vinkulierung |

Unter Vinkulierung versteht man eine Vorschrift im Unternehmens- bzw. Gesellschaftsrecht, nach der die Eigner von Unternehmensanteilen, z. B. Aktien, in einem Register geführt werden und diese nur mit Zustimmung des Unternehmens an Dritte weiterveräußern können. Während im GmbH-Bereich die Anteilsinhaber durchweg im Handelsregister geführt werden, ist dies bei börsennotierten Aktiengesellschaften i. d. R. nicht der Fall, da Aktien unter anderem wegen ihrer leichten

Handelbarkeit erworben werden. Eine zusätzliche Vinkulierung durch eine Aktiengesellschaft macht dennoch Sinn, wenn z. B. bestimmte Anteilserwerber (etwa bei zerstrittenen Unternehmenserben) ausgeschlossen bzw. eine heimliche Übernahme verhindert werden soll.

Retained Earnings	Gewinnrücklagen

Die Gewinnrücklagen beziehen sich auf den Teil eines Jahresüberschusses, der nach Ausschüttung an die Anteilseigner im Unternehmen verbleibt (sog. Thesaurierung). Dieser kann z. B. bewusst für größere Investitionspläne oder Liquiditätspuffer verwendet werden. Das deutsche Aktiengesellschaftsrecht sieht des Weiteren auch eine gesetzliche Gewinnrücklage vor, in die so lange jedes Jahr 5 % des – evtl. korrigierten – Jahresüberschusses eingezahlt werden müssen, bis die Gewinnrücklage selbst 10 % des gesamten Stammkapitals beträgt.

Return on Assets (RoA)	Gesamtkapitalrentabilität (GKR)

Der Begriff Return on Assets (ROA) drückt als sog. Kapitalrendite aus, welchen Profit, angegeben in Prozent, ein Unternehmen aus seinen Vermögenswerten heraus schaffen kann. Dafür wird eine Erfolgskennzahl, z. B. der Jahresüberschuss, plus die gezahlten Zinsen auf Fremdkapital durch die Bilanzsumme geteilt. Die Zinsen werden in diesem Fall addiert, weil es darum geht, welche Rendite für Eigen- und Fremdkapitalgeber erzielt wurde. Logischerweise schwankt der ROA zwischen einzelnen kapital- oder anlageintensiven Branchen wie der Schwerindustrie und Branchen mit geringeren Bilanzsummen wie z. B. Unternehmensberatungen stark. Er kann innerhalb eines Branchenvergleichs jedoch gute Anhaltspunkte liefern, ob Unternehmen einen Teil ihrer Vermögenswerte „liegen lassen" oder sogar verkaufen sollten (s. a. **Sale-and-Lease-Back**).

Return on Capital Employed (ROCE)	Kapitalrendite

Der Return on Capital Employed (ROCE) drückt ähnlich dem Return on Assets (RoA) aus, welche Gesamtrendite ein Unternehmen für sämtliche Eigen- und Fremdkapitalgeber erzielt. Im Gegensatz zum RoA wird jedoch nicht die Bilanzsumme zur Berechnung herangezogen, sondern das von kurzfristigen, nicht zinstragenden Verbindlichkeiten sowie von Sichtguthaben und Kassenbeständen bereinigte Gesamtkapital. Damit wird klarer herausgearbeitet, welcher Teil des Kapitals in der Unternehmung wirklich „arbeitet" und die entsprechenden Renditen erzielt.

Return on Equity (ROE)	Eigenkapitalrendite (EKR)

Die Eigenkapitalrendite (Return on Equity, ROE) bemisst sich aus dem Verhältnis von Jahresüberschuss nach Steuern (**Net Profit**) und dem eingesetzten Eigenkapital (**Equity**). Sie ist eine der wichtigsten Kennzahlen, da sie mitteilt, wie erfolgreich Investments unabhängig vom Geschäftsmodell des Targets sind, und daher unterschiedliche Anlageformen vergleichbar macht. Parallel zur Rendite (**Return**) sollten dabei jedoch auch die unterschiedlichen Risiken und Haftungsgrundlagen verschiedener Anlagemöglichkeiten miteinbezogen werden.

Return on Invested Capital (ROIC)	Rendite auf das eingesetzte Kapital

Der Return on Invested Capital (ROIC) ist ähnlich wie der Return on Investment (ROT) und der Return on Capital Employed (ROCE) eine Erfolgskennzahl, bei der das Jahresnettoergebnis einer Firma in Relation zu den eingesetzten Mitteln gesetzt wird. Im Gegensatz zum ROI, der nur die eigenen Mittel in Relation stellt, und dem ROCE, der das Gesamtkapital minus kurzfristige Verbindlichkeiten und Liquidität verwendet, bezieht sich beim ROIC das eingesetzte Kapital (Invested Capital) auf das Kapital, das wirklich zur operativen Renditeerwirtschaftung eingesetzt wird. Anlagen in anderen Unternehmungen wie z. B. Wertpapiere oder Firmenbeteiligungen werden daher hier von der Errechnung des effektiven Kapitals abgezogen.

Return on Investment (ROI)	Investmentrendite

Der Return on Investment (ROI) ist eine häufig verwendete (Faust-)Formel, die darstellen soll, wie effektiv die eingesetzten Mittel, z. B. bei der Investition in ein Projekt oder auch eine Werbekampagne, einen Ertrag erwirtschaften konnten. Hierfür wird das Ergebnis (Return) durch die eingesetzten Mittel (Investment) geteilt und ergibt eine Rendite in Prozentform, ähnlich wie Zinsen oder Renditen auf Wertpapiere.

Revenue Split	Umsatzverteilung

Ein Revenue Split besagt, wie Erträge (engl. Revenues) unter Partnern aufgeteilt werden. Im Gegensatz zum **Revenue Share** gibt es dabei keinen dominanten Partner, der zunächst alles erhält und dem anderen etwas „abgibt", sondern eine

Aufteilung direkt nach dem Ertrag, wobei beiden Partnern ihr jeweiliger Split-Anteil zufließt.

Right of Collection	Einziehungsrecht

Mit dem Einziehungsrecht wird innerhalb eines Gesellschaftervertrags festgelegt, unter welchen Umständen Anteile von Gesellschaftern eingezogen werden können, was mit einer Löschung der entsprechenden Anteile gleichzusetzen ist. Eine Einziehung erfolgt meist bei heftigen Konflikten, die mit einer drohenden Schädigung der Gesellschaft einhergehen, und ist nur im Einzelfall möglich. Nachträgliche Änderungen im Gesellschaftervertrag, die einen solchen Mechanismus festlegen, sind übrigens nicht möglich und sollten daher vorab „in Friedenszeiten" besprochen werden.

Roadshow	-

Unter einer Roadshow wird die meist mit Reisetätigkeit und Vor-Ort Präsentation verbundene Vorstellung und Bewerbung von Investment Opportunities verstanden, so z. B. sukzessive Gespräche mit Banken und institutionellen Investoren im Rahmen eines **Börsengangs**.

Rules of Procedure	Geschäftsordnung (GO)

Mit der Geschäftsordnung (engl. Rules of Procedure) werden innerhalb sog. Kollegialorgane, z. B. Behörden, Unternehmen, Parteien, aber auch Vereinen und Parlamenten, allgemeine Vorgehensweisen zur Beschlussfassung geregelt. Sitzungen und Versammlungen des jeweiligen Gremiums haben nach der Geschäftsordnung abzulaufen, die z. B. Tagesordnungen, Abstimmungsvorschriften und jeweilige Stimmmehrheiten (**Quorum**) vorgibt. Hinsichtlich des Startup-Managements hilft es, bereits bei der Gründung eine (vorläufige) Geschäftsordnung festzulegen, um nachträglichen Streitereien, z. B. über Berichtspflichten oder Beschlussbefugnisse einzelner Gründer, vorzubeugen.

(Annual) Run Rate	-

Unter einer (Annual) Run Rate versteht man den prognostizierten Jahresumsatz eines Unternehmens, bei dem die monatlichen Umsätze (**Monthly Recurring Revenues**), ggf. ergänzt durch eine konkrete Wachstumsrate, mit dem Faktor 12 multipliziert werden. Eine **ARR** dient als Faustformel, in welche Umsatz-Größenordnung eine Firma in den nächsten 12 Monaten vorstößt, wobei saisonale

Schwankungen und steigende bzw. ausgeschöpfte Marketing-Budgets zumindest ideell miteinbezogen werden sollten.

Runway	-

Der Runway gibt in Monaten an, wie viel Zeit ein Startup noch hat, bis es „Out of Cash" ist. Hierfür wird der **Net Monthly Burn** (monatliche Ausgaben minus Umsätze) in Relation zur vorhandenen Liquidität gestellt. Generell sollten Finanzierungsrunden bei realistisch erwartbaren Umsätzen mindestens einen Runway von weiteren 18 Monaten erlauben, da ansonsten die Gründer ihre Kapazitäten viel zu schnell in ein neues Fundraising stecken müssen, statt sich um den Vertriebserfolg zu kümmern.

Shoot-out Clause	-

Sogenannte „Shoot-out Clauses" kommen dann zum Einsatz, wenn es bei Streitigkeiten im Gesellschafterkreis einer Firma zu gefährlichen Patt-Situationen kommt (sog. **Deadlocks**) und feststeht, dass (mindestens) eine von mehreren zerstrittenen Parteien gehen und ihre Anteile verkaufen muss (s. a. **Squeeze-out**). Derlei „Shoot-outs" sind demnach Lösungsansätze für Blockaden innerhalb des Eignerkreises und haben den Vorteil, dass die sonst mühselige Preisfindung für das „Hinauskaufen" eines Gesellschafters in einem speziellen Verfahren stattfindet. Bei der Variante „**Russian Roulette**", auch bekannt als „**Chinese Clause**", ist der Gesellschafter berechtigt, dem anderen Teil seine Beteiligung an der Gesellschaft unter Nennung eines bestimmten Preises zum Ankauf anzubieten. Der jeweils andere Gesellschafter steht nun (zwingend) vor der Wahl: Entweder nimmt er das Angebot an und kauft die Anteile zum genannten Preis oder er verkauft seine Beteiligung zum gleichen, bindenden Preis an den Anbietenden. Bei der Variante „**Texas Shoot'em**" ist der zweite Gesellschafter darüber hinaus berechtigt, dem anderen Gesellschafter neben dem Abkaufen von dessen Anteilen auch ein eigenes, höheres Angebot für den Kauf seiner Gesellschaftsbeteiligung unterbreiten. Das Angebot wechselt dabei in Form einer Auktion hin und her, bis der höchste Preis den Zuschlag erhält.

Spin-off	Ausgliederung durch Neugründung

Mit einem Spin-off bezeichnet man eine Ausgliederung in Form einer Neugründung (s. a. **NewCo**). Dies geschieht z. B. regelmäßig in Forschungsinstituten, wo kommerziell aussichtsreiche Forschungsvorhaben durch ein Spin-off rechtlich und gewerblich eigenständig werden. Aber auch Konzerne versuchen sich regelmäßig an Spin-offs, um erfolgreichen Business Units mehr Handlungsfreiraum und eine eigene bilanzielle Sphäre zu geben.

Squezze-out	-

Ein Squeeze-out ist ein rechtlicher Prozess, bei dem Gesellschafter einer Kapitalgesellschaft andere (meist Minderheits-)Gesellschafter aus dem Unternehmen drängen bzw. „herauskaufen". Während dies im Aktienrecht gut möglich ist, ist dieser Prozess für GmbHs nicht erzwingbar, sondern bedarf gesonderter Zustimmungen. Daher ist es gerade für Startups am Anfang der Gründung extrem wichtig, darauf zu achten, mit welchen Gesellschaftern sie sich „ins Bett legen" (s. a. **Cap-Table**).

Step-up	Aufstockung (des Buchwerts)

Unter einem Step-up wird die bilanzielle Aufwertung eines Vermögensgegenstandes verstanden, die im Gegensatz zum **Write-up** nicht im Rahmen einer Bilanzerstellung erfolgt, sondern als faire Wertanpassung im Rahmen eines Unternehmensverkaufs geschieht (s. a. auch **Asset Deal**). Dies kann z. B. durch eine nennenswerte Preissteigerung bei Produktionsmaterialien geschehen, die eine faire Neubewertung des Lagervermögens im Zuge des Verkaufs bedingen. Übrigens: Im Gegensatz zum entsprechenden Pendant des Write-down, also der Abschreibung von Betriebsvermögen, bezeichnet ein **Step-down** keine reguläre Abschreibung, sondern i. d. R. den Rücktritt eines Vorstands.

Subordinated Debt	Nachrangdarlehen, nachrangiges Fremdkapital

Unter Subordinated Debt, manchmal auch als **Junior Debt** bezeichnet, versteht man allgemein nachrangiges (engl. Subordinated) und unbesichertes Fremdkapital, das im Fall einer Insolvenz erst nach der Bedienung aller anderen Gläubiger (anteilig) zurückgezahlt wird. Auch Gesellschafterdarlehen (**Shareholder Loans**) oder Wandeldarlehen (**Convertible Loans**) sind i. d. R. als Subordinated Debt zu verstehen, mit dem Unterschied, dass es hier einer ausdrücklichen Formulierung im Darlehensvertrag bedarf, um nicht nur insolvenzrechtlich, sondern auch bilanziell als nachrangig zu gelten, was u. U. wichtig für den **Überschuldungsgrad** einer Firma sein kann.

Sunk Cost	Versunkene Kosten

Unter Sunk Cost versteht man Kosten im Sinne von Ausgaben, die ungeachtet zukünftiger Entscheidungen oder Entwicklungen eines Projekts unwiederbringlich sind.
Beispiele hierfür sind Kosten zur Erschließung eines Grundstücks oder für eine Mach-
barkeitsstudie bzw. Prototypenerstellung, die ungeachtet einer Entscheidung zu Abbruch oder Weiterführung des Projekts irreversibel verloren sind. Sunk Costs sollten
daher bei einer Pro-und-Kontra-Abwägung für einen weiteren Projektfortschritt ausdrücklich nicht einbezogen werden, wenn sie bereits verloren sind. Damit verhindert
man, dass trotz negativer Prognosen weitere Investments in ein schwieriges Projekt
gesteckt werden, weil man die hohen bereits verlorenen Beträge irgendwie „zurück-
holen möchte" (sog. **Sunk Cost Fallacy**). Der Volksmund sagt dazu auch: „Never
Throw Good Money After Bad" („Wirf schlechtem Geld kein gutes hinterher").

Tangible Asset Value (TAV)	Materieller Vermögenswert

Unter einem TAV versteht man den Wert eines materiellen Vermögensgegenstands (Asset), wie z. B. einer Immobilie oder eines Lieferfahrzeugs. Meist wird
der Begriff in Bewertungskontexten verwendet, um z. B. Steuerschätzungen auf
das betriebliche Immobilienvermögen abzugeben oder bei einem Firmenverkauf
das Vorratslager marktgerecht zu bepreisen.

Target Costing	Zielkostenrechnung

Unter dem Target Costing wird ein Ansatz verstanden, die Preisfindung bzw. interne Kostensetzung für ein Produkt oder eine Leistung vom „erlaubten Marktpreis" abzuleiten. Dieser kann z. B. durch Preise von Wettbewerbern, durch Bench-
marking oder durch Kundeninterviews „herausgefunden" werden. Die Idee des
Ansatzes besteht v. a. darin, anhand von Marktpreislimitationen zu eruieren, ob
und wie ein eigenes Angebot intern überhaupt erbracht werden kann. Target Costing liefert z. B. Entscheidungsgrundlagen für Markteintritte oder **Make-or-Buy**-
Strategien, bei denen es darum geht, ob eine Leistung selbst erstellt oder fremd-
bezogen werden soll.

Tax Shield	Steuerbegünstigung

Mit dem Ausdruck Tax Shield wird der Umstand beschrieben, dass bei Projekten oder Firmen mit Fremdkapitalfinanzierungen die darauf anfallenden Zinszahlungen i. d. R. von der Besteuerungsgrundlage des Unternehmens abgezogen
werden können und somit indirekt die Eigenkapitalrendite verbessern. Ein Beispiel
zur Verdeutlichung: Eine Unternehmung mit einem Volumen über 100.000 € wird
zu 80 % durch Fremdkapital und zu 20 % durch Eigenkapital finanziert. Während

der Kreditzins 6 % beträgt, werden pro Jahr 20.000 € Überschuss erwirtschaftet. Da die 6000 € für die Zinszahlung jedoch steuerlich abgezogen werden, müssen nur noch 14.000 € versteuert werden. Beträgt der Steuersatz 30 %, steigt die Eigenkapitalrendite auf 16 % (20.000 − (14.000 * (1 − 0,3)) / 100.000) statt 14 % (20.000 − (20.000 * (1 − 0,3)) / 100.000) bei reiner Eigenkapitalfinanzierung (s. a. **Leverage-Effekt**).

Term Loan	Endfälliges Darlehen

Ein Term Loan bezeichnet ein endfälliges und damit befristetes Darlehen, typischerweise mit einer Laufzeit zwischen 5 und 8 Jahren. Im Gegensatz zu laufenden Kredittilgungen wird beim Term Loan die Kreditsumme erst am Ende der Laufzeit zurückgezahlt, was die Liquidität des Kreditnehmers schont. Dafür gelten i. d. R. höhere Zinsen und ggf. eine **Rating**-Erfordernis, was den Term Loan in die Nähe von Anleiheinstrumenten rückt, nur dass dessen übliche Handelbarkeit entfällt.

Threshold	Schwellenwert, Grenzbereich

Unter einem Threshold versteht man einen Schwellenwert, unter oder über dem ein bestimmtes Ereignis ausgelöst wird. Beispiele hierfür sind z. B. automatisierte Käufe oder Verkäufe von Aktien ab einem bestimmten Wert, aber auch eine bestimmte Absatzmenge, die eine Firma erreichen muss, um die Gewinnschwelle (**Profitability Threshold**) zu erreichen (s. a. **Break-even**).

Tombstone	-

Ein Tombstone ist eine meist aus transparentem Acryl oder Hartplastik bestehende „Auszeichnung" für die Beteiligung bzw. den erfolgreichen Abschluss eines „Deals", z. B. einer Firmenübernahme oder eines Börsengangs. Auf ihm werden neben der betreffenden Firma auch alle wichtigeren „Zuarbeiter" namentlich aufgeführt, z. B. Investmentbanken, Anwaltskanzleien (Law Firms) und Transaction Servicers bzw. Beratungsunternehmen (Advisory Companies). Der Ausdruck Tombstones (dt. Grabsteine) stammt daher, dass solche „Pokale" irgendwann wie „Grabsteine" nebeneinander in einem Regal stehen und entsprechend verstauben.

Trade Sale	Strategischer Unternehmensverkauf

Ein Trade Sale bezeichnet einen Exit bzw. Firmenverkauf, bei dem der Käufer mit dem Erwerb neben reinen Renditeabsichten auch strategische Ziele verfolgt.

Diese können z. B. im Aufholen von Innovations- und Technologielücken liegen, in der Erschließung jüngerer Kundengruppen oder auch in der Ergänzung des eigenen Produkt- und Leistungsportfolios (s. a. **Vertikale Integration**).

Underwriter	Emissionsbank/Versicherungsträger

Unter einem Underwriter versteht man eine Vertragspartei bzw. Person (z. B. Mitarbeiter in einer Versicherung), die das Risiko eines Geschäfts bzw. Geschäftsausfalls gegen ein meist standardisiertes Honorar bewertet und übernimmt. Begleitet wird hier eine ganze Reihe von entsprechenden Transaktionen, die mit einem Ausfallrisiko behaftet sind, z. B. im Hypothekengeschäft, der Versicherungsbranche, im Aktienmarkt und anderen Finanzbereichen wie beispielsweise dem Handel mit Krediten.

Unit Economics	-

Unter den Unit Economics versteht man allgemein die Profitabilitätsanalyse der kleinsten, Gewinn erwirtschaftenden Geschäftseinheit einer Unternehmung (z. B. Business Unit, Profit Center). Im Startup-Bereich wird jedoch nicht selten auf eine einzelne Transaktion, z. B. einen singulären Shop-Einkauf, abgestellt. Hierfür wird der durchschnittliche Warenkorb (**Average Cart Value** oder **Average Order Value**) oder der **Annual Contract Value** herangezogen, von dem sowohl die Kundenakquisekosten (**Customer Acquisition Cost**, z. B. die Ausgaben im entsprechenden **Marketing Funnel** geteilt durch die Anzahl der Käufer) als auch die Einkaufs- oder Herstellungskosten abgezogen werden. Ziel ist es, nicht nur die Profitabilität einzelner Transaktionen in verschiedenen Kanälen zu errechnen, sondern auch Profitabilitätsschwellen anhand von optimierten Conversions oder steigender **Traction** zu prognostizieren.

Value-added Tax (VAT)	Umsatzsteuer (USt.)

Die Value-added Tax bezeichnet die Umsatzsteuer, die beim inländischen Verkauf in Verkehr gebrachter Ware anfällt. Während der gesonderte Ausweis der Umsatzsteuer im B2C-Bereich zwingend ist, wird diese im B2B oft weggelassen, da die VAT steuerneutral „durchgereicht" wird. Beim grenzüberschreitenden Kauf bzw. Verkauf von Produkten, gerade von Software, fällt oftmals keine Umsatzsteuer an, wenn der Käufer bzw. Verkäufer außerhalb der EU sitzt. Gründer sollten sich dennoch vorab über die einzelnen Regelungen informieren, da bei Steuerdelikten oft pauschale und überhöhte Forderungen seitens der Finanzämter gestellt werden, die neben dem Schaden bzw. Schrecken auch den Streitwert vor Gericht erhöhen.

Variable Cost	Variable Kosten

Variable Cost bezeichnen solche Kosten, die im Zusammenhang mit einer bestimmten Produktion (z. B. Limonadenherstellung) entstehen und sich mit der Produktionsmenge bzw. dem Beschäftigungsgrad verändern. Beispiele dafür sind z. B. Rohstoffkosten, Materialkosten (z. B. Verpackung), Hilfsmittel (z. B. Schmieröl), Akkordlöhne, Frachtkosten oder Provisionen. Das Herausrechnen dieser variablen Kosten und die daraus resultierenden Stückkosten sind essenziell, um die Rentabilität einer Firma bzw. die Deckungsbeiträge innerhalb der Produktion zu bestimmen. Hierfür werden meist auch Fixkosten (z. B. Miete für Fertigungshallen) bzw. Gemeinkosten (z. B. Administrationskoten) anteilig hinzugerechnet.

Wash Sale	Scheingeschäft

Unter einem Wash Sale wird das kurz hintereinander folgende Verkaufen und Zurückkaufen von Wertpapieren verstanden, um steuerliche Vorteile zu erzielen. Derlei Geschäfte, die letztlich Scheingeschäfte sind, gelten in den meisten Ländern als verboten. Ähnlich einem Wash Sale ist der sog. Wash Trade, bei dem ein Wertpapier gleichzeitig an mehrere (informierte) Käufer verkauft wird, um z. B. höhere Broker-Provisionen auszahlen zu können.

Weighted Average Cost of Capital (WACC)	Gewichtete Kapitalkosten

Unter Weighted Average Cost of Capital (WACC) versteht man einen Ansatz der Investitionsbewertung, bei dem der investierte Betrag nicht nur als Ganzes mit den erwarteten Renditen abgeglichen wird, sondern auch die jeweilige Mischung aus Fremd- und Eigenkapital berücksichtigt wird. Hintergrund ist, dass die Zinsaufwendungen für Fremdkapital beim steuerlich abzugsfähig gemacht werden. Dies mindert die gesamte Steuerlast des Unternehmens (sog. **Tax-Shield**), was wiederum den **Free Cashflow** erhöht, der an die Eigenkapitalgeber ausgeschüttet werden kann.

(Net) Working Capital (N)WC	(Netto-)Umlaufvermögen

Das Working Capital (WC) bezeichnet das Umlaufvermögen einer Firma und steht für all diejenigen Vermögensgegenstände (Assets) in einer Bilanz, die im laufenden Geschäftsbetrieb angekauft, eingenommen und wieder ausgegeben bzw. weiterverarbeitet werden. Dazu gehören Vorräte und Lagerware, aber auch Forderungen gegenüber Kunden sowie Bankguthaben und kurzfristig gehaltene Wertpapiere. Die Überwachung und Optimierung des Working Capital ist – gerade für Startups – deswegen so wichtig, da es mitunter wegen unterschiedlicher Einnahme- und Ausgabesituationen stark schwankt und als Indikator für die (kurzfristige) Liquidität der Firma auch Auskunft über eine (drohende) Zahlungsunfähigkeit und Insolvenzgefahr gibt. Das **Net Working Capital (NWC)** bezieht sich dabei vorrangig auf das Verhältnis der Forderungen (erwartbare Einnahmen) gegenüber den kurzfristigen Verbindlichkeiten (erwartbare Ausgaben) und gibt an, inwieweit letztere durch bereits erzielte Umsätze gedeckt sind.

Write-off/Write-up/Write-down	**(Bilanzielle) Zuschreibung/Abschreibung (AfA)**

Unter einem Write-off/Write-up/Write-down werden buchhalterische bzw. bilanzielle Wertänderungen von Gegenständen des Unternehmensvermögens bezeichnet. Während ein Write-off eine Totalabschreibung bezeichnet (z. B. einer defekten und irreparablen Produktionsanlage), sind mit Write-down bzw. Write-up Abschreibungen bzw. Zuschreibungen gemeint. Im allgemeinen Sprachgebrauch werden die genannten Ausdrücke meist für außerplanmäßige und nicht von einer AfA getragene Wertveränderungen verwendet.

Yield Curve	**Ertragskurve/Zinsstrukturkurve**

Eine klassische Yield Curve zeigt das Verhältnis von Laufzeit und jeweiligem Zinsniveau unterschiedlicher (Staats-)Anleihen. Typischerweise steigt der verlangte Zins (auch Kupon/Coupon genannt) mit der Dauer der Laufzeit. Im Unternehmens- bzw. Startup-Bereich kann man mit einer Yield Curve jedoch noch etwas anderes ausdrücken, denn als klassische Ertragskurve bildet sie den Gesamtumsatz über einen Zeitverlauf anhand der Parameter Kundenanzahl/verkaufte Produkte, Preis und Wachstum ab. In einem Tabellenkalkulationsprogramm kann man dies relativ einfach abbilden und erhält interessante, grafische Eindrücke über das Wechselspiel der Preis-/Mengenelastizität bei unterschiedlichen Wachstumsraten.

Z-Score	**Z-Wert**

Im Unternehmensbereich bezieht sich der Z-Score auf ein Modell zur Insolvenzprognose von Robert Altman aus dem Jahr 1968. Dieses Modell bezieht eine ganze Reihe von internen und externen Insolvenzfaktoren bzw. -variablen, wie z. B. die Entwicklung von Umsatz und Verschuldung, ein und gewichtet sie derart, dass durch eine Kettenmultiplikation eine (durch die Praxis validierte) Aussage zum jeweiligen Insolvenzrisiko getroffen werden kann. Während die eigentliche Formel und Berechnung mehr in die Forschung bzw. zu professionellen Rating-Agenturen gehört, können Startup-Gründer aus diesem Ansatz sehr viel lernen, indem sie die zugrunde liegenden Risikofaktoren für ihren Startup-Erfolg benennen und zu quantifizieren bzw. gewichten versuchen.

Zero-based Budgeting	-

Das Zero-based Budgeting ist eine Methode aus der Kostenrechnung, die bei der Budgetierung z. B. für bestimmte Projekte von null (Zero) ausgeht, statt auf vergangenen (Erfahrungs-)Werten aufzusetzen. Damit sollen alte Gewohnheiten, Privilegien und Kostenfallen aufgebrochen und Verantwortliche dazu gebracht werden, ihre Bedarfe neu zu verargumentieren.

Strategy & Product Development

2

Zusammenfassung

Vom Curiosity Approach bis zum Product Launch – wohl in keinem anderen Wirtschaftssektor sind Strategie und Product Management so eng miteinander verwoben wie im Startup-Bereich. Das liegt zum einen daran, dass sich Gründer*innen – ganz anders als Konzern-Manager*innen – ein Dasein im Elfenbeinturm nicht lange leisten können. Zum anderen ist es aber gerade auch der Selbstanspruch von Startups, näher am Kunden zu sein und schneller die besseren Lösungen zu liefern. Unzählige Pleiten im Gründungsbereich zeigen jedoch, dass Theorie und Praxis oft auseinanderdriften. Der Ansatz des Customer Development, Produkte von Anfang an gemeinsam mit dem Kunden zu entwickeln, oder das GOOB (Get Out of the Building)-Prinzip werden hierzulande immer noch stiefmütterlich behandelt. Dies ist fatal – denn nur diejenigen Startups, die ihren Product Market Fit weder auf eine Strategie noch auf das Produkt, sondern ausschließlich auf den Kunden ausrichten, werden langfristig Erfolg haben.

Acceptance Criteria	Annahmekriterien, Abnahmekriterien

Unter Acceptance Criteria versteht man einen Katalog von Funktionalitäten, die bei einer Produktentwicklung (oder einzelnen Teilschritten) erfüllt sein müssen, damit ein Product Owner bzw. die Nutzer das Produkt „annimmt". Diese Funktionalitäten sind i. d. R. in einfacher Sprache verfasst und können z. B. lauten: „Um ein Formular absenden zu können, müssen die Pflichtfelder ausgefüllt sein. Die Daten aus dem Formular werden in der Registrationsdatenbank gespeichert."

© Der/die Autor(en), exklusiv lizenziert an Springer Fachmedien Wiesbaden GmbH, ein Teil von Springer Nature 2025
M. Grumbach, *Das große Startup-Dictionary*,
https://doi.org/10.1007/978-3-658-46586-5_2

Active Users (AU)	Aktive Nutzer

Die Zahl der Active Users gibt an, wie viele Personen in einem Zeitabschnitt ein Produkt/eine App wirklich mit einer Interaktion nutzen (z. B. im Gegensatz zu absoluten Download-Zahlen). Dabei wird zwischen **MAU (Monthly Active Users)**, **WAU (Weekly Active Users)** und **DAU (Daily Active Users)** unterschieden. Stellt man diese Zahlen gegenüber, z. B. DAU gegen MAU, bekommt man ein gutes Erstgefühl für das konkrete Wachstum einer Nutzerbasis: Ein Schwellenwert zwischen 0,15 und 0,02 gilt als Erfolgskriterium. Allerdings lassen sich auch diese Zahlen manipulieren: Macht man eine Aktivität an einer konkreten **Conversion** fest, lässt dies i. d. R. die AU-Zahlen schrumpfen, während ein reiner Anmeldevorgang für bessere Zahlen sorgt. Gründer sollten sich daher ehrlich fragen, ab wann sie ihre Nutzer wirklich als „aktiv" sehen.

Add-On	-

Als Add-on kann man eine Art Hilfs- oder Komplementärprodukt verstehen, das auf ein anderes, meist sehr bekanntes Produkt aufsetzt, um vom Start weg eine große potenzielle Nutzerbasis zu erreichen. Bekannte Beispiele sind z. B. bestimmte Add-on-Tools für Browser (z. B. Website-Recording), aber auch Analyse- und Planungs-Tools für Social Media, die auf etablierten Plattformen „aufsetzen". Damit ist Add-on nicht nur eine Produktkategorie, sondern auch eine Geschäfts- und Exit-Strategie, die nicht selten darauf abzielt, vom „großen Tandempartner", z. B. Salesforce oder Facebook, gekauft zu werden.

Affinity Diagram	Affinitätsdiagramm

Das sog. Affinity Diagram ist ein Element des Brainstormings und ein Kreativitätswerkzeug, das helfen soll, am Anfang eines Prozesses möglichst viele Aspekte und Ideen zuzulassen, die erst im Nachhinein gruppiert und geordnet werden. Dafür bedient man sich häufig sog. Post-its, die in einem Gruppenmeeting mit einzelnen Begriffen, Aspekten und Zusammenhängen beschrieben und an einem Board befestigt werden. Dies findet assoziativ und nichtwertend statt. Erst in einem zweiten Schritt werden diese „Post-it"-Cluster in Form gebracht und dienen als Grundlage für erste formalisierte Prozesse.

Agile Organisation	-

Eine agile Organisation entsteht, wenn Arbeitszuweisungsmodelle, Werte und Methoden in einer Firma nach agilen Prinzipien agieren. Während agile Organisationen vor allem auf Selbstorganisation und flexible Hierarchien setzen, zählen zu den agilen Werten beispielsweise Commitment, Fokus, Offenheit und Experimentierfreude. Den agilen Methoden, wozu etwa **Scrum, Kanban, Design Thinking** und der **Lean-Startup**-Ansatz gehören, ist übergreifend gemein, dass sie anstelle von Perfektion und starren Hierarchien auf adaptive Prozesse, iteratives Vorgehen mit kleinen Zwischenzielen und eine lebendige Diskussionskultur mit offenem Feedback setzen.

Aikido	-

Aikido steht im Startup-Kontext für ein Geschäftsmodell, bei dem wie in der japanischen Kampfkunst nicht mit Stärke und Konfrontation, sondern mit Geschick und Überraschungsmomenten auf den bestehenden Wettbewerb reagiert wird. Dadurch können direkte und ressourcenintensive Kämpfe um Marktanteile vermieden und durch eine konträr zu existierenden Vorstellungen platzierte Geschäftsidee „wettbewerbsfreie" Zonen geschaffen werden. Beispiele sind u. a. der Cirque du Soleil, der als Zirkus vollständig auf Tiere verzichtete, oder die Spielekonsole Nintendo Wii, die sich durch Größe, Bedienkonzept und Spieleangebot völlig vom bis dato existierenden Konsolenmarkt abhob.

Alpha/Beta Testing	Alpha-/Beta-Test

Unter Alpha- bzw. Beta-Tests versteht man Abschnitte innerhalb einer Produktentwicklung, in denen Produkte wie z. B. Software durch das Ausprobieren sog. **Alpha Tester** bzw. Beta Tester einem allgemeinen Akzeptanz- und Qualitätstest unterzogen werden. Während (Early) Alpha eine Phase bezeichnet, in der ein Produkt noch nicht fertig entwickelt ist und i. d. R. von internen, aber auch projekt- bzw. bereichsfremden Mitarbeitern geprüft und benutzt wird, steht (Early) Beta für eine Nutzung und Testung von firmenfremden Endnutzern, die sich z. B. aus sog. **Heavy Users** rekrutieren (s. a. **Customer Development**). Hinweis: Bei Alpha-/Beta-Tests handelt es sich nicht um sog. A/B-Tests, die eine anderweitige Funktion haben.

Amazon Method	-

Unter der „Amazon-Methode" versteht man eine „rückwärts gedachte" Produktentwicklung, bei der man einen offiziellen **Product Launch** imaginiert,

der Produkt, Marke bzw. Markenkommunikation und entsprechende Presse-
kampagnen beinhaltet. Dadurch soll der oft komplexe Entwicklungsprozess radikal aus Sicht des Endnutzers heraus gestaltet werden, welcher Wert auf Einfachheit
des Produkts, Kompaktheit der Markenbotschaft sowie einen klar verständlichen
Produktnutzen (s. a. **Added Value, Sales Proposition**) legt.

Annual Contract Value (ACV)	Jährlicher Vertragswert

Unter einem Annual Contract Value (ACV) wird der monetäre Wert bzw. Um-
satzbeitrag eines einzelnen Kundenvertrags verstanden. Der ACV ist mit den Kundenakquisekosten (**CAC**) und der **Churn Rate** ein wichtiger Bestandteil, um den
sog. **Customer Lifetime Value** (**CLV**) auszurechnen. Generell gilt die Faustformel: Je höher der Preis eines einzelnen Vertrags, desto geringer die Conversion
bzw. die Vertriebskosten im Sales-Prozess und desto höher die Churn Rate. Daher
werden hohe ACVs i. d. R. eher im B2B-Bereich zu finden sein, während im
standardmäßigen B2C auf geringere Vertragswerte zu geringeren Akquisitions-
kosten gesetzt wird.

Auction (Auc)	Auktion/Versteigerung

Der Ausdruck Auction sei hier als Form eines Geschäftsmodells verstanden, bei
dem für ein Produkt oder eine Leistung kein fester Preis gesetzt, sondern unter
mehreren Interessenten an denjenigen verkauft wird, der die höchste Zahlungsbereitschaft zeigt. Im Gegensatz zu landwirtschaftlichen Auktionen oder Im-
mobilienversteigerungen ist im digitalen Business die Auction meist mit gewissen
Spannungs- oder Unterhaltungsfaktoren verbunden (s. a. **Gamification**). Relevante Anbieter verdienen ihr Geld daher meist nicht mit selbst versteigerten Produkten, sondern mit der Bereitstellung entsprechender Plattformen.

Back-End	-

Das Back-End steht für solche Bereiche in Software-Anwendungen, die dem
Nutzer auf Administratorebene nicht zugänglich sind, wie z. B. Datenbanken oder
Schnittstellen, aber auch Hardware-Verknüpfungen. Demgegenüber steht der sog.
Front-End, das meist über ein einfacheres User- bzw. Interface-Design verfügt
und die direkten Bedienung durch (private) Nutzer erlaubt. Selbstredend gibt es
zwischen Front-End und Back-End eine Vielzahl von Berührungspunkten und
Überschneidungen, beispielsweise in Form einer Datenbankabfrage über das User

Interface, welche dann über das (dem Nutzer unzugängliche) Back-End beantwortet wird.

Backlog Grooming	-

Backlog Grooming, auch Refinement genannt, stellt ein wichtiges Element innerhalb der Scrum-Methodik dar und steht für eine regelmäßige Pflege des Backlogs, um Items, User Stories und weitere Elemente neu zu ordnen, zu ergänzen und ggf. auch Prioritäten und geschätzten Aufwand zu aktualisieren. Dieses Grooming (dt. Pflege) hilft, Entwicklungsprozesse sowie die dazugehörigen Ziele und Ressourcen laufend „gepflegt" zu halten.

Balanced Scorecard (BSC)	-

Die Balanced Scorecard steht für ein – mittlerweile breit angewendetes – Verfahren, bei dem traditionelle Finanz- und Erfolgskennzahlen eines Unternehmens mit weiteren nichtfinanziellen Kennzahlen verknüpft werden, um die Unternehmensstrategie umfassender und weniger einseitig erfassen und weiterentwickeln zu können. Hierfür werden der Finanzperspektive drei weitere (gleichwertige) Perspektiven hinzugefügt, nämlich Prozesse, Lernen und Kunden. Alle dieser Dimensionen oder Perspektiven werden ihrerseits in die vier Elemente „Ziele, Kennzahlen, Vorgaben und Maßnahmen" aufgebrochen, um durch Entwicklung, Verzahnung und Kontrolle dieser Elemente und Perspektiven einen holistischen und kontinuierlichen Entwicklungs- und Strategieprozess innerhalb der Firma anzustoßen.

Barriers to Entry/Barriers to Competition	Markteintrittsbarrieren

Unter den Barriers to Entry versteht man allgemeine Hürden, die ein Startup, aber auch mögliche neue Wettbewerber daran hindern, ohne Weiteres in einen Markt einzudringen. Dies kann wirtschaftliche, rechtliche, psychologische oder technische Gründe haben, z. B. besonders hohe Kapitalintensität (z. B. Autoproduktion), hohe Regulierungsauflagen (Banksektor), drohende Kundenreaktionen (Waffenindustrie) oder besondere Patent-Standards (z. B. Spezialchemie). Ein hoher Barrier to Entry stellt somit nicht nur eine Abschreckung für die eigene Firma, sondern möglicherweise auch für Nachahmer dar, was im Gegenzug leichter zu renditeträchtigen Oligopol-Situationen führen kann.

Barter	Tauschhandel

Bei Barter-Geschäften werden Güter nicht mit Geld, sondern im Tausch mit anderen Waren (manchmal auch Leistungen) bezahlt. Beispiele sind wohltätige Tauschbüchereien, aber auch „Klavierunterricht gegen Äpfel". Im Zuge der Nachhaltigkeitsökonomie, aber auch im Rahmen von Hyperinflationen spielen Barter-Geschäfte eine große Rolle. Startups, die solche Geschäftsmodelle systematisieren wollen, müssen sich jedoch oft auf Hürden der Steuerbehörden einstellen, denen Barter-Geschäfte als mögliche Grundlage für Einkommens- und Umsatzsteuerbetrug regelmäßig ein Dorn im Auge sind.

BCG Matrix	-

Die sog. BCG-Matrix ist ein betriebswirtschaftliches Tool zur Ableitung von Investitionsstrategien innerhalb des eigenen Produktportfolios, aber auch zur Einordnung des eigenen Angebots(erfolgs) unter vergleichbaren Konkurrenzprodukten. Hierfür werden in einer Vier-Felder-Matrix sowohl der eigene Marktanteil als auch das allgemeine Marktwachstum abgebildet, um einerseits Chancen und Stärken der eigenen Produkte abzubilden (z. B. Marktführerschaft in einem kleinen, aber stark wachsenden Markt), andererseits aber auch bevorstehende Produktbeendigungen einzuleiten (s. a. **Sunsetting, Product Lifecycle**). Anhand der vier Felder ergeben sich demnach vier Kategorien, nämlich geringer Marktanteil in stark wachsenden Märkten (sog. Question Marks), starker Marktanteil in stark wachsenden Märkten (Stars), starker Marktanteil in Märkten mit geringem Wachstum (Cash Cows) sowie kleiner Marktanteil in Märkten mit geringem oder sinkendem Marktvolumen (Poor Dogs). Während sich die BCG-Matrix in den 90er-Jahren großer Beliebtheit erfreute und durchaus komplexere Grundlagen hat, als es die einfache Darstellung nahelegt, ist sie heute jedoch hauptsächlich zur „Abrundung" eigener strategischer Überlegungen im Einsatz.

Benchmark	Vergleichsgröße, Richtwert

Benchmarks sind Richtwerte bzw. Leistungsziele, die aus einem Vergleich mit Wettbewerbern oder Best Practices stammen. An ihnen werden Leistungen oder Vorgaben gemessen. Während **Milestones** vergleichsweise eher operativen Zielen dienen, ist ein Benchmark hauptsächlich als „Vorbildfunktion" zu verstehen, woraus sich dann interne Milestones im Rahmen der Zielerreichung ergeben.

Big Hairy Audacious Goal (BHAG)	-

Ein Big Hairy Audacious Goal (BHAG), ausgesprochen „Bee-Hag", steht für ein (nicht selten übertrieben) großes und kühnes Ziel, das Startups als übergeordnete Vision ausrufen. Ein Beispiel kann sein: „Wir werden das Coca-Cola für Milchmischgetränke." Ziel ist es, sich selbst und den Mitarbeitern ein motivierendes Leitbild zu geben, das über den regulären Alltagsrahmen hinausreicht.

Bill of Materials (BOM)	Materialliste/Stückliste

Eine Bill of Materials gibt detailliert an, welche Bauteile zur Fertigung eines bestimmten Produkts bzw. Produktbestandteils benötigt werden. Damit ist sie nicht nur eine genaue Anleitung für die Materialbeschaffung bei der Vor- bzw. Endmontage, sondern dient auch als (ERP-basierte) Schnittstelle zwischen Einkauf, Lagerlogistik, Buchhaltung und Qualitätskontrolle. Gerade innerhalb der Produktentwicklung helfen genaue BOMs, sowohl die Herstellungskosten als auch die Entwicklungs- und Beschaffungskomplexität einer späteren Serienfertigung zu prognostizieren (s. a. **Target Costing**).

Bleeding Edge	Aktuellste Technik

Mit dem Begriff Bleeding Edge werden – sofern es sich nicht um reine Marketing-PR handelt – Technologien umschrieben, die eine radikale Innovation beinhalten, aber noch nicht umfassend getestet sind. Beispiele hierfür sind neuartige Chipsätze, kabellose Übertragungsprotokolle oder (seltener) Medikamente für seltene Erkrankungen, die zur Zulassung weiterer freiwilliger Patientenstudien bedürfen. Dementsprechend werden Bleeding Edge-Technologien häufig mit einem Alpha bzw. Beta Testing kombiniert und bei einem späteren Markteintritt als **Cutting Edge** definiert.

Bottom-Up	-

Der Begriff Bottom-up stammt aus der Planungstheorie und bezeichnet einen Management- bzw. Projektansatz, der im Gegensatz zum **Top-down**-Ansatz von „unteren Ebenen" (Bottom) ausgeht und nach „oben" verläuft. Mit „oben" kann dabei eine höhere Hierarchiestufe gemeint sein, aber auch ein höherer Abstraktionsgrad. Gerade in der agilen Produktentwicklung wird der Bottom-up-Ansatz häufig angewendet, da die Kontaktpunkte mit Nutzerfeedback (s. a. **Customer Development**) wie auch das Bewerten und Iterieren nur wenig „Betrachtung von oben" zulassen. In größeren Unternehmen, z. B. Spiele- oder Filmentwicklern, setzt man zusätzlich auch oft auf sog. Gegenstromverfahren: Entwickler und Autoren auf der „Bottom-Ebene" probieren eigene Ideen aus, während die Top-Führungsebene größere Trends und Ziele kommuniziert.

Brainstorming	-

Brainstorming ist eine populäre Technik, um innerhalb einer Gruppe von mehreren Menschen neue Ideen und Lösungswege für Probleme und Anforderungen zu finden. Dabei ist eine der Grundregeln, die Einfälle anderer nicht zu kritisieren, sondern im Zweifelsfall weiter kreativ zu bearbeiten. Während der sog. Brainstorming-Sitzungen gibt es zwar einen bestimmten Fokus auf ein Thema, die TeilnehmerInnen werden jedoch bewusst dazu angehalten, auch ungewöhnliche und kühne Ideen zu äußern.

Business Model	Geschäftsmodell

Das Business Model stellt den Kern jeder Unternehmung dar und beinhaltet, mit welchen Produkten oder Leistungen man in welchen Märkten auf welche Art Geld verdienen möchte. Insofern gibt es nicht nur Auskunft über das Angebot, sondern auch über Kunden u. v. a. Vertriebswege sowie Preis- bzw. Zahlungsmodelle. Bereits kleinere Änderungen bestehender Geschäftsmodelle, z. B. die Umstellung von Kauf auf Miete, können in manchen Bereichen ein neues Geschäftsmodell oder einen neuen Zielmarkt erschaffen. Ein Werkzeug hierfür ist der sog. **Business Model Canvas**, in dem die „Knotenpunkte" eines erfolgreichen Geschäftsmodells auf systematische Weise strukturiert werden können.

Business Model Canvas (BMC)	-

Das Business Model Canvas (BMC) ist ein Werkzeug, mit dem Startups bzw. Gründerteams ihr Geschäftsmodell entwerfen, analysieren und validieren können. Dafür wird in einer Art Matrix das Geschäftsmodell in die Felder Kundensegmente, Wertversprechen, Kanäle, Kundenbeziehungen, Umsatzströme, Schlüsselressourcen, Schlüsselaktivitäten, Schlüsselpartnerschaften und Kostenstrukturen aufgeteilt, die jeweils definiert u. v. a. aufeinander abgestimmt werden müssen. Es lohnt sich, hier zusätzlich auch einen Blick auf mögliche Preissetzungen und benötigte Mindestumsätze zu werfen, um zusätzlich eine quantitative Perspektive eröffnen.

Business Model Innovation (BMI)	Geschäftsmodellinnovation

Die Business Model Innovation (BMI) ist ein laufender Prozess, bei dem bestehende Geschäftsmodelle auf ihre Zukunftsfähigkeit und wahren Ertragspotenziale getestet und weiterentwickelt, manchmal aber auch „eingerissen"

werden. Dabei werden bestehende Modelle hinsichtlich ihrer Einzelelemente
(z. B. Kundengruppen, Produkte etc.) „zerteilt" und mit fremden Elementen,
z. B. aus der Trendforschung, durchmischt. Ziel ist es dabei, durch bewusst hervor-
gerufene Brüche einerseits alte Denkmuster aufzubrechen, andererseits auch durch
skurrile „Matches" interessante Innovationsmöglichkeiten aufzudecken.

Business Plan (BP)	Businessplan (BP)

Ein Businessplan ist ein Dokument, in dem die Kernpunkte eines geschäftlichen
Vorhabens beschrieben werden. Dazu gehören das Leistungsangebot, das Gründerteam, der Kernmarkt und die dazugehörigen Zielgruppen, zudem ein Konzept zur
Finanzierung sowie ein Milestone-Plan. In der Regel werden diese Elemente noch
durch einen Excel-basierten Finanzplan ergänzt, der – meist innerhalb eines
3-Jahre-Zeitraums – Aussagen über prognostizierte Umsätze sowie Kosten und
(Anfangs-)Investitionen erlaubt.

Business to Business (B2B)	-

Business-to-Business (B2B), auch B-to-B genannt, bezeichnet Geschäfte bzw.
Geschäftsmodelle zwischen gewerblichen Unternehmen, z. B. die Erstellung von
Software für Personalbuchhaltung oder den Verkauf von Waren an den Einzelhandel. B2B-Modelle zeichnen sich meist dadurch aus, dass die potenzielle Abnehmer-
zahl des eigenen Angebots kleiner ist, dafür deutlich höhere Umsätze mit einem
einzelnen Kunden erzielt werden (s. a. **ARPA**). Dies sorgt i. d. R. auch für geringere Streuverluste beim Marketing, während der **Added Value** beim B2B-Kunden
im Gegensatz zu privaten Konsumenten klar auf quantifizierbare Nutzen- bzw.
Effizienzgewinne abzielen muss.

Business to Business to Consumer (B2B2C)	-

B2B2C steht für Business-to-Business-to-Consumer und bezeichnet Geschäftsmodelle, in denen Unternehmen anderen Firmen Leistungen anbieten (**B2B**), die
letztlich zur Stärkung eines Endkundengeschäfts (**B2C**) dienen. Beispiele sind hy-
bride Verkaufsplattformen für Anbieter regionaler Produkte, Zahlungsdienst-
leistungen sowie Software-Tools für bessere Kundenbindung.

Business to Consumer (B2C)	-

Der Begriff Business-to-Consumer (B2C), auch B-to-C genannt, bezieht sich auf Geschäfte bzw. Geschäftsmodelle zwischen Unternehmen und Endverbrauchern bzw. Privatnutzern. Typische Branchen sind Textilien, Lebensmittel oder Kosmetika, wobei es für die Definition unerheblich ist, ob diese über weitere gewerbliche Partner wie den Einzelhandel verkauft werden. Für die meisten Gründer ist der B2C-Bereich auf den ersten Blick auch durch die höhere Marken-Empfänglichkeit der Kunden attraktiv. Spätestens beim Einbeziehen von Lieferanten und Vertriebspartnern wird jedoch deutlich, dass die Produkte auch relativ nüchternen Berechnungen standhalten müssen.

Business to Government (B2G)	-

Business-to-Government (B2G) ist der Ausdruck für Geschäftsmodelle, in denen spezifische Unternehmensleistungen für Regierungen oder staatliche Institutionen angeboten werden. Beispiele sind die Entwicklungen von Apps für die Pandemiebekämpfung oder von Cybersecurity (bzw. Spionage)-Software für nationale Sicherheitsbehörden.

Cannibalization	Kannibalisierung

Von Kannibalisierung spricht man, wenn (meist) zwei Produkte innerhalb eines Portfolios, aber auch zwei Bereiche innerhalb einer Firma oder zwei Wettbewerber in einem Markt beginnen, sich „gegenseitig zu fressen", womit gemeint ist, dass aufgrund einer begrenzten Nachfrage langfristig nur einer überleben wird. Dies kann manchmal auch gewünscht sein, z. B. wenn zwei Abteilungen später zusammengelegt werden sollen oder ein Produkt mittelfristig auslaufen soll (s. a. **Sunsetting**).

Cash Machine	-

Unter „Cash Machine" versteht man einen Ansatz für ein Geschäftsmodell, bei dem Kunden im Voraus für Ware bezahlen, bevor sie produziert wird. Diese Strategie macht den Absatz planbar und verbessert deutlich die Liquidität im Unternehmen. Gründer*innen sollten sich jedoch im Klaren darüber sein, dass derartige Anzahlungen bilanziell und handelsrechtlich als Verbindlichkeiten gelten, d. h., das Geld gehört erst dann der Firma, wenn die dafür geforderte Leistung (z. B. Ware) erbracht und ausgeliefert wurde. Dies ist insofern wichtig, weil z. B. beim **Crowdfunding** viele Vorbestellungen und Anzahlungen für Produkte „aus der Zukunft" eingehen. Wenn das Unternehmen dann, z. B. aus technischen Gründen, nicht liefern kann, haften die Gründer evtl. persönlich, wenn die Anzahlungen anderweitig, z. B. für Personalaufwendungen, verwendet wurden.

Churn Rate	Fluktuationsrate

Die Churn Rate, ein Kofferwort aus „Change" (dt. Wechsel) und „Turn" (dt. Abkehr), ist ein Indikator, wie viel Prozent der vertraglich angeworbenen Kunden nach einer gewissen Zeit (i. d. R. ein Monat, ein Quartal oder ein Jahr) wieder „verloren" gehen, indem sie die Produkte oder Services nicht (mehr) nutzen. Sie sagt nicht nur etwas über das Netto-Wachstum des Unternehmens aus, sondern v. a. auch darüber, ob es ungeachtet hoher Marketing- und Vertriebsbudgets einen ausreichend hohen Product Market Fit bzw. ein angemessenes Pricing gibt und wie es um die generelle Kundenzufriedenheit steht.

CIRCLES Method	-

Die CIRCLES-Methode ist ein Framework innerhalb des **Product Development**, das dort insbesondere für Design-Fragen genutzt wird und helfen soll, Struktur in die Entwicklung zu bringen. Dabei stehen die Buchstaben CIRCLES für sechs essenzielle Fragen bzw. Aufgaben: Comprehend the Situation (dt. „erfasse die Situation"), Identify the Customer (dt. „identifiziere den Kunden"), Report the Customer's Needs (dt. „erfasse die essenziellen Kundenbedürfnisse"), Cut Through Prioritization (dt. „reduziere durch Priorisierung"), List Solutions (dt. „liste die Lösungen auf"), Evaluate Tradeoffs (dt. „wäge Kompromisse ab"), Summarize Recommendation (dt. „fasse die Lösung zusammen").

Clone	Klon

Ein Clone bezeichnet eine Eins-zu-eins-Kopie eines Produkts, einer Website oder eines Geschäftsmodells. Der Ausdruck, der eigentlich aus der Genetik stammt, soll ausdrücken, dass es der Kopie an einer eigenen „DNA" bzw. Individualität fehlt. Während das Klonen von Webseiten zum Zweck der Effizienzsteigerung, z. B. bei mehreren Landing-Pages, ein normaler Vorgang ist, verstößt das Klonen von Produkten oft gegen geltendes Gesetz. Nichtsdestoweniger gibt es gerade im Startup-Bereich regelrechte Klon-Wellen, bei denen bestimmte Geschäftsmodelle, wie z. B. Airbnb, auf andere Branchen übertragen werden, ohne dass dies automatisch zu sinnstiftender Rentabilität führt (s. a. **Halo-Effekt, Cargo Culting**).

Competitive Position	Wettbewerbsposition, Wettbewerbsstellung

Die Competitive Position gibt an, wo bzw. wie eine Firma im Wettbewerb mit anderen Unternehmen steht. Dabei geht es meist nicht nur um den relativen Marktanteil und seine Entwicklung, sondern auch um komplexere Faktoren wie z. B. die Produktdifferenzierung, Kosten- und Preismanagement oder die Strahlkraft der Marke. Nicht zuletzt ist bei einer Analyse der Competitive Position auch zu berücksichtigen, welches der relevante Markt ist: So muss u. U. evaluiert werden, ob sich ein Kreuzfahrt-Unternehmen nur mit anderen Kreuzfahrt-Anbietern im Wettbewerb befindet oder eben mit dem gesamten Reisemarkt bzw. Unternehmen, die Einrichtung produzieren, um einen alternativen Aufenthalt zuhause „schöner zu machen".

Competitive Strategy	Wettbewerbsstrategie

Unter der Competitive Strategy werden langfristige Überlegungen verstanden, wie eine Firma mit gegebenen Produkten und Mitteln versucht, erfolgreicher als der Wettbewerb aufzutreten. Sie bezieht also nicht nur Produkte und Pricing mit ein, sondern auch Kundensegmente, Vertriebswege und Markenmanagement sowie nicht zuletzt auch Themen wie Organisation und Mitarbeiterbindung. In diesem Sinne ist eine gute Competitive Strategy stark mit der gesamten Firmenkultur verwoben und entwickelt sich aus dieser weiter.

Compound Annual Growth Rate (CAGR)	Kumulierte jährliche Wachstumsrate

Die CAGR als KPI drückt aus, wie viel ein Parameter (z. B. Umsatz, Marktgröße etc.) über einen Zeitraum gewachsen ist, wobei einzelne Ausschläge in ein Durchschnittswachstum überführt werden. Ein CAGR von 5 % drückt folglich aus, dass ein Wert über einen Zeitraum von x Jahren im Schnitt kontinuierlich um 5 % pro Jahr angestiegen ist.

Concentration Ratio	Konzentrationsverhältnis

Mit einer Concentration Ratio bezeichnet man den summierten Marktanteil, den die drei (manchmal auch fünf) führenden Unternehmen einer Branche in sich vereinen. Damit drückt man durch eine Faustformel aus, wie stark ein Markt konzentriert (wenige große Anbieter) bzw. fragmentiert (viele kleine Anbieter) ist.

Continuous Deployment	-

Continuous Deployment und **Continuous Delivery** sind Teile des Software-Entwicklungskonzepts Continuous Integration. Bei diesem Konzept geht es darum,

Software fortlaufend weiterzuentwickeln, indem für Developer, auch aus unterschiedlichen Teams, Werkzeuge und standardisierte Prozesse bereitgestellt werden. Mithilfe dieser Tools, aber auch hochstandardisierten und automatisierten Routinen können bereits kleine Änderungen und deren Verzahnungen sofort getestet und auf Fehler(quellen) überprüft werden, ohne dass die kontinuierliche Weiterentwicklung für umfangreiche Testphasen gestoppt werden muss.

Cost per Acquisition (CPA)	-

Die CPA (Cost per Acquisition) gibt an, wie hoch die Kosten pro Akquisition eines neuen Kunden, z. B. eines Online-Shops über einen bestimmten Kanal, sind (z. B. Bannerwerbung, Social-Media-Ads). Im Gegensatz zur Kennzahl **CPO** (**Cost per Order**) geht es also nicht um (Folge-)Bestellungen, sondern um die Kostenanalyse zur Neukundengewinnung. Nachdem ein neuer Kunde vom Wert her (s. a. **CLV**) höher als eine einzelne Transaktion gewertet wird, darf der CPA auch den CPO z. T. deutlich übersteigen. Der abschließende Unterschied des CPA zur verwandten Kennzahl **CAC** (**Customer Acquisition Cost**) ist, dass die CPA auf eine einzelne Kampagne bzw. einen einzelnen Kanal angewandt wird, während die CAC i. d. R. sämtliche vertriebsorientierten Werbekosten mit der allgemeinen Anzahl neu gewonnener Kunden in Verbindung bringt.

Cost of Delay (COD)	Verzögerungskosten

Cost of Delay (COD) ist ein Begriff aus dem Lean bzw. Agile Management. Er steht für einen Ansatz, Priorisierungen innerhalb von Entwicklungsprozessen (z. B. Product Development) zu treffen. Dabei werden Entscheidungsalternativen nach den (Opportunitäts-)Kosten gestaffelt, die sie bei einer späteren Umsetzung erzeugen würden, z. B. entgangener Umsatz aufgrund späterer Markteinführung. Hierbei wird jedoch auch die Länge der Verzögerung berücksichtigt, die durch vorgezogene, andere Schritte entstünde. Daraus abgeleitet, ergibt sich das Prinzip des **Weighted Shortest Job First** (**WSJF**), wonach kurze Projekte mit hohen Opportunitätskosten immer vorgezogen werden sollten.

Cross-functional Team (XFT)	Funktionsübergreifendes Team

Cross-functional Teams (XFT) bezeichnet funktionsübegreifende bzw. interdisziplinäre Teams z. B. bei der Produktentwicklung. Notwendigkeit bzw. Vorteil einer solchen Zusammenstellung ist der Mehrwert, der durch unterschiedliche

Kompetenzen bzw. Skillsets entsteht. Bei einer Software im Gesundheitsbereich z. B. verfügen Coder oder **UX-Designer** i. d. R. nicht über das nötige medizinische Fachwissen. Reine Fachärzte hingegen haben nur geringe Kompetenzen, wie gute UX z. B. die „**Stickyness**" einer App erhöhen kann. Mit dem XFT-Ansatz können hier nicht nur Brücken, sondern auch ein tragbares Erwartungsmanagement geschaffen werden.

Cross Selling	Kreuzverkauf/Querverkauf

Cross Selling bezeichnet zusätzliche Verkäufe bzw. Geschäftsabschlüsse im Rahmen eines ursprünglichen Kaufs. Als Beispiele kann der Erwerb von Merchandising-Produkten auf einer Musik-Streaming-Plattform oder die Bestellung eines Umzugsunternehmens auf einer Online-Immobilien-Börse genannt werden. Gerade im digitalen Business ist Cross Selling essenziell bei hohen **CACs** bzw. **CPO**s, da die Leads zumeist sehr hochwertig im Sinne der erwartbaren **Conversion Rate** sind und zudem kostenlos „weitergenutzt" werden können. Im Gegensatz zum **Affiliate Marketing** finden die Sekundärtransaktionen beim Cross Selling jedoch auf der originären Plattform statt und erzeugen eine Umsatzbeteiligung, während sie beim Affiliate Marketing einfach weitergeleitet und i. d. R. als reiner Lead vergütet werden. Ein weiterer ähnlicher, aber nicht gleicher Begriff ist das sog. **Upselling**, bei dem es darum geht, innerhalb des Verkaufs- oder Nutzungsprozesses den Kunden zum Kauf eines teureren Produkts zu bewegen.

Curiosity Approach	-

Der Curiosity-Ansatz ist eine Methode innerhalb der Produktentwicklung, aber auch eines Verkaufsprozess, bei dem auf die Neugierde und Entdeckerfreunde von Interessenten und späteren Kunden gesetzt wird. Der dem Menschen natürlich angeborene Spieltrieb wirkt dabei als Triebfeder für den Entwicklungs- und auch Verkaufsprozess, bei dem ebenfalls stark auf das aktive und meist nicht angeleitete „Ausprobieren" gesetzt wird.

Customer Development	-

Customer Development steht für einen Ansatz bei der Produktentwicklung, spätere Kunden aktiv in den Entwicklungsprozess mit einzubinden, z. B. als **Panel**-Teilnehmer oder **Beta-Tester**. Der Satz „Go Out And Ask the Customer" steht dabei sinnbildlich für die Aufforderung, die eigene Wohlfühlzone zu verlassen, und im Sinne eines **Lean Development** schnelles und grundehrliches Feedback bzw. Wünsche zu erhalten. Gerade in Deutschland ist zu beobachten, dass

Produkte immer noch bevorzugt im „stillen Kämmerlein" entwickelt werden, sodass dieser Ansatz grundsätzlich als hilfreich zu betrachten ist.

Customer Experience	Kundenerlebnis

Die Customer Experience steht für das Erlebnis des Kunden mit dem Produkt,
welches allgemein vor dem Kauf beginnt, z. B. innerhalb einer Brand Experience
oder durch Empfehlungen in sozialen Medien. Noch rigoroser gefasst, beginnt die
Customer Experience bereits im Entwicklungsprozess, wo sie durch **Customer
Development, Panels** und **Beta-Tester** bereits antizipiert wird. Um ein durchweg
positives Kundenerlebnis zu schaffen, sollte dieses allerdings nicht als Teil einer
(internen) PR- und Motivationsstrategie verstanden werden, bei dem man sich ausschließlich begeisterte „**Heavy Users**" vorstellt. Im Gegenteil ist es bei vielen Produkten weniger der „Thrill" als vielmehr die unaufgeregte Beständigkeit und Ver-
lässlichkeit, die für einen dauerhaften Erfolg sorgt (z. B. bei Küchenausstattung
oder Fashion).

Customer Feedback	Kundenreaktion

Das Customer Feedback ist essenzieller Bestandteil der Produktentwicklung,
aber auch des laufenden Qualitäts- bzw. Customer-Experience-Managements.
Hierfür werden entweder durch (teils incentivierte) Umfragen, teils auch durch
schnelle Impulsbewertung (z. B. 1–5 Sterne-Bewertung der Gesprächsqualität über
einen Social Messenger) laufende Rückmeldungen eingeholt. In der Wirtschafts-
psychologie weiß man, dass derlei Rückmeldungen entweder stark in die positive
oder negative Bewertung verzerrt werden. Einerseits melden sich nur solche Kunden, die ein wirklich deutliches (positives oder negatives) Anliegen loswerden wollen, auf der anderen Seite werden oft rein aus Bequemlichkeit 5 Sterne vergeben
(wie z. B. bei Taxifahrten).

Customer Journey (Map)	-

Die Customer Journey oder auch **Buyer Journey** ist der Überbegriff für den
Weg bzw. die Begegnungspunkte eines (möglichen) Kunden mit der Marke, dem
Produkt oder dem Unternehmen eines Anbieters. Sie beinhaltet sog. Touchpoints,
also Kontaktpunkte, die direkt mit der Marke stattfinden können, z. B. im Rahmen
einer Messe, oder indirekt stattfinden, z. B. über Artikel in den Medien. Die Visualisierung dieser Wege und Punkte nennt man **Customer Journey Map**. Letztere
hilft z. B. durch den Einsatz imaginierter Kundenpersönlichkeiten (Personas) häu-
fige Abbruchpunkte, z. B. durch schlechte UX auf Einkaufs-Webseiten oder

Qualitätsmängel im After-Sales Bereich, zu beheben und somit die Customer Journey zu optimieren.

Customer Needs	Kundenbedürfnisse

Die Customer Needs beschreiben die tatsächlichen Bedürfnisse von Zielkunden hinsichtlich der Beschaffenheit eines Produkts. Sie zu erkennen und entsprechend umzusetzen, ist elementar für den späteren **Product Market Fit** (s. a. **GOOB, Customer Validation, Needfinding**).

Customer Validation	-

Die Customer Validation ist eine Phase im Prozess des Customer Development, in der es vor allem darum geht, zu prüfen, ob nicht nur prinzipiell Kunden für ein Produkt existieren, sondern auch ausreichend in Zahl und Zahlungsbereitschaft. Dafür werden, ähnlich dem **Lean Startup**-Prinzip, Hypothesen gebildet und daraufhin zusammen mit „Testkunden" folgende Fragen überprüft: a) Gibt es einen (ausreichend) großen Markt? b) Gibt es eine (ausreichende) Zahlungsbereitschaft? c) Ist das Produkt wirklich geeignet, echte Lösungen zu erwirken?

DACI Decision Making Framework (DACI)	-

Das DACI-Modell ist ein Framework zur Verbesserung der Effektivität und Geschwindigkeit, gerade bei Entscheidungen in bereichsübergreifenden Projekten. Dafür werden Beteiligte in vier Rollen aufgeteilt, aus denen sich die Buchstaben des Wortes DACI bilden: Driver (Person, die das Projekt federführend vorantreibt), Approver (Person, die Entscheidungen absegnet), Contributors (Personen oder Teams, deren Wissen oder Arbeit zum Projekt beitragen) und Informed (Personen, die zwar außerhalb des Projekts stehen, aber auf dem Laufenden gehalten werden müssen).

(Daily) Standup	-

Daily Standups als Teil der **Scrum**-Praxis sind kurze, maximal 15 min dauernde Meetings, die im Stehen abgehalten werden und die aktuellen Ziele und Arbeitsinhalte von Mitarbeitern kommunizieren sollen.

Definition of Done (DoD)	-

Die Definition of Done ist ein feststehender Ausdruck innerhalb der **Scrum**-Methode, die helfen soll, konkrete Ergebnisziele einer Arbeit vorzudefinieren, womit die Erstellung eines **Backlog Item**, eines **Features** oder einer **User Story** als „wirklich erledigt" betrachtet werden kann. Dies soll verhindern, dass „so gut wie fertige" Ergebnisse zu ständigen Iterationen und damit für Frust innerhalb des Prozesses sorgen.

Definition of Ready **(DoR)**	-

Die Definition of Ready sorgt innerhalb von **Scrum**-Prozessen dafür, dass Teams „tatsächlich loslegen" können, weil vorher besprochene Storys und die dazugehörigen Items klar verstanden sind wie auch die Priorisierung, welche Items vom Entwicklungsteam im Sprint bearbeitet werden können.

Design Ops	-

Der Begriff Design Ops steht für „Design Operations" und bezieht sich darauf, dass der Design-Bereich in großen Unternehmen zwar oft als separate Unit geführt wird, im Alltag jedoch tief verzahnt mit einzelnen Management-Abteilungen zusammenarbeitet. Der Design Ops-Ansatz ist ein Versuch, den Design-Bereich einer Firma entlang der täglichen Aufgaben zu managen und besser mit den Aufgaben anderer Abteilungen zu verzahnen. Dazu gehören die Einteilung von Mitarbeitern (**Staffing**), die Entwicklung von Kommunikationsformaten sowie die Zurverfügungstellung von Design-Ergebnissen und anderen Ressourcen für andere Business Units.

DevOps	-

DevOps steht für eine Wortschöpfung aus „Development" und „Operations" und bezeichnet eine prozessorientierte Agile-Development-Philosophie, in der man Software-Projekte von der Entwicklung bis zur Bereitstellung bereichsübergreifend entwickelt. Dazu gehört auch die Errichtung einer „endlosen Schleife" (engl. Endless Loop) aus Code-, Build-, Test- und Release-Phasen, die auf laufende, kleine Updates setzen anstatt auf seltenere „Mega-Updates". Eng verzahnt mit dem Begriff DevOps sind auch der Ansatz der **Continuous Integration/Continuous Delivery** (**CI/CD**) sowie diverse Techniken aus der agilen Software-Entwicklung (s. a. **Scrum**, **Kanban**).

Do, Defer, Delegate, Delete **(4D)**	-

Das 4D-Konzept stammt aus dem Zeitmanagement und enthält vier Entscheidungsaktionen, mit denen z. B. Produktmanager ihren täglichen Aufgabenkatalog bearbeiten können. Diese vier Aktionen sind Do (erledigen), Defer/Delay (nach hinten schieben), Delegate (abgeben) und Delete/Drop (fallen lassen). Damit lassen sich auch große Tasklisten sehr schnell ordnen: Was schnell zu erledigen ist und hohe Priorität hat, steht „oben", alles andere wird entsprechend repositioniert.

Dual-Track Scrum/Agile	-

Dual-Track Scrum oder Agile ist ein Prozess, bei dem innerhalb der Software-Entwicklung parallel zum Development Track (also dem „normalen" agilen Prozess) auch sog. Discovery Track stattfindet, bei dem **Product Owner** und **Usability Engineer** eng zusammenarbeiten. Hintergrund bzw. Ziel ist die bessere Verzahnung von Scrum-Prozessen mit UX- und Usability-Aspekten.

Dynamic Systems Development Method (DSDM)	-

DSDM (Dynamic Systems Development Method) ist eine agile Methode aus der Software-Entwicklung, die sich auf den gesamten Projektlebenszyklus konzentriert. Sie beinhaltet acht Prinzipien: Focus on the Business Need (dt. „Konzentriere dich auf das Gewünschte"), Deliver on Time (dt. „Liefere pünktlich"), Collaborate (dt. „Arbeite mit anderen zusammen"), Never Compromise Quality (dt. „Mache nichts zulasten der Qualität"), Build Incrementally From Firm Foundations (dt. „Baue Stück für Stück auf einer gesicherten Basis auf"), Develop Iteratively (dt. „Entwickle in Schleifen"), Communicate Continuously and Clearly (dt. „Kommuniziere fortwährend und klar"), Demonstrate Control (dt. „Behalte die Kontrolle").

Early Adopters	-

Als Early Adopters werden in der sog. Diffusionsforschung Menschen (bzw. eine Gruppe) bezeichnet, die neue Ideen bzw. Produkte relativ schnell annehmen. Sie verfügen i. d. R. über einen besseren sozialen Status und eine höhere Mobilität als andere soziale Gruppen.

Economies of Scale (EOS)	Skaleneffekte

Der Begriff Economies of Scale (EOS) steht für den häufigen Umstand, dass Produktionskosten mit steigendem Output sinken und somit Preis- bzw. Erlösvorteile bieten (s. a. **Grenzkosten**). Dieses Prinzip der sog. Skaleneffekte ist auch Namensgeber für die häufig zitierte Skalierbarkeit digitaler Unternehmen, deren Grenzkosten bei der Produktion aufgrund der kostenlosen Kopierbarkeit digitaler Produkte gegen null gehen, während der Verkaufserlös prinzipiell gleich bleibt.

Eisenhower Matrix	-

Die Eisenhower-Matrix ist ein einfaches Instrument, um anstehende Aufgaben bzw. ihre Erledigung in der richtigen Reihenfolge abzuarbeiten. Dafür werden innerhalb einer Vier-Felder-Matrix Aufgaben einerseits nach ihrer Wichtigkeit im Sinne eines Impacts, andererseits nach ihrer zeitlichen Dringlichkeit sortiert. Das Ziel der Eisenhower-Matrix beschränkt sich folglich darauf, „die richtigen Dinge zu tun" (Effizienz), und weniger „die Dinge richtig zu tun" (Effektivität).

End-User Era	-

Die End User Era bezeichnet einen Paradigmenwechsel im Software-Vertrieb. Waren es früher Unternehmen und Führungskräfte, die über den Kauf und die Verwendung von Software-Paketen entschieden haben, so gilt als neue Strategie der End User Era, nun das Produkt – oft kostenlos als private Version – für Endnutzer zugänglich zu machen, die dann innerhalb des Unternehmens selbst entscheiden, welches Produkt sie nutzen möchten. Damit ist nicht mehr das Sales-Team, sondern das Entwicklerteam und der damit verbundene Produktnutzen Haupttreiber für den Umsatz.

Ex Works (EXW)	**Ab Werk**

Ex Works, abgekürzt EXW, steht für einen Verkauf „ab Werk", d. h., der Verkäufer stellt die Ware lediglich zur Abholung bereit. Dies hat insofern Bedeutung, als dass der Käufer sowohl die Kosten als auch das Versicherungsrisiko für den Transport übernimmt. Andere verwandte Klauseln sind **FOB (Free on Board**, d. h., der Verkäufer liefert bis zum Verschiffungshafen) und **CIF (Cost, Insurance and Freight**), was bedeutet, dass der Verkäufer bis zum endgültigen Zielhafen liefert.

Experience Good	**Erfahrungsgüter**

Als Experience Good werden solche Produkte, aber auch Services verstanden, deren Wert man i. d. R. erst nach dem Kauf bewerten kann. Beispiele sind

z. B. geführte Bildungsreisen, Beratungsdienstleistungen, aber auch frei erhältliche Medikamente.

Externality	Externer Effekt, Externalität

Als Externalitäten werden Phänomene bezeichnet, die außerhalb der Einflusssphäre von Unternehmen, Wirtschaftskreisläufen, aber auch Gesellschaften liegen, jedoch große Auswirkungen auf letztere haben können, wie z. B. Erdbeben oder Kriege. Im Gegenzug werden aber auch die Einflüsse von Unternehmen, z. B. auf die Umwelt, als Externalitäten bezeichnet, wenn z. B. Umweltverschmutzung durch Minenunternehmen große Schäden an Mensch und Natur hinterlassen, deren Kosten und Auswirkungen jedoch nicht im Unternehmen eingepreist oder verantwortet werden. Die Strategie vieler Gesellschaften ist es heute, Externalitäten besser kalkulieren und integrieren zu können, um fatale Auswirkungen auf ihre Umwelt zu reduzieren.

Fail-Fast/Fail-Safe	-

Fail Fast bzw. Fail Safe stehen für Entwicklungs- bzw. Anwenderprinzipien bei der Software-Entwicklung, die den Umgang mit Fehlern bzw. fehlerhaften Konzeptionen betreffen. Während es bei Fail Fast darum geht, möglichst frühzeitig auch zukünftige Fehler aufzudecken, steht Fail Safe für ein Prinzip, bei dem diese Fehler möglichst gut aufgefangen werden können, z. B. durch flexible Architekturen. Umgangssprachlich steht Fail Fast dabei auch für ein Credo bei der Startup-Gründung, lieber ein frühes Scheitern als ein kostspieliges „Sterben auf Raten" in Kauf zu nehmen.

Fast-Moving Consumer Goods (FMCG)	Verbrauchs- und Konsumgüter

Mit Fast-Moving Consumer Goods (FMCG) werden „Schnelldreher" in Drogerien und Supermärkten bezeichnet. Dazu gehören beispielsweise Nahrungs- und Genussmittel, Körperpflegemittel, Reinigungsmittel, aber auch (untypischerweise) Tageszeitungen und Magazine. Der FMCG-Sektor wird i. d. R. von wenigen großen Konzernen beherrscht, die neben den Finanzmitteln für intensive Marken- und Werbekommunikation auch über die entsprechende Verhandlungsmacht bei der Listung und Bepreisung im Handel verfügen. Ungeachtet dieser Marktkonzentration strahlt die FMCG-Branche im Startup-Bereich eine große Attraktivität für Gründer aus, nicht zuletzt dadurch, dass wohl nur in wenigen anderen Branchen die eigene „Marke" eine ähnlich hohe Strahlkraft entfaltet.

Feasibility	Durchführbarkeit

Unter der Feasibility wird die prinzipielle Machbarkeit eines Vorhabens verstanden. Um Letztere festzustellen, werden im Vorfeld einer Unternehmung oft auf Hypothesen basierende **Feasibility-Tests** durchgeführt, um z. B. die technische, regulatorische oder finanzielle Durchführbarkeit zu simulieren.

Feature Bloat	-

Die sog. Feature Bloat (engl. to bloat = aufblasen) beschreibt ein Phänomen, bei dem (Software-)Produkte mit derart vielen Nebenfunktionen und Features ausgestattet sind, dass der eigentliche Nutzen, v. a. im Sinne der einfachen Bedienung, in den Hintergrund gerät. Die balancierte Ausstattung mit derartigen Zusatzfunktionen ist regelmäßig eine Frage des richtigen **Product Market Fit** und sollte i. d. R. vorab mit Nutzertests geklärt werden.

Feature Driven Development (FDD)	-

Feature Driven Development (FDD) ist eine Sammlung von Methoden, Strukturen und Rollenverteilungen innerhalb der agilen Software-Entwicklung. Hierfür werden fünf Schritte definiert, die zunächst das Gesamtmodell mit allen Beteiligten und daraufhin die geplanten Features auflisten, planen, entwerfen und umsetzen. FDD-Modelle sind gut an bestehende Organisationsstrukturen anpassbar und für viele Firmen oft leichter einzuführen als beispielsweise **Scrum**-Methoden.

First Mover (Advantage) (FMA)	Pioniervorteil

Unter einem First Mover (Advantage) versteht man ein Unternehmen bzw. dessen Wettbewerbsvorteil, das es schafft, als Erster in einen meist neuen Markt einzutreten. Nicht nur wird die Marke des Unternehmens als führend in Sachen Innovation assoziiert, es ist auch in der Lage, zu Beginn höhere Preise für besonders begeisterte Kunden aufzurufen (s. a. **Product Adoption**) oder weitere technische Standards mit **Lock-in-Effekten** zu setzen.

Flat Rate	Pauschalpreis/Einheitspreis

Unter einer Flat Rate wird ein Preismodell bzw. eine Geschäftsstrategie verstanden, bei dem bzw. der gegen eine (ggf. monatliche) pauschale Einmalzahlung unendlich viele Produkte oder Leistungen abgerufen werden können. Beispiele hierfür sind Streaming-Dienste für Musik oder Filme, aber auch Getränke und kleine Snacks innerhalb eines Co-Working Space.

Fractional Ownership	Bruchteilseigentum

Fractional Ownership beschreibt ein Prinzip bzw. eine Geschäftsstrategie, bei dem bzw. der ein zu verkaufendes, meist hochpreisiges Produkt, z. B. eine Ferien-immobilie oder ein berühmtes Kunstwerk, ähnlich einer Aktiengesellschaft an viele kleine „Anteilseigner" verkauft wird, die entsprechend einen prozentualen Anteil am Produkt erwerben. Während bei der Ferienimmobilie oft auch ein par-tielles Nutzungsrecht mit dem Kauf verbunden ist (z. B. das Recht auf eine zwei-wöchentliche, kostenlose Nutzung pro Jahr), dienen andere Verkäufe mit Fractio-nal Ownership, z. B. bei Kunstwerken, lediglich spekulativen Zwecken, da eine tatsächlich verteilte Nutzung zu teuer oder aufwendig wäre.

Franchising	-

Unter Franchising versteht man ein Geschäftsmodell, bei dem der Inhaber einer Marke oder eines Geschäftsmodells (der Franchise-Geber), z. B. im Gastronomie-oder Fitness-Bereich, diese an eigenständige Subunternehmer (Franchise-Nehmer) lizenziert, die das Geschäft lokal und unter eigener Verantwortung führen dürfen. Im Gegenzug erhält der Lizenz- oder Markeninhaber eine jährliche Lizenzgebühr sowie eine variable Umsatzbeteiligung. Während Franchising-Modelle in der Theorie wie eine Zauberformel für ressourcenschonende Skalierung klingen, be-reitet die Praxis oft beiden Seiten Probleme, z. B. wenn Lizenzgeber aus Geldgier zu viele Subunternehmer in einer Region zulassen oder Lizenznehmer mit schlech-tem Geschäftsgebaren den Ruf der gesamten Marke gefährden.

Free Carrier (FCA)	Frei Frachtführer

Unter FCA bzw. Free Carrier wird eine **Incoterm**-Regelung verstanden, nach welcher der Verkäufer einer (meist in größeren Mengen georderten) Ware diese zwar an einen Spediteur übergeben muss, aber weder für die Versicherung der Ware noch für deren ordnungsgemäßen Versand in der Verantwortung steht. Damit geht das Risiko mit Übergabe der Ware an den Versand auf den Käufer über. Eine derartige FCA-Regelung wird z. B. standardmäßig in der Container-Schifffahrt an-gewandt. Startups im Import-Bereich sollte jedoch bewusst sein, dass FCA-Strukturen z. B. beim Erhalt beschädigter Ware zu größeren Ausfällen bei Weiter-verarbeitung oder Verkauf führen können, während die Suche nach den (zur Haf-tung zu ziehenden) Verantwortlichen nur schlechte Aussichten auf Erfolg hat.

Freemium	-

Freemium ist eine Wortschöpfung aus den Begriffen „Free" und „Premium" und bezeichnet ein Geschäftsmodell, bei dem Basisversionen eines Produkts mit reduziertem Funktionsumfang kostenlos an Kunden verteilt werden, die dann bei Gefallen und erhöhtem Leistungsbedarf ein Upgrade auf Premium-Modelle vornehmen können. Dieses Geschäftsmodell ist häufig im **SaaS**-Bereich anzutreffen, da dort Funktionen ohne größeren Aufwand de- bzw. reaktiviert werden können. Das bestmögliche Zuschneiden von freien und bezahlten Leistungen, oft mehrstufig und mit unterschiedlichen Preissprüngen versehen, ist eine Kunst für sich und hat enorme Auswirkungen auf **Churn Rate** und **CLV**, da sich gerade bei Unternehmenslösungen im Software-Bereich schnell **Lock-in-Effekte** ergeben.

From Push-to-Pull	-

Der Ausdruck From Push-to-Pull hat seinen Ursprung im Marketing, wo Produkte entweder über Push-Strategien, d. h. eine starke Bewerbung im Handel, in den Markt „gedrückt" werden oder über eine Pull-Strategie die Nachfrage direkt beim Endkunden erzeugt wird. Hier handelt es sich um ein Geschäftsmodell, bei dem Unternehmen versuchen, durch Flexibilisierung ihrer Prozesse schneller auf Kundennachfragen reagieren zu können, anstatt statisch über die Bewerbung „fixer" Produkte entsprechenden Umsatz zu erzeugen.

Front-End	-

Als Front-End wird derjenige Teil einer Software oder Website verstanden, der für den Endnutzer sichtbar ist – man spricht auch von der sog. Präsentationsebene. Während im Gegenpart des Front-Ends, dem sog. Back-End, hauptsächlich Entwickler und Software-Ingenieure arbeiten, sind mit dem Front-End hauptsächlich Designer beschäftigt (s. a. **User Experience**), wobei es neben dem eigentlichen Design auch darum geht, Funktionen und Features gut verständlich und intuitiv erreichbar zu platzieren.

Game Theory	Spieltheorie

Die Spieltheorie ist ein großes Forschungsfeld und beinhaltet Elemente aus Mathematik, Ökonomie, Soziologie und Psychologie. Sie erforscht, wie Menschen unter Vorgabe bestimmter Rahmenbedingungen und Optionen Entscheidungen treffen. Dabei geht es einerseits darum, Entscheidungen, gerade in Konfliktsituationen z. B. zwischen Vorgesetzten und Mitarbeitern oder konkurrierenden

Kartellunternehmen, vorherzusagen, aber auch zu helfen, wie Änderungen der Rahmenbedingungen zu besseren Entscheidungen im Sinne der Allgemeinheit führen können, z. B. bei der Müllvermeidung.

Gamification	Spielifizierung, Spielifikation

Gamification nutzt spielähnliche Mechanismen, um Nutzermotivation und Engagement bei Apps und Anwendungen zu steigern. Ziel ist es, durch spielerische Anreize und lustvolle Belohnungserlebnisse Aufgaben und Prozesse unterhaltsamer und ansprechender zu gestalten, um die Nutzerbeteiligung zu fördern. Beispiele für Gamification in Apps und Anwendungen sind Fitnesstracker, die Belohnungen für sportliche Leistungen vergeben, oder Produktivitäts-Apps, die den Fortschritt des Nutzers durch Level-Systeme und Erfolge verfolgen. Ein weiteres Beispiel ist ein Lern-App, die den Lernfortschritt des Benutzers durch Quizfragen und interaktive Übungen verfolgt.

Gantt Chart	Gantt-Diagramm

Ein Gantt-Diagramm ist ein grafisches Projektmanagement-Werkzeug, das die Zeitplanung und Überwachung von Projekten visualisiert. Es zeigt in einer Zeitleiste von links nach rechts eine untereinander geordnete Darstellung von Projektaufgaben und ihren Abhängigkeiten, um einen Überblick über den Fortschritt und die Dauer der einzelnen Teilprojekte zu geben.

GIST Planning (GIST)	-

GIST Planning steht für „Goals, Issues, Strategies, and Tasks Planning". Es handelt sich hierbei um eine Methode für die Strategieentwicklung und -umsetzung, die hauptsächlich in sozialen und gemeinnützigen Organisationen eingesetzt wird.

Go-to-Market (GTM)	Markteintritt

Go-to-Market (GTM) bezeichnet den konkreten Markteintritt von Produkten bzw. Unternehmen und ist gleichzeitig ein strategischer Ansatz, um Angebote erfolgreich auf den Markt zu bringen. GTM beinhaltet die Planung und Umsetzung der Marketing- und Vertriebsstrategie, das Pricing, den Produktionsvorlauf sowie Öffentlichkeitsarbeit und Support. Im Startup-Lebenszyklus ist der GTM ein extrem wichtiger Meilenstein, da er sowohl mit dem **Proof-of-Market** verknüpft ist als auch mit der für weitere Finanzierungsrunden nötigen Erzeugung von Traktion (**Traction**).

Grassroots	-

Der Ausdruck Grassroots-Strategie bezieht sich auf eine Art von Marketing- und Organisationsstrategie, bei der man sich direkt an die Basis (engl. Grassroots = Graswurzeln) der Gemeinschaft wendet, anstatt traditionell von oben geplante Marketing- oder Werbemaßnahmen zu nutzen. Beispiele sind Vor-Ort-Aktionen innerhalb einer Community, das Einbinden von lokalen Meinungsführern oder virales Marketing. Viele bekannte gesellschaftliche Bewegungen, z. B. „Fridays for Future" oder die „Black Lives Matter"-Bewegung, sind als Grassroots-Initiativen gestartet und stehen bei fortschreitendem Wachstum vor der Herausforderung, funktionale Hierarchien und eine einheitliche Strategie innerhalb der Gemeinschaft zu installieren.

Guaranteed Availability	-

Guaranteed Availability steht für die Zusicherung ständiger Verfügbarkeit von bestimmten Produkten, aber auch für eine darauf aufbauende Geschäftsstrategie. So schließen Unternehmen beispielsweise Rahmenverträge mit Wartungsfirmen ab, da diese eine ständige Verfügbarkeit von Ersatzteilen zusichern.

Heavy User	Intensivnutzer

Der Ausdruck Heavy User steht für eine Nutzergruppe, die in Sachen Intensität und Häufigkeit ein Produkt, eine Anwendung oder eine Website mit weitem Abstand vor anderen User Groups nutzt. Heavy Users sind diesbezüglich mit „Fans" gleichzusetzen. Im Product Development werden sie häufig zum Testen neuer Features eingesetzt, da ihr Feedback mit einer großen emotionalen Behaftung und i. d. R. auch einer extensiven Produktkenntnis einhergeht.

Hidden Revenue	-

Hidden Revenue steht für ein Geschäftsmodell, bei dem nicht die direkten Nutzer für eine Leistung bezahlen, sondern Dritte. Beispiele sind z. B. sog. Gratiszeitungen, aber auch Suchmaschinen, die sich durch Werbung finanzieren.

Hook Model	-

Das Hook-Modell ist ein Konzept in der Wirtschaft, das beschreibt, wie Kunden an ein Produkt oder eine Dienstleistung gebunden werden können. Es beschreibt dazu vier Phasen:

1. Trigger: ein Reiz, der dazu führt, dass ein Kunde eine bestimmte Handlung ausführt, wie z. B. das Öffnen einer App oder das Ansehen einer Website.
2. Aktion: die tatsächliche Handlung, die der Kunde ausführt, z. B. ein Produkt kaufen oder einen Dienst nutzen.
3. Variable Belohnung: eine Überraschung oder ein Bonus, die/der für den Kunden von Interesse sein könnte und ihn dazu veranlasst, weiterhin das Produkt oder die Dienstleistung zu nutzen.
4. Investition: eine Handlung, die es dem Kunden ermöglicht, eine stärkere Bindung zum Produkt oder zur Dienstleistung aufzubauen, z. B. durch das Hinterlegen von Daten oder die Nutzung von Funktionen.

Hypothesis (Testing)	Hypothesenprüfung

Unter einer Hypothese versteht man eine Annahme, auf der weitere Überlegungen basieren. Im Startup-Kontext bilden Hypothesen (z. B. ein als drängend empfundenes Problem auf Kundenseite) das Fundament jedes Geschäftsmodells sowie auch der dazugehörigen Erfolgs- und Finanzplanung. Beim Hypothesis Testing verprobt man diese Annahmen z. B. durch das Erforschen von Quellen, Gespräche mit Experten oder Umfragen unter Kunden (s. a. **GOOB**).

Idea Generation	Ideenfindung

Die Idea Generation beschreibt einen Prozess zur Findung (wirklich) neuer Ansätze zur Problemlösung bzw. bei der Produktentwicklung. Regelmäßige Techniken, die hier zum Einsatz kommen, sind Brainstorming, Rollenspiele, **Mind Mapping**, Kunden-Panels sowie die sog. **SCAMPER**-Technik.

Imitative Strategy	Imitationsstrategie

Eine Imitative Strategy setzt auf das Nachahmen bewährter oder beliebter Produkte z. B. aus der Mode- und Möbelindustrie. Oft wird diese Strategie mit einem geringeren Preis und v. a. niedrigeren Marketingausgaben kombiniert, da man von den proaktiven Kundensuchen nach günstigeren Alternativen zu den Marktführern profitieren möchte (s. a. **Pull-Strategie, Halo-Effekt**).

Impact Mapping	-

Impact Mapping ist eine Technik der zielorientierten Planung, die dazu verwendet wird, den Einfluss und die Auswirkungen von Projekten oder Produkten zu verstehen und zu visualisieren. Eine Impact Map besteht dabei aus den folgenden Teilen:

1) Ziele: klare, messbare Ziele, die erreicht werden sollen.

2) Akteure: Personen oder Gruppen, die für die Umsetzung und den Erfolg des Projekts verantwortlich sind.

3) Verhaltensänderungen: Veränderungen, die bei den Akteuren erwartet werden, um die Ziele zu erreichen.

4) Maßnahmen: spezifische Aktivitäten, die durchgeführt werden müssen, um die Verhaltensänderungen zu erreichen.

5) Indikatoren: messbare Metriken, die zeigen, ob die Ziele erreicht werden.

Auf diesen Elementen aufbauend kann eine Impact Map dabei helfen, Mitarbeiter und ihre Einbindung in das Projekt besser auszurichten sowie Ressourcen zielführender einzusetzen.

Implicit Requirements	Basismerkmale

Unter Implicit Requirements versteht man Basismerkmale oder Grundvoraussetzungen, die so augenscheinlich sind, dass sie bei Produktanforderungen stillschweigend weggelassen werden, z. B. die Leuchtfähigkeit von Lampen oder die Kommunikationsfähigkeit von Telefonen. Im Rahmen der **Idea Generation** hilft es jedoch auch, z. B. im Rahmen der **SCAMPER**-Technik auch mit diesen Grundvoraussetzungen bzw. Implicit Requirements zu „spielen".

Ingredient Branding	-

Ingredient Branding steht für eine Marken- bzw. Marketingstrategie, bei der Unternehmen ihr Produkt damit bewerben, dass es populäre Bestandteile enthält. Bekannte Beispiele sind z. B. der Claim „Intel Inside", mit dem fremde Computerhersteller für ihre PCs werden, oder die sog. Piemont-Kirsche, mit der ein prominenter Süßwarenhersteller seine alkoholischen Pralinen bewirbt.

Integrator	-

Der Begriff Integrator steht für ein Geschäftsmodell, bei dem ein Anbieter versucht, möglichst viele Bereiche der gesamten Lieferkette einer Branche abzudecken. Beispiele sind z. B. Textilhersteller mit eigenen Verkaufsflächen oder Steakhausketten, die über eigene Viehfarmen verfügen.

Iteration	

Unter Iteration oder iterativen Verfahren werden Prozesse verstanden, die regelmäßige Schleifen der Überprüfung und Verbesserung enthalten. Dies kann sich sowohl auf Anpassungen von Marketingstrategien beziehen als auch auf die Produktentwicklung oder das Geschäftsmodell eines Startups. Die Iteration ist auch elementarer Bestandteil des **Lean-Startup**-Prinzips.

Kano Model	Kano-Modell

Das Kano-Modell ist ein Framework für die Kundenbefragung und -analyse,
das entwickelt wurde, um die Bedürfnisse und Erwartungen von Kunden zu verstehen und zu priorisieren. Es unterscheidet dabei drei Typen von Produktmerkmalen:
Basismerkmale (erwartet), Performance-Merkmale (höhere Zufriedenheit) und
Differenzierungsmerkmale (angenehme Überraschung). Es hilft Unternehmen,
Kundenbedürfnisse zu identifizieren und Produkte zu entwickeln, die diese Bedürfnisse erfüllen.

Know Your Customer (KYC)	-

KYC (Know Your Costumer) steht als Ausdruck für externe, d. h. meist durch
staatliche Institutionen auferlegte Regelungen, die Unternehmen dazu verpflichten,
grundlegende Daten über ihre Kunden einzuholen, v. a. im Finanz- und Sicherheitsbereich. Diese KYC-Regelungen sollen beispielsweise zur Reduzierung von
illegaler Geldwäsche bei der Kontoeröffnung oder zum Schutz vor der Weitergabe
sensibler Sicherheits-Software dienen. Gerade für kleinere Startups können
KYC-Regelungen, z. B. bei der Integration von Zahlungsdiensten, immer wieder
eine Hürde darstellen, da die erforderlichen Daten, aber auch die erwarteten Dokumente, z. B. über interne Sicherheitsvorgaben, (noch) gar nicht existent sind.

Layer Player	-

Ein Layer Player ist ein Unternehmen, das sich auf eine spezifische Stufe der
Wertschöpfungskette spezialisiert hat. Es konzentriert sich auf eine oder wenige
Tätigkeiten und bietet diese über Branchengrenzen hinweg an, um Spezialisie-
rungs- und Größenvorteile zu erzielen. Ein gutes Beispiel für Layer Player sind
Outsourcing-Dienstleister. Sie übernehmen Funktionen wie die Lohnbuchhaltung,
IT-Systemverwaltung oder die finanzielle Transaktionsabwicklung, die früher vom

Unternehmen selbst ausgeführt wurden, und haben damit eine eigene Branche geschaffen.

Lock-in	Einschlusseffekt

Der Lock-in-Effekt ist ein Phänomen, bei dem Kunden an ein bestimmtes Produkt oder eine bestimmte Dienstleistung gebunden sind, weil sie aufgrund ihrer Investitionen oder Abhängigkeiten nicht mehr bereit oder in der Lage sind, zu einem Konkurrenzprodukt oder einer -dienstleistung zu wechseln. Dies kann z. B. technischer Natur sein, z. B. wenn ein Planungsbüro sehr viele Projekte auf einer bestimmten Software-Basis erstellt hat, die nach einem Wechsel nicht mehr aufrufbar wären. Aber auch Netzwerkeffekte spielen eine Rolle, z. B. wenn Autoradios den Verkehrsfunk in einem bestimmten, evtl. suboptimalen Format empfangen, das aufgrund der Nutzerbasis aber nicht grundlegend geändert werden kann.

Loss Leader	Lockvogelangebot

Der Begriff Loss Leader steht für eine Geschäftsstrategie von Handelsunternehmen, ein bestimmtes Produkt unter dem Einkaufspreis anzubieten, mit dem Ziel, die Kosten des unrentablen Verkaufs durch den Verkauf anderer höherpreisiger Produkte auszugleichen. Beispielsweise kann ein Lebensmitteleinzelhändler Milch- oder bestimmte Markenprodukte für einen Aktionszeitraum drastisch vergünstigen (s. a. **Mark-downs**) und holt sich dann seinen eigentlichen Gewinn über den durchschnittlichen Warenkorb der angelockten Kunden.

Make More Of It (MMOI)	-

„Make More Of It" stellt ein Geschäftsmodell dar, bei dem erworbenes Wissen in einem Kerngebiet verwendet wird, um zusätzlich zum Stammgeschäft weitere bezahlte Leistungen anzubieten. Dies kann z. B. passieren, wenn ein industrieller Hersteller außerordentliche Fähigkeiten im Qualitäts- und Prozessmanagement erwirbt und diese in Form einer Unternehmensberatung nun anderen, meist branchenfremden Unternehmen anbietet.

Market Definition	Marktdefinierung

Unter einer Market Definition wird die Eingrenzung eines Produkts auf bestimmte Kunden oder Absatznehmer verstanden. Weniger als um die Größe dieser Märkte geht es hier vor allem darum, die richtigen Adressaten anzusprechen

(s. a. **Customer Needs**) und dafür zu sorgen, dass das Produkt wirklich einen **Added Value** bzw. einen **Proof-of-Market** erzielt.

Market Size	Marktgröße

Die Market Size bezeichnet volumenmäßig in Dollar oder Euro die potenzielle jährliche Absatzmenge für die Produkte oder Innovationen eines Startups. Sie ist neben dem Team und dem kompetitiven Wettbewerbsvorteil eines der Hauptkriterien für ein mögliches Investment von Business Angels und Venture-Capital-Gesellschaften. Hierbei wird die Market Size jedoch regelmäßig weiter differenziert: Unter einem **Total Addressable Market (TAM)** versteht man die maximale Marktgröße eines Produkts bzw. einer Dienstleistung, gemessen in einem weltweiten Umsatzpotenzial. Demgegenüber steht der sog. **Serviceable Available Market (SAM)**, also der Markt, den ein Unternehmen theoretisch bedienen könnte (z. B. über die vorhandenen Absatzkanäle), sowie der **Serviceable Obtainable Market (SOM)**, der angibt, welcher Marktanteil bzw. Prozentsatz realistisch erreicht werden kann. In Pitches nennen Startups verständlicherweise immer gern zuerst den TAM als Marktgröße, während in der Realität allein die Vertriebskosten dafür sorgen, dass der echte SOM deutlich geringer ausfällt.

Markup	Aufschlag, Handelsspanne

Markup ist ein Aufschlag, den ein Verkäufer auf den Kaufpreis eines Produkts oder einer Dienstleistung berechnet, um seine eigenen Kosten zu decken und einen Gewinn zu erzielen (s. a. **Gross Margin**). Des Weiteren steht Markup für eine Kennzeichnung der Überarbeitung von Dokumenten, z. B. durch eine Kooperation mehrerer Autoren, die diese Änderungen für alle Teilnehmer leichter nachvollziehbar macht.

Mass Customization	Kundenindividuelle Massenproduktion

Mass Customization bezieht sich auf ein Geschäftsmodell, bei dem Unternehmen große Mengen an individuellen und angepassten Produkten oder Dienstleistungen anbieten. Dieses Konzept kombiniert die Vorteile einer Massenproduktion, bei der große Mengen an Produkten auf einmal produziert werden, mit der Fähigkeit, jedes Produkt auf individuelle Kundenbedürfnisse abzustimmen. Beispiele sind z. B. Kaffeetassen mit individuell gestaltbaren Motiven oder die individuelle Auswahl von Möbelgriffen bei weiterhin standardisierten Schrankmaßen.

Method of Procedure (MOP)	Verfahrensweise

Der Begriff „Method of Procedure" (MoP) kommt aus dem Projektmanagement und beschreibt eine systematische Anleitung oder Schritt-für-Schritt-Anweisung, die dabei hilft, bestimmte Aufgaben oder Prozesse auszuführen. Es handelt sich hierbei um eine formell festgelegte Dokumentation, um eine Aufgabe transparent, sicher und für Dritte (z. B. externe Prüfstellen) nachvollziehbar erfüllen zu können.

Mind-Mapping	-

Das Mind Mapping ist eine Technik zur Visualisierung von Gedanken und Ideen sowie zur grafischen Darstellung von Bezügen und Zusammenhängen, beispielsweise innerhalb von Ökosystemen. Dies kann durch Linien, Farben, Symbole und andere visuelle Elemente unterstützt werden und soll z. B. bei der **Idea Generation** dazu dienen, kreative Prozesse anzuregen, Problemlösungen zu fördern, sowie das zugrunde liegende Wissen für alle Anwesenden verfügbar zu machen.

Minimum Viable Product (MVP)	-

Unter einem Minimum Viable Product (MVP), zu Deutsch „minimal brauchbares Produkt", versteht man eine Frühversion eines Produkts, das trotz seiner rudimentären Funktionalität und eines unfertigen Designs bereits über eine Kernfunktion verfügt, auf der das spätere Geschäftsmodell beruht, und damit zumindest in Testform eine **Minimum Viable Experience (MVE)**, also ein Mindestmaß von „echter" Kundenerfahrung hervorrufen kann. Das Konzept des MVP stammt aus der Lean-Startup-Methodik und soll darauf abzielen, bereits in frühen Stadien echte **Touchpoints** und Feedbackschleifen mit Kunden zu erzeugen, anstatt Gefahr zu laufen, trotz zeitlich und finanziell hoher Aufwendungen einen echten Produktnutzen bzw. den entsprechenden **Product Market Fit** zu vermissen (s. a. **GOOB**).

Mockup	Attrappe

Ein Mockup steht für ein Produkt oder eine Website, das bzw. die nur „aussieht als ob", z. B. der Hardware-Prototyp eines Roboters, dem jedoch in Form einer Attrappe jegliche Funktionen fehlen. Mockups sind wichtige Elemente des Product Development, da sie einerseits den Beteiligten und den zukünftigen Kunden einen besseren Eindruck des geplanten Angebots geben, aber auch die Fantasie von Investoren wecken. Im Gegensatz zu Fake-Produkten oder Websites, die bewusste

Irreführung betreiben, sind Mockups also gewollt und (meist) von ihren Urhebern abgesegnet.

MoSCoW Prioritization	MoSCoW-Priorisierung

MoSCoW-Priorisierung ist ein Ansatz zur Priorisierung von Anforderungen in Projekten. Das Akronym MoSCoW steht für die Kategorien, die verwendet werden, um Anforderungen zu priorisieren:

1. Must Have (muss man haben): Dies sind Anforderungen, die für den erfolgreichen Abschluss des Projekts unerlässlich sind.
2. Should Have (sollte man haben): Dies sind Anforderungen, die wichtig, aber nicht unbedingt zwingend erforderlich sind, um das Projekt erfolgreich abzuschließen.
3. Could Have (sollte man haben): Dies sind Anforderungen, die zwar schön wären, aber keine Priorität haben und erst später oder möglicherweise überhaupt nicht in Angriff genommen werden.
4. Won't Have (wird es nicht geben): Dies sind Anforderungen, die bewusst nicht Teil des Projekts sein werden.

Multi-Sided Platform (MSP)	Mehrseitige Plattform

Unter einer Multi-Sided Platform (MSP) versteht man eine Plattform, die als Vermittler, aber auch Transaktionspartner mindestens zwei verschiedene Gruppen von Benutzern verbindet, z. B. Taxis und Fahrgäste (Uber), Konsumenten und Händler (Amazon), aber auch Privatpersonen, Künstler und Werbetreibende (Instagram). MSPs bauen stark auf sog. **Netzwerkeffekte** unter den Nutzern und reduzieren deren Transaktionskosten, z. B. in Form von Suchprozessen nach dem richtigen Angebot, enorm. Wie beim Henne-Ei-Prinzip stehen MSPs jedoch vor der großen Herausforderung, sowohl auf Anbieter- als auch Nutzerseite gleichzeitig starke Wachstumsraten zu erzeugen.

Need-Gap Analysis	Lückenanalyse

Eine Need-Gap Analysis, auch als (Bedarfs-)Lückenanalyse bekannt, ist ein Prozess, bei dem Unterschiede zwischen dem, was eine Organisation oder ein Individuum benötigt, und dem, was tatsächlich vorhanden ist, identifiziert und analysiert werden. Sie wird meist in Bereichen wie Marketing, Produktentwicklung,

Kundendienst, Personalwesen und Bildung eingesetzt, um z. B. anhand von Kundeninterviews oder Marktstudien herauszufinden, wo Lücken in der Bedarfs-befriedigung bestehen und wie das eigene Angebot darauf angepasst werden kann (s. a. **Needfinding**).

Needfinding	-

Das sog. Needfinding bezeichnet den Prozess des Identifizierens und Verstehens von Bedürfnissen, Anforderungen und Problemen, um bessere Lösungen und Pro-dukte entwickeln zu können. Needfinding ist ein wichtiger Schritt in der Produkt-entwicklung und kann eine breite Palette von Techniken und Methoden beinhalten, einschließlich Beobachtung, Interviews, Umfragen, **Prototyping** und Datenana-lyse (s. a. **Need-Gap Analysis, Customer Development**).

Network Effect	Netzwerkeffekt

Ein Netzwerkeffekt tritt auf, wenn der Nutzen oder Wert eines Produkts oder einer Dienstleistung für jeden einzelnen Nutzer steigt, je mehr Menschen dieses Produkt oder diese Dienstleistung ebenfalls nutzen. Dies geschieht, weil die An-zahl der potenziellen Interaktionen, Verbindungen oder Transaktionen zunimmt, wodurch das Gesamtnetzwerk attraktiver und wertvoller wird. Typische Beispiele sind soziale Netzwerke, eCommerce-Marktplätze, eine **Peer-to-Peer**-Plattformen oder Messaging-Dienste, die immer attraktiver werden, je mehr Nutzer bzw. An-bieter ebenfalls die Plattform nutzen (s. a. **Tipping Point, Two-Sided Market**).

Open Business Model	-

Ein Open Business Model bezieht sich auf eine Art von Geschäftsmodell, bei dem Unternehmen ihre Geschäftstätigkeiten, Daten, Prozesse und Technologien teilen und zugänglich machen. Dies kann dazu beitragen, dass Unternehmen im Rahmen neuer Impulsgebung von außen schneller neue Geschäftschancen entdecken und effizienter nutzen können. Ein Beispiel sind z. B. **Open-Source**-Software-Produkte, bei denen Dritte den Quellcode frei nutzen und weiterentwi-ckeln können. Auch sog. **Hackathons** zählen, wenn auch im Kleinen, zur Open-Business-Model- Methodik.

Original Equipment Manufacturer (OEM)	Erstausrüster

Der Ausdruck Original Equipment Manufacturer (OEM), zu Deutsch Erstaus-rüster, bezieht sich auf Unternehmen, die Produkte herstellen, welche dann unter

einer anderen Marke oder innerhalb eines anderen, umfassenderen Produkts verkauft werden. Typische Beispiele sind Zulieferer der Automobil-, Computer- oder
Rüstungsindustrie.

Overengineering	-

Over-Engineering bezeichnet eine für die Praxis unnötige und ggf. schädliche
Überkomplexität oder Überdimensionierung eines technischen Systems, eines Produkts oder einer Anwendung. Dies geschieht häufig, wenn Entwickler oder Designer eine Lösung für ein Problem schaffen möchten, die weit über die tatsächlichen Anforderungen hinausgeht (s. a. **Feature Bloat**).

Over-the-Counter (OTC)	Direkt gehandelte Produkte

Als Over-the-Counter werden Produkte bezeichnet, die aufgrund hoher Stan-
dardisierung direkt „über den Ladentisch" (oft auch eine Börse) gehandelt werden
können. Der Begriff OTC bezieht sich dabei vornehmlich auf standardisierte
Finanz- und Pharmaprodukte wie öffentliche Anleihen oder verschreibungs-
pflichtige Medikamente, wird im Jargon jedoch auch für andere Produkte wie
z. B. Unternehmens-Software verwendet.

Panel	-

In der Marktforschung bezeichnet ein Panel eine Gruppe von Personen, die
zu bestimmten Themen befragt werden. Diese Gruppen bieten Unternehmen kontinuierliche Einblicke in Konsumentenmeinungen und -verhalten (s. a. **Customer
Development**).

Parallel Pricing	Parallelpreisgestaltung

Beim Parallel Pricing, auch unter dem Namen **Preisdiskriminierung** bekannt,
bieten Unternehmen dasselbe Produkt zu unterschiedlichen Preisen an, womit allerdings keine Mengenrabatte gemeint sind. Vielmehr können Kunden z. B. innerhalb einer bezahlten Mitgliedschaft bestimmte Premium-Produkte zu einem niedrigeren Preis beziehen, oder Anbieter wie Automobilhersteller bieten ein und denselben Wagen in unterschiedlichen Ländern zu unterschiedlichen Preisen an. Sind
die Preisunterschiede erheblich, versuchen oft Dritte, mit (teilweise illegalen)
Arbitrage-Geschäften diese Produkte in ihrer günstigen Form zu erwerben und
dann selbst an Kunden in anderen Märkten zu verkaufen.

Payback Time	Amortisationsdauer

Unter der Payback Time versteht man – meist im Kontext von Subskriptionsmodellen – denjenigen Zeitraum, der erforderlich ist, damit ein neu gewonnener Kunde einen dauerhaften Nettobeitrag zum monatlichen Umsatz erbringt (s. a. **MRR, ARPU**). Hintergrund ist, dass die Akquise eines Neukunden Marketingausgaben mit sich bringt (s. a. **CAC**), die über die Laufzeit der Nutzung eines Produkts (s. a. **CLV**) erst einmal „zurückgezahlt" (engl. Pay Back) werden müssen, bevor sich dieser „rentiert".

Pay per Use (PPU)	Zahlung für die Einmalnutzung

Pay per Use (PPU) bzw. **Pay per View** (**PPV**) bezieht sich auf ein Geschäftsmodell, bei dem ein Kunde nur für den tatsächlichen Gebrauch einer Dienstleistung oder eines Produkts bezahlt, anstatt einen pauschalen Preis im Voraus oder eine sog. Flat Rate zu bezahlen. Beispiele sind das einmalige Streamen von Filmen (sog. Ausleihen) bei Medienplattformen oder ein einmaliger Preis für eine Online-Konvertierung eines Dateiformats in ein anderes.

Paying Customers	Zahlende Kunden

Der Ausdruck Paying Customers steht für Kunden, die im Vergleich zu beispielsweise kostenlosen Nutzern in der Frühphase eines Produkts wirklich bereit sind, den offiziellen Preis für das Produkt zu zahlen. Um einen **Proof-of-Market** zu erreichen, ist es für Startups wichtig, nicht nur über Nutzer, sondern auch tatsächlich zahlende Kunden zu verfügen, um genügend **Traction** z. B. für eine Series-A-Finanzierung nachzuweisen.

PDCA Cycle	PDCA-Zyklus

Der PDCA-Zyklus, auch als Deming-Zyklus bekannt, ist ein iterativer und systematischer Prozess, der in der Qualitätskontrolle und -verbesserung verwendet wird. Jeder Buchstabe im Namen steht für eine bestimmte Phase des Prozesses:

1. Plan (Planung): In dieser Phase werden Ziele und Pläne für die Verbesserung definiert und entwickelt.
2. Do (Durchführung): In dieser Phase werden die geplanten Verbesserungen durchgeführt.

3. Check (Überprüfung): In dieser Phase werden die Ergebnisse überprüft, um zu sehen, ob die geplanten Verbesserungen erreicht wurden.
4. Act (Handeln): In dieser Phase werden die Ergebnisse ausgewertet und gegebenenfalls Änderungen vorgenommen, um weitere Verbesserungen zu erreichen.

Peer-To-Peer (P2P)	-

Peer-to-Peer (P2P) bezeichnet ein Netzwerkmodell, bei dem gleichwertige Computer oder Geräte direkt miteinander kommunizieren und Ressourcen oder Daten austauschen können, ohne einen zentralen Server oder eine zentrale Instanz zu durchlaufen. Umgangssprachlich spricht man auch von Peer-to-Peer, wenn Services oder Interaktionen ebenfalls ohne direkten Mittler stattfinden, z. B. im Fall des sog. Peer-to-Peer Lending, bei dem (Mikro-)Kreditgeschäfte ohne zwischengeschaltete Bank ablaufen.

PERT Chart	PERT-Diagramm

PERT steht für „Program Evaluation and Review Technique", was auf Deutsch „Technik zur Überprüfung und Bewertung von Programmen" bedeutet. Ein PERT-Diagramm ist ein mit Knotenpunkten und Pfeilen arbeitendes Projektmanagement-Tool, das verwendet wird, um die Abhängigkeiten zwischen den einzelnen Aktivitäten eines Projekts zu visualisieren und die voraussichtlichen Zeiten für jede Aktivität zu schätzen.

PESTEL Analysis	PESTEL-Analyse

Eine PESTEL-Analyse ist ein Rahmen für die Beurteilung der politischen, wirtschaftlichen, sozialen, technologischen, ökologischen und rechtlichen Faktoren, die den Markt eines Unternehmens beeinflussen können. Der Begriff PESTEL steht dabei für die Abkürzung der Begriffe Political, Economical, Social, Technological, Ecological und Legal. Die PESTEL-Analyse hilft Unternehmen dabei, ihre Umgebung tiefer zu verstehen und die Auswirkungen politischer, wirtschaftlicher, sozialer und anderer Faktoren auf ihr Geschäft abzuschätzen.

Pipeline	-

Mit dem Begriff Pipeline wird entweder eine Kette von Verarbeitungselementen (Prozesse, Threads, Routinen, Funktionen usw.) in der Software-Entwicklung oder

Kunden bzw. Arbeitsschritte in einem Vertriebs- oder Arbeitsprozess bezeichnet, der weiter vorangetrieben werden muss.

Platform as a Service (PaaS)	-

Platform as a Service (PaaS) ist ein **Cloud-Computing**-Modell, bei dem ein Anbieter eine Plattform bereitstellt, auf der Kunden ihre eigenen Anwendungen und Dienste entwickeln, bereitstellen und ausführen können. PaaS umfasst normalerweise Infrastruktur, Betriebssysteme, Datenbanken, Netzwerke und andere notwendige Komponenten, sodass sich Kunden auf die Entwicklung ihrer Anwendungen konzentrieren können. Diese Art von Service erleichtert es Unternehmen, ihre Anwendungen schneller und effizienter bereitzustellen und zu betreiben, indem sie eine bereits vorhandene Infrastruktur nutzen können.

Porter's 5 Forces	Fünf-Kräfte-Modell

Porter's 5 Forces ist ein klassisches strategisches Management-Tool, um die Wettbewerbsfähigkeit von Unternehmen bzw. die Attraktivität bestimmter Branchen zu bestimmen. Dabei werden neben der Verhandlungsmacht von Kunden und Lieferanten auch die Bedrohung durch bestehende und neue Konkurrenten sowie das „Überflüssigmachen" der Branche durch gänzlich neue Produkte thematisiert (s. a. **Disruption**).

Positive Correlation	Positive Korrelation

Unter einer positiven Korrelation wird das (meist mittels Grafik ausgedrückte) positive Verhältnis zweier Variablen bzw. einer Input- und einer Output-Variable verstanden. Beispiele sind etwa die Erfolgswahrscheinlichkeit von Startups, gemessen an ihrem Finanzierungsvolumen, oder die Innovationskraft einer Volkswirtschaft, verglichen mit den jährlich angemeldeten Patenten. Auch wenn viele Variablen in der Wirtschaft positiv korrelieren (z. B. Steuereinnahmen des Staates mit dem Bruttosozialprodukt), so muss man im Detail oft aufpassen, dass die Kausalitäten richtig abgebildet werden. Im genannten Beispiel könnte man z. B. leicht behaupten, das Bruttosozialprodukt steige mit der Höhe der Steuern, was jedoch Input- und Output-Variable vertauscht. Auch wird gelegentlich unterschlagen, dass Variablen zwar positiv korrelieren, jedoch nicht im selben Ausmaß – ein Beispiel sind Werbekampagnen, bei denen die Erhöhung des Budgets zwar meist mit einer Erhöhung des Umsatzes einhergeht, jedoch bei steigenden Ausgaben zu immer niedrigeren Grenzerträgen führt.

Premium	Aufpreis

Unter Premium wird ein Aufpreis oder eine Prämie verstanden, die ein Kunde, aber auch ein Unternehmen für eine Extra-Leistung bezahlt. Dies kann z. B. im Rahmen einer **SaaS**-Nutzung geschehen, wo Extra-Services und Leistungsumfänge durch Bezahlung eines Aufschlags freigeschaltet werden (s. a. **Freemium**), aber auch im beruflichen Rahmen einer Einstellung, bei der eine Prämie bei Arbeitsantritt oder für die Vermittlung durch einen Angestellten bezahlt wird (sog. **Signing Premium**).

Price Sensitivity	Preissensibilität

Die Preissensibilität eines Produkts gibt als xy-Kurve an, wie weit die Nachfrage bzw. der Konsum in Einheiten steigt bzw. sinkt, wenn der Preis um eine Einheit gesenkt bzw. erhöht wird. Normale Preissensibilitäten sind in der Nachfrage positiv mit sinkenden Preisen korreliert. Es gibt aber auch Produkte (sog. Giffen-Güter), bei denen die Nachfrage bei höheren Preisen steigt, so z. B. im High-End-Fashion- und Luxusgüterbereich.

Price Threshold	Preisschwelle

Die Preisschwelle gibt an, ab welchem ökonomischen oder psychologischen Preis man einen Kunden endgültig verliert, bzw. den maximalen Preis, den man für ein Gut verlangen kann (s. a. **Preissensibilität**). Anbieter reagieren auf unterschiedliche Preisschwellen für Käufer oft mit der sog. Preisdiskriminierung, die ein vormalig einheitliches Produkt in z. B. unterschiedliche Produktumfänge und Service-Pakete teilt, um unterschiedliche Maximal-Preisschwellen abzugreifen. Bestens bekannt sind auch die im Handel bekannten „x,99"-Preise, die psychologisch einen niedrigeren Preis signalisieren.

(Principal-)Agency Theory	Agenturtheorie

Bei der (Principal-)Agency Theory geht es darum, zu veranschaulichen, wie es innerhalb von zweckbezogenen Kooperationen zwischen Auftraggebern (Principals) und Ausführenden (Agents), z. B. zwischen Unternehmenseignern und Management, zu Zielkonflikten und suboptimalen bis komplett konträren Handlungen kommt. Dabei spielen unterschiedliche Motivationen und eine unterschiedliche Informationslage (sog. Asymmetric Information), aber auch eine unterschiedliche Risikoneigung eine Rolle. So werden pauschal vergütete Mitarbeiter i. d. R. weniger Einsatz gegenüber der allgemeinen Unternehmensleitung zeigen als erfolgsbasiert vergütete. Aber auch die übermäßige Verordnung nicht notwendiger, aber lukrativer Behandlungen und Medikamente durch einen Arzt oder die ausschweifende Nutzung von teuren Geschäftsessen bei **Key Accounts** kann als typische Entwicklung innerhalb einer Principal-Agency-Thematik verstanden werden.

Prisoner's Dilemma	Gefangenendilemma

Das Gefangenendilemma beschreibt ein klassisches Problem in der Spieltheorie, das man häufig auch in der Praxis wiederfindet. Das ursprüngliche Beispiel beschreibt das Verhör von zwei separat verhörten Gefangenen, die entweder gestehen und eine mildere Strafe erhalten können als der leugnende Partner, oder beide können schweigen und freigelassen werden, aber nur, wenn dies der andere auch tut. Da die Gefangenen keine Informationen über die Entscheidungen des jeweils anderen haben (sog. **Informationsasymmetrie**), laufen hier die rationalen Entscheidungen immer auf „Gestehen" hinaus, obwohl dies nicht die beste Lösung (freigelassen werden) ist. Ein Beispiel in der Wirtschaft sind z. B. starke Rabattaktionen von konkurrierenden Händlern: Wenn beide Händler auf Rabatte verzichten, entsteht bei stabiler Nachfrage für beide Parteien – unabhängig von ihrem Umsatz – der höchste Ertrag. Schert ein Händler jedoch aus, sind alle anderen gezwungen, nachzuziehen, obwohl dies die Margen reduziert.

Private Label (PL)	Eigenmarke, Handelsmarke

Ein Private Label bezeichnet eine sog. Eigen- oder Handelsmarke eines Handelsunternehmens. So werden im Lebensmitteleinzelhandel oder im Drogeriehandel oft Private Labels (z. B. als günstige Alternativen zu Konsummarken) angeboten, die auch nur in eigenen Geschäften vertrieben werden. Hinter den Handelsmarken stehen oftmals dieselben Produzenten wie bei den „offiziellen Produkten", die mit einer anderen Verpackung und unter einem anderen Namen die eigene Produktionsauslastung verbessern wollen.

Product Audit	Produktaudit

Ein Product Audit ist eine Untersuchung eines Produkts auf Qualitätseinhaltung, z. B. im Rahmen einer Produktzertifizierung. Es kommt auch zum Einsatz, wenn z. B. Investoren Gebrauchsgüter oder andere Produkte „auf Herz und Nieren" prüfen. Eng verwandt damit ist das sog. Prozessaudit (**Process Audit**). Im Gegensatz zum Product Audit, das sich v. a. auf den Output der Herstellung konzentriert, hat das Process Audit die Input-Faktoren (z. B. Maschinen, Rohstoffe, Verfahrenstechniken) im Blick.

Product Brief	Lastenheft (LH)

Ein Product Brief, im Deutschen auch Lastenheft genannt, ist eine Produktspezifikation, die im Vorfeld der Produktentwicklung wichtige Informationen an die beteiligten Entwickler und andere Personen weitergibt. Inhalte können z. B. sein: Welches Produkt entwickeln wir und warum? Was ist das Problem bzw. der Anwendungskontext unseres Produkts? Wie unterscheidet es sich von den Produkten der Konkurrenten? Wie ist die Zeitschiene für die Entwicklung und welche Erfolgskriterien legen wir fest? Je nach Detailtiefe reichen Product Briefs von einer DIN-A4-Seite bis zu umfangreichen Heften bzw. Präsentationen, die detaillierte Anweisungen geben.

Product Commercialization	Kommerzialisierung, Vermarktung

Unter der Product Commercialiation wird eine Reihe von Maßnahmen verstanden, die aus einem Produkt ein kommerzielles Angebot machen sollen. Sie umfassen den **Product Market Fit** bei der Entwicklung ebenso wie die Produktion, die Markenbildung und das Pricing. Viele Startups scheitern daran, ihr Produkt ausreichend zu kommerzialisieren, da es z. B. zwar einen Nutzen stiftet, dies aber für eine zu kleine Gruppe oder mit zu unattraktivem Pricing aufgrund kleiner Produktionschargen.

Product Development (PD)	Produktentwicklung (PE)

Die Produktentwicklung bezieht sich auf alle Phasen, die beim Aufbau eines Produkts von der ersten Idee bis zur Markteinführung durchlaufen werden. Alle Prozesse, die mit der Formulierung eines neuen Produkts oder der Modifizierung und Präsentation eines vorhandenen Produkts auf dem Markt verbunden sind, werden als Produktentwicklung verstanden.

Product Launch (PL)	Produkteinführung

Der Product Launch ist als Zeitpunkt der Markteinführung einer der sensibelsten Punkte innerhalb eines **Produktlebenszyklus** (**PLC**). Er umfasst sowohl PR- und Marketingmaßnahmen als auch den offiziellen Start des Vertriebsteams. Nicht selten wird im Startup-Bereich ein Product Launch, z. B. im Rahmen des **Crowd-fundings**, mehrfach herausgezögert, z. B. weil die Qualität noch nicht stimmt oder bestimmte Teile nicht bezogen werden können.

Product-led Growth (PLG)	-

Product-led Growth ist eine Wachstumsstrategie z. B. von SaaS-Unternehmen, bei welcher der Erfolg von Produkten nicht mehr Top-down über Marketing- und Vertriebsstärke bestimmt werden soll, sondern **Bottom-up** über kleine, aber inkrementelle Nutzungserfolge bei Endbenutzern. Ein Beispiel ist z. B. eine Aufgaben-Management-Software, die nicht mehr an Top-Manager einer Unternehmung vertrieben werden soll, sondern durch z. B. private Nutzung von Mitarbeitern derartige Bekanntheit und Empfehlungsraten erreicht, dass die Kaufentscheidung im Unternehmen nun über die Popularität der Software innerhalb der Belegschaft stattfindet.

Product Life Cycle (PLC)	Produktlebenszyklus

Der Produktlebenszyklus beschreibt die „Lebenskurve" eines Produkts von der Markteinführung bis hin zum Marktaustritt. Dabei durchläuft es i. d. R. fünf Phasen – Einführung, Wachstum, Reife, Sättigung und Rückgang –, die allesamt mit unterschiedlich starker Bewerbung oder Weiterentwicklung, z. B. durch Updates oder Sonderaktionen, verbunden sind. Da in der Anfangsphase die Kosten für Marketing i. d. R. hoch sind und evtl. Preisnachlässe gegeben werden, steigen die Margen für das Produkt v. a. in der Reife- und Sättigungsphase. Während einige Produkte, z. B. in der Modeindustrie, schnell die Rückgangsphase erreichen und rasch vom Markt genommen werden, gibt es durchaus Produkte, z. B. im Parfumbereich, die auch nach der Rückgangsphase lange im Markt verbleiben, da sie einen treuen Käuferkreis haben, der auch ohne zusätzliche Marketingausgaben weiter das Produkt erwirbt.

Product Market Fit (PMF)	-

Der Product Market Fit (PMF) ist einer der zentralsten Bausteine für den Startup-Erfolg und steht für die Eignung und Marktakzeptanz eines Produkts. Im Rahmen des Markteintritts ist der PMF ein schonungsloser Indikator, ob die Hypothesen des Startups bezüglich der **Customer Needs** tatsächlich eintreffen. Im Gegensatz zum **Proof-of-Market**, der sich auch auf die Vertriebsstärke des Startups

bezieht, fokussiert der PMF in erster Linie auf das Produkt und dessen Vertriebs-
weg und führt nicht selten zu sog. **Pivots** bei der Geschäftsstrategie.

Product Requirements Document (PRD)	Lastenheft (LH)

Ein Product Requirements Document (PRD), im Deutschen mit „Lastenheft"
bezeichnet, beinhaltet die Summe an technischen und nichttechnischen Anforderungen an ein Produkt, z. B. im Software-Bereich. Es enthält z. B. Angaben
zu erforderlichen Schnittstellen, Design-Vorgaben im Rahmen der Corporate Iden-
tity oder Übereinstimmungen mit externen (sicherheits-)technischen Bedingungen.
Damit ähnelt ein PRD dem sog. Product Backlog innerhalb der **Scrum**-Methodik.
Während jedoch ein PRD vom Auftraggeber stammt, ist der Product Backlog auf-
seiten des Auftragnehmers, der die Anforderungen des Auftraggebers in die eigene
Methodik und Vorgehensweise übersetzt.

Product Vulnerability	Produktanfälligkeit

Product Vulnerability bezeichnet die Anfälligkeit eines Produkts für Schwach-
stellen, z. B. in Form von Sicherheitslücken im Software-Bereich, aber auch die
Möglichkeit, das Produkt missbräuchlich zu verwenden, z. B. als unkonventionelle
Waffe bei Anschlägen oder in Kriegsgebieten. Ferner geht es mit Blick auf die Product Vulnerability darum, ein Produkt auf die sog. **Compliance** z. B. mit rechtlichen Vorgaben zu testen, um kostspielige rechtliche Auseinandersetzungen zu
vermeiden.

(Product) Specs	Technische Daten, Spezifikationen

Unter **Product Specs** werden im technischen Kontext technische Spezifikationen verstanden, z. B. in Form eines Beiblatts, das etwa Anschlüsse erklärt.
Im Product Development geht das Konzept der Product Specs jedoch weiter und
umfasst eine Product Story, die **Value Proposition** sowie verschiedene **Buyer Personas** und **Use Cases**. Damit werden die „Spezifikationen" nicht nur technisch dargestellt und begründet, sondern das Produkt als Ganzes, was bereits den Customer
Value sowie mögliche Sales Stories einschließt.

Product Adoption	Produktakzeptanz

Product Adoption (engl. für Produktakzeptanz) beschreibt den Prozess, durch
den Kunden von einem Produkt oder einer Anwendung erfahren und beginnen,
diese explorativ zu nutzen und ggf. weiterzuempfehlen. Die sog. Diffusion, also

Weiterverbreitung und wachsende Akzeptanz von Produkten, durchläuft dabei einen Prozess, der durch Unsicherheit, Neugierde, wachsende Benutzersicherheit und evtl. sogar Begeisterung gekennzeichnet ist. Weil Bevölkerungen oder Kundengruppen unterschiedlich schnell und offen auf Produkte reagieren, teilt man sie generell in fünf Gruppen ein, die unterschiedlich schnell bzw. begeistert auf eine Produktneuheit reagieren: Innovators, **Early Adopters**, **Early Majority**, **Late Majority** und **Laggards** (dt. Nachzügler).

Proof-of-Concept (PoC)	Machbarkeitsnachweis

Die Idee des Proof-of-Concept (PoC) bezieht sich auf die tatsächliche Validierung einer Idee oder eines Konzepts im Startup-Bereich z. B. durch einen fähigen **Prototyp** oder ernsthaft interessierte Kunden, um zu bestätigen, dass diese Idee technisch umsetzbar und wirtschaftlich tragfähig ist. PoC hilft Startups, aber auch Investoren Risiken zu minimieren, und stellt einen wichtigen Meilenstein im Startup-Lebenszyklus dar (s. a. **Early Stage**, **Later Stage**).

Proof-of-Market (PoM)	-

Ein Proof-of-Market (engl. Proof = Beweis) zeigt an, ob nach einem Go-to-Market das Geschäftsmodell wirklich auch vom Markt angenommen wird, was i. d. R. über eine relevante und wachsende Anzahl zahlender Kunden belegt wird. Der Proof-of-Market ist ein elementares Kriterium für Investmentrunden nach einer initialen Seed-Runde und Teil der sog. **Traction**, die Finanzierer von erfolgsträchtigen Startups erwarten.

Prototype	Prototyp

Ein Prototyp ist ein frühes Modell oder eine Vorversion eines Produkts oder einer Dienstleistung, das bzw. die dazu dient, dessen Funktionalität, Design und Benutzerfreundlichkeit zu testen und ggf. zu verbessern. Im Startup-Bereich ist das Prototype Building wichtiger Bestandteil des Entwicklungsprozesses, da hierbei Gründern und Investoren die Möglichkeit gegeben wird, das Konzept und die Umsetzbarkeit des Produkts oder der Dienstleistung zu überprüfen und damit Risiken zu minimieren (s. a. **Proof-of-Concept**).

Quality Assurance (QA)	Qualitätssicherung (QS)

Quality Assurance (QA) umfasst den systematischen Prozess in Organisationen, um festzustellen, ob ein Produkt oder eine Dienstleistung den geforderten Qualitätsstandards entspricht. Dabei kommen z. B. Zertifizierungen nach ISO oder systematische Tests zum Einsatz. Ähnlich, aber nicht gleich ist die wortverwandte **Quality Control (QC)**. Im Gegensatz zur QA, die vor allem die organisationale und strategische Architektur bei der Fehlervermeidung bildet, ist die QC vor allem operativer Natur und beschreibt die Testungen selbst.

Quality Function Deployment (QFD)	-

Quality Function Deployment (QFD) ist ein standardisierter Prozess zur Übertragung von Kundenanforderungen auf die Produktentwicklung. Es nutzt eine Matrix-basierte Methode, um Anforderungen zu identifizieren und Prioritäten zu setzen und stellt dabei sicher, dass das Endprodukt den Erwartungen entspricht. Ziel des QFD ist es, eine transparentere Kommunikation zwischen Kunde und Auftragnehmer bzw. einzelnen Entwicklungsabteilungen herzustellen, um Ergebnisse zu verbessern und Missverständnissen vorzubeugen.

Rapid Application Development (RAD)	**Schnelle Anwendungsentwicklung**

Rapid Application Development (RAD) ist ein agiler Entwicklungsansatz, bei dem schnell und iterativ Anwendungen entwickelt werden. Durch den Einsatz von Tools und Technologien, die die Entwicklung beschleunigen, und durch den Schwerpunkt auf prototypischer Umsetzung und Feedback-Schleifen kann RAD die Zeit- und Kosteneffizienz verbessern. RAD eignet sich besonders für Projekte mit hohem Änderungsdruck und unsicherer Anforderungsdefinition.

Rapid Prototyping	-

Rapid Prototyping ist ein Prozess der schnellen Herstellung von Hardware-Prototypen eines Produkts oder einer Anwendung. Dieser Ansatz nutzt moderne Technologien wie 3-D-Druck, CNC-Fräsung und Stereolithografie, um schnell funktionierende Modelle zu erzeugen, die für Tests und Überprüfungen verwendet werden können. Rapid Prototyping ermöglicht es, schnell Feedback zu erhalten und Design-Änderungen zu implementieren, was die Gesamtentwicklungszeit verkürzt und die Effizienz verbessert.

Reach	**Reichweite**

Der Ausdruck Reach bezeichnet die Reichweite, i. d. R. von Marketing- und Öffentlichkeitskampagnen (s. a. **Effective Reach**). Er kann aber auch verwendet werden, um Dinge oder Personen in Reichweite zu benennen, z. B. den Reach zu einem Investor. Nicht zu verwechseln ist Reach mit einem **Reach-out**, der lediglich eine Kontaktaufnahme bezeichnet.

Relative Market Share	Marktanteil

Der relative Marktanteil gibt den Marktanteil eines Unternehmens gegenüber dem (manchmal auch summierten) Anteil führender Wettbewerber an. Gelegentlich wird hier auch nur der wichtigste regionale Markt abgegrenzt. Damit erhält man Hinweise auf die **Marktkonzentration** und auch auf den direkten Wettbewerb innerhalb eines (selbst gewählten) **Benchmarks**.

Rent Instead of Buy	Produktmiete

Rent Instead of Buy ist der Ansatz eines Geschäftsmodells, das im Gegensatz zu festen Käufen eine vergleichsweise geringe Miete vorsieht. Viele SaaS-Produkte können aufgrund ihrer Abonnementstruktur dazu gezählt werden, aber auch eine wachsende Reihe „harter" Produkte wie Fernseher, Fahrräder sowie natürlich Autos und Immobilien gehört zu dieser Kategorie. Rent Instead of Buy ist allerdings auch ein gängiges Modell beim Liquiditätsmanagement bzw. der Sanierung von Unternehmen, wo z. T. auch Anlagevermögen wie Lagerhäuser erst verkauft und dann zurückgemietet werden (s. a. **Sale-and-Lease-Back**).

Responsive(ness)	Zugänglich, antwortend

Mit Responsive(ness) wird zum einen die Fähigkeit von Webseiten bezeichnet, automatisch passend auf unterschiedliche Ausgabeformate (z. B. mobile Browser, Tablet, unterschiedliche Monitor-Formate) zu reagieren, zum anderen auch die generelle Eigenschaft einer Person oder Partnerfirma, schnell und adaptiv auf Angebote oder Veränderungen zu reagieren.

Retention (Rate)	Bindung(srate)

Der Begriff Retention umschreibt im Startup-Kontext die Fähigkeit, Kunden, aber auch Mitarbeiter dauerhaft an sich zu binden. Damit ist die Retention (Rate) auch eine Metrik, die bemisst, wie viele Kunden (**Customer Retention**) bzw. Mitarbeiter (**Employee Retention**) in einem Zeitverlauf langfristig an das Unternehmen oder die Marke gebunden werden können. Sie ist hierbei nicht nur eine wichtige Erfolgskennzahl für gelungenes Marketing oder **Employer Branding**, sondern gibt in Relation zur **Cost per Aquisition** bzw. der **Cost per Hire** auch die (eingesparten) Kosten bzw. entsprechenden Optimierungspotenziale wieder.

Reverse Engineering (RE)	-

Reverse Engineering ist der Prozess des Überprüfens und Analysierens eines bereits bestehenden Produkts, um dessen Funktionsweise und Design zu verstehen und dann zu verbessern oder zu kopieren. Dabei wird das eigentliche, vorausgegangene Engineering „umgekehrt", indem reale Produkte, z. B. Maschinen der Konkurrenz, mithilfe verschiedener Verfahren (z. B. 3-D-Scans, Ultraschallvermessung) vermessen und in CAD-Modelle überführt werden, um Verbesserungen oder Innovationen zu ermöglichen.

Reverse Innovation	-

Mit Reverse Innovation wird eine Strategie innerhalb der Produktentwicklung bezeichnet, Innovationen zunächst für die Märkte in Schwellen- oder Entwicklungsländern zu entwickeln und dann später in Industrieländern zu vertreiben. Hintergrund ist, dass eine schlechtere infrastrukturelle Ausstattung oder die geringere Kaufkraft in Entwicklungs- und Schwellenländern einen anderen Denkansatz bei der Entwicklung neuer Produkte erfordert, der aber, wenn er einmal erfolgreich zum Tragen gekommen ist, auch in der sog. Ersten Welt eingesetzt werden kann. Nicht zu verwechseln ist der Begriff mit dem **Reverse Engineering**, das sich nicht auf geografische Markteinführungen, sondern auf die Umkehr des Entwicklungsprozesses bezieht.

RICE Scoring Model (RICE)	-

Das RICE-Bewertungsmodell ist ein Priorisierungsrahmen, der Produktmanager bei der Entscheidungsfindung unterstützen soll, welche Produkte oder Features in ihre Roadmaps aufgenommen werden. Dabei werden die jeweiligen Elemente anhand von vier Faktoren bewertet: Reach (Reichweite), Impact (Auswirkungen), Confidence (Vertrauen) und Effort (Aufwand). Die Verwendung eines RICE-Modells kann Produktmanager dabei helfen, fundiertere Entscheidungen zu treffen, die subjektive Voreingenommenheit bei der Entscheidungsfindung zu verringern und ihre Entscheidungen gegenüber anderen besser zu verargumentieren.

Sales Proposal	**Angebotsunterbreitung**

Ein Sales Proposal ist eine (schriftliche) Angebotsunterbreitung gegenüber Kunden und Klienten eines Startups. Während dies im Startup-Alltag meist von Sales Representatives (automatisch) erstellt wird und neben knappen Eckdaten v. a. auch Angaben zum Kundenvorteil enthalten sollte, lohnt es sich bereits bei der Gründung bzw. in der **Seed Phase**, die aus eigener Sicht ausschlaggebenden Benefits seines Produkts entsprechend intern darzustellen und zu bepreisen, um dann in virtuellen Verkaufsgesprächen schon vor dem Verkaufsstart realistisches Feedback einzuholen (s. a. **Iteration**).

Scalability	Skalierbarkeit

Unter Scalability bzw. Skalierbarkeit wird die Fähigkeit eines Startups bzw. Geschäftsmodells verstanden, nach der erstmaligen Etablierung eines Produkts, z. B. im SaaS-Bereich, die Kundenanzahl bzw. die entsprechenden Umsätze mit nur geringem Zusatzaufwand zu multiplizieren und damit eine „Cash Machine" zu generieren. Während Software-Produkte bezüglich ihrer Herstellungskosten tatsächlich zu Nullkosten „multiplizierbar" sind und die populäre Formel **CLV – CAC** (Customer Lifetime Value minus Customer Acquisition Cost) eine reibungslose Skalierung vieler Produkte nahelegt, läuft in der Praxis keine Skalierung ohne Blut, Schweiß und unterschätzte Vertriebskosten ab. Dies liegt u. a. am Eintritt neuer Wettbewerber, an Sättigungseffekten oder organisatorischen „Wachstumsschmerzen" innerhalb des Unternehmens.

SCAMPER Technique (SCAMPER)	-

SCAMPER ist eine Methode zur Ideengenerierung, bei der bestehende Produkte oder Dienstleistungen modifiziert oder verbessert werden, um neue Ideen zu generieren. SCAMPER steht dabei als sog. Akronym für die Wörter Substitute (Was könnte man stattdessen verwenden?), Combine (Kann man es mit etwas anderem kombinieren?), Adapt (Kann man es an einen anderen Zweck anpassen?), Modify (Kann man es verändern oder verbessern?), Put to Another Use (Kann man es für einen anderen Zweck verwenden?), Eliminate (Was kann man weglassen oder entfernen?) und Rearrange (Kann man es neu anordnen oder reorganisieren?).

Scrum	-

Scrum ist ein agiles Projektmanagement-Framework, das für flexible und schnelle Lösungen in komplexen Projekten, z. B. innerhalb von Software-Entwicklungen, eingesetzt wird. Im Mittelpunkt des Scrum-Ansatzes stehen die

Prinzipien flexibler und partizipativer Zusammenarbeit, das Arbeiten in sog. Iterationen (feste Abschnitte mit kompakter Zielvorgabe und schnellem Feedback) sowie kontinuierliche Verbesserung. Scrum setzt dabei neben wenigen, dafür klaren Vorgaben auf ein selbstorganisiertes Team, regelmäßige Überprüfungen und Anpassungen, um komplexe Projekte schneller und effektiver realisieren zu können.

ScrumBan	-

ScrumBan ist ein Hybridansatz aus Scrum und Kanban, der die Vorteile beider Methoden kombiniert. ScrumBan nutzt die Agilität von **Scrum** und die Flexibilität von **Kanban**, um eine flexible und anpassungsfähige Methode für Projektmanagement und Produktentwicklung bereitzustellen. Diese Methode ermöglicht es Teams, schnell auf Änderungen im Projekt zu reagieren, indem sie Prozesse und Workflows verbessern und optimieren.

Scrum Master	-

Der Scrum Master ist eine führende Rolle im Scrum-Framework, die sich um die Anwendung und Einhaltung der **Scrum-Methodik** kümmert. Die Hauptaufgaben eines Scrum Master sind das Führen und Unterstützen des Scrum-Teams, die Überwachung von Scrum-Events und -Praktiken, die Lösung bzw. Diskussion von Problemen und Herausforderungen im Projekt sowie die Förderung von Transparenz und guter Zusammenarbeit. Dabei übernimmt der Scrum Master keine eigene entwickelnde Rolle im Projekt, sondern dient vornehmlich als Moderator und strukturierende Kraft.

Sharing Economy	-

Die Sharing Economy stellt ein (gedankliches) Wirtschaftsmodell dar, bei dem Produkte vermehrt nicht gekauft oder besessen, sondern ausgeliehen und geteilt werden. Dazu gehören Modelle wie Carsharing oder das zeitweise Überlassen von Apartments, aber auch genossenschaftlicher Wohnungsbau und Gebrauchtbörsen.

Sniff Test	-

Unter einem Sniff Test (engl. Sniff = „Luft durch die Nase einziehen") wird die schnelle und informelle Überprüfung einer (Produkt-)Idee verstanden, bei der entweder Feedback von Dritten angefordert oder die Idee bestimmten Kriterien, z. B. ihrem Problemlösungspotenzial oder der Größe des adressierbaren Marktes, unterworfen wird. In der Essenz geht es darum, ohne weitere Umschweife eine erste Resonanz auf eine Idee zu bekommen. Der Ausdruck „Sniff Test" stammt dabei aus der Medizin und bezeichnet einen unkomplizierten Atmungstest, um Fehlstände des Zwerchfells festzustellen.

Software As a Service (SaaS)	-

Software as a Service, abgekürzt SaaS, steht für ein Geschäftsmodell, bei dem nicht mehr das Installieren und Besitzen von Software im Vordergrund steht, sondern die zeitbasierte Nutzung von Software-Lösungen über den Webbrowser. Dabei wird die Software im Rahmen eines Cloud Computing selbst vom Anbieter zentral gehostet. SaaS bietet im Vergleich zum herkömmlichen Modell des Software-Vertriebs der 90er-Jahre zahlreiche Vorteile, z. B. die systemunabhängige Nutzung der Dienste, das Wegfallen individueller Updates, ein sehr leichtes **Onboarding** neuer Kunden oder die schnelle Skalierung für wachsende Firmenkunden.

Solution Provider	Lösungsanbieter

Als Solution Provider bezeichnet man Startups oder Unternehmen, die mit ihrem Angebot mehr als nur „ein Produkt" vertreiben wollen, sondern sich als ganzheitlicher Lösungsanbieter für komplexe Branchenherausforderungen positionieren möchten. Der Begriff wird allerdings gern inflationär verwendet – so sehen sich viele Firmen in der Eigendarstellung als „Mobility Solution Provider" und bieten dabei weiterhin nur ein einfaches Produkt wie z. B. einen Tretroller an.

Sprint	-

Ein Sprint bezeichnet innerhalb der Agile- bzw. Scrum-Methodik einen kurzen, fest definierten Zeitraum, in dem ein Scrum-Team ein bestimmtes Arbeitskontingent erledigt und dabei kompakte, festgelegte Aufgaben innerhalb eines Projektabschnitts realisiert (s. a. **Sprint Backlog**).

Sprint Backlog	-

Ein Sprint Backlog ist eine Aufgaben- bzw. To-Do-Liste innerhalb der **Scrum-Methodik**, die dazu dient, während eines Sprints klar festgelegte Teilziele bei der Produktentwicklung zu erreichen. Damit werden im Vergleich zum **Product Backlog**, das alle Anforderungen an das spätere Produkt enthält (sog. Items), die Gesamtanforderungen in Teilprojekte aufgebrochen, um durch einen klaren Fokus auf definierte Zwischenziele einen besseren Fokus und eine bessere Koordination der daran arbeitenden Teams zu ermöglichen.

Software Requirements Specification (SRS)	Software-Anforderungsprofil

Die Software Requirements Specification (SRS) ist ein vom IEEE (Institute of Electrical and Electronic Engineers) vorgestellter Standard zur Spezifizierung von Software. Dieser funktioniert nach verschiedenen Prinzipien (z. B. Korrektheit, Verifizierbarkeit, Modifizierbarkeit) und enthält mit den C-Requirements (Customer Requirements) jeweils ein Lastenheft bzw. mit den D-Requirements (Development Requirements) ein Pflichtenheft.

Stakeholder	Interessensvertreter

Unter einem Stakeholder wird im Gegensatz zu einem **Shareholder** eine Interessengruppe oder Institution verstanden, die mit einem Unternehmen nicht zwingend durch Anteile, sondern anderweitig durch bestimmte Interessen, Ansprüche oder Aufgaben verbunden ist. Als regelmäßige Stakeholder einer Firma können somit auch Zulieferer, Kunden, Verbraucher- und Umweltschutzvereinigungen, aber auch Banken und (Regulierungs-)Behörden verstanden werden. Ziel des darauf aufbauenden **Stakeholder Management** ist es, eine solide und glaubwürdige Kommunikation zu diesen unternehmensfremden Anspruchsgruppen aufzubauen und divergierende Interessen möglichst vorausschauend zu harmonisieren.

Standup (Meeting)	-

In einem Stand-up Meeting versammeln sich Mitarbeitende eines Startups oder Unternehmensbereichs, um im Kreis bzw. im Stehen einen kurzen informellen Zwischenstand über Projekterfolge oder Wochenpläne zu geben. Der Vorteil solcher Meetings ist, dass sie terminlich nicht umständlich organisiert werden müssen und bei relativ hohem Informationsgehalt sehr kurz gefasst werden können.

Stickyness	-

Unter „Stickyness" (dt. Klebrigkeit) versteht man die Eigenschaft eines Produkts, aber auch eines Mediums (z. B. Streaming-Serie), Nutzer und Konsumenten für einen längeren Zeitraum zu binden, sodass man „kleben bleibt". Gerade im B2B-Bereich ist die Stickyness von Produkten ein sehr erstrebenswertes Ziel und Teil der „**Magic Sauce**".

Stockpiling	Vorratsbildung

Unter Stockpiling wird eine Strategie verstanden, z. B. in Zeiten steigender Preise oder erwartbarer Lieferschwierigkeiten eine wachsende Menge an Vorräten „anzuhäufen". Dies kann aber auch im Rahmen von **Product Launches** geschehen, die auf eine große erwartbare Nachfrage treffen werden, oder als gesetzlich vorgeschriebene, nationale Bevorratung von Öl, Gas und anderen Ressourcen.

Storymapping	-

Story Mapping ist ein Werkzeug aus der (agilen) Produktentwicklung, womit in einem dynamischen Prozess eine erfolgreiche Produktnutzung im Alltag verschiedener Anwender erfunden und durchgespielt wird. Hierfür werden verschiedene Nutzerprofile kreiert und individuelle **User Flows** erstellt, die dann in weiteren Schritten mit konkreten Modulnutzungen (z. B. Nutzung der Produktsuche, Einstellen in den Warenkorb) und entsprechenden Entwicklungsaufgaben bzw. Sprints verbunden werden.

Storytelling	-

Storytelling ist ein Ansatz bzw. Bereich aus der Produktentwicklung und -vermarktung, in dem nicht nur nüchterne Informationen (s. a. **Product Specs**), sondern Geschichten und Erzählungen dem besseren Verständnis von Kundenbedürfnissen wie auch einer besseren Vermarktung dienen. Hierzu werden Geschichten aus dem Alltag von Nutzern kreiert (s. a. **Buyer Persona**), in denen die Produkte bzw. Leistungen „platziert" werden, um sowohl die **Akzeptanzkriterien** als auch den Wertbeitrag (**Added Value**) ganzheitlich herauszuarbeiten.

Subscription Agreement	Zeichnungsvertrag

Der Fachbegriff Subscription Agreement bezieht sich nicht, wie man denken könnte, auf Abonnement (Subscription)-Modelle z. B. im Saas-Bereich, sondern er ist ein feststehender Ausdruck für die Zeichnung bzw. den Bezug von Unternehmensanteilen bei Komplementärgesellschaften wie der GmbH & Co. KG bzw. der angelsächsischen LLP. Innerhalb eines Subscription Agreement wird z. B. geregelt, wie viele Anteile zu welchem Preis ein neuer Limited Partner bzw. Komplementär erhält.

Substitute Product	Ersatzprodukt

Unter einem Substitut versteht man im Wirtschaftskontext ein Ersatz- oder Ausweichprodukt. Dieses kann z. B. ein günstigeres Ersatzteil eines No-Name-Herstellers sein (s. a. **OEM, White Label**), aber auch ein innovativeres Produkt, das ein altes ablöst (z. B. iPod vs. Discman). Startups sollten in diesem Kontext gerade im Lifestyle-Bereich darauf achten, dass Substitute der Konkurrenz nicht unbedingt dieselbe Funktion wie das eigene Produkt haben müssen, sondern auch aus gänzlich anderen Sparten kommen können, die den eigenen gesetzten Trend schlichtweg ablösen.

Sunsetting	-

Sunsetting bezeichnet eine Entscheidung bzw. Phase innerhalb eines Produktportfolios oder Markenlebenszyklus (s. a. **Product Life Cycle**), bei der das zugrunde liegende Projekt langsam, aber sicher „zurückgefahren" wird. Dies kann oft durch alternde Käuferschichten, z. B. bei bestimmten Parfums, oder eine Markenbereinigung innerhalb des Portfolios bedingt sein, um Kosten zu sparen. Aber auch im Software-Bereich kann Sunsetting dazu führen, bestimmte Produkte nur noch über eine Auslaufphase mit Updates zu unterstützen.

Standard Operating Procedure (SOP)	Betriebsanweisung

Unter einer Standard Operating Procedure (SOP) werden bestimmte Arbeitsschritte z. B. zum Onboarding von Neukunden, aber auch bei der Produktherstellung zusammengefasst. Jede SOP enthält konkret geregelte Checklisten, Arbeitsanweisungen und Prüfvorgaben, z. B. zum Sechs-Augen-Prinzip, damit auch externe Prüfer einen Einblick in die Qualitätseinhaltungskontrolle erhalten. SOPs stellen damit auch eine Grundlage für die Zertifizierung und Zulassung von bestimmten Produkten oder Produktionsprozessen dar und gehen so über die reine Betriebsanweisung hinaus, die lediglich internen Zwecken dient.

SWOT-Analyse	-

Innerhalb einer SWOT-Analyse werden die Stärken (Strengths) und Schwächen (Weaknesses) sowie die Chancen (Opportunities) und Risiken (Risks) eines Projekts, meist in Form einer Vier-Felder-Matrix, ermittelt. Dabei beziehen sich die Stärken und Schwächen meist auf die internen Ressourcen, während Chancen und Risiken über Bezüge zur Umwelt (z. B. Wettbewerb, Regulierung etc.) ermittelt werden. Eine gute SWOT-Analyse sollte dabei weniger als Marketinginstrument dienen, das z. B. in einem **Pitch Deck** die allgemeine Überlegenheit eines Geschäftsmodells darstellt, sondern vor allem im Risikobereich schonungslos alle erwartbaren und bis dato verschwiegene Hürden zum Projekterfolg auflisten.

Target The Poor	-

Target the Poor umschreibt (etwas flapsig) ein Geschäftsmodell, das gerade ein-kommensschwache Kundengruppen zum Ziel hat. Insbesondere im Einrichtungs-und Textil-Discounter-Bereich haben sich hierzulande einige erfolgreiche Unter-nehmen auf dieses Modell konzentriert. Aber auch Mobiltelefone, deren Bauteile in Gesamtheit von Laien ausgetauscht werden können, oder Radios mit Solar-betrieb haben Elemente dieser Strategie aufgenommen und zielen auf Absatz-regionen mit weniger Einkommen und anderem Lebensalltag.

Template	Mustervorlage

Unter einem Template versteht man eine inhaltliche bzw. grafische Vorlage für ein Dokument, aber auch für Webseiten oder Designs. Templates haben den Vor-teil, bei ersten Entwürfen z. B. bei Term Sheets oder der Erstellung von Webseiten, eine Menge Arbeit zu ersparen, indem man vorhandene Lösungen als Muster kauft und entsprechend anpasst. Gerade im Vertragswesen sollte man jedoch enorm auf-passen, vorhandene Muster einfach zu kopieren, da sich daraus unerkannte finan-zielle und ggf. auch strafrechtliche Risiken ergeben können.

The User is drunk	-

„The User is Drunk" markiert einen Ansatz zum Testen, aber auch zum Entwi-ckeln von Websites und Produkten, bei dem davon ausgegangen wird, dass Nutzer i. d. R. ungern denken, sich leicht ablenken lassen und ansonsten als „Gewohnheits-tiere" die „genialen Einfälle" von **UI- und UX-Designern** nicht immer würdigen. Ziel ist es, diese Persönlichkeitseigenschaften zukünftiger Nutzer und Kunden be-reits im Konzeptionierungsprozess zu verinnerlichen und deren Erfahrungswissen aus der Nutzung anderer Produkte zu würdigen, um entsprechend Komplexität zu reduzieren.

Thumbnail	Vorschaubild

Ein Thumbnail (dt. Daumennagel) bezeichnet eine Miniaturansicht von Bildern oder Videos im Internet, aber auch in Apps und Computerprogrammen. Dies hat den Vorteil, dass entsprechende Inhalte oft leichter gefunden werden können als mit reinen Text- oder Dateibezeichnungen, während die zu ladenden Datenmengen innerhalb der Vorschau weiterhin gering bleiben. Darüber hinaus dienen Thumb-nails auch der **Conversion-Optimierung**, z. B. bei der Produktsuche im Internet.

Tipping Point	-

Ein Tipping Point bezeichnet den kritischen Moment, wenn ein kleines, oft scheinbar unbedeutendes Ereignis oder eine geringe Veränderung eine erhebliche und oft unumkehrbare Wirkung auf ein System oder einen Trend auslöst. Er markiert den Punkt, an dem ein stabiler Zustand in einen neuen Zustand umkippt und eine schnelle, oft exponentielle Veränderung stattfindet. Ein bekanntes Beispiel ist das plötzliche und massive Wachstum eines sozialen Netzwerks, sobald es eine bestimmte Nutzerzahl erreicht hat, oder eines Posts, der plötzlich viral geht (s. a. **Network Effect, Adaption Categories**).

Top-Down	-

Unter Top-down wird ein Entwicklungs- bzw. Entscheidungsprozess verstanden, bei dem sowohl die Initiative als auch die Entscheidungsgewalt von „oben" (engl. Top), d. h. von höheren Hierarchieebenen ausgeht. Während das gegenläufige „**Bottom-up**"-Prinzip (von unten nach oben) oft bei innovativen Prozessen eine Rolle spielt, kommen „Top-down"-Prinzipien i. d. R. dann ins Spiel, wenn untere Ebenen zu wenig Befugnis bzw. zu viel Angst vor derartigen Entscheidungen haben, z. B. im Rahmen von Projektabbrüchen oder Personalentlassungen.

Total Cost of Ownership (TOC)	-

Total Cost of Ownership (TOC) ist ein Abrechnungsverfahren, bei dem z. B. im Fall einer Software-Anschaffung nicht nur die Kosten des Erwerbs berücksichtigt werden, sondern auch Kosten für den Betrieb, Training und Wartung sowie Anschaffungen für Begleit-Hardware. Somit werden bei Investitionsentscheidungen sämtliche Kosten über die Laufzeit erfasst.

Traction	Traktion

Mit dem Ausdruck Traction wird im Startup-Bereich die Fähigkeit einer Firma bezeichnet, relativ kurz nach dem Start eine nennenswerte Anzahl von Nutzern, Käufern oder zumindest Followern zu generieren. Diese werden meist in Form entsprechender **KPIs** bzw. Metriken gemessen und optimiert. Die wörtliche deutsche Übersetzung von Traction lautet „Zugkraft" bzw. „Bodenhaftung" und steht damit für eine Art Motorleistung (z. B. eines Traktors), bereits aus dem Stand heraus eine gewisse nachhaltige Kraft zu entfalten.

Turnaround	Erfolgreiche Wende

Ein sog. Turnaround (dt. Kehrtwende) steht immer dann an, wenn ein Unternehmen durch falsche Prognosen, einen schlechten **Product Market Fit** oder durch ungute Kostenstrukturen in eine operative oder finanzielle Schieflage geraten ist. Meist wird der Turnaround durch einen Einsatz neuer Manager initiiert, die das Produktportfolio bereinigen, Kosten reduzieren und Produktinnovationen vorantreiben. Oftmals gibt es bei prinzipiell profitablen Unternehmungen auch entsprechende Turnaround-Finanzierungen, z. B. durch Sanierungskredite.

Two-Sided Market	Zweiseitiger Markt

Von zweiseitigen Märkten spricht man immer dann, wenn der Erfolg eines Geschäftsmodells nicht nur davon abhängt, wie viele Endkunden man findet, sondern zusätzlich zu den Abnehmern auch von der Anzahl der Anbieter oder Vermittler. Typische Beispiele sind Kreditkarten, bei denen nicht nur Kartenbesitzer, sondern auch Zahlungsstellen, z. B. in Geschäften oder Hotels, ausschlaggebend für die Etablierung sind, oder Marktplätze z. B. für Ferienwohnungen, bei denen die Zahl der Buchungen einerseits von den Nutzern, andererseits aber auch den Anbietern abhängt. In den meisten Two-Sided Markets spielen auch sog. **Netzwerkeffekte** eine Rolle, bei denen sich das Wachstum bzw. der Nutzen eines Geschäftsmodells ab einer bestimmten Anzahl von Nutzern nicht mehr linear, sondern exponentiell erhöht.

UI Designer	-

Ein UI (User Interface) Designer ist jemand, der die Benutzeroberflächen von meist digitalen Produkten entwirft. Dabei spielt nicht nur das kreative Gestalten eine Rolle, sondern auch ergonomische und psychologische Faktoren sowie die „Gewohnheit" der Nutzer mit ähnlichen Programmen und Produkten.

Unfair Competition	Unlauterer Wettbewerb, Wettbewerbsverzerrung

Unter Unfair Competition wird i. d. R. nicht nur ein moralischer, sondern auch gesetzlicher Verstoß gegen das Wettbewerbsrecht verstanden, der mit Unterlassungsklagen bzw. Schadensersatzforderungen verbunden sein kann. Dazu gehören falsche oder irreführende Angaben über das eigene Produkt (z. B. „die gesündeste Schokolade der Welt"), das Schlechtreden von Wettbewerbern, ebenso Preisabsprachen, Kartellbildung und die Nutzung fremder Marken und Patente. Während der Bereich der Patente und Werbung klar geregelt ist, gehören Nachahmerprodukte (**Mee-Too's, Copy-Cats**), meist als Antwort von Konzernen gegenüber kleinen erfolgreichen Startups, oftmals in den Bereich „normaler" Konkurrenz.

| User Centered Design (UCD) | - |

User-Centered Design (UCD) steht für eine methodische Praxis in der Produktentwicklung, bei der die späteren Nutzer (Users) von Anfang an in die Konzeption einbezogen werden. Dadurch soll sichergestellt werden, dass sich der Aufbau des Produkts, der Inhalt und das Design wirklich an den Bedürfnissen, Erwartungen und auch dem (begrenzten) Können der User orientiert. Im Gegensatz zu anderen Entwicklungen spielt dabei das Front-End die maßgebliche Rolle, wobei vom Allgemeinen zum Speziellen vorgegangen wird (Strategie, Analyse, Grobkonzeption, Detailkonzeption).

| User Experience (UX) | Benutzererlebnis |

Die User Experience fasst die Art und Weise zusammen, wie ein Benutzer ein Produkt oder eine Dienstleistung innerhalb der Anwendung erlebt. Dabei beschränkt sich die User Experience jedoch nicht nur auf Elemente der Effizienz oder des technischen Nutzens, sondern umfasst auch die gesamte emotionale Sphäre. So zählen auch Freude, ein angeregter Spieltrieb oder Langeweile zu den Aspekten, die innerhalb der User Experience geltend gemacht werden und bei der Produktentwicklung, z. B. im Rahmen des **User-Centered Design** ihre Berücksichtigung finden.

| User Flow | - |

Mit dem User Flow werden innerhalb des UX-Designs Nutzerpfade bezeichnet, also gedachte oder konkrete Wege von Nutzern beim Verwenden eines Produkts bzw. einer App. Um diese im Vorfeld harmonisch zu gestalten, helfen sog. User Flow Charts (Nutzerdiagramme), die z. B. mithilfe von Wireframes verschiedene Nutzerpfade im Anwenderalltag darstellen und durch Testen und Iteration weiter verbessert werden. Während sich User Flows hierbei meist nur auf technische Pfade (z. B. Abfolgen von Screens) konzentrieren, gehen User Journey Maps darüber hinaus und erfassen auch die (gedachte) Lebenswelt der Nutzer bei, aber auch z. T. vor und nach der Nutzung des Produkts bzw. der App.

| User-Acceptance (Tests) (UAT) | Benutzerakzeptanz (Tests) |

Der User Acceptance Test (UAT) stellt eine finale kritische Überprüfung von Anwendungen, meist im Software-Bereich, dar. Darin werden Endkunden in ihrer

Alltagssituation mit den entwickelten Lösungen konfrontiert. Letztere müssen dabei nicht nur einen theoretischen Nutzen stiften, sondern auch verständlich und ergonomisch anwendbar sein. Damit UATs Sinn machen, müssen technische Fehler und Unzulänglichkeiten im Produkt vorher behoben sein und das Design zumindest von der Anordnung her der endgültigen User Experience ähneln. Des Weiteren sollten Formulare oder Prozesse existieren, das Feedback der Anwender kritisch und produktiv für die endgültige Anpassung vor dem **GTM** verwenden zu können.

UX-Designer	-

Mit dem Ausdruck UX-Design (bzw. User Experience Design) werden Prozesse, aber auch Mitarbeiter bezeichnet, die eine (optimierte) Benutzererfahrung mit einem Produkt zum Arbeitsinhalt haben. Dies kann klassische gestalterische Design-Arbeit umfassen, aber auch und vor allem Elemente aus Psychologie, Ergonomie und Haptik. Ziel ist es meist, die Benutzerfreundlichkeit und Zugänglichkeit der Produktnutzung zu optimieren und dabei auch Gewohnheitsstandards durch andere Produkte und Apps (z. B. das „Swipen") zu berücksichtigen, während das Marken- und Designerlebnis trotzdem als einzigartig wahrgenommen werden soll.

Validation	**Überprüfung/Validierung**

Der Begriff Validation stammt aus dem Lean-Startup-Ansatz und bezeichnet das konkrete Testen bzw. Validieren von zuvor gebildeten Hypothesen und Ideen anhand von Markt- und Kundenfeedbacks oder anderen Real-Life-Reaktionen. Wenn beispielsweise eine Hypothese lautet: „Menschen geben mehr Geld für gehobene Kücheneinrichtung aus", könnte deren Validierung innerhalb einer Umfrage oder einer Marktstudie stattfinden. Gute Validierungen gehen jedoch noch einen Schritt weiter und beziehen gegenläufige Trends mit ein. Im genannten Beispiel könnte dies z. B. der Umstand sein, dass aufgrund von Wohnraummangel und vielen alleinstehenden Großstadt-Singles Neubauwohnungen immer kleiner ausfallen und daher die Küchen der Zukunft weniger Platz für gehobene Einrichtung und Geräte bieten. Insofern sorgt eine gute Validierung immer auch für eine weitere Spezifikation der Hypothese im Sinne eines „Wenn-Dann" und hilft, entsprechende Produktideen weiter zu verfeinern.

Value Analysis	**Wertanalyse**

Die Value Analysis (dt. Wertanalyse) ist ein Werkzeug zur Untersuchung bzw. Optimierung von Prozessen innerhalb einer Unternehmung. Dabei wird nicht nur die direkte Wertschöpfungskette Bestandteil einer Analyse (s. a. **Value Chain Analysis**), sondern es werden auch Arbeits-, Kommunikations- und Organisationsprozesse grundlegend untersucht. Während die klassische Wertanalyse Bestandteil einer DIN-zertifizierten Norm ist und gerade durch die Ermöglichung von Process Mining das tägliche Brot vieler Unternehmensberatungen darstellt, ist die Value Analysis im Startup-Bereich i. d. R. darauf gerichtet, innerhalb der Produkt- und auch der Organisationsentwicklung den Fokus zu behalten und durch regelmäßige Evaluierung aller Aktivitäten ein „Verzetteln auf Nebenbaustellen" zu vermeiden.

Value Chain Analysis (VCA)	Wertschöpfungskettenanalyse

Mithilfe einer Wertschöpfungskettenanalyse (Value Chain Analysis, VCA) lassen sich sowohl Kosten- und Werttreiber als auch Risiko- oder Verzögerungsfaktoren in einem Markt wie auch innerhalb einer Unternehmung darstellen. Dabei geht es nicht primär um die Optimierung einer vorhandenen Wertschöpfungskette, sondern vielmehr um die Untersuchung einzelner Blöcke und Werttreiber. Beispielsweise kann eine VCA mit spezifischen **Make-or-Buy**-Entscheidungen versehen sein oder es werden die Risiken und Auswirkungen von Lieferausfällen globaler Supplier untersucht.

Value Proposition	Wertversprechen

Die sog. Value Proposition oder **Sales Proposition** steht im Mittelpunkt jeder Marketing- bzw. Vertriebsplanung und bezeichnet das auf klare und simple Aussagen heruntergebrochene Wertversprechen an zukünftige Käufer eines Produkts bzw. einer Leistung. Während dies im B2C-Sektor meist nur qualitativ und innerhalb der Lebenswelt der Kunden eingebettet wird („Endlich keine Rückenschmerzen mehr"), gilt im B2B die Faustformel, eine Value Proposition mit quantitativen Nutzenindikatoren zu verbinden („Sparen Sie nachweislich 20 % Zeit beim Onboarding neuer Mitarbeiter"). Startups sollten sich bereits in der Pre-Seed Phase Gedanken über eine gute und belastbare Value Proposition machen, da sie einen unverrückbaren Angelpunkt des **Product Market Fit** und damit des späteren Unternehmenserfolgs darstellt.

Value-based Pricing	Nutzen-/wertorientierte Preispolitik

Value-based Pricing ist eine Methode der Preisgestaltung, bei der (hauptsächlich) die Zahlungsbereitschaft der Kunden ausschlaggebend für den Verkaufspreis
ist und nicht etwa die Herstellungskosten (versehen mit einer Marge für den Verkauf). Diese Methode spielt vor allem bei trendorientierten Konsumgütern, aber
auch bei **Crowdfunding**-Kampagnen eine tragende Rolle, da in erster Linie Emo-
tionen und Affekte und nicht etwa industrielle Bedürfnisse eine Rolle spielen. In
Einzelfällen, z. B. bei hoher Angebotsknappheit (z. B. Spezialchemie) oder bei
patentgeschützten Erfindungen, können aber auch in diesem Bereich derlei Methoden eine Rolle spielen. Hintergrund ist, anhand von begrenzten Produktions-
mengen und der Preiselastizität der Nachfrage den höchsten Umsatzerlös (aus
Menge mal Absatzpreis) zu erzielen.

Vaporware	**Luftnummer**

Unter Vaporware werden Produkte verstanden, deren Fertigstellung oder Aus-
lieferung immer wieder „zum Sankt-Nimmerleins-Tag" verschoben wird. Oft wurden diese Produkte über **Crowdfunding**-Plattformen angekündigt und entpuppten
sich im Nachhinein als technisch oder finanziell schwieriger als geplant bzw. nicht
umsetzbar.

Vertical	-

Unter einem Vertical versteht man einen Markt (bzw. ein darin agierendes
Unternehmen), welcher eine relativ klar definierte Abnehmergruppe hat. Das entscheidende Kriterium ist hier, dass alle Abnehmer aus derselben Branche stammen
und sich der Markt bzw. das betreffende Unternehmen meist auf eine Nische
konzentriert. Beispielsweise können Hersteller von Dialysegeräten als Vertical verstanden werden, da alle Kunden aus dem Gesundheitswesen stammen, während
hingegen Hersteller von Bergstiefeln auf eine breite Masse von Käufern treffen, die
selbst keine einheitliche Gruppe bzw. keinen einheitlichen Markt definieren.

Vertical Integration	**Vertikale Integration**

Von Vertical Integration spricht man, wenn ein Unternehmen versucht, andere
Stufen der Wertschöpfungskette bzw. Fertigungstiefe, die vormals ausgelagert
wurden, nun selbst besetzen zu wollen. Beispiele sind z. B. Handelsunternehmen
(z. B. Schuhketten), die nun gewisse Produkte selbst herstellen, oder andersherum
wenn Zulieferer, z. B. Schuhersteller, nun selbst Handelsgeschäfte unter eigener
Marke eröffnen. Im ersten Fall spricht man von **Rückwärtsintegration**, im zweiten
von **Vorwärtsintegration**. Ziel dieser Strategien ist meist, bessere Gesamtmargen

bzw. größere Absatzmengen realisieren zu können bzw. (qualitative) Schwankungen in den Lieferketten auszugleichen.

Voice of Customer (VoC)	Kundenstimme

Unter der Voice of Customer versteht man das aggregierte Kundenfeedback, das ein Unternehmen über die Jahre angesammelt hat. Es stützt sich dabei nicht nur auf explizite Kundenbefragungen, sondern auch auf laufende Rezensionen bei Online-Portalen oder individuelle Beiträge in Social-Media-Kanälen. Damit soll bei der Entwicklung neuer Produkte oder innerhalb des Quality Management verhindert werden, dass nur „genehme" oder von Trendagenturen ausgewählte Kundenstimmen berücksichtigt, sondern vielmehr auch unaufgeforderte Kundenmeinungen mit einbezogen werden.

Weighted Shortest Job First (WSJF)	-

Weighted Shortest Job First (WSJF) ist ein Tool, das im **Scaled Agile Framework** (SAFe) verwendet wird. Mit diesem Ansatz werden Teams oder Einzelpersonen dabei unterstützt, Aufgaben bzw. Feature-Erstellungen zu priorisieren. Hierbei wird darüber nachgedacht, wie viel Wert eine erzeugte Aufgabe erzeugt bzw. welche Kosten (**COD, Cost of Delay**) eine Verzögerung für das Gesamtprojekt erzeugt.

WIP-Limits	-

WIP-Limits steht als Teil der **Kanban-Methode** für Work-in-Progress-Limits und drückt aus, an wie vielen Aufgaben ein Team in einer Arbeitsphase maximal arbeiten darf, um die Qualität und Liefertreue innerhalb eines Abschnitts nicht zu gefährden.

Wireframe	Drahtmodell

Unter einem Wireframe versteht man ein stark vereinfachtes Modell eines späteren IT-Produkts aus Benutzersicht, bei dem es um die Darstellung von Basisfunktionalitäten (z. B. Login-Button, User Profile) geht und nicht um Design-Aspekte. Im Gegenzug zu einem **Mock-up** ist ein Wireframe also kein „Lookalike" eines Prototyps, sondern nur ein rudimentärer und skizzenbasierter Rahmen für Funktionalitäten und **User Journeys**. Der Ausdruck Wireframe, zu Deutsch „Drahtmodell", stammt übrigens von den Schneiderpuppen des 19. Jahrhunderts, bei denen (individuelle) Körperformen aus gedrehtem Draht „nachgebaut" wurden.

Workaround	Behelfslösung

Ein Workaround beschreibt eine Lösung z. B. für Software-Probleme, bei der das Problem nicht direkt, sondern nur über eine Behelfslösung gelöst werden kann. Beispielsweise lassen sich manche alten Dateien und Dateiformate nicht mehr in aktuellen Software-Versionen öffnen. Es gibt jedoch Workarounds, bei denen man die Datei durch Öffnen und Abspeichern in anderen Formaten bzw. Programmen mehrfach transformiert, um sie dann im Zielprogramm erfolgreich zu öffnen und zu bearbeiten.

Marketing, Pricing & Sales

3

Zusammenfassung

Lead Gen, Funnel Optimization und Keyword-Recherche – spätestens beim Einwerben von Investorengeldern wird Gründer*innen klar, dass ihr Startup nur so erfolgreich ist, wie es zahlende Kunden akquiriert. Gerade naturwissenschaftlich orientierte Teams tun sich hier traditionell schwer, den „inneren Autoverkäufer" hervorzukitzeln, um in Verhandlungen mit Interessenten zielstrebig zum Abschluss zu kommen oder – noch schlimmer – als Influencer in eigener Sache vor die Vlogging-Kamera zu treten. Die gute Nachricht: Mindestens 70 % von Marketing und Sales beruhen auf reiner Mathematik, und seit dem Aufstieg von KI lässt sich auch beim Rest vieles automatisieren. Um eine authentische Brand und ein packendes Storytelling kommen Startups trotzdem nicht herum: Nur wer als GründerIn die eigene Credibility wahrt, schafft den erfolgreichen Sprung auf den Markt – sonst helfen weder Link-Farmen noch Clickbaiting.

A/B Testing	A/B-Test

A/B Testing ist eine Methode, um iterativ und in direkter Kommunikation mit Nutzern verschiedene Varianten eines Produkts oder einer Website zu testen. Hierbei wird ein Teil der User mit Variante A konfrontiert, der andere Teil mit Variante B (z. B. eine unterschiedliche Farbigkeit, Größe und Platzierung von Warenkorb-Buttons oder anderen **CTA**s). Mit wachsender Anzahl von Nutzern lässt sich so empirisch feststellen, welche Variante z. B. hinsichtlich einer Conversion erfolgreicher ist. Eine Sonderform des A/B Testing sind **Multivariate Tests (MVT)**, bei

© Der/die Autor(en), exklusiv lizenziert an Springer Fachmedien Wiesbaden GmbH, ein Teil von Springer Nature 2025
M. Grumbach, *Das große Startup-Dictionary*,
https://doi.org/10.1007/978-3-658-46586-5_3

denen nicht nur zwei, sondern viele verschiedene Varianten gleichzeitig getestet werden.

ABC Analysis	ABC-Analyse

ABC-Analyse ist ein Ansatz zur Segmentierung von Produkt- oder Kundengruppen und dient der strategischen Planung und Erfolgskontrolle. Dafür werden existierende Produkte (bzw. Kunden etc.) in verschiedene Gruppen eingeteilt, um z. B. zu sehen, mit welcher Produktgruppe nach(!) Abzug aller Produktions-, aber auch Lager- und Vertriebs(neben)kosten man wirklich die größten Erfolgsbeiträge erzielt. Im Sales-Bereich dient eine ABC-Analyse z. B. dazu, bereits in der Geschäftsanbahnung mit Neukunden zu eruieren, wie viele Ressourcen im Vertrieb auf einen jeweiligen Kunden verwendet werden sollten, indem man die Abschlusswahrscheinlichkeit des Geschäfts mit dem jeweiligen Umsatz bzw. **Customer Lifetime Value (CLV)** abgleicht.

Above-the-Line Marketing (ATL)	-

Above-the-Line Marketing steht für Marketingmaßnahmen, die oberhalb der „Wasserlinie" (daher stammt der Begriff) liegen, d. h. weithin gut und explizit sichtbar sind. Dazu gehören z. B. Print-, Radio- und Kinowerbung, aber auch Online-Ads oder Kataloge. Das Pendant dazu, **Below-the-Line Marketing**, beinhaltet hingegen Maßnahmen, die eher unterschwellig wirken, z. B. das Arbeiten mit **Advertorials** oder Sponsoring.

Ad Awareness	-

Ad Awareness oder Ad Recall ist eine prozentuale Kennzahl, die misst, wie viele von (nicht vorinformierten) Werbeempfängern sich innerhalb eines Zeitraums aktiv an die geschaltete Anzeige, z. B. zur Markenbekanntheit, erinnern. Generell gilt hier, dass mobile Werbung meist höhere Awareness-Maße erreicht als stationär geschaltete Anzeigen.

Ad Fatigue	-

Mit dem Begriff Ad Fatigue (engl. Ad = Werbung; frz. fatigue = Erschöpfung), zu Deutsch „Werbemüdigkeit", wird ein Phänomen beschrieben, bei dem Werbeanzeigen die Aufmerksamkeit der Viewer nicht mehr steigern, sondern im Gegenteil zu Ermüdungserscheinungen und gar Ablehnung führen. Gerade im Social-

Media-Bereich passiert dies mitunter bei aggressiven Kampagnen und zeigt sich in drastisch sinkenden **CTR**s.

Adopter Categories	-

Adopter Categories ist ein Begriff aus der Innovationstheorie und steht für fünf verschiedene Personen- bzw. Kundentypen und deren unterschiedliche bzw. sinkende Aufgeschlossenheit gegenüber Innovationen oder neuen Produkten. Zu ihnen gehören Innovators (große Aufgeschlossenheit und Nutzerfreude), Early Adopters (Frühanwender), Early und Late Majority (Durchschnittsbevölkerung) und sog. Laggards (Spätzünder). Während diesen Gruppen oftmals auch ein unterschiedlicher sozioökonomischer und Bildungsstatus zugeordnet wird, sind Adopter Categories letztendlich relativ statisch und dienen eher einem allgemeinen Verständnis, wie sich Innovationen innerhalb einer Bevölkerung verbreiten.

Advertorial	-

Advertorials sind Bestandteile des Native Advertising und bezeichnen redaktionelle Artikel, die (bezahlte) Werbung enthalten. Im Presserecht müssen solche Beiträge sichtbar als „werblich" gekennzeichnet werden, was in der Praxis aber oft entfällt. Gerade im **Vlogging**- bzw. **Blogging**-Bereich kommt es hier oft zu Grauzonen bzw. Rechtsbrüchen, da bezahlter bzw. gesponserter Content hier das Kerngeschäftsmodell bildet.

Affiliate Marketing	-

Affiliate Marketing ist ein wichtiger Baustein bei der Bewerbung von Leistungen und Produkten und baut i. d. R. auf Empfehlungskooperationen auf. So empfehlen z. B. Blogger oder Produkttestseiten bestimmte Händler und erhalten bei einer vordefinierten Conversion (Klick auf die empfohlene Seite, Kauf des Produkts) eine Vergütung. Aber auch (Demo-)Software-Pakete von Drittherstellern oder Gutscheine für andere Produkte, die im Zuge eines Kaufs vergeben werden, können als Elemente des Affiliate Marketing verstanden werden. Der große Vorteil liegt hier in einer Vorauswahl von interessierten Personen und dem Empfehlungselement, was Streuverluste reduziert und den Brand Trust bzw. die Conversion erhöht, sowie im transaktions- bzw. erfolgsbasierten Abrechnungsmodell.

Aftermarket	Sekundärmarkt

Unter dem Aftermarket wird ein Markt für Folgekäufe und -investitionen verstanden, der nach dem Kauf eines Primärprodukts entsteht. Ein Beispiel ist die

Tuning- und Ersatzteilbranche, die auf dem Kauf eines Originalfahrzeugs aufsetzt. Dabei wird nicht selten zwischen Originalteilherstellern, sog. **OEMs** (**Original Equipment Manufacturer**), und dem freien Independent Aftermarket (IAM) unterschieden. Während manche Primärprodukt-Hersteller versuchen, durch Bauteilpatente und Lizenzen weitere Hersteller vom Aftermarket abzuhalten, gehen andere den umgekehrten Weg und erhöhen die Attraktivität ihrer Produkte durch offene Schnittstellen oder Kooperationen mit Drittherstellern auf dem Aftermarket, um die Kunden durch große Customizing-Angebote oder ein stabiles Ersatzteilangebot vom Kauf zu überzeugen.

AIDA-Modell	-

Das AIDA-Modell ist ein aus dem Marketing stammendes, populäres Stufenmodell, das beschreibt, welche Phasen Personen oder Zielgruppen von der ersten Produktinformation bis zur Kaufentscheidung durchlaufen. Die vier Phasen lauten dabei Attention (dt. Aufmerksamkeit), Interest (dt. Interesse), Desire (dt. Verlangen) und Action (dt. Handlung). Gelegentlich wird dem Modell auch noch eine fünfte Phase, nämlich Satisfaction (dt. Zufriedenheit), hinzugefügt. Das AIDA-Modell ist ein sehr populäres Tool im Marketing, um die Wahrnehmungen und Handlungen von Kunden innerhalb des Entdeckungs- und Kaufprozesses besser analysieren und steuern zu können.

Alexa Rank	Alexa Rank

Alexa Rank ist ein globales Online-Ranking-System für Websites, das bestehende Web-Traffic-Daten verwendet, um die beliebtesten Websites aufzulisten. Dafür werden Basisdaten von täglichen Besuchen und aufgerufenen Seiten verwendet. Auch wenn Alexa verständlicherweise keine absolut akkuraten Zahlen darstellen kann, ist der Alexa Rank eine valide erste Quelle, um die Popularität und Bekanntheit einer Website (im internationalen Kontext) zu erfassen.

Ambush Marketing	„Schmarotzer"- oder „Trittbrettfahrer"-Marketing

Ambush Marketing (engl. Ambush = Hinterhalt) ist eine Form des Marketings, bei der meist kleinere Firmen versuchen, die mediale Aufmerksamkeit z. B. auf Großveranstaltungen zu nutzen, ohne selbst offizieller Teil dieser Veranstaltungen zu sein. Beispiele sind z. B. ein Sponsoring von Einzelsportlern oder **Guerilla-Marketing**-Aktionen, die nicht Teil eines offiziellen Event-Sponsorings sind.

Balloon Test	Ballontest

Im Marketing bzw. der Marktforschung steht Balloon Test nicht für einen „Testballon", sondern für eine Interviewtechnik mithilfe eines Zeichentrick-Cartoons, in dem zwei Charaktere eine Konversation führen, wobei hier nur eine der Sprechblasen (engl. Balloon) ausgefüllt und die andere leer ist. Die Probanden werden gebeten, anlässlich der Aussage bzw. Frage in der ersten Sprechblase die zweite, leere Sprechblase selbst mit einer eigenen, passenden Antwort auszufüllen. Eine mögliche Anwendung wäre z. B. das Gespräch zweier Freunde: „Warum gehe ich nur so ungern Schuhe kaufen?" – „...".

Banner (Ad)	Bannerwerbung

Unter einem Banner (Ad) versteht man eine flächenbegrenzte Werbung im Internet, die oft mit einfach bewegten Inhalten und interaktiven Elementen verbunden ist (s. a. CTA). Im Zuge der Entwicklung des Internets hat sich hierbei eine Vielzahl von Standardformaten entwickelt, um den Einsatz der Banner über mehrere Plattformen bzw. Seiten hinweg einfacher zu gestalten. Im Rahmen der Werbekosten wird entweder mit festen Preisen pro Laufzeit oder mit variablen Klickpreisen (CPC) oder Cost per Impression gearbeitet, die in Tausenderpreisen (Cost per Mille) angegeben werden und sich an der Performance der Kampagnennutzung bemessen.

Backlinks	-

Mit Backlinks werden Verknüpfungen in Form von URL-Verlinkungen zwischen (institutionell getrennten) Webseiten bezeichnet, z. B. wenn ein Blogger in einem Beitrag auf ein interessantes Startup hinweist und auf dessen Startseite verweist. Auch wenn nicht jede Verlinkung von Suchmaschinen indiziert wird (s. a. No-Follow), stellen Backlinks i. d. R. eine extrem wichtige Maßnahme zur SEO-Off-Page-Optimierung dar – je höher (größer, bekannter, vertrauenswürdiger) dabei die verweisende Seite als Linkgeber wahrgenommen wird, desto besser ist auch der sog. Link Juice für die empfohlene bzw. verknüpfte Seite. Dies gilt allerdings auch umgekehrt, weswegen Startups laufend kontrollieren sollten, von wo aus ihre Seite verlinkt wird.

Black Hat SEO	-

Unter dem Oberbegriff Black Hat SEO fasst man alle unlauteren Maßnahmen zur Suchmaschinenoptimierung zusammen, die gegen die Richtlinien von Suchmaschinen (Richtlinien für Webmaster von Google) verstoßen. Dazu gehören unter anderem Cookie Dropping, Brand Bidding, Cloaking, Backdoor-Pages und

andere Methoden. Während Black Hat SEO i. d. R. keinen Verstoß gegen „echte"
Gesetze bedeutet, droht bei Identifizierung dieser Methoden dennoch eine Ab-
stufung bzw. sogar ein Ausschluss aus jeglicher Indizierung.

Bounce Back Offer	-

Ein Bounceback Offer ist ein Gutschein oder ein anderes spezifisches Angebot,
das ein Käufer direkt nach einem Kauf, z. B. in einem Online-Shop oder in einem
Fast-Food-Restaurant, erhält. Inhalte können beispielsweise sein: „15 % auf Ihren
nächsten Kauf bei xy" oder „Jetzt zwei Desserts zum Preis von einem". Damit werden der bereits getätigte Kauf als auch der Käufer psychologisch belohnt, mit dem
Wissen, dass Wiederholungskunden aufgrund entfallender Akquisekosten (s. a.
CPA) die wahren Gewinntreiber eines Unternehmens sind.

Bounce Rate (BR)	Absprungrate

Die Bounce Rate gibt als Metrik an, wie viele Prozent der Besucher einer
Web-Domain diese ohne jede weitere Interaktion, z. B. das Klicken auf Inhalte,
verlassen. Sie dient als ein Indikator für die Attraktivität der Inhalte bzw. Gestaltung. Eine hohe Bounce Rate liegt dementsprechend oft auch an einem Missver-
hältnis zwischen gesuchtem Inhalt und dem Page Content, was u. a. an schlechten
Meta Descriptions liegen kann. Aber auch Pop-ups, schlecht gemachte **Cookie**-
Einwilligungen und langes Scrollen erhöhen die **Bounce Rate**. Letzterer verwandt,
aber nicht gleichgestellt ist die sog. **Exit Rate**, die im Gegensatz zur Bounce Rate
das „Abspringen" von einzelnen Seiten einer Domain und keine allgemeine Absprungrate wiedergibt.

Brand	Marke

Der Ausdruck Brand steht für eine Produkt-, Handels- oder Unternehmens-
marke. Während der deutsche Begriff rechtliche Aspekte beinhaltet und eher als
„Etikett" gemeint ist, bezieht sich das englische Brand stärker auf die Strahlkraft
und „Power" einer Marke sowie das dazugehörige Brand Management, das für
klare Botschaften und Assoziationen, aber auch für Attraktivität, Bekanntheit und
Vertrauenswürdigkeit einer Marke sorgen soll. Das Wort „Brand" entstammt dem
englischen Mittelalter, als Vieh, aber auch Straftäter mit Brandzeichen versehen wurden.

Brand Activation	Markenaktivierung

Mit Brand Activation sind Marketing-, PR- und Kommunikationsmaßnahmen gemeint, die im Gegensatz zu produktbezogenen Kaufanreizen eher die übergeordnete Marke verbreiten und stärken wollen. Oft wird dabei die Kernassoziation der Marke – ohne dafür ausdrückliche Worte zu verwenden – als emotional unverrückbarer Teil einer Konsumentenwelt dargestellt. Beispiele sind z. B. Microsoft oder Coca-Cola. Nachdem in die Brand Activation immer stärker auch experimentelle Formate und Ideen einfließen (s. a. **Guerilla-Marketing, virales Marketing**), haben manche derartigen Kampagnen nicht einmal mehr das (gesamte) Logo der Marke, sondern nur noch dessen Farbe oder Symbole zum Inhalt.

Brand Awareness	**Markenbekanntheit/-bewusstsein**

Mit der Brand Awareness wird in der Marktforschung die Bekanntheit einer Marke als prozentualer Wert ausgehend von Befragungen ermittelt. Dabei gibt es mehrere Kategorien, wie bekannt eine Marke ist. „**Top of Mind**" meint Personen, die sich sofort und ohne Umschweife an die Marke erinnern. „**Unaided Recall**" steht dafür, dass die Marke zwar erkannt wird, aber erst nach gewissem Nachdenken. „**Aided Recall/Recognition**" bedeutet, dass für das Erinnern oder richtige Zuordnen eine Hilfe gebraucht wird – hier spricht man auch von „gestützter Markenbekanntheit".

Brand Differentiation	**Markendifferenzierung**

Der Begriff Brand Differentiation steht für Maßnahmen, die eigene Marke (Brand) vom Wettbewerb unterscheidbar und damit bei (möglichen) Kunden erkennbar und einzigartig zu machen. Dabei können „echte" Inhalte eine Rolle spielen, aber auch rein kreative Momente (z. B. die „gelbe" Strom-Marke, das Möbelhaus „mit dem roten Fenster"). Im Kern sollen Assoziationen geschaffen werden, die an rationalen Denkprozessen vorbeiführen und für eine tiefere emotionale Verankerung der Marke sorgen sollen.

Brand Engagement	**Markenbindung**

Das Brand Engagement bezeichnet und misst die Bereitschaft von Nutzern und anderen Personen, im Rahmen des Brand Marketing freiwillig mit Inhalten einer Marke zu interagieren. Dies kann beispielsweise das Teilen eines kurzen Marken-Clips in sozialen Medien sein, ein Tagging der Marke oder Empfehlungen in Online-Foren. Damit überlappen sich regelmäßig Brand Engagement, Customer Engagement und die davorgelagerte Customer Experience zu einer mehrdimensionalen Sphäre aus Markenerfahrungen und -reaktionen.

Brand Equity	Markenwert

Mit Brand Equity wird der Wert, mehr aber noch die „Power" einer Marke bezeichnet. Damit geht Brand Equity über einen rein finanziellen (z. B. bilanziellen) Markenwert hinaus und umfasst eher dynamische Aspekte wie Bekanntheit (**Brand Awareness**), Assoziationskraft, Kundenloyalität (**Brand Loyalty**), Interaktionsfreude (**Brand Engagement**) und Glaubwürdigkeit (**Credibility**). Gerade Startups profitieren hier von dem Aspekt, dass die Schaffung einer starken Brand Equity nicht unbedingt von großen Budgets, sondern eher von Faktoren wie Lebendigkeit, Innovationsfrische und Authentizität geformt wird.

Brand Loyalty	Markentreue

Die Brand Loyalty steht auf den ersten Blick für Markentreue und Markenbindung von Kunden, umfasst aber auf den zweiten Blick deutlich mehr Aspekte wie die Fähigkeit, auch über Generationen weitergegeben (z. B. Pflege- und Hygieneprodukte) oder bei besonderen Anlässen (z. B. Weihnachten, Familiennachwuchs oder Liebeskummer) oder einer „Konsumentenpause" reaktiviert zu werden.

Brand-Bidding	-

Beim Brand Bidding nutzen Werbetreibende auf Google die Markenmacht der Konkurrenz, indem sie auf Keywords konkurrierender Marken eigene Anzeigen schalten. Somit erscheint die eigene Anzeige auch dann, wenn Internet-User die Marke oder das Produkt der Konkurrenz eingeben. Da die Grenzen zum Markenmissbrauch hier fließend sind, müssen mögliche Überschreitungen des Markenrechts vorher genau geprüft werden. Mit Monitoring-Tools lässt sich zudem überwachen, welche Konkurrenten auf die eigene Marke bieten.

Buyer Persona	(Fiktive) Käuferpersönlichkeit

Eine Buyer Persona, oft auch nur als Persona bezeichnet, ist eine typische, künstlich erschaffene Kundenpersönlichkeit, anhand derer man innerhalb eines Produktentwicklungs-, aber auch eines Vermarktungsprozesses die dazugehörige Customer Journey sehr konkret und lebendig nachvollziehen und analysieren kann. Buyer Personas sind also Teil einer oder mehrerer Zielgruppen eines Produkts, aber im Gegensatz zu letzteren weder abstrakt noch akkumuliert.

Buy One, Get One Free (BOGOF)	Zwei zum Preis von einem

Buy One Get One Free (BOGOF) ist ein Werbeangebot, bei dem ein Käufer eines Produkts (z. B. Eiscreme) ein zweites Exemplar gratis dazubekommt. BOGOF-Aktionen werden meist als Add-on nach einem vorausgegangenen Geschäft angeboten, in diesem Fall: „Wenn du nach dem Verzehr einer Pizza einen Eisbecher bestellst, erhältst du den zweiten gratis dazu."

Call-to-Action (CTA)	Handlungsaufforderung

Call-to-Action (CTA) ist eine (werbende) Aufforderung, auf Webseiten oder in E-Mails auf bestimmte Weise „aktiv" zu werden, z. B. durch Klicken eines Buttons. Oft sind CTAs auch mit einer direkten Aufforderung oder Ermunterung verknüpft, z. B. „Jetzt kostenlos testen" oder „Ja, ich will mehr erfahren".

Channel	Kanal

Der Ausdruck Channel steht im Startup-Kontext meist für Marketing- bzw. Vertriebskanäle (Distribution Channels). Ein gutes Channel-Management achtet dabei nicht nur auf die Verzahnung von Werbung, Distribution und Pricing, sondern beobachtet auch laufend neue Verkaufs- und Kommunikationsformen hinsichtlich bestehender und neuer Kunden.

Churn Rate	Kundenabwanderungsrate/Kündigungsrate

Der Ausdruck Churn Rate bezeichnet den Anteil der Kunden, Abonnenten oder Nutzer eines Produkts, die ein Unternehmen oder einen Service innerhalb eines bestimmten Zeitraums verlassen oder kündigen. Dieser Wert ist besonders in Branchen wie Telekommunikation, **Software as a Service (SaaS)**, Abonnementdiensten und anderen nutzerbasierten Modellen wie Mobile Apps relevant.

Clickbait	-

Unter Clickbait versteht man Formulierungen z. B. von News-Schlagzeilen im Internet, die aufgrund reißerischer oder irreführender Formulierungen eine hohe Anzahl von Klicks bzw. Lesern generieren, ohne dass dahinter wirklich eine inhaltliche Substanz stünde. Ein Beispiel wäre ein Foto mit dem Titel „Kate verlässt Prince William", wobei eine einfache Fahrt zum Arzt o. Ä. gemeint war. Clickbaits setzen sehr stark auf impulsive Gefühle wie Neugier oder Angst und haben durchgehend die Eigenschaft, dass sie die eigentlichen Inhalte erst einmal verschweigen oder bis zum Klick aufschieben.

Click Bot	-

Ein Click Bot ist ein einfaches Programm, das künstlich Klicks auf Webseiten oder Anzeigen erhöht, z. B. um auf Pay per Click basierende Werbeeinnahmen zu steigern oder Suchmaschinen wie Google eine höhere Relevanz vorzutäuschen. Dies geschieht über sog. Botnets, die z. T. unerkannt auch auf privaten Rechnern ihr Unwesen treiben (s. a. **Malware**), aber auch über sog. Klickfarmen aus Niedriglohnländern.

Click-Through Rate (CTR)	-

Die Click-Through Rate (CTR) gibt als Prozentzahl an, wie oft auf Inhalte z. B. von E-Mail-Newslettern oder Facebook-Ads geklickt wird. Dabei werden die tatsächlichen Klicks in Relation zu den Impressions, also gesamten „Ausspielungen", gestellt. CTRs bewegen sich je nach Medium und Qualität der Inhalte vom Promille- bis in den Prozentbereich und sind regelmäßiger Teil des **Funnel-Marketings** bzw. der **Conversion-Optimierung**.

Cloaking	-

Unter Cloaking wird ein (nicht genehmigter) Umgang mit Suchmaschinen verstanden, bei dem entsprechenden Search Bots, z. B. von Google, andere Inhalte der Website präsentiert werden als regulären Besuchern der Seite. Beispielsweise findet ein Bot einen HTML-Text vor, während die eigentlichen Inhalte aus Fotos über ganz andere Themen bestehen.

Cohort	Gruppe

Eine Kohorte steht in der Forschung für eine Gruppe von Menschen, denen eine gemeinsame Eigenschaft, z. B. ein Geburtsjahr oder die Einnahme eines Medikaments, zugeschrieben werden kann. Im Startup-Bereich kommen Kohorten z. B. beim Testen und Optimieren von Apps zum Einsatz, bei denen die Testnutzer in verschiedene Kohorten (z. B. Rentner, Jugendliche) eingeteilt werden, um auf den ersten Blick unterschiedliche Reaktionen und Ergebnisse besser strukturieren zu können.

Cold Calling	Kaltakquise

Cold Calling oder **Cold Canvassing** ist eine Form der Ansprache von Interessenten oder möglichen Käufern eines Produkts, die ohne Vorbeziehung und gelegentlich auch ohne vorausgehende Auswahl angesprochen werden. Während dies z. B. in den USA noch in den 80er-Jahren durch massenhafte Telefonanrufe geschah, wobei Bücher oder andere Produkte beworben wurden, ist das Cold Calling heute rechtlich sehr stark eingeschränkt. Während im **B2B**-Vertrieb gezielte unaufgeforderte Ansprachen erlaubt sind, ist dies – zumindest per Gesetz – im Privatbereich gesetzlich verboten.

Content Marketing	-

Content Marketing ist ein Ansatz des Marketings, bei dem Interessenten weniger mit direkten Kaufaufforderungen oder Produktbewerbungen, sondern vielmehr mit unterhaltsamen und informativen Inhalten (Content) versorgt werden. Diese können z. B. in Form von Blog-Beiträgen, Infografiken, Studien, E-Books oder auch Mini-Spielen ausgeliefert werden. Ziel ist es, die Bindung zum Unternehmen bzw. Produkt unterschwelliger, dafür aber zeitlich länger und mit Kontextualisierungen (z. B. „fachliche Kompetenz" oder „lustige Nutzervideos") zu gestalten. Während Content Marketing früher meist im **B2C**-Bereich stattfand, ist dieser Ansatz heute auch begleitend im **B2B**-Marketing zu finden. Da immer mehr Firmen Content Marketing nutzen, ist nach frühen Erfolgen, z. B. im **Guerilla-Marketing**, heutzutage auch hier eine gewisse Abflachung in der Customer Response zu finden (s. a. **Ad Fatigue**).

Content Theft	Content-Diebstahl

Content-Diebstahl bezeichnet die digitale Verwendung oder Übernahme fremden geistigen Eigentums. Er ist eine permanente Konstante in der Geschichte des Internets und reicht von der „Zitierung" fremder Inhalte ohne Nennung des Schöpfers bis zum **Crawling** ganzer Datenbanken wie z. B. Adressdatenbanken. In Zeiten digitaler „Häppchen" oder **Memes**, die auf Verbreitung durch fremde Kanäle setzen, ist die Grenze zwischen gewollter Verbreitung und illegalem Diebstahl oft verschwommen und führt nicht selten auch zur Verbreitung von fehlerhaften Nachrichten (s. a. **Fake News**).

Conversion Rate (CVR)	Konversionsrate

Die Conversion Rate (CVR oder CR) ist elementarer Bestandteil eines KPI-orientierten bzw. metrisch geführten Managements und drückt aus, welcher Prozentsatz einer Nutzergruppe innerhalb des **Marketing Funnel** den nächsten Schritt (z. B. Klick auf Link) durchführt. Während sich die Conversion Rate umgangssprachlich meist auf tatsächlich Käufe in Bezug auf sämtliche Unique Visits innerhalb einer bestimmten Periode (z. B. pro Monat) bezieht, kann in der Funnel-Optimierung eine CR auch für Konversionen innerhalb von Teilschritten stehen (z. B. Klicks auf Umfrage, Eintrag in Newsletter).

Copywriter (CW)	Werbetexter

Ein Copywriter ist ein Texter, dessen Aufgabe es ist, übergreifende Marketing-und Markenstrategien von Firmen in konkrete Texte z. B. für Werbebroschüren, aber auch immer häufiger für Stellenanzeigen zu entwickeln. Die Kunst ist es, hier nicht nur kreative Ideen und eine kompakte Vermittlung zu entwerfen, sondern mittelfristig auch eine kohärente Unternehmenssprache zu entwickeln, die trotz unterschiedlicher Anwendungskontexte (z. B. Ausschreibung für **CMO**, Magazin-werbung) dem Unternehmen und seiner Botschaft zugeordnet werden kann.

Core Product	Kernprodukt

Mit Core Product wird der eigentliche, oft einem konkreten Produkt übergeordnete Nutzen beschrieben, den ein Konsument zum Kauf antreibt. Beispielsweise wollen Käufer von Glühbirnen keine singulären Glühbirnen, sondern Licht. Mit dem Ansatz des Core Product können somit Käufermotivationen, aber auch der relevante Markt (s. a. **Market Definition**) besser evaluiert werden (z. B.: „Wir verkaufen Attraktivität – und keine Hemden"). Die Kehrseite der Fokussierung auf Core Products besteht darin, dass aufgrund hochtrabender Selbstbilder von Firmen („Wir verkaufen das Wohnen der Zukunft – und keine Schrauben") tatsächliche Wettbewerbsvorteile und Kaufargumente (z. B. „billiger Preis") aus den Augen verloren werden können.

Corporate Brand	Unternehmensmarke

Als Corporate Brand wird die Markenbotschaft bzw. Markenwelt einer Gesamt-unternehmung verstanden, die in Sachen Werte, Ziele und Selbstverständnis von einzelnen Produktmarken abzugrenzen ist (vgl. Beiersdorf als Firma, Nivea als Marke). Corporate Branding dient heute als unerlässlicher Bestandteil gerade für Großunternehmen (z. B. Microsoft, Amazon) und verschmilzt Anteile von **Public Relations**, **Employer Branding**, **Corporate Responsibility**, **Content Marketing** und klassischer Produktwerbung.

Corporate Vertical Marketing System (VMS)	Vertikales Marketingsystem

Unter Vertical Marketing versteht man Marketingaktivitäten von Firmen, die sich auf nachgelagerte Stufen in der Wertschöpfungskette beziehen. Dies können z. B. Abnehmer von Bauteilen für die weitere Verarbeitung sein, v. a. aber Handelsunternehmen, die dann direkt an Endkunden verkaufen. Nachdem Einzelhandelsflächen begrenzt sind, versuchen Produzenten innerhalb des Vertical Marketing gleichzeitig Kunden und Distributoren von ihrem Angebot zu überzeugen. Dazu gehören neben Werbematerialien für den **POS** auch gestaffelte Rabatte oder im Einzelfall auch Boni-Zahlungen und Kick-backs.

Cost Analysis	Kostenanalyse

Die Kostenanalyse bezieht sich auf umfassende Untersuchungen und Zuordnungen von Kosten (z. B. für Material, Personal, Werbung) zu einzelnen Produkten bzw. Produktgruppen, meist untergliedert nach verschiedenen Wertschöpfungsstufen. Ziel ist es, versteckte Kostentreiber aufzudecken, Einsparungspotenziale freizulegen bzw. transparentere Margen für einzelne Leistungen und Produkte abzubilden. Mögliche Ergebnisse können hier sein, dass Produkte mit geringeren Handelsspannen durchaus große Wertbeiträge leisten, weil sie langfristig ohne weiteren Werbeaufwand abgenommen werden. Oder ein Produkt mit niedrigen Produktionskosten verursacht in der Gesamtbetrachtung hohen Aufwand bei Reparatur und After-Sales. Die Kunst bei der Kostenanalyse ist, v. a. die Gemeinkosten (z. B. Miete, Verwaltung) angemessen auf das Angebotsportfolio zu verteilen (s. a. **TOC, Zero-based Costing, ABC-Analyse**).

Cost Per Click (CPC)	-

Der CPC drückt aus, wie hoch die Kosten pro (weiterführendem) Klick innerhalb einer Online-Werbekampagne liegen. Dabei kann der CPC vorab mit dem Werbeträger (z. B. Facebook) vereinbart worden sein, um eine gewisse Kostenbzw. Performance-Kontrolle zu erzielen. Manchmal ergibt sich der CPC aber auch erst in der Nachbetrachtung, wenn die Kosten einer Kampagne durch die Anzahl der (jeweils einer Einzelperson zurechenbaren) Klicks geteilt werden. Im Gegensatz zu **Cost per Impression** gibt hier die Anzahl der Klicks auch eine messbare Auskunft über den Erfolg einer Kampagne, zumindest im Sinne der Interaktionen (s. a. **Leads**), die sie erzeugt hat.

Cost per Conversion (CPC)	-

Cost per Conversion (CPC) ist ein Begriff bzw. KPI aus dem Performance Measurement und bezeichnet die (Marketing-)Kosten gemessen an einer einzelnen Conversion (z. B. Kauf im Webshop). Dabei wird der zuordenbare Gesamtaufwand, meist gegliedert nach Marketingkanal (z. B. E-Mail-Marketing, Bannerwerbung etc.), durch die Anzahl der Käufe innerhalb einer zeitlichen Periode geteilt. CPCs können je nach Branche und Marketing Channel zwei- bis dreistellige Beträge ergeben und sinken i. d. R. etwa durch höheren organischen Traffic, Empfehlungsmarketing und wiederkehrende Kunden. Ähnlich, jedoch nicht zu verwechseln sind die Begriffe **CPA** (**Cost per Action** bzw. **Cost per Acquisition**) und **CAC** (**Customer Acquisition Cost**), die sich lediglich auf die Kosten für ein bestimmtes Nutzerverhalten (z. B. Klick auf Kundenumfrage) bzw. die dauerhafte Akquisition eines Kunden (mit möglichen Widerholungskäufen) beziehen und nicht auf einen einzelnen Kauf.

Cost per Lead (CPL)	Kontaktvergütung

Mit den Kosten pro Lead, abgekürzt als CPL, werden die Kosten (meist im Cent- oder niedrigen Euro-Bereich) für einen einzelnen Lead (Kontaktgenerierung) im Vertriebsprozess ausgedrückt. Ein Lead sei hier als Interaktion einer Person verstanden, die einer Einladung in einen (digitalen) Vertriebskanal folgt. Da ein Lead als solcher nicht per se definiert ist (z. B. Klick auf ein Werbebanner, Eintragung in einen Newsletter), haben unterschiedliche Leads auch sehr unterschiedliche Qualität. Um wirkliche Auskunft über gerechtfertigte CPLs zu geben, müssen diese innerhalb des gesamten **Funnels** hinsichtlich endgültiger **Conversions** analysiert werden.

Cost per Order (CPO)	Bestellkosten

Cost per Order bezeichnet die (anteiligen) Marketingkosten, die heruntergerechnet pro tatsächlich erfolgter Bestellung bzw. Geschäftsabschluss anfallen. Dabei wird der Gesamtaufwand, oft nach Marketing-Channels aufgeteilt, durch die jeweils pro Kanal erzielten Abschlüsse geteilt. Im Vergleich zur **Click-Through Rate** (**CTR**) und anderen **KPIs** wie **Page Impressions** misst sich die CPO also an tatsächlichen, d. h. umsatzwirksamen Erfolgen. Oft verwechselt wird Letztere mit den **Customer Acquisition Costs** (**CAC**), die sich jedoch auf ein gesamtes, neu akquiriertes Kundenverhältnis samt kumulierter (Wiederholungs-)Käufe beziehen und nicht auf einen einzelnen Einkauf.

Cost per Thousand/Cost per Mille (CPT/CPM)	Tausend-Kontakt-Preis (TKP)

Cost per Mille (CPM) oder auch Cost per Thousand (CPT) drückt aus, wie hoch die Marketing- bzw. Anzeigekosten pro tausend Ausspielungen bzw. Rezipienten sind. Es macht damit verschiedene Werbeformen (z. B. Print, Online-Banner) vergleichbar, sofern die Abrechnung auf Impressions basiert. Während hierfür die Gesamtkosten durch die Reichweite geteilt werden, gibt der CPM jedoch wenig Auskunft über die Eigenschaften (z. B. Haushaltseinkommen) der Rezipienten und damit die Qualität der entstandenen Leads. Auch die Effizienz im Sinne von tatsächlichen Conversions bleibt bei dieser Kennzahl außen vor.

Coupon	Gutschein

Ein Coupon steht im Startup-Bereich i. d. R. für einen Gutschein, der ein bestimmtes Produkt (z. B. Flugreise) unter bestimmten Voraussetzungen (z. B. innerhalb einer bestimmten Zeit) günstiger macht. Im Zuge der New Economy sind Coupons regelmäßiger Bestandteil des Marketings, v. a. im Consumer-Bereich (Mode, Lebensmittel, Reisen etc.). Einige Startups wie Groupon haben sogar das Management und die Vergabe von Coupons zu einem eigenständigen Geschäftsmodell gemacht, ohne überhaupt eigene Produkte anzubieten. Viele Gründer in diesem Bereich vergessen jedoch, dass als Geschenk verkaufte Gutscheine z. B. für Handy-Guthaben oder Abenteuer-Events Anzahlungen, d. h. Verbindlichkeiten darstellen und nicht als Umsatz gerechnet werden können; und ebenfalls wird oft vergessen, dass für nicht eingelöste Gutscheine u. U. entsprechende Rückstellungen gebildet werden müssen, die das Jahresergebnis schmälern.

Creative Commons (CC)	Kreativallmende

Der Begriff Creative Commons kommt im Rahmen von Nutzungsrechten z. B. an Bildern oder Musik(dateien) regelmäßig zum Einsatz und bezeichnet die Lizenzvergabe für die (zumeist private) Nutzung durch Dritte. Creative Commons ist dabei der Name einer 2001 gegründeten, gemeinnützigen Organisation, die durch einfache Standards die weltweite Vergabe und Überwachung derartiger Nutzungslizenzen stark vereinfacht hat. Auch wenn derlei CC-Lizenzen i. d. R. eine kostenlose nichtkommerzielle Nutzung von Medieninhalten erlauben, kommt es bei Mischformen, z. B. im Bildungsbereich oder bei einer Weiterverarbeitung z. B. durch Sampling, durchaus immer wieder zu Grauzonen bzw. offenen Rechtsfragen. Gerade Startup-Gründer müssen hier aufpassen, ob z. B. die Nutzung von

Fotos auf einem Influencer-Blog wirklich noch privater Natur ist oder schon einen kommerziellen Einsatz darstellt.

Customer Acquisition Cost (CAC)	Kundengewinnungskosten

Die Customer Acquisition Costs (CAC) sind einer der wichtigsten KPIs bei der Evaluation von Startups und Geschäftsmodellen. Sie stehen für die (kumulierten) Kosten, die für die Gewinnung eines durchschnittlichen Kunden anfallen, z. B. durch Marketingausgaben. Zieht man diese vom **Customer Lifetime Value (CLV)** ab, erhält man den Nettowertbeitrag des Geschäftsmodells pro Kunde und damit auch eine grundlegende Aussage zur Rentabilität eines Geschäftsmodells. Da sich Märkte und Kundenbedürfnisse jedoch sättigen können und längere Erfahrungen mit **Churn Rates** in Berechnungen oft fehlen, sind auch die CAC hier v. a. als eine Basisindikation zu sehen, die von der Realität noch bewiesen werden muss.

Customer Lifetime Value (CLV)	Kundenertragswert

Der Customer Lifetime Value (CLV) ist eine zentrale und essenzielle Messgröße (KPI) im Performance-Marketing, aber auch bei der Rentabilitätsprognose von Geschäftsmodellen. Er misst den monetären Wert eines (neuen) Kunden im Verlauf des Lebenszyklus eines Produkts, aber auch der Unternehmung selbst. Generell gilt im Digitalgeschäft die Faustformel, dass die Akquisekosten (**CAC**) eines Neukunden unter dessen Lifetime Value liegen müssen. Bei physischen Produkten kommen noch die Herstellungs- und Lagerkosten hinzu. Während der CLV von Startups meist nur hypothetisch geschätzt werden kann, müssen hier der Systematik halber auch die entsprechenden **Churn Rates** (Kündigungsgraten) miteinbezogen werden.

Customer Loyalty	Kundentreue

Mit Customer Loyalty (Programs) wird die Treue von Kunden zu einem Produkt bzw. einem Unternehmen ermittelt und gesteuert, z. B. über Treuepunkte oder besondere Angebote für „Stammkunden". Nachdem Akquisekosten (**CPA**) über das Online-Marketing nicht selten bis zu 30 % des Kundenumsatzes betragen, ist ein gutes Customer Loyalty Management essenziell für die Reduzierung der CPO über Folgekäufe von Bestandskunden, zudem auch wichtiger Bestandteil für den **Customer Lifetime Value** und die generelle **Customer Satisfaction**.

Customer Satisfaction (CS)	Kundenzufriedenheit

Die Customer Satisfaction, meist als sog. Customer Satisfaction Score (CSAT) in prozentualen Quoten gemessen, ist nicht nur Kennzahl der Kundenzufriedenheit einer Firma, sondern auch ein eigener Management-Bereich, der die Kundenzufriedenheit und damit auch den **Customer Lifetime Value (CLV)** bzw. die Wiederholungskäufe und die Weiterempfehlungsrate (**NPS**) steuern und optimieren soll. Dabei spielen im Digitalgeschäft neben dem direkten Sales- und Support-Kontakt auch Automationen z. B. über E-Mails zur Messung der Zufriedenheit eine große Rolle.

Delphi Technique	Delphi-Methode

Die Delphi-Methode, benannt nach dem „Orakel von Delphi", ist eine Technik zur Prognostizierung von Zukunftsszenarien, die auf iterativen Befragungen von Experten beruht. Dazu werden zunächst einige Experten kontaktiert, qualitative Prognosen zu bestimmten Zukunftsthemen abzugeben, die dann gesammelt und weiter verargumentiert werden. Kritiker äußern, dass die Wahl der Experten und das jeweilige Überzeugt-Sein letzterer von ihrer eigenen Meinung die Objektivität der Ergebnisse zu stark verzerren können.

Demand Analysis	Bedarfsanalyse

Innerhalb einer Bedarfsanalyse versucht man herauszufinden, welche tatsächlichen Bedürfnisse zukünftige Kunden in einem Zielmarkt haben. Eng verknüpft damit ist die Wettbewerbsanalyse, die untersucht, wie (gut) diese Bedürfnisse derzeit befriedigt werden. Die Bedarfsanalyse ist eng verknüpft mit dem **Customer Development**-Ansatz, bei dem man in langen Interviews mit echten Kunden spricht, anstatt den Bedarf theoretisch zu adressieren.

Demand Side Platform (DSP)	-

Eine Demand Side Platform ist eine technologische Plattform, auf der Werbetreibende Werbepreise von Publishern vergleichen und in einem automatisierten Auktionsverfahren Werbeplätze kaufen können. Grundlage des jeweiligen Gebots sind jedoch nicht nur Preise (s. a. **Cost per Mille**), sondern auch Daten über die Zielgruppenaffinität zum Werbeinhalt. DSPs sind Teil des sog. **Programmatic Advertising** und müssen in der Lage sein, in Echtzeit große Datenmengen zu verarbeiten.

Deplatforming	-

Deplatforming bezeichnet eine Strategie zum Ausschluss von „Störenfrieden" in sozialen Netzwerken, z. B. aufgrund von Verstößen gegen die Netiquette oder Fake News. Dem User oder der Userin wird daraufhin die „Plattform" entzogen, was mit einer temporären oder dauerhaften Sperrung einhergeht. Deplatforming ist aber auch Inhalt von Kampagnen, mit denen User Druck auf den Plattformbetreiber ausüben, einem anderen Nutzer den Account-Zugang zu sperren.

Derailing	-

Unter Derailing (dt. entgleisen) werden Strategien innerhalb von (Netz-)Debatten gezählt, bei denen eine Partei bzw. ein User absichtlich versucht, die Diskussion zu entsachlichen und eskalieren zu lassen. Dazu zählen platte Vergleiche, das Worteverdrehen, das Persönlich-Werden und Zerren von Argumenten ins Private sowie auch die Nutzung von **Fake Accounts**, um künstliche Mehrheiten entstehen zu lassen.

Direct Marketing (DM)	-

Direct Marketing bezeichnet eine Vielzahl von Werbemaßnahmen und -strategien, mit denen Kunden direkt, d. h. ohne Mittler, vom Unternehmen angesprochen werden. Dies umfasst Werkzeuge aus dem Dialogmarketing (z. B. direkte Anschreiben), aus dem Mail-Order, Kundenumfragen (**Panels**) als auch Flyer-Aktionen und Maßnahmen aus dem sog. **Strukturvertrieb.**

Direct Selling	Direktverkauf

Direct Selling ist ein Geschäftsmodell, bei dem der Produzent (Zwischen-)Händler umgeht und direkt an Endabnehmer verkauft, was auf der einen Seite zwar höhere Margen bringt und mit dem Verzicht auf den Zwischenhandel auch einen Teil des Wettbewerbs umgeht, auf der anderen Seite jedoch ein gutes, eigenes Vetriebsnetzwerk voraussetzt. Bekannte Beispiele dafür sind Tupperware (Lebensmittel-Aufbewahrung) oder Vorwerk (Haushaltsgeräte). Der Ausdruck Direct Selling bezieht sich dabei vornehmlich auf physische Produkte und die Umgehung des stationären Handels, da im Bereich Software die meisten SaaS-Firmen ihre Produkte „direkt" vertreiben.

Direct to Consumer (DtC)	-

Direct to Consumer bezieht sich auf Werbe- und Vertriebsstrategien, bei denen Unternehmer im Gegensatz zu üblichen Praktiken Zwischenhändler und andere Mittler umgehen. Ein Beispiel sind Abos für Rasierklingen und andere Dinge des täglichen Lebens, die nicht mehr über den Handel, sondern direkt vom Hersteller erworben werden. Ein anderes Beispiel sind direkte Werbemaßnahmen von Pharmaherstellern für Patienten, obwohl in der realen Wertschöpfungskette Apotheken die Abnehmer sind.

Distress Merchandise	-

Distress Merchandise bezeichnet Sonderverkäufe von Waren, die kurz vor dem Verfallsdatum stehen. Umgangssprachlich können auch Versuche, ein Unternehmen bzw. Startup kurz vor der drohenden Pleite zu verkaufen, als Distress Merchandise bezeichnet werden.

Distribution Channel	Absatzkanal

Der Distribution Channel (dt. Absatzkanal) bezeichnet den Weg eines Produkts vom Erzeuger/Hersteller bis zum endgültigen Kunden. Dies kann einen Direktvertrieb z. B. über das Internet umfassen, aber auch den Weg über Distributoren wie stationäre Groß- und Einzelhändler. Auch sog. Handelsvertretungen, Broker oder auf Provisionsbasis arbeitende „**Strukturvertriebler**" sind Teil unterschiedlicher Absatzkanäle.

Doing it for the gram	-

Doing it for the (Insta-)Gram bezeichnet Aktionen wie z. B. Einkäufe oder Event-Teilnahmen, die nur mit dem Ziel eines Instagram-Postings bzw. einer Dokumentation auf sozialen Kanälen durchgeführt werden. Eng verwandt damit ist der Begriff der **Instagramability**, der die Verwertbarkeit von Ereignissen in sozialen Medien bezeichnet.

Double Dipping	-

Double Dipping bezeichnet die Situation, wenn Investoren beim Verkauf eines Startups über die sog. Liquidationspräferenz (LQ) im **Waterfall Payout** zweimal berücksichtigt werden: einmal über die LQ selbst, die i. d. R. später hinzugekommenen Investoren eine vorrangige Ausschüttung garantiert, und einmal am Ende des Wasserfalls, wenn alle Investoren aus den verbliebenden Exit-Erlösen quotal gemäß ihrer Anteile ausbezahlt werden. Ein anderer Fall von Double Dipping ist der gleichzeitige Bezug von Gehalt und Pensionszahlungen bei

Mitarbeitern sowie das „Wiedereintauchen" (engl. Dip) einer Volkswirtschaft in eine überwunden geglaubte Rezession.

Doxing	-

Unter Doxing, entstanden aus den englischen Wörtern „Docs" (Abkürzung für „Documents") und „Toxic" (dt. giftig) versteht man das Veröffentlichen von privaten Dokumenten oder Medien sowie die Preisgabe der Identität unliebsamer Personen im Internet. Dabei muss kein unerlaubter Zugriff auf geschützte Daten erfolgen, oft reicht eine intensive Recherche oder Social Engineering. Doxing kann zwar Täter z. B. von Hasskriminalität im Netz enttarnen, ist jedoch nicht selten nah an der Selbstjustiz und kann im Zweifelsfall auch rechtlich geahndet werden.

Dummy	-

Ein Dummy ist eine Art Platzhalter z. B. bei Layouts (Dummy-Layout), Produkten (Dummy-Product) oder auch Nutzer-Reviews (Dummy-Review), der keine wirkliche Funktion enthält, sondern nur strukturell oder visuell als Vorlage bzw. Ersatz für spätere Inhalte dient. So erhalten Pitch Decks häufig noch Dummy-Designs von späteren Produkten, um Interessenten ein „Als-ob-Produkt" präsentieren zu können, das die Fantasie anregt.

Duplicate Content	Doppelte Inhalte

Duplicate Content bezeichnet Inhalte auf Webseiten, die mehrfach enthalten sind. Dabei kann es sich um ein und dieselbe Webseite halten, die an mehreren Stellen gleiche Inhalte enthält, so z. B. werbliche Textblöcke für Call-to-Action, aber auch unterschiedliche Webseiten, die z. B. die gleiche Pressemitteilung enthalten. Duplicate Content ist insofern relevant, als Google und andere Suchmaschinen bei der Platzierung von Inhalten (**Rankings**) Duplicate Content als minderwertig einstufen und entsprechend Seiten(inhalte) niedriger platzieren.

Durable Goods	Langlebige Gebrauchsgüter

Unter Durable Goods versteht man (langlebige) Gebrauchsgüter wie z. B. Autos, Fahrräder, aber auch Waschmaschinen und weitere Güter, die länger als drei Jahre halten (sollten). Das Gegenteil von Durable Goods sind sog. **Consumable Goods** (Verbrauchsgüter) wie z. B. Benzin, Zigaretten, Medikamente, Zahncreme oder Fertigmahlzeiten. Die zwei letztgenannten Beispiele fasst man auch in der Gruppe der sog. **FMCGs** (Fast-Moving Consumer Goods) zusammen.

Dwell Time	-

Unter der Dwell Time versteht man die Zeit, die ein Internet-Nutzer bei der Suchmaschinennutzung auf ein Suchergebnis verwendet, bis er wieder zu den Suchmaschinenergebnissen zurückkehrt. Seiten werden innerhalb einer SEO-Strategie daher auf eine möglichst lange Dwell Time optimiert, die einerseits wichtige Inhalte bereits am Seitenanfang wiedergibt, jedoch auch „Lust auf mehr" erzeugt (s. a. **Bounce Rate**).

Dynamic Keyword Insertion (DKI)	-

Die Dynamic Keyword Insertion (DKI) ist eine Funktion für Google Ads. Sie ermöglicht, das Keyword, das vom Suchenden bei Google eingegeben wurde, in einen vorher festgelegten Platzhalter einer Google-Anzeige zu setzen. Dadurch wird dem Suchenden suggeriert, dass die Anzeige genau seiner Sucheingabe entspricht, z. B. „Waschmaschine gebraucht in Köln". Manchmal führt dies dazu, dass Anzeigen Inhalte suggerieren, die daraufhin beim Klick auf die Anzeige gar nicht mehr erscheinen bzw. eingehalten werden können.

(Early) Markdown	Preisabschlag

Ein (Early) Markdown bezeichnet i. d. R. einen Preisabschlag eines bestimmten Anbieters. Der Begriff kommt sowohl auf den Finanzmärkten als auch im Handel zum Einsatz. So bezeichnet ein Early Markdown einen relativ frühen Preisnachlass eines Handelsprodukts, während die Marketingpromotion noch aktiv ist. Damit sollen Interessenten schnell zum Kauf bewegt werden (s. a. **Streichpreise**).

Effective (Marketing) Frequency	Effektive Marketingfrequenz

Unter der Effective Marketing Frequency wird die Häufigkeit einer Anzeigenausstrahlung verstanden, bis der Empfänger eine bestimmte Handlung vornimmt (z. B. Kauf, Download eines White Paper, Anmeldung zum Newsletter). Die effektive Frequenz kann dabei erheblich schwanken, denn neben der Art der gewünschten Handlung stellen sich bei zu häufiger Ausstrahlung auch Ermüdungserscheinungen oder sogar Ablehnung ein. Daher ist es wichtig, bei der Bestimmung der effektiven Frequenz auch die Art der Kampagne, die gewünschte **Conversion** sowie die bespielten Kanäle miteinzubeziehen.

(Effective) Marketing Reach	(Effektive) Reichweite

Die effektive Reichweite bezeichnet im Marketing die Anzahl von Personen, die mit der effektiven Frequenz einer Kampagne (oder darüber) bespielt wurden. Hintergrund ist die Überlegung, dass Kampagnen wiederholt auf ein und dieselbe Person treffen müssen, um sie ausreichend (d. h. effektiv) beeinflussen zu können.

End User (EU)	Endbenutzer

Ein End User, zu Deutsch Endbenutzer, ist jemand, der ein Produkt – hier meist eine (Software-)Anwendung – als eigentlicher Anwender nutzt. Das „End" im Namen unterstreicht, dass er am Ende einer langen Kette von anderen an der Anwendung beteiligten Personen steht, also z. B. Entwicklern, Designern und Systemadministratoren, deren Aufgabe es ist, die Anwendung auf den bestmöglichen Nutzen des Endbenutzers hin zu entwickeln. Dieser ist im parallelen Vertriebsprozess oft gar nicht der eigentliche Kunde, z. B. beim Verkauf von Software an Unternehmen. Dies führt häufig zu Konflikten zwischen dem Sales- und dem Entwicklerteam, da beide unterschiedliche Vorstellungen von der eigentlichen **Value Proposition** haben (s. a. **End User Era**).

Engagement	Interaktion

Der Begriff Engagement umfasst generell die Interaktionen von Nutzern mit einem Produkt bzw. deren Intensität. Letztere wird anhand bestimmter KPIs gemessen, so z. B. Sitzungsdauer, Seitenaufrufe, Bounce Rate, Downloads, Klicks oder Shares. Auch wenn es einen Zusammenhang zwischen User Engagement und Conversions bzw. Umsatz gibt, ist dieser nicht immer linear. So können die „engagierten Nutzer" von der eigentlichen Kundengruppe eines Produkts abweichen, wie z. B. bei Luxusautos.

Engagement Rate (ER)	Interaktionsrate

Die Engagement Rate (ER) ist eine KPI, die die Reaktionen auf Posts in sozialen Medien misst. Hierfür werden alle Interaktionen von Followern wie Likes, Kommentare oder Teilen durch die Anzahl der gesamten Abonnenten oder Follower geteilt.

Evergreen Content	Dauerhafter Inhalt

Evergreen Content steht für Inhalte auf Websites, deren Relevanz von dauerhaftem Wert ist und die ungeachtet ihres Entstehungszeitpunkts dauerhaft gute

Positionen in Suchmaschinen erreichen. Beispiele sind z. B. Rezensionen alter Filme, Anleitungen oder Lexikon-Einträge.

Experiential Marketing	Erlebnismarketing

Experiential Marketing, auch bekannt als Erlebnismarketing, ist eine Strategie, die darauf abzielt, die Zielgruppe über persönliche Erlebnisse direkt mit der Marke zu verbinden. Dies wird durch kreative Aktivitäten erreicht, bei denen die Teilnehmer aktiv beteiligt sind. Die Idee ist es, unterschwellig die Werte und Botschaften des Unternehmens mit den positiven Gefühlen der Teilnehmenden zu verknüpfen.

Fake Account (Finsta)	Gefälschter (Instagram-)Kanal

Unter einem Finsta wird ein Fake-(Instagram)-Account verstanden, der z. B. vorgibt, zu einem Prominenten zu gehören, oder auf dem illegale Bilder oder Fotos mit gefälschten Inhalten verbreitet werden.

Fear, Uncertainty and Doubt (FUD)	Angst, Unsicherheit und Zweifel

Fear, Uncertainty and Doubt (FUD) ist eine Taktik, die oft in der Werbung und im Marketing eingesetzt wird, um Verunsicherung und Angst bei den potenziellen Kunden zu erzeugen. Dabei können z. B. Konkurrenzprodukte oder Substitute von Wettbewerbern als gefährlich und unzureichend dargestellt werden. Oder es werden allgemeine Ängste, z. B. über Gifte im Essen, geschürt, um dann Abhilfe zu schaffen. FUD-Methoden lassen sich regelmäßig auch bei sog. **Clickbait** Headlines (Überschriften) im News- und Zeitungsbereich feststellen und werden auch in Foren gern (anonym) benutzt, um Meinungen zu spalten und **Thread**-Inhalte zu radikalisieren (s. a. **Derailing**).

Frequently Asked Questions (FAQ)	Häufig gestellte Fragen

FAQ ist die Abkürzung für Frequently Asked Questions und bezieht sich i. d. R. auf Erklärtexte, z. B. bei Produktangeboten, die vorab häufig gestellte Fragen von Interessenten und Kunden beantworten. Dies hat den Vorteil, dass interessierte Personen schon im Vorfeld und ohne Vertriebs- bzw. Supportkontakt näher an das Produkt geführt werden können, was zu höheren Abschlussraten (**Conversions**) sowie zu einer Entlastung von Sales- bzw. Customer-Service Mitarbeitern bzw. führt.

Funnel	Trichter

Unter einem Funnel, zu Deutsch Trichter, werden Kundenpfade vom ersten Kontakt mit dem Unternehmen, seiner Website oder seinen Produkten bis hin zum Kauf oder einem anderen Handlungsziel, z. B. der Registrierung auf einer Website, verstanden. Der Kunde bzw. Interessent läuft dabei über mehrere Touchpoints, die inhaltlich und gestalterisch möglichst wenig „Interessenten wegbrechen" lassen sollen. Die Optimierung dieses Funnels ist Kernbestandteil jeder Startup-Unternehmung und betrifft die UX sowie den Support beim Kaufprozess bis hin zum Pricing und Retargeting, z. B. bei offenstehenden Warenkörben. Dabei wird häufig auch auf automatisiertes A/B Testing zurückgegriffen, das verschiedene Pfadmöglichkeiten beim Kunden testet und dann auf das erfolgreichste Modell abstellt.

General-Line Wholesaler	Vollsortiment-Großhändler

Ein General-Line Wholesaler ist ein Unternehmen, das ein breites Sortiment an einer bestimmten Art von Waren vorhält (s. a. **Stockpiling**) und damit die Mehrheit der Bedürfnisse seiner Kunden in einer bestimmten Branche oder Industrieklasse abdeckt. Dieser Großhändler hält einen umfassenden Lagerbestand, um den Bedarf seiner Kunden auch zeitlich und von der Menge her jederzeit bedienen zu können.

Generic Advertising	-

Generic Advertising ist eine übergreifende Art von Werbung, die nicht auf ein bestimmtes Produkt oder eine Marke ausgerichtet ist, sondern eine bestimmte Produktkategorie oder Branche bewirbt, wie z. B. die Pharmaindustrie. Ziel ist es, ein Bewusstsein bzw. Aufgeschlossenheit für eine bestimmte Art von Produkt oder Branche zu schaffen. Generic Advertising ist regelmäßig Teil der Öffentlichkeitsarbeit von Branchen- und Interessenverbänden und richtet sich an ein breites Publikum.

Google E-A-T (EAT)	-

E-E-A-T ist ein Konzept, das seinen Ursprung in den „Google Search Evaluator Guidelines" hat. E-A-T beschreibt Eigenschaften einer Seite bzw. entsprechende Kriterien, mit denen man deren Attraktivität für Suchmaschinenbewerten und ggf. verbessern kann. E-E-A-T steht dabei für folgende Prinzipien:

Experience: Welchen Bezug hat der Urheber eines Seiteninhalts zu den behandelten Themen?

Expertise: Beinhaltet der Seiteninhalt relevante Expertise zum gesuchten Thema, insbesondere auch praktische Handlungsempfehlungen?

Authoritativeness: Ist der Urheber bzw. Veröffentlicher des Inhalts eine angesehene Autorität, der man vertraut und folgt?

Trustworthiness: Ist der Inhalt bzw. Urheber der Seite vertrauenswürdig, sowohl inhaltlich als auch technisch?

Experience:

Google Tag Manager (GTM)	-

Der Google Tag Manager ist eine kostenlose Plattform, die es Unternehmen ermöglicht, ihre Marketing- und Analyse-Tags auf den eigenen Websites und mobilen Apps zu verwalten. Die Plattform ermöglicht es, alle Arten von Tracking-Tags wie Google Analytics, AdWords-Conversion-Tracking, **Remarketing**-Tags und andere Marketing- und Analyse-Tools einfach und ohne Änderungen am Quellcode hinzuzufügen oder zu aktualisieren.

Greenwashing	-

Greenwashing bezieht sich auf die zweifelhafte Praxis, bei der ein Unternehmen versucht, seine Produkte, Dienstleistungen oder Geschäftspraktiken umweltfreundlicher zu präsentieren, als sie es tatsächlich sind. Dies kann durch das Heischen von Verständnis oder Empathie, die überhöhte Darstellung von Umweltleistungen, aber auch durch die Verwendung von umweltfreundlicher Symbolik (z. B. grüner Farbe) und Claims ohne wissenschaftlichen Beleg erfolgen.

Grey-Hat SEO	-

Grey-Hat SEO bezieht sich auf Suchmaschinenoptimierungsmethoden, die nicht wirklich legal sind wie das **White-Hat SEO**, aber auch nicht offensichtlich unmoralisch oder schädlich wie **Black-Hat SEO**. Zum Beispiel können Grey-Hat-Techniken wie das Überziehen von Keywords, das Einkaufen von Links oder das Verwenden von automatisierten Tools zur Generierung von Inhalten wie ChatGPT eingesetzt werden.

Guerilla Marketing	-

Guerilla-Marketing bezieht sich auf eine unkonventionelle, kosteneffiziente und kreative Marketingstrategie, die darauf abzielt, Aufmerksamkeit und Interesse für ein Produkt, eine Marke oder ein Unternehmen zu erzeugen. Es geht darum, mit kreativen Ideen auffällig zu sein und aus der Masse hervorzustechen, anstatt große

Summen für traditionelle Werbekampagnen auszugeben. Dazu gehören z. B.
Sticker-Kampagnen mit lustigen, bizarren Botschaften, die erst im Nachhinein erklärt oder verstanden werden, witzige und theaterähnliche Promotion-Kampagnen
in der Öffentlichkeit oder das „Sprengen" traditioneller Veranstaltungen mit Über-
raschungsaktionen.

Halo Effect	Halo-Effekt

Der Halo-Effekt ist ein Phänomen in der Wahrnehmungspsychologie, bei dem
ein positiv bewertetes Thema oder eine beliebte Charakteristik dazu führt, dass
damit indirekt verbundene Elemente ebenfalls positiv bewertet werden. Die Bedeutung leitet sich dabei aus dem englischen Fachbegriff „Halo" ab, der sowohl
einen Kometenschweif als auch einen Heiligenschein bezeichnet. Im Marketing
oder Brand Management wird dieses Phänomen z. B. genutzt, um sich im „Glanz"
bestimmter Themen ebenfalls zu sonnen, z. B. die eigene Marke im Rahmen des
Umweltschutzes zu bewerben oder Festivals zu sponsern.

Hard Selling	Aggressive Verkaufsstrategie

Der Begriff Hard Selling beschreibt Verkaufsmethoden, die den Interessenten
durch sehr energisches Verhalten dazu zwingen sollen, ein Produkt o. Ä. zu kaufen.
Während der Begriff im Handel auch durchaus positiv besetzt sein kann, z. B. im
Rahmen von Probier- und Rabattaktionen, ist er meist jedoch negativ besetzt und
wird umgangssprachlich generell für aufdringliches Verhalten benutzt.

Harvesting Strategy	-

Das Harvesting beschreibt eine Produkt-Preis-Strategie im Laufe des Produktlebenszyklus, bei dem in der Abschwungphase der Popularität oder Aktualität
eines Produkts die Investitionen z. B. in das Marketing zurückgefahren werden, um
bei einem stabilen Preis und geringerer Absatzmenge höhere Margen pro Produkt
zu erzielen.

Hashtag	-

Ein Hashtag ist ein Schlagwort oder eine Kennzeichnung, die in sozialen Medien verwendet wird, um bestimmte Inhalte oder Themen, wie z. B. eine Fuß-
ball-WM oder einen politischen Skandal, zu markieren. Er beginnt standardmäßig
mit dem Symbol „#", gefolgt von einem Wort oder einer Phrase, und wird benutzt,
um unabhängig von einzelnen User Accounts oder Beiträgen bestimmte Diskussionen oder Themen leichter zu finden.

Heavy Usage Index (HUI)	-

Der Heavy Usage Index (HUI) ist ein Messwert, der angibt, wie häufig ein Produkt oder eine Dienstleistung von bestimmten Kundengruppen verwendet wird. Er kann auf verschiedene Arten berechnet, z. B. durch Umfragen, Nutzungsdaten von Apps oder auch GPS-Informationen etwa von Fahrzeugen.

Hilltop Algorithm	Hilltop-Algorithmus

Der Hilltop-Algorithmus ist ein früher Suchmaschinenalgorithmus, der von Google entwickelt wurde. Er nutzt eine spezielle Methode, um die Qualität von Websites und deren Inhalten zu beurteilen, und stützt sich dabei v. a. auf die Klassifizierung relevanter Informationen auf sog. Expertenseiten. Mittlerweile ist dieser Algorithmus abgeändert und verfeinert worden – die Basisidee dahinter, Seiteninhalte anhand ihrer vermuteten Relevanz einzuordnen, hat sich jedoch erhalten.

Inbound/Outbound Marketing (IM/OM)	-

Inbound-Marketing konzentriert sich auf die Generierung von Kunden durch den Einsatz von Inhalten und Kanälen, die für die Zielgruppe relevant und ansprechend sind. Zu den Inbound-Marketingtechniken zählen **Blogging**, Nutzung der sozialen Medien, Suchmaschinenoptimierung (**SEO**), E-Mail-Marketing und **Content-Marketing**. Ziel ist es, dass potenzielle Kunden aktiv nach Informationen suchen und auf die Marke aufmerksam werden. **Outbound-Marketing** hingegen ist eine aktive Methode, bei der Unternehmen ihre Marketingbotschaften direkt an potenzielle Kunden senden, ohne dass diese aktiv danach suchen. Zu den Outbound-Marketingtechniken gehören Fernseh-, Radio- und Printwerbung sowie Telemarketing und Direktwerbung. Ziel ist hier, dass die Marketingbotschaft direkt bei potenziellen Kunden ankommt.

Influencer Marketing	-

Influencer Marketing ist eine Form des Marketings, bei der Unternehmen und Marken mit Einflussnehmern (auch als Influencer bekannt) zusammenarbeiten, um ihre Produkte oder Dienstleistungen (oft im Beauty- und Lifestyle-Bereich) zu bewerben. Influencer sind Personen, die auf einer bestimmten Plattform (z. B. Instagram, YouTube, TikTok) eine große Anzahl an Followern haben und sehr aktiv sind. Diese Art von Marketing ist besonders effektiv und gilt als authentisch und vertrauenswürdig, berührt jedoch häufig rechtliche Grauzonen des **Product Place-**

ment, also der illegalen Platzierung von Produkten gegen Geld, sowie der unlauteren Werbung.

Key Account	Schlüsselkunde

Als Key Account wird generell ein wichtiger Großkunde eines Unternehmens bezeichnet, der sowohl beim Geschäftsanbahnungsprozess als auch in der laufenden Beziehung (Support bzw. After-Sales) eine „gesonderte Behandlung" erfährt (s. a. **Key Account Manager**). Gelegentlich werden aber auch wichtige Lieferanten als Key Accounts bezeichnet, da sie ebenfalls einen „Schlüsselcharakter" für den Unternehmenserfolg haben.

(Key) Account Manager	Vertriebsmanager

Ein (Key) Account Manager arbeitet traditionell im Vertrieb eines Unternehmens und betreut (Schlüssel-)Kunden. Während andere Sales Manager eher im Neukundengeschäft tätig sind, liegt die Aufgabe der (Key) Account Manager eher in der Betreuung, der Fehlervermeidung und im Ausbau bestehender Kundenbeziehungen, was **Cross-Selling** und **Upselling** miteinschließt. Bei Großunternehmen, z. B. in der Luftfahrtindustrie, hängen von der Performance der Account Manager erhebliche Umsätze ab, sodass die Position meist von sehr gut bezahlten Executives ausgeübt wird.

Key Performance Indicator (KPI)	Leistungskennzahl

Key Performance Indicators (KPIs) sind quantitativ messbare Werte und Ergebnisvariablen, die den Fortschritt eines Unternehmens in Bezug auf die Erreichung bestimmter Ziele und Geschäftsziele reflektieren. KPIs spielen eine extrem wichtige Rolle im Startup-Leben, da sie eine schnelle und manchmal auch schonungslose Übersicht über die Leistung des Unternehmens bieten und sowohl Fortschritte als auch Optimierungspotenziale aufzeigen. Wichtige KPIs sind z. B. Nutzerzahlen von Websites oder Social-Media-Profilen, Umwandlungsraten von Interessenten zu zahlenden Kunden (sog. **Conversion Rates**) sowie das monatliche Umsatzwachstum eines Unternehmens (**MoM Growth**).

Keyword (KW)	Schlüsselwort

Sogenannte Keywords sind essenzieller Bestandteil der Suchmaschinenoptimierung (SEO) von Webseiten, da sie als Grundlage für die Übereinstimmung von Suchanfragen und Webseiteninhalten dienen. Innerhalb des SEO, aber auch des SEA werden offizielle Keywords für Suchmaschinen gesetzt, um bestimmte Themenfelder bei der organischen, aber auch der bezahlten Suche zu besetzen. Je besser die Übereinstimmung von Keywords und den damit verbundenen Inhalten, desto höher wird die Webseite in den Suchergebnissen angezeigt (s. a. **Google Quality Score** bzw. **Hilltop Algorithm**). Dazu gehört auch die sog. **Keyword Density**, also die Häufigkeit des betreffenden Keywords innerhalb des gesamten Content auf der Seite. Darüber hinaus können bei der bezahlten Suche auch sog. Negative Keywords zum Einsatz kommen, die die eigenen Inhalte von der Darstellung bei solchen Suchanfragen ausschließen, die mit negativen Keywords besetzt sind. Dies kann einerseits dazu dienen, Missverständnisse auszuschließen, aber auch dazu, teure Klick-Kosten beim Klick auf thematisch ähnliche, aber nicht exakt passende Werbeanzeigen zu unterbinden.

Keyword Research	**Schlüsselwort-Recherche**

Eine Keyword-Recherche beinhaltet im Rahmen des **SEO** bzw. **SEA** die Identifizierung der Zielgruppe, Überprüfung der Konkurrenz, Generierung von Keyword-Ideen, Überprüfung der Relevanz und Auswahl der Keywords. Sie ist ein wichtiger Prozess der Suchmaschinenoptimierung, in dem Unternehmen relevante **Keywords** identifizieren, um ihre Sichtbarkeit in Suchergebnissen zu verbessern und ihre Zielgruppe zu erreichen.

Keyword Stuffing	-

Keyword Stuffing ist eine (suboptimale) Suchmaschinenoptimierungspraxis, bei der unnötigerweise viele Keywords auf einer Website oder ihren Metadaten platziert werden, um vermeintlich die Rankings in den Suchmaschinenergebnissen zu verbessern. Diese Methode kommt oft zum Einsatz, um unnötig Traffic zu generieren oder ein besseres Ranking zu erzielen, wird aber mittlerweile von den meisten Suchmaschinen erkannt und entsprechend abgestraft.

Landing Page	**Ankunftsseite/Lande-Seite**

Eine Landing Page ist eine, meist auf ein Keyword oder ein Thema zugeschnittene Webseite, die Kunden und Interessenten neben der eigentlichen Homepage des Unternehmens eine eigene „Landebahn" für spezifischere Anfragen und Bedarfe geben soll. Ein Beispiel ist z. B. die Seite eines Anbieters von Projektmanagement-Software, die speziell auf Anwendungsszenarien und Anforderungen innerhalb von Ingenieurs- und Bauprojekten eingeht. Im Kontext von

SEO trägt eine Landing Page dazu bei, die Relevanz und Expertise einer Anbieter-Domain für bestimmte (**Long-Tail**) **Keywords** und Themen zu verbessern. Sie ist elementarer Teil der sog. Lead-Generierung und damit Bestandteil des **Marketing Funnel**.

Lead (Generation) (Lead Gen)	Lead-Generierung

Lead Generation, abgekürzt Lead Gen, ist ein elementarer Teil des (Online-) Marketings von Unternehmen und zielt darauf ab, in weitgehend automatisierter Form, z. B. anhand von Website-Formularen, neue Interessenten oder Kundenkontakte zu finden. Der Begriff „Lead" lässt sich dabei mit „Spur" oder freier „Kontakt" übersetzen, den es möglichst nach dem ersten Touchpoint durch den **Marketing Funnel** bzw. die **Sales Pipeline** hindurch in einen zahlenden Kunden umzuwandeln gilt (s. a. **Conversion**). Im Rahmen des Content Marketing stehen für das Lead Gen neben der Kreation spezifischer Landing Pages eine ganze Reihe weitere Instrumente bereit, z. B. das kostenlose Verteilen von sog. White Papers innerhalb von Interessengemeinschaften oder spezifische Online-Umfragen. Auch Fachmessen sind ein beliebtes Instrument, durch schnelle fokussierte Kontakte innerhalb kurzer Zeit eine ganze Reihe neuer Leads zu erzeugen.

Lead Users	-

Lead Users sind Personen oder Unternehmen, die als frühe und dabei aktiv interessierte Adopter einer neuen Technologie oder eines neuen Produkts gelten (s. a. **Early Adopters**). Lead Users können gerade in Produkttests innerhalb des **Customer Development** wertvolles Feedback für die weitere Entwicklung und den Verkauf an ein größeres Publikum bereitstellen. Viele Startups vergessen jedoch gern, dass **Lead Users** bzw. **Early Adopters** als präferierte Kunden womöglich auch schnell das Interesse am Produkt verlieren und andere Kundengruppen womöglich nicht so „hip", aber treuere Umsatzgeneratoren sind.

Link Farm	Linkfarm

Linkfarmen sind Websites, die unzählige Links auf einer einzigen Seite sammeln in der Absicht, ihr Ranking in Suchmaschinen wie Google zu verbessern. Diese Links werden oft automatisch generiert oder gekauft und haben keinen inhaltlichen Zusammenhang zu den verlinkten Seiten. Die Verwendung von Linkfarmen ist eine manipulative Praktik und stellt eine Verletzung der Richtlinien von Suchmaschinen dar (s. a. **Black-Hat SEO**). Diese erkennen jedoch mittlerweile zum Großteil derartige Praktiken und strafen damit verbundene Webseiten entsprechend ab.

Linkbait	-

Der Linkbait (dt. Link-Köder) ist eine beliebte Taktik im **Online-Marketing** und **SEO**, um eine möglichst große Anzahl von Besuchern für eine Webseite oder Werbekampagne zu gewinnen. Das Ziel von Linkbaits ist es, möglichst viele Backlinks für eine Website zu erhalten. Dazu können z. B. populäre „Köder" wie Gewinnspiele oder E-Books und Whitepapers eingesetzt werden.

Linkjuice	-

Linkjuice ist ein Begriff aus dem Bereich der Suchmaschinenoptimierung (**SEO**), der sich auf die Übertragung von „Juice" (hier frei zu übersetzen mit „Ranking-Stärke") von einer Link gebenden auf eine Link empfangene Webseite bezieht. Der Linkjuice, also die Google-Gewichtung des Links im Sinne eines höheren Rankings, setzt sich aus einer Reihe von Faktoren zusammen wie z. B. der Anzahl und Qualität der verlinkenden Seiten, der Relevanz der verlinkenden Inhalte und der Autorität der verlinkenden Seiten. Für SEO ist Linkjuice wichtig, da es dazu beiträgt, dass eine Webseite in den Suchergebnissen höher rankt, wenn sie Links von prominenten Seiten, z. B. Zeitungen oder Nutzerportalen, erhält.

Long Tail	-

Der Ausdruck Long-Tail (alternative Schreibung **Longtail**) steht für eine Strategie, seinen Erfolg über spezifizierte Nischenprodukte zu suchen, die über weniger Nachfrage, aber auch weniger Wettbewerbsdruck verfügen. Beispiele sind z. B. Verlage, die rare Werke neu auflegen. Die Etablierung des Online-Geschäfts hat diese Strategie weiter erleichtert, da diese raren Produkte nun nicht mehr lokal vorgehalten werden müssen, sondern zentral für solche Kunden angeboten werden können, die weitgehend aktiv und selbstständig nach diesen Produkten suchen (s. a. **Pull-Strategie**). Im Bereich der Suchmaschinenwerbung spricht man dann von sog. Long-Tail Keywords, wenn Werbetreibende oder SEO-Manager auf spezifischere Suchbegriffe mit mehreren Wörtern, z. B. „Businessplan für Friseure kostenlos" statt einfach nur „Business Plan", setzen.

Lurker	-

„Lurker" (dt. Schleicher) ist ein Begriff, der im Internet-Slang in abwertender Manier verwendet wird, um damit passive Teilnehmer an Newsgruppen, Internetforen oder Mailinglisten zu bezeichnen, die nur lesen und nicht aktiv teilnehmen oder beitragen.

Marketing-Mix **(4 Ps)**	-

Der Marketing-Mix ist ein äußerst populäres Konzept der Betriebswirtschaft, das die wichtigsten Elemente des Marketingprozesses beschreibt. Es besteht aus vier Hauptkomponenten, die als „4 P" bezeichnet werden: Product, Price, Place und Promotion.

1. Product (Produkt): Dies bezieht sich auf das, was verkauft wird, einschließlich seiner Funktionen, Eigenschaften, Verpackung und Marke. Es umfasst auch die Überlegungen zur Produktentwicklung und -positionierung.

2. Price (Preis): Dies bezieht sich auf den Preis, zu dem das Produkt verkauft wird. Es umfasst Überlegungen zur Preisbildung, einschließlich der Kosten, dem Wettbewerb, dem Kundenwert und den Zielen bzw. dem Selbstbild des Unternehmens.

3. Place (Absatzkanal): Dies bezieht sich auf den Ort oder Kanal, über den das Produkt verkauft wird. Es umfasst Überlegungen zur Vertriebskanalstrategie, einschließlich dem Verkauf über Einzelhandelsgeschäfte, Online-Plattformen oder direkt an den Kunden (s. a. **Market Channel**).

4. Promotion (Kommunikation): Dies bezieht sich auf die Art und Weise, wie das Produkt beworben wird, einschließlich Werbung, Verkaufsförderung, **Public Relations** und Verkaufsunterstützung am **Point of Sale** (**POS**).

Market Channel	**Marktkanal**

Der Begriff „Market Channel" (dt. auch Vertriebskanal genannt) bezieht sich auf den Weg, über den ein Unternehmen seine Produkte oder Dienstleistungen an Kunden verkauft. Ein Unternehmen kann eine Vielzahl von Market Channels nutzen, um seine Produkte an den Endverbraucher zu bringen, wie z. B. Großhändler, Online-Auktionen, Direktvertrieb oder den Messeverkauf. Während der Market Channel hier vornehmlich die Wege zum Kunden bzw. Verkaufsorte beschreibt, existiert daneben auch eine Reihe unterschiedlicher Methoden, wie z. B. das **Party Selling**, der **Strukturvertrieb** oder Abonnement-Modelle, die dann in Kombination mit den gewählten Kanälen wie auch den präferierten Kunden die endgültige Sales-Strategie eines Unternehmens definieren.

Market Evaluation	**Marktuntersuchung**

Die Market Evaluation (dt. Marktuntersuchung) bezieht sich auf die Analyse und Beurteilung des Marktes im Sinne der generellen Eignung, aber auch der richtigen Markteintrittsstrategie (**GTM**) für ein bestimmtes Produkt oder eine bestimmte Dienstleistung. Dabei geht es im Vergleich zu einer reinen **Market Valuation** (Marktbewertung) nicht nur um die Größe des Marktes, sondern auch um seine Beschaffenheit, die Wettbewerbsstruktur, regulatorische Rahmenbedingungen sowie um die Bedarfs- und Nutzercharakteristik der (zukünftigen) Kunden (s. a. **Market Definition**).

Market Penetration (Rate)	Marktdurchdringung

Die Market Penetration (Rate) steht für die Marktdurchdringung, die ein Unternehmen mit seinem Angebot erzielt. Diese wird ähnlich dem Marktanteil (**Market Share**) meist in Prozentzahlen angegeben. Während sich der Market Share i. d. R. auf den relativen Marktanteil im Vergleich zum bestehenden Wettbewerb bezieht, steht Market Penetration eher für den Marktanteil in Bezug auf die gesamte größtmögliche Kundenbasis und bezieht damit „Nichtkunden" als auch zukünftige Kunden mit ein. Die Market Penetration ist ein elementarer Bestandteil der allgemeinen Strategie von Startups, schon zu Beginn des Markteintritts, z. B. durch **Growth Hacking**, das größtmögliche Wachstum zu erzielen und damit auf der einen Seite **Lock-ins** bei Kunden zu erzeugen, während auf der anderen Seite weitere Unternehmen – zumindest in der Theorie – durch zunehmende Monopolisierungstendenzen von einem weiteren Markteintritt abgeschreckt werden (s. a. **First Mover**).

Market Segmentation	Marktsegmentierung, Marktaufteilung

Die Market Segmentation ist ein Prozess, bei dem ein Unternehmen einen großen Markt in kleinere, homogene Gruppen von Kunden unterteilt, um effektiver auf die Bedürfnisse und Präferenzen jeder Gruppe eingehen zu können. Dabei kann diese Einteilung anhand demografischer oder geografischer Merkmale wie Altersgruppen oder Wohnorte erfolgen, sich aber auch am Nutzerverhalten bzw. der Dringlichkeit des Bedarfs orientieren (s. a. **Heavy User**). Unternehmen nutzen die Marktsegmentierung für eine individuelle Anpassung ihrer Marketing- und Vertriebsstrategie z. B. durch Landing Pages für unterschiedliche Zielgruppen, aber auch zur Erzielung von Übergewinnen beim **Pricing** gegenüber stark nachfragenden Kunden.

Market Share (MS)	Marktanteil

Der Market Share als (relativer) Marktanteil gibt in Prozentform an, wie viel der Nachfrage eines gesamten Marktes ein Unternehmen auf sich vereinen kann. Während ein hoher Marktanteil große produktionsseitige Vorteile mit sich bringen kann und Grundvoraussetzung für Produkte mit Netzwerkeffekten ist, ist es bei der Bestimmung des Market Share jedoch wichtig, u. U. auch einen Blick auf die Eignung verschiedener Berechnungsarten der Marktgröße zu werfen (s. a. **TAM**) und evtl. **Substitute** zum eigenen Produkt miteinzubeziehen, was zwar den eigenen Marktanteil zumindest in der Berechnung schmälert, jedoch aus strategischer Sicht bessere Urteile und Entscheidungen hervorbringt.

Native Advertising	-

Native Advertising ist eine Art von (Online-)Werbung, die so gestaltet ist, dass sie das Layout und die Ästhetik der Plattform, auf der sie erscheint, imitiert bzw. dort gestalterisch integriert wird. Im Gegensatz zu traditionellen (Online-)Anzeigen, die sich sofort als Werbung erkennen lassen, wird bei Native Advertising versucht, die Werbung so natürlich wie möglich aussehen zu lassen, damit sie von den Nutzern eher akzeptiert wird. Bekannte Formen von Native Advertising sind z. B. bezahlte Beiträge, Sponsored Content oder sog. Advertorials, die wie echte journalistische Beiträge aufgemacht sind, jedoch bezahlte Werbung darstellen, die möglichst unauffällig als solche gekennzeichnet wird.

Net Promoter Score (NPS)	**Nettoempfehlungsquote**

Net Promoter oder Net Promoter Score (NPS) ist eine weit verbreitete Marktforschungsmetrik, die i. d. R. in Form einer einzelnen Umfrage durchgeführt wird, bei der die Befragten Auskunft darüber geben, mit welcher Wahrscheinlichkeit sie einem Freund oder Kollegen ein Unternehmen, ein Produkt oder eine Dienstleistung empfehlen würden. Der NPS ist ein proprietäres Instrument, das von Fred Reichheld entwickelt wurde, der zusammen mit Bain die eingetragene Marke NPS besitzt.

Open Rate	**Öffnungsrate**

Die Open Rate ist eine gängige KPI im E-Mail-Marketing, die die Anzahl der Empfänger einer E-Mail angibt, die diese geöffnet haben, im Verhältnis zur Gesamtzahl der gesendeten E-Mails. Die Open Rate ist ein Indikator für die Effektivität einer E-Mail-Kampagne und gibt Auskunft darüber, wie gut die Überschrift und der Betreff der E-Mail bei den Empfängern ankommen bzw. wie hoch die Relevanz der Inhalte für die Adressaten ist. Nachdem E-Mail-Marketing mit deutlich geringeren Kosten als öffentliche Online-Werbekampagnen verbunden ist, stellt die Open Rate einen wichtigen Faktor bei der Optimierung von **Touchpoints** mit Interessenten und anderen **Leads** dar (s. a. **Retargeting**).

Opportunity to See (OTS)	Durchschnittskontakt

Die Opportunity to See (OTS), zu Deutsch Durchschnittskontakt, bezieht sich als Messgröße auf die Anzahl der Gelegenheiten, bei denen ein potenzieller Kunde eine Werbung sehen kann. OTS ist damit ein Maß dafür, wie oft eine Zielgruppe einer bestimmten Werbekampagne ausgesetzt ist. Die Berechnung der OTS erfolgt durch Teilung der Gesamtanzahl der Werbekontakte durch die Größe der Zielgruppe. Wenn beispielsweise eine Werbekampagne in einer Fernsehsendung mit einer Zielgruppe von 100.000 Menschen ausgestrahlt und die Werbung 10-mal während der Sendung gezeigt wird, beträgt die OTS 1.000 (100.000 / 100).

Organic Search	Organische Suche

Organic Search bezieht sich auf die natürlichen oder nichtbezahlten Suchergebnisse, die in einer Suchmaschine wie Google angezeigt werden, wenn ein Benutzer nach einem bestimmten Keyword oder einer Phrase sucht. Im Gegensatz zum sog. **Paid Search** werden die Suchergebnisse hier auf „natürliche" bzw. „organische" Weise generiert.

Outbound Marketing	-

Outbound Marketing bezieht sich auf Marketingaktivitäten, bei denen Unternehmen aktiv auf Kunden zugehen. Dazu gehören Aktionen wie Direktwerbung, Telefonmarketing, Fernseh- und Radioanzeigen, Messen und Promotion-Aktionen, z. B. Pop-up Stores in Innenstädten. Das Gegenstück zum Outbound Marketing bildet das sog. **Inbound Marketing**, bei dem das Unternehmen auf aktiv eingehende Kundenanfragen „antwortet".

(Page) Impression	Seitenimpression

Eine Impression bezeichnet das einmalige Ausspielen mit Sichtkontakt einer Medienkampagne, z. B. als Videobeitrag auf Social-Media-Kanälen bzw. einer Website (sog. Page Impression). Sie ist Teil der Messung der Engagement Rate einer Kampagne bzw. der Erfolgsmessung einer Website, wobei die Impressions noch keine Aussage darüber machen, auf wie viele getrennte Benutzer sie sich aufteilen (s. a. **Unique Visitors**).

Page View (PV)	Seitenaufruf

Ein Page View (zu Deutsch Seitenaufruf) ist eine Messgröße (**KPI**) für die Anzahl der Ansichten einer bestimmten Webseite. Er zählt jedes Mal, wenn eine Webseite geladen und von einem Benutzer angezeigt wird. Page Views sind ein wichtiger Faktor bei der Generierung bzw. Bepreisung von Online-Werbung, z. B. Bannern. Während Letztere in Form von Impressions („Ausstrahlungen mit Sichtkontakt") gezählt werden, kann deren Zahl jedoch von den Page Views einer Seite abweichen, da beispielsweise an derselben Stelle bei einem weiteren Besuch andere Werbung gezeigt wird.

Paid Search	Bezahlte Suche

Paid Search (dt. bezahlte Suche) ist eine Form des Online-Marketings, bei der Unternehmen für die Schaltung von Anzeigen auf Suchmaschinenergebnisseiten bezahlen. Diese Anzeigen werden geschaltet, um relevante Keywords und Suchbegriffe abzudecken, die von potenziellen Kunden eingegeben werden (s. a. **SEM**, **SEA**, **Google Quality Score**).

Party Selling	Party-Verkauf

Party Selling bezieht sich auf ein Verkaufsmodell, bei dem Produkte während einer sozialen Veranstaltung, wie einer Hausparty oder einem Geschäftstreffen, direkt an die Teilnehmer verkauft werden. Die Veranstaltungen werden i. d. R. von einem Gastgeber oder einer Gastgeberin organisiert, der bzw. die auch als Verkäufer oder Verkäuferin agiert (s. a. **Strukturvertrieb**). Beliebte Produkte für das Party Selling sind z. B. Schmuck und Kosmetika, Haushaltswaren, Gesundheitsprodukte und Sex-Toys.

Pay What You Want (PWYW)	-

Pay What You Want (PWYW) steht für ein Geschäftsmodell, bei dem Kunden für ein Produkt oder eine Leistung so viel oder wenig bezahlen, wie sie wollen. Zum einen zielen derartige Geschäftsmodelle, z. B. bei musikalischen Begleitauftritten in einem Café, neben der Freiwilligkeit auf den Anstand und den Gruppendruck unter den Konsumenten ab. Zum anderen wird ein solches Geschäftsmodell auch gewählt, wenn für das Verlangen eines offiziellen Preises weitere Genehmigungen erforderlich wären, hier z. B. eine Auftrittslizenz und eine Gewerbeanmeldung als Musiker.

Pay per Click (PPC)	Zahlung pro Klick

Pay per Click (PPC) bezieht sich auf ein Online-Werbemodell, bei dem Werbetreibende für jeden Klick auf ihre Anzeigen bezahlen. Im Gegensatz zu anderen Werbemodellen, bei denen Werbetreibende für die Anzeigenschaltung bezahlen (s. a. **Impressions, PPM**), bezahlen sie bei PPC nur dann, wenn ein Nutzer auf ihre Anzeige klickt und zu ihrer Website weitergeleitet wird.

Pinkwashing	-

Unter Pinkwashing versteht man Marketing-, PR- und **Employer Branding**-Strategien von Unternehmen, die sich in Bezug auf ethnische, sexuelle und andere Minderheiten als besonders tolerant und divers präsentieren, während im inneren der jeweiligen Unternehmung weiterhin diskriminierende und konträre Maßstäbe gelten. Als ein Beispiel für Pinkwashing werden z. B. speziell zugeschnittene Recruiting-Strategien für Frauen aufgeführt, während im Top-Management weiterhin „gläserne Decken" (**Glass Ceilings**) für weibliche Mitarbeiter existieren.

Pop-Up Ad	-

Pop-up-Ads oder kurz Pop-ups sind kleine „Fenster", also visuelle und meist interaktive Oberflächen im Internet, die plötzlich – meist zu Informations- und Werbezwecken – zusätzlich zur eigentlich geöffneten Seite erscheinen. Während die meisten dieser Pop-ups unerwünscht sind und viele Browser über entsprechende Pop-up-Blocker verfügen, arbeiten viele Internetseiten mit vergleichsweise harmlosen Exit-Intent-Pop-us, die – oft mit einem Gutscheincode versehen – den Nutzer am „voreiligen" Verlassen einer Seite, z. B. eines eCommerce-Shops, hindern wollen.

Private Blogging Network	PBN

Ein Private Blogging Network (PBN) ist eine Sammlung von privaten Blogs, die dazu verwendet werden, Backlinks für SEO-Zwecke zu erstellen. Die Blogs sind i. d. R. nicht öffentlich zugänglich und werden von einer Person oder Organisation kontrolliert, um eine höhere Kontrolle über die Linkaufbau-Strategie zu haben. Die Verwendung von PBNs verstößt dabei gegen die Richtlinien von Suchmaschinen wie Google und kann zu einer Abstrafung führen.

Programmatic Advertising (PA)	Programmatische Werbung

Programmatic Advertising oder programmatische Werbung steht als Begriff aus dem Online-Marketing für den vollautomatischen und individualisierten Ein- und Verkauf von Werbeplatzierungen in Echtzeit. Dies geschieht i. d. R. über einen voll- oder teilautomatischen Auktionsprozess, dem sog. **Real-Time Bidding**. Dabei werden auf Basis der vorliegenden Preis-, Nutzer- und Kanaldaten innerhalb von Millisekunden gezielt auf den Nutzer zugeschnittene Werbeinhalte ausgestrahlt.

Public Relations (PR)	**Öffentlichkeitsarbeit**

Public Relations (PR) bezieht sich auf den Prozess, durch den Unternehmen und Organisationen ihr Image und ihre Beziehungen zu verschiedenen Stakeholdern, einschließlich Kunden, Lieferanten, Investoren und der Öffentlichkeit, verbessern. Die Aufgaben von PR umfassen die Überwachung des öffentlichen Images, die Kommunikation mit der Öffentlichkeit bzw. Pressearbeit, das Veranstaltungsmanagement und schließlich auch die professionelle Krisenkommunikation.

Pull Marketing	-

Pull-Marketing bezieht sich auf eine Marketingstrategie, bei der Unternehmen ihre Produkte oder Dienstleistungen bei denjenigen Kunden platzieren, die sich aktiv ihres Problems oder ihrer Nachfrage bewusst sind und aktiv nach einer Lösung suchen. Diese kann z. B. durch gute Platzierung bei Google oder in sozialen Medien gefunden werden, aber auch über Mundpropaganda. Ziel ist es, eine hohe Ad-hoc-Nachfrage und positive Kundenbewertungen zu generieren, die wiederum weitere Kunden anziehen.

Push Marketing	-

Push-Marketing bedeutet, ein Produkt oder eine Dienstleistung mit intensiver Bewerbung, vor allem am sog. **Point of Sale (POS)**, in den Markt zu „drücken". Diese Strategie wird oftmals für Produkte angewandt, die von ihrer Art her relativ neu sind (z. B. neuartige Küchengeräte) und daher noch nicht über eine natürliche Nachfrage verfügen. Das Gegenstück zum Push Marketing ist das sog. Pull-Marketing, das anstelle der aktiven Bewerbung eher auf eine günstige Positionierung, z. B. in Suchmaschinen, bei existenten Nachfragen setzt.

Quality Score	**Qualitätskennzahl**

Der Quality Score ist ein Ranking-Faktor, den Suchmaschinen wie Google und Bing verwenden, um die Relevanz und Qualität von Keywords, Anzeigen und **Landing Pages** in Google bzw. Bing Ads zu bewerten. Je höher der Quality Score bzw. die Relevanz, desto günstiger werden die Kosten pro Klick. Ein hoher Quality Score kann auch dazu beitragen, dass Anzeigen häufiger angezeigt werden.

Razor And Blade	-

Razor and Blade steht für ein Geschäftsmodell, bei dem neben einem Hauptprodukt, z. B. einem manuellen Rasierapparat, fortlaufend ein Ergänzungsprodukt gekauft werden muss. Weitere Beispiele sind Druckerpatronen oder Kartuschen für Sodamaker. Viele Anbieter setzen deshalb auf eine Strategie, die das Ankerprodukt, z. B. einen Drucker, relativ günstig und ggf. unter den Produktionskosten anbietet, um daraufhin mit dem Ergänzungsprodukt im weiteren **Customer Lifetime Cycle** übergroße Margen zu erzielen (s. a. **Lock-in**).

Referral Marketing	Empfehlung(smarketing)

Referral (Marketing), zu Deutsch Empfehlungsmarketing, ist ein Bereich des Marketings, der auf private und (zumindest vorab) nichthonorierte Produktempfehlungen setzt. Dabei spielt sowohl Word-of-Mouth (WoM), vor allem aber auch das „Empfehlen" durch Weiterleiten von Beiträgen in sozialen Medien eine Rolle (s. a. **Brand Engagement**). Nicht zuletzt gibt es auch Varianten von Referral Marketing wie z. B. bei Fitness-Studios und Kosmetika, die nur oberflächlich auf „selbstlosen" Empfehlungen beruhen, in Wirklichkeit aber einem Strukturvertrieb ähneln. PS: Wird in der Alltagssprache von einem „Referral" gesprochen, ist damit meist nur die Empfehlung eines Geschäftspartners gemeint, z. B. in Form eines Intros.

Relationship Marketing (CRM)	Beziehungsmarketing

Mit Customer Relationship Marketing (CRM) ist das Beziehungsmarketing zu Bestandskunden, manchmal aber auch zu Schlüssellieferanten, Medienunternehmen und anderen Geschäftspartnern gemeint. Im Gegensatz zu reinen Vertriebsabsichten mit schnellem Abschluss geht es hier um den Aufbau und die Stabilisierung langfristiger Beziehungen, wobei (versteckte) Wünsche und Erwartungen der Partner regelmäßig abgefragt werden.

Return on Ad Spend (ROAS)	-

ROAS steht für Return on Advertising Spend und stellt eine populäre KPI im Marketing dar. Der ROAS misst die Effektivität bzw. Profitabilität von Werbeausgaben. Dazu betrachtet man die Werbeausgaben und die Einnahmen, die durch erstere erzielt wurden, nach der Formel Umsatzzahlen/Ausgaben = ROAS. Als problematisch erweist es sich dabei immer wieder, bei mehreren gleichzeitigen Kampagnen den Gesamteffekt auf einzelne Kanäle oder Kampagnen herunterzubrechen. Daher misst man meist nur die Abweichungen vom durchschnittlichen Umsatz, die z. B. durch eine einmalige Sonderkampagne erzielt wurden.

Return on Marketing Investment (ROMI)	-

Der Return on Marketing Investment (ROMI), alternativ auch als Marketing Return on Investment (MROI) bezeichnet, misst die Effektivität von Marketingausgaben im Verhältnis zum Gewinn. Er berechnet sich aus folgender Formel: ROMI = (Nettoumsatz – Marketingkosten – Produktkosten)/Marketingkosten. Ein ähnlicher Begriff ist der sog. **Return on Advertising Spend** (ROAS). Dieser beschreibt, anders als der ROMI, der sich auf eine Gesamtkampagne bezieht, die Rentabilität einzelner Werbemaßnahmen, z. B. innerhalb einzelner Kanäle.

Sales	Verkauf

Mit Sales wird allgemein der Vertriebsbereich eines Unternehmens bzw. Startups bezeichnet und umfasst vom Innenvertriebler bis zum **Key Account Manager** alle Tätigkeiten, die mit dem Verkauf der Produkte und Leistungen zusammenhängen. Während klassische Produkt-Nerds gern auf den Sales-Bereich herunterschauen, empfiehlt es sich Startup-Gründern, immer jemanden vom Typus „Autoverkäufer" im Gründungsteam zu haben, da sich der Erfolg des Startups über entsprechende Verkäufe bemisst und die „Kunst des Verkaufens" nur Wenigen in die Wiege gelegt wurde.

Search Engine Marketing (SEM)	Suchmaschinenmarketing

Suchmaschinenmarketing (SEM) ist eine Technik des Online-Marketings, die sich mit der Verbesserung der Sichtbarkeit von Websites in Suchmaschinenergebnissen beschäftigt. Dieses besteht aus zwei Teilen: Suchmaschinenoptimierung (**Search Engine Optimization**, SEO) und bezahlte Anzeigen (**Search Engine Advertising**, SEA). SEO konzentriert sich auf die Verbesserung der organischen Platzierung von Websites in Suchmaschinen durch den reinen Inhalt der Website, während SEA bezahlte Anzeigen beinhaltet, die z. B. innerhalb eines Bietverfahrens zu bestimmten Keywords platziert werden.

Search Engine Optimization (SEO)	**Suchmaschinenoptimierung**

Unter Suchmaschinenoptimierung (engl. Search Engine Optimization, SEO) werden Maßnahmen technischer und inhaltlicher Natur verstanden, um die Rankings einer Website innerhalb der Ergebnislisten von Suchmaschinen zu verbessern. Die sog. On-Page-Optimierung betrifft dabei Maßnahmen, die auf der Website selbst durchgeführt werden können, z. B. sauberer Code und schnelle Ladezeiten sowie die Schaffung relevanter Inhalte, die gut zu lesen sind. Die Off-Page-Optimierung hingegen umfasst die Bereiche außerhalb der Website, z. B. die Schaffung von Querverweisen (Hyperlinks) auf die eigene Seite. Des Weiteren kann SEO noch in White-Hat SEO und Black-Hat SEO unterteilt werden: Während **White-Hat SEO** die Vorgaben von Suchmaschinen aktiv befolgt, wird im **Black-Hat SEO** nach Möglichkeiten gesucht, deren Vorgehensweise bzw. Ranking zu manipulieren, wobei rechtliche Vorgaben und Codizes bewusst missachtet werden.

Shopping Cart Abandonment Rate	-

Die Shopping Cart Abandonment Rate zeigt als Erfolgs-**KPI** auf, wie oft eine eCommerce-Transaktion nach dem Hinzufügen eines Produkts zu einem Warenkorb abgebrochen wurde. Hierfür wird die Anzahl tatsächlicher Käufe durch die der insgesamt erzeugten Warenkörbe geteilt. Während die Abbruchrate, gerade im mobilen Bereich, nicht selten über 80 % betragen kann, ist es ein Element der **Conversion-Optimierung**, mit spontanen Preisnachlässen in Form von Gutscheinen oder mit Erinnerungs-Mails dafür zu sorgen, dass der Check-out nicht unterbrochen bzw. wieder aufgenommen wird (s. a. **Remarketing**).

Single Income No Kids (SINK)	-

Der Begriff SINK bezeichnet einen Ein-Personen-Haushalt ohne Kinder und wird ebenso als Slang-Ausdruck wie auch als Begriff in der Marktforschung benutzt.

Sinus-Milieus	-

Sinus-Milieus sind ein Modell der Marktforschung bzw. zur Zielgruppenanalyse, das in Form überlappender Blasen soziale und kulturelle Unterschiede innerhalb einer Gesellschaft beschreibt. Sie basieren auf der Lebensweltforschung und segmentieren die Bevölkerung in verschiedene Gruppen, die sich durch ähnliche Werte, Lebensstile, Einstellungen und soziale Stellungen auszeichnen.

Slashed Prices	**Streichpreise**

Unter Streichpreisen werden Preisreduzierungen (**Markdowns**) verstanden, die dem neuen reduzierten Preis auch einen „alten", durchgestrichenen Preis (meist die UVP) gegenüberstellen. Dies Form der „Vorher-Nachher-Werbung" gilt als aggressive Marketingmaßnahme und ist gerade im Online-Bereich gesetzlich streng geregelt, um Kunden vor simulierten Fantasierabatten zu schützen.

Structured Sale	**Strukturvertrieb**

Ein Strukturvertrieb, auch Multi-Level-Marketing (MLM) genannt, zeichnet sich dadurch aus, dass Kunden eines Produkts – auch in Form neuer Vertriebsmitarbeiter – angeheuert und dazu angehalten werden sollen, das Produkt im Freundes- und Bekanntenkreis zu kaufen. Gleichzeitig ist die Ausschüttung von Verkaufsprovisionen derart geregelt, dass Vertriebsmitarbeiter „hoher Position" an den Erfolgen ihrer „Untergebenen" mitverdienen und sich deshalb eine exponentielle Anwerbung halbprofessioneller Vertriebskräfte extrem stark auf die obere Verdienststruktur auswirkt. Damit bilden Strukturvertriebe Pyramidenstrukturen, die gelegentlich auch zu „Schneeballsystemen" werden können und vom Gesetz her illegal sind (s. a. **Ponzi Scheme**).

Subscription Model	**Abo-Modell**

Ein Subscription Model bezeichnet ein Preis- bzw. Geschäftsmodell, bei dem eine Leistung (z. B. Musik-Streaming-Dienst) auf monatlicher oder jährlicher Zahlungsbasis genutzt werden kann, ohne dass die dahinterliegende Software in das Eigentum des Nutzers übergeht. Die Attraktivität solcher Modelle liegt darin, dass der Nutzer einerseits durch relativ geringe monatliche oder jährliche Zahlungen angelockt werden kann, aber durch Gewöhnungseffekte und ggf. auch Vergesslichkeit eine Gesamtsumme über die Nutzungsdauer entsteht, die einen normalen Kaufpreis deutlich übersteigt.

Take-Rate	-

Die Take Rate bezeichnet im Startup-Kontext sowohl den Anteil von Webbesuchern, die auf eine Lead-Kampagne reagieren, als auch die prozentuale Gebühr von Zahlungsanbietern, welche diese von der Kaufsumme abziehen (Transaction Fee).

Target Market	Zielmarkt

Der Target Market beschreibt diejenige Kundengruppe oder Region, die ein Unternehmen hauptsächlich ansteuert. Dieser wird im B2B oft abstrakt formuliert („Zulieferer im Medizintechnik-Bereich"), während es im B2C eher darum geht, den Target Market mithilfe von Personas stärker auszudifferenzieren. Nicht selten jedoch machen Startups die Erfahrung, dass auch viele der nichtdirekten Wettbewerber ähnliche Zielmärkte und -gruppen ansprechen (z. B. Smoothie-Hersteller oder Schuhmarken), sodass anhand begrenzter Kaufkraft dieser Zielgruppen der Wettbewerb nicht zwischen Konkurrenzprodukten, sondern zwischen Konsumoptionen stattfindet, was sich in jedem Fall negativ auf das Absatzvolumen auswirkt (s. a. **Market Definition, Market Evaluation**).

Targeting	Zielgruppenmarketing

Der Ausdruck Targeting ist ein weit gefasster Begriff und beinhaltet, welche Zielgruppen – und vor allem auf welche Art und Weise – für unternehmenseigene Angebote definiert und angesprochen werden. Dies kann z. B. über Milieuprofile (s. a. **Sinus-Milieu**) und Lebenswelten (Customer Worlds) erfolgen, aber auch über regionale Eingrenzungen sowie technisch über thematische und inhaltliche Umfelder beim Medienkonsum, wie dies z. B. im **Search Engine Advertising** geschieht (**SEA**).

Target Return Pricing	-

Das Target Return Pricing ist eine Spielart des Target Pricing, bei dem nicht ein erlaubter Marktpreis, sondern eine intern geforderte (Mindest-)Rendite für eine Produktentwicklung oder ein vergleichbares Investment im Mittelpunkt steht. Oft kommt, wie z. B. bei großen Konsumgüterherstellern (s. a. **FMCG**), auch eine Kombination beider Verfahren zum Einsatz: Während innerhalb des R&D die erlaubten Endkundenpreise im Mittelpunkt stehen, gibt die Finanzabteilung eine generelle Mindestrenditeschwelle (s. a. **ROI**) für alle (neuen) Produkte vor.

Testimonial	-

Im Marketingkontext ist ein Testimonial eine Empfehlung oder ein Erfahrungs-bericht von Kunden, Prominenten oder Experten, die ein Produkt oder eine Dienst-leistung positiv bewerten und ihre persönlichen Erfahrungen teilen. Testimonials werden häufig in Werbung und auf Websites verwendet, um Glaubwürdigkeit und Vertrauen bei potenziellen Kunden zu schaffen (s. a. **Influencer Marketing**).

Thread	Beitrag(sstrang)

Ein Thread bezeichnet ein Posting im Internet, der im Gegensatz zu einfachen und abgegrenzten Beiträgen einen Diskussionsstrang nach sich zieht, z. B. durch User-Meinungen und entsprechende Entgegnungen. Typisch dabei ist eine hie-rarchische Gliederung der einzelnen Beiträge durch Einrückung, sodass man leich-ter sehen kann, welche Postings aich aufeinander beziehen.

Trade Show	**Messe/Handelsausstellung**

Unter einer Trade Show versteht man Fachmessen oder andere Branchen-zusammenkünfte, bei denen größere und kleinere Vertreter einer Industrie die neu-esten Produkte ausstellen, Fachvorträgen lauschen – und ggf. auch anderweitig Stress abbauen.

Trademark (TM)	**Handelsmarke**

Der Begriff Trademark bezieht sich auf klar unterscheidbare und rechtlich schützbare Zeichen, Ausdrücke, Wörter oder andere Symbole einer Marke, die zum geistigen Eigentum einer Firma gehören und i. d. R. in einem Markenregister ein-getragen sind, um rechtlich gegen Markenverstöße vorgehen zu können. Im Gegen-satz zum Begriff **Brand**, der ebenfalls eine Marke bezeichnet, bezieht sich der Ausdruck Trademark folglich eher auf die rechtlichen Aspekte einer solchen Marke.

Trash-To-Cash	-

Trash-to-Cash bezeichnet ein Geschäftsmodell, das aus „Müll" (engl. Trash) neue, wertige Produkte generiert. Typische Beispiele sind hier Schuhe oder Texti-lien, die aus weggeworfenen Materialien hergestellt werden, oder Möbel, die aus alten Plastikflaschen hergestellt werden. Während echte Trash-to-Cash-Modelle Bestandteil des **Impact Investing** bzw. Grundlage einer Nachhaltigkeitsökonomie darstellen können, nutzen viele derartige Geschäftsmodelle nur einen Bruchteil „echten Abfalls" und sind damit nicht selten nahe am sog. **Greenwashing**.

Unique Selling Proposition (USP)	Alleinstellungsmerkmal

Unter einem USP versteht man eine einzigartige Produkt- oder Service-Eigenschaft bzw. deren Kombination, die im Vergleich zum bestehenden Wettbewerb ein schwer zu schlagendes bzw. zu kopierendes Verkaufsargument liefert. Dabei geht es meist um die Kombination eines Alleinstellungsmerkmals mit einem besonders hohen Nutzenversprechen (engl. **Value Proposition**) bzw. um die einfache und kompakte Beantwortung der entscheidenden Frage: „Was macht Ihr Produkt so besonders?" Während echte USPs, wie z. B. „Lieferung in 30 min" oder der Verzicht auf nicht mechanisch reparierbare Bestandteile bei Autos, sehr selten sind, weil sie häufig kopiert werden können, sind USPs im heutigen Verständnis weiter gefasst, d. h., auch eine besondere Markenbotschaft oder ein neuer Verkaufskanal (z. B. Individualreisen über Social Media) können darunter gezählt werden.

Unique Visitor	Eindeutiger Besucher

Die Anzahl der Unique Visitors drückt aus, wie viele einzeln zuordbare Personen innerhalb eines Zeitraums eine bestimmte Website besucht haben. Im Gegensatz zu den Site Visits zählen mehrfache Besuche nur als einzelner **Unique Visit**. Hintergrund ist, dass Mehrfachbesuche einzelner Nutzer oft ein falsches Bild von der tatsächlichen Attraktivität eines Webseitenangebots vermitteln (s. a. **Heavy User**).

Use-up Rate	Verbrauchsdauer

Die Use-up Rate bezeichnet die Zeit, die von einem Kauf (und dem Verbrauch) eines Produkts bis zum nächsten Kauf verstreicht.

User Interface (UI)	Bedienoberfläche

Unter User Interface versteht man eine Bedienoberfläche bzw. Schnittstelle zwischen Nutzer (Mensch) und Applikation (Computer). Diese muss nicht immer optisch im Sinne einer grafisch gestalteten Oberfläche sein (**Graphical User Interface, GUI**), sondern kann auch wie bei Fahrassistenten akustischer (**Voice User Interface, VUI**) oder sogar gestischer Natur sein (z. B. bei Lampen). Auch kommandobasierte Zeilen (**Command Line Interface, CLI**) wie z. B. im DOS oder Apple Terminal bilden Beispiele für User Interfaces und erhalten im Zuge des **Design Fatigue**, also der Ermüdung der Kunden aufgrund immer neuer Design-Einfälle, auch neue Aufmerksamkeit.

Value Added Marketing (VAM)	-

Das Konzept des Value-added Marketing zielt darauf ab, einem Kunden nicht nur ein abgegrenztes Produkt oder eine singuläre Dienstleistung zu bieten, sondern durch Zusatz-Services (sog. **Value-added Services**), aber auch durch Markenerlebnisse einen Mehrwert, der sich auch außerhalb der direkten Nutzung durch den Alltag des Kunden zieht.

Value Driver	Werttreiber

Value Driver (dt. Werttreiber) kennzeichnet einen Umstand, eine Eigenschaft oder einen Parameter, der in einem Markt oder Unternehmen neben anderen heraussticht und „den Unterschied" im Wettbewerb macht. Ein Beispiel kann z. B. die Herstellungs- und Liefergeschwindigkeit in einem Zulieferermarkt oder die Reichweite eines Car-Sharing-Anbieters sein.

Vanity Metrics	-

Vanity Metrics (von engl. Vanity = Eitelkeit) beziehen sich auf KPIs und deren – oft übermäßige – Betonung in Unternehmensdarstellungen, die nur wenig Aussagekraft über den eigentlichen Erfolg haben oder – im Gegenteil – vom Misserfolg ablenken. Ein Beispiel ist z. B. die Aussage „Wir haben jeden Monat 200 % Wachstum auf Social-Media-Kanälen", während das eigentliche Produkt im industriellen B2B-Bereich angesiedelt ist und das Wachstum durch ein Anwachsen von 10 auf z. B. 40 Follower bei Facebook realisiert wurde.

Vendor	Lieferant/Anbieter

Als Vendor wird ein Anbieter bzw. Verkäufer von (angekauften) Waren bezeichnet. Das Wort ist dabei etwas altertümlich und bezeichnet eher eine „Verkaufsstelle", also einen Ort, während mit dem verwandten Ausdruck „Seller" eher eine Person gemeint ist. „Supplier" (Zulieferer) beziehen sich wiederum ausschließlich auf Bezugswaren im B2B-Bereich, während ein Vendor z. B. auch eine Verkaufsstelle für Konzertkarten meinen kann.

Video Blogging (Vlog)	-

Der Begriff „Vlog" ist ein Kofferwort aus „Video" und „Blog" bzw. „Log" (engl. für Tagebuch) und steht für regelmäßige, selbstgedrehte Kurzvideos von

Einzelpersonen zu einer Vielzahl von Themen (z. B. Gesundheit, Funsport oder Fotoausrüstung), die meist über soziale Medien wie YouTube vertrieben und abonniert werden. Auch wenn die Videos hierbei i. d. R. selbst erstellt wurden, ist die Qualität oft von professionellen Produktionen nicht mehr zu unterscheiden. Durch die Privatheit der Atmosphäre punkten Vlogs mit Authentizität und Glaubwürdigkeit, wodurch sie wichtiger Bestandteil des Affiliate bzw. Testimonial Marketing vieler Unternehmen sind, wobei hier die Grenze zwischen Empfehlung und verbotenem **Product Placement** oft verschwimmt.

Viral Marketing	Virales Marketing/Viralmarketing

Unter viralem Marketing werden Marketingpraktiken und -inhalte verstanden, die durch einen gewissen Show- oder Überraschungseffekt auf eine schnelle Verbreitung durch Nutzer (also nicht das werbende Unternehmen) in sozialen Netzwerken abzielen. Dabei spielen vor allem (kurze) Videos eine große Rolle, aber auch kleinere Game-Apps sowie (manchmal fiktive) Dokumentationen bzw. Kampagnen, bei denen sich der wahre Werbeträger oft erst spät zu erkennen gibt.

Warranty	Gewährleistungsgarantie

Unter einer Warranty versteht man im Kaufrecht eine Garantie oder Gewährleistung, zu der sich ein Verkäufer verpflichtet, wenn eine versprochene Produkteigenschaft oder -qualität nicht eingehalten werden kann. Im Vertragsrecht, z. B. beim Unternehmenskauf, findet sich der Begriff „Warranty" zudem häufig in der Wortkombination „**Representations and Warranties**" wieder, die neben den abgegebenen und einklagbaren Garantien (Warranties) bezüglich des Kaufgegenstands auch Zusagen bzw. Zugeständnisse (Representations) inkludiert, die im deutschen Recht jedoch oft schwer definierbar sind.

WDF*IDF	-

Mit WDF*IDF wird im On-Page-SEO-Bereich das Auftauchen eines Keywords und bestimmter, dem Keyword zugehöriger Begriffe auf einer Website ins Verhältnis zu anderen Seiten mit demselben Keyword gesetzt. Bei einer WDF*IDF-Analyse steht also nicht die Keyword-Häufigkeit (Density) im Fokus, sondern der gesamte Textinhalt der betreffenden Seite im Vergleich mit anderen Seiten zum gleichen Keyword. WDF bedeutet hierbei „**Within Document Frequency**" (dt. Häufigkeit des Keywords im eigenen Text), während IDF für „**Inverse Document Frequency**" (dt. allgemeine Häufigkeit innerhalb einer Vergleichsgruppe) steht. Mit dem Vergleich beider Werte soll nicht nur die Keyword-Häufigkeit bei der Erstellung eigener Texte im allgemeinen Vergleich „harmonisiert", sondern auch ein Gefühl für andere Keywords gewonnen werden, mit deren Kombination eine höhere Uniqueness bzw. ein besseres Ranking erzielt werden kann.

Web Metrics	Website-Metriken

Unter Web Metrics versteht man sowohl das regelmäßige Messen und Optimieren von bestimmten Parametern bei der Webseitennutzung, z. B. Besucherzahlen, **Conversion-Funnels** und Absprungrate (**Bounce Rate**), als auch die Parameter selbst. Ziel ist es, das Nutzerverhalten zu verstehen und eigene Fehler im **User Flow** zu beheben, z. B. durch **A/B Tests** oder das Erstellen differenzierterer **Landing Pages**. Während einige Parameter auf Webseiten klar durch interne Werkzeuge analysierbar sind, ist der Einsatz umfangreicherer Web-Analytics-Tools, welche z. B. auch Mausbewegungen der Nutzer aufzeichnen, in Deutschland rechtlich prekär.

Web-Crawler / Web-Spider	-

Ein Webcrawler (auch **Spider**, **Searchbot**, **Bot** oder **Robot**) ist ein selbstständig agierendes Computerprogramm, das automatisch das Internet bzw. Webseiten analysiert und nach bestimmten Inhalten durchsucht. Derartige Crawler werden hauptsächlich von Suchmaschinen eingesetzt, um automatisch eine große Anzahl von Webseiten nach Themen (z. B. Finanztipps), inhaltlicher Relevanz und technischer „Sauberkeit" bzw. Sicherheit zu durchsuchen und zu indizieren. Andere Formen des Crawler-Einsatzes sind z. B., eine große Menge von E-Mails aus Seiten auszulesen, z. B. für **Spamming**-Zwecke oder zum Adressdatenverkauf, sowie das Sammeln von Datenbankinhalten zu ähnlichen Zwecken.

White Label	-

Unter White Label bzw. Labelling versteht man Produkte, die nicht mit der Marke des Herstellers versehen sind, sondern anderen Marken aus Handel oder Weiterverarbeitung „blanko" zur Verfügung gestellt werden, um diese mit der eigenen Marke zu versehen. White-Label-Produkte findet man z. B. im Lebensmitteleinzelhandel, wo einzelne Lebensmittel mit den (Handels-)Marken der Supermärkte angeboten werden, ohne dass letztere diese Waren auch produziert hätten. Aber auch im Importbereich spielen White Labels eine große Rolle, wo einzelne Geräte dann unter der Marke des Importeurs angeboten werden.

Word of Mouth (WOM)	Mundpropaganda

Unter Word of Mouth wird ein Marketing- bzw. Vertriebskanal verstanden, der vornehmlich über Empfehlungen (**Referrals**) zustande kommt. Im Gegensatz zum Einsatz von **Affiliates** oder **Testimonials** sind diese Empfehlungen i. d. R. nicht vom Unternehmen bezahlt oder incentiviert und damit nicht nur ein kostenloser **Sales Channel**, sondern v. a. ein wichtiger Indikator für die freiwillige Akzeptanz, Bekanntheit und Empfehlung der eigenen Produkte (s. a. **Net Promoter Score**).

Organisation, Work Life & Startup Culture

4

Zusammenfassung

Wie sich Zeiten ändern: Galten früher noch Bulge-Bracket-Investment-Banken und Top-Tier-Consulting-Firmen als Traum-Einstiegsmöglichkeit für Uni-Absolvent*innen, so sind heute eher Startup-Karrieren heiß begehrt. Ob dies am passenderen Cultural Fit liegt, an Fringe Benefits wie gelegentlichen Workations oder nur am besseren Employer Branding der Gründerfirmen, sei dahingestellt. Denn vom Apéro über den Wantrepreneur bis zum Zebra tummeln sich auch im Startup-Bereich viele Phänomene, die eher dem eigenen Lifestyle dienen als dem kaufmännischem Jahresertrag. Nicht wenige CxOs sind dabei schon über den eigenen Hockey Stick gestolpert – denn auch hier geht es nicht immer so sportlich zu, wie Team-Building-Events es glauben machen wollen. Trotzdem: Die neue Arbeitskultur scheint den Sweet Spot vieler Young Professionals zu treffen – und im Zuge dessen ein Startup zu gründen, ist in den Augen vieler die beste und weitgehend gebührenfreie Management-Ausbildung der Welt.

Accelerator	-

Unter einem Accelerator wird ein Programm verstanden, in dem ausgewählte Startups, meist in jungen Phasen (s. a. **Seed Stage**), unter der Schirmherrschaft eines Investors oder Unternehmens ein Intensiv-Training und **Mentoring** für den Unternehmensaufbau erhalten, das häufig mit einem Investment (i. d. R. bis 50.000 €) verbunden ist. Im Gegenzug erhält der „Schirmherr" zwischen 4 % und 6 % der Anteile. Während solche Acceleratoren eine Zeit lang sehr populär waren,

u. a. weil sich Startups eine größere Bekanntheit und bessere Unternehmens-
kontakte versprachen, wird der Erfolg solcher Programme von Gründerseite heute
bisweilen kritischer gesehen.

Advisor	Berater/Betreuer

Unter einem Advisor versteht man einen externen Berater oder auch Netzwer-
ker einer Unternehmung. Im Gegensatz zu einem Consultant hat ein Advisor
jedoch keinen einen festen Anstellungs- oder Dienstvertrag mit dem Unternehmen,
sondern wird in einem allgemein gehaltenen Rahmen eingesetzt und ggf. vergütet.
Dies kann z. B. im Rahmen der allgemeinen Vertretung eines Investmentfonds passieren, für den der Advisor unterschwellig nach neuen Investmentmöglichkeiten
Ausschau hält. Nicht zu verwechseln ist der Advisor mit einem **Mentor**, der zwar
auch beratend tätig ist, jedoch eher in einem persönlich engagierten als einem formellen Verhältnis.

Agile (Management)	Agiles Management

Die Begriffe Agile, Agile Method oder Agile Management beziehen sich auf
eine Anfang der 90er-Jahre entstandene Bewegung, die das unternehmerische Handeln der Zukunft nicht auf starren Hierarchien und Anweisungen, sondern auf
flexiblen, proaktiven und kommunikativen Strukturen aufgebaut sah. Im Kern der
Methode steht das Prinzip kleiner, sich wechselnder und selbstständig aus-
tauschender Teams, die statt starrer Vorgaben vielmehr iterativ, d. h. mit Lern-
schleifen und kumulativ (also durch das Aneinanderreihen von Teilerfolgen), auch
größere, komplexe Entwicklungsprojekte stemmen kann. Aus dem Agile Management heraus haben sich zahlreiche Techniken und Tools entwickelt, so u. a. die
Scrum-Methode, die **Kanban-Methode** bzw. der **DevOps-Ansatz**.

All-Nighter	Nächtliches Durchmachen

Unter einem All-Nighter versteht man einen typischerweise im Büro ver-
brachten, über die Nacht andauernden Arbeitseinsatz, der am Morgen einfach in
einem neuen Arbeitstag mündet. Bekannt wurde der Begriff aus dem Investment-
Banking, bei dem über 24 h dauernde Arbeitstage nicht selten und die Büros daher
auch entsprechend mit Duschräumen und Spinden für Ersatzkleidung ausgestattet
sind. „Darf" man hingegen morgens zum „Frischmachen" nach Hause gehen und
kommt anschließend gleich wieder ins Büro, spricht man von einem „**Magic
Roundabout**".

Ambidexterity	Beidhändigkeit

Unter Ambidexterity, zu Deutsch „Beidhändigkeit", wird innerhalb der Bewegung des „New Work" die Fähigkeit einer Organisation verstanden, sowohl entdeckerisch und nichtwertend zu arbeiten (**Exploration** genannt) als auch diese Ergebnisse dann sehr effektiv und rationell umzusetzen (**Exploitation** genannt).

Apéro	-

Der Begriff Apéro, abgeleitet vom französischen Begriff des Apéritivs, beschreibt eine lockere gesellschaftliche Zusammenkunft, bevor ein eigentliches (After-Work-)Event, z. B. ein Abendessen oder einer Party, stattfindet. Die Teilnehmer treffen sich hier oft halb beruflich, halb privat, um ein paar Drinks und Häppchen zu genießen und sich zu unterhalten, bevor sie zu dem größeren Ereignis aufbrechen.

Ask Me Anything (AMA)	Fragerunde

Der Begriff AMA oder „Ask Me Anything" steht für eine Fragerunde, in der sich eine bekannte Person den Fragen der Zuschauer oder vorher eingesandten Leserfragen stellt und diese (meist) live beantwortet. Varianten davon sind **AUA (Ask Us Anything)** oder **AMAA (Ask Me Almost Anything)**. Viele Blogger, Podcaster oder Vlogger nutzen dieses auch beim Publikum beliebte Format, da es sehr persönlich ist und vielen prominenten Gästen auch Ungewohntes entlockt.

Assessment Center	Auswahlseminar

In einem Assessment Center treffen i. d. R. bereits ausgewählte Bewerber für eine Stelle zusammen, um dann im Team mit- und manchmal auch gegeneinander Aufgaben zu lösen, die einerseits Fachkompetenz, andererseits auch Teamfähigkeit voraussetzen.

Attrition Rate	Fluktuationsrate

Die Attrition Rate bezieht sich auf den Prozentsatz der Mitarbeiter, die ein Unternehmen innerhalb eines bestimmten Zeitraums verlassen. Dieser Begriff wird oft in Personal- und HR-Kontexten verwendet, um die **Fluktuation** der Belegschaft bzw. die eigene Attraktivität als Arbeitgeber zu messen.

B-Corp	-

B-Corp ist ein Unternehmenssiegel, das von der Organisation B-Lab an Unternehmen vergeben wird, die parallel zu ihrer Gewinnausrichtung über einen nachgewiesenen Mindeststandard an sozialer und ökologischer Nachhaltigkeit verfügen.

Bake-off/Beauty Pageant/Beauty Contest	Schönheitswettbewerb

Unter einem Bake-off, Beauty Pageant oder auch Beauty Contest versteht man einen Auswahlwettbewerb z. B. von Consulting-Firmen durch ein großes Unternehmen zu einem bestimmten Problem. Innerhalb dieses Auswahlwettbewerbs herrscht unter den konkurrierenden Bewerbern meist großer Druck, sich innerhalb kurzer Zeit als „schönster möglicher Partner" des auswählenden Unternehmens darzustellen.

Below the Bar	Unterhalb des Mindestkriteriums

Below the Bar beschreibt den Umstand, dass eine Person oder ein Unternehmen „zu gering" für bestimmte Anforderungen ist oder diese anderweitig nicht erfüllt. Dabei geht es nicht zwangsläufig um eine generelle Schlechtleistung, sondern darum, dass bestimmte Kriterien nicht erfüllt sind, z. B. die Mindestumsatzgröße, ab der eine Beratung durch eine Top-Tier-Consulting-Firma mit entsprechend hohen Tagessätzen Sinn ergibt.

Black Swan	Schwarzer Schwan

Unter einem Black Swan (dt. schwarzer Schwan) wird ein externes und weitgehend unvorhersehbares Ereignis verstanden, das nachhaltige negative Auswirkungen für eine gesamte Branche, i. d. R. jedoch für die gesamte Weltwirtschaft hat. So zählen plötzliche Ausbrüche von Revolutionen und Kriegshandlungen, aber auch Naturkatastrophen, Terroranschläge oder Epidemien zu Beispielen für Black-Swan-Events.

Blended Learning	Integriertes Lernen

Unter dem Sammelbegriff „Blended Learning" werden Konzepte zur Wissensvermittlung gefasst, die mehrere Lehr- bzw. Lernmethoden verknüpfen. Beispiele sind Mischformen aus Präsenz- und Online-Unterricht oder ein Mix aus angeleitetem Lernen und Selbststudium. Im Zuge des E-Learning spielen dabei vor allem Multimediainhalte wie Tutorials eine Rolle, die mitunter mit Wissens-Checks zur selbstständigen Lernkontrolle verbunden werden.

(Blind) Carbon Copy (CC, BCC)	Kopie, Blindkopie

Die Abkürzungen CC bzw. BCC stehen in E-Mails für den Ausdruck Carbon Copy bzw. Blind Carbon Copy und drücken aus, dass ein weiterer (passiver) Empfänger denselben Inhalt der E-Mail entweder für den eigentlichen Adressaten sichtbar (CC) oder nicht sichtbar (BCC) empfangen hat. Das CC in E-Mails wird beispielsweise verwendet, wenn man eine dritte Person über bestimmte Vorgänge in einer Korrespondenz mitinformieren möchte, während der Ausdruck „**Moved to BCC**" innerhalb einer Mail bedeutet, dass z. B. nach einer Intro-Mail, in der jemand zwei seiner Geschäftskontakte einander vorstellt, der Intro-Geber bei weiteren Mails aus der Korrespondenz „verschwindet".

Blue Collar	Arbeiter

Blue Collar, wörtlich übersetzt mit „Blaukragen", bezieht sich auf den klassischen „Blaumann" (Arbeitsoverall) und ist ein traditioneller Ausdruck für alle industriellen Jobs, die mit körperlicher Arbeit einhergehen, z. B. als Lagerist, Schweißer oder LKW-Fahrer. Dabei steht Blue Collar – im Gegensatz zu den **White Collar**-Jobs der Manager – nicht nur für eine Arbeit, sondern auch eine Lebenswelt und eine entsprechende politische Perspektive. Exemplarisch für die Konflikte zwischen Arbeitern (Blue Collar) und Angestellten (White Collar) seien die Entstehung der ersten Gewerkschaften (Labor Unions) in den USA oder die großen gesellschaftlichen Verwerfungen im England der 80er-Jahre unter Margaret Thatcher genannt.

Brick and Mortar (B&M)	„Brot und Butter"-Unternehmen

Mit Brick and Mortar (dt. Ziegel und Mörtel) werden Unternehmen bezeichnet, die trotz einer etwaigen Internetpräsenz oder eines Online-Shops ihren eigentlichen Umsatz durch „traditionelle" (Offline-)Geschäftsmodelle erzielen, so z. B. Reinigungsketten oder Farbenhersteller. Während Gastronomie und Einzelhandel in diesem Sinne auch B&M-Geschäfte wären, sind mit dem Ausdruck trotzdem

eher Business-Modelle gemeint, die im klassischen Mittelstand und oft auch im
B2B-Bereich angesiedelt sind.

| Bullshit Bingo | Phrasendreschen |

Als Bullshit Bingo wird eine Rede oder Präsentation bezeichnet, die neben
populären Buzzwords und Phrasen (z. B. Disruption, Skalierung, Ökosystem)
keine wirklich validen oder neuen Inhalte enthält. Kreative Spaßvögel erlauben
sich regelmäßig, auch in Blogs bzw. im Netz echte Bingokarten mit entsprechenden
„Bullshit"-Ausdrücken z. B. aus dem **Agile Management** zu präsentieren, die in
humoristischer Form die Lächerlichkeit solcher Phrasendrescherei aufzeigen.

| Buzzword | Schlagwort |

Ein Buzzword ist ein Schlagwort oder eine Worthülse, z. B. im Zusammenhang
mit Präsentationen oder Speeches. Gängige Buzzwords im Startup-Bereich sind
z. B. Disruption, Skalierung oder Ökosystem. Enthält ein Dokument oder eine
Rede eine ganze Reihe von derartigen Buzzwords, spricht man von **Buzzword
Bingo** oder, weniger zurückhaltend, auch von **Bullshit Bingo**.

| Candidate Journey | Bewerberpfad |

Die Candidate Journey steht für den „Weg" bzw. Prozess, den Bewerber oder
Kandidaten für eine ausgeschriebene Stelle vom ersten Kontakt mit dem Unternehmen bis hin zum Abschluss des Bewerbungsverfahrens aus ihrer eigenen Perspektive durchlaufen. Dazu gehören sog. **Touchpoints** mit dem möglichen Arbeitgeber,
z. B. Inserate im Internet und die offizielle Korrespondenz, aber ebenso „softe"
Faktoren wie z. B. die Zeit bis zu einer Antwort des Unternehmens, der Stil der
Nachrichten, beispielsweise aber auch die Begrüßung an der Rezeption und die Atmosphäre beim Warten auf das erste persönliche Bewerbergespräch.

| Cargo Culting | Kultische Imitation |

Cargo Culting bezieht sich auf das Phänomen, dass Menschen oder Organisationen bestimmte Verhaltensweisen und Praktiken imitieren, ohne das dahinterliegende Verständnis oder die grundlegenden Prinzipien zu verstehen. Der Begriff
bezieht sich dabei auf ein ethnologisches Phänomen, bei dem Eingeborene bestimmte Bräuche von Hilfsorganisationen nachahmten in dem Glauben, dadurch
an dieselben Güter zu gelangen. Im Innovationsbereich steht Cargo Culting für

einen Versuch, erfolgreiche Modelle aus anderen Branchen wie z. B. Flat-Rate-Modelle zu kopieren, ohne wirklich den Sinn oder Nutzen dahinter erkannt zu haben (s. a. **Copy Cats**).

Career Plateau	Karriereknick

Von einem Career Plateau spricht man, wenn es innerhalb einer Karriereplanung nach einer gewissen Zeit nicht mehr „weiter nach oben" geht, weil angesichts der Qualifikation die „bestmögliche" Position erreicht wurde. Werden Mitarbeiter hier weiter befördert, z. B. zur Belohnung, spricht man vom „Peter-Prinzip", das dazu führt, dass für einen Job geeignete Menschen solange weiter in der Hierarchie aufsteigen, bis sie schließlich ungeeignet für die letzte Position sind.

Catfish Effect	-

Der Ausdruck „Catfish-Effekt" steht für die Schaffung eines deutlichen, aber positiven Wettbewerbs in der Team- und Mitarbeiterführung, bei dem Konkurrenten oder starke Persönlichkeiten auch ihre Mitbewerber stärken sollen. Eine gegensätzliche Verwendung erfährt der Begriff „Catfish" (dt. „Wels") im Internet-Kontext, wo er Menschen bezeichnet, die online unter einem falschen Profil auftreten, z. B. auf Partner-Börsen.

Chemistry Check	-

Das Wort Chemistry Check wird benutzt, wenn es z. B. in einem Einstellungsprozess ein erstes lockeres Vorabgespräch gibt, bei dem es vorrangig darum geht, ob die möglichen Parteien „gut miteinander können". Innerhalb der deutschen Sprache würde man davon sprechen, ob die „Chemie stimmt" (s. a. **Gut Feeling**). Dieser **Soft Fact** ist auch beim **Fundraising** ein ausschlaggebender Faktor, wobei die jeweiligen Gründer- bzw. Charakter-Präferenzen zwischen verschiedenen **Venture Capital**-Gesellschaften stark variieren können.

Cherry Picking	Rosinenpicken

Unter Cherry Picking wird die Tendenz verstanden, sich bei Geschäften oder Verhandlungen nur die „Rosinen herauspicken" zu wollen. Während dies, z. B. bei VC-Investoren, Teil des natürlichen Geschäfts ist, steht Cherry Picking aber auch für ein kognitionspsychologisches Phänomen bzw. Problem, in Debatten oder Erörterungen nur seine eigene Meinung bestätigt bekommen zu wollen. Gerade für

Gründer, die im Konzeptionsprozess Kritik, Zweifel oder Fragen von außen igno-
rieren, kann dies mitunter zum Problem werden.

Chief Accounting Officer (CAO)	Chefbuchhalter

Ein Chief Accounting Officer (CAO – hier nicht zu verwechseln mit der Position des Chief Analytics Officer) ist für die Buchhaltung und den Jahresabschluss
eines Konzerns zuständig.

Chief Analytics Officer (CAO)	-

Chief Analytics Officer (CAO – hier nicht zu verwechseln mit der Position des
Chief Accounting Officer) ist die Berufsbezeichnung für den leitenden Manager, der
für das Aggregieren und Auswerten von Daten innerhalb einer Firma zuständig ist.
Ähnliche Job-Titel sind **CIO (Chief Information Officer)** und **CDO (Chief Data Officer** bzw. **Chief Digital Officer**), wobei der CIO i. d. R. mehr auf die Hardware-Infra-
struktur ausgerichtet ist. Ein **Chief Information Officer (CIO)** ist ähnlich positioniert,
konzentriert sich aber eher auf Informationsbeschaffung von außerhalb.

Chief Development Officer (CDO)	-

CDO bzw. Chief Development Officer (hier nicht zu verwechseln mit der Position des Chief Data oder Chief Digital Officer) steht im Berufskontext für die leitende Position, die sich um das Thema Spenden und Charity Fundraising, heute
auch **Corporate Philantropics** genannt, kümmert.

Chief Executive Officer (CEO)	Hauptgeschäftsführer*in

Ein Chief Executive Officer (CEO) ist der ranghöchste Manager in einem
Unternehmen. Er trifft letztendlich die maßgebenden Entscheidungen und fungiert
als Schnittstelle zwischen Unternehmen, Aufsichtsgremien und Gesellschaftern
bzw. Aktionären.

Chief Financial Officer (CFO)	Leiter*in Finanzwesen

Der Chief Financial Officer (CFO) einer Firma koordiniert und leitet die Planung und Durchführung der Finanzmaßnahmen eines Unternehmens, einschließ-

lich der Refinanzierung, Geschäftsprognosen, des Liquiditäts- und Anlage-managements sowie der Kommunikation mit Investoren.

Chief Marketing Officer (CMO)	Marketingchef

Ein Chief Marketing Officer (CMO) leitet als Führungskraft die gesamten Marketing-Verantwortlichkeiten eines Unternehmens. Dazu gehören Brand Management, Marktforschung, Produktmarketing, Social Media sowie Customer Relations.

Chief Operating Officer (COO)	Betriebsvorstand

Ein Chief Operating Officer (COO) ist Teil der Führungsriege eines Unternehmens. Im Gegensatz zum CEO kümmert er/sie sich jedoch vornehmlich um die saubere Ausführung des Tagesgeschäfts sowie die Umsetzung von Plänen zu Change oder Business Development. Startup-Gründer stellen oft fest, dass ein guter COO nicht selten wichtiger ist als der CEO selbst.

Chief Product Officer (CPO)	Produktvorstand

Ein Chief Product Officer (CPO) ist der oder die Hauptverantwortliche für die Entwicklung, aber auch das Portfolio-Management der firmeneigenen Produkte und Leistungen. Während ein CTO bei der Entwicklung eher für die saubere technische Umsetzung verantwortlich ist, blickt ein CPO eher auf den Markt und den Vertrieb, allerdings gibt es mit dem **CPTO** auch Mischformen.

Chief Sales Officer (CSO)	Vertriebsvorstand

Der Chief Sales Officer (CSO – hier nicht zu verwechseln mit der Position des Chief Security Officer) ist der leitende Manager für alle Vertriebsaktivitäten eines Unternehmens. Dazu gehört nicht nur die Vertriebsstrategie bzw. das Vertriebs-Controlling, sondern auch die Rekrutierung passender Mitarbeiter und **Key Accounts** sowie der regelmäßige Blick auf die Wettbewerber.

Chief Security Officer (CSO)	Sicherheitschef

Ein Chief Security Officer (CSO – hier nicht zu verwechseln mit der Position des Chief Sales Officer) leitet den Sicherheitsbereich einer Firma, wobei nicht nur IT- und Cyber-Risiken gemeint sein können, sondern auch der Schutz von Werkhallen oder das Thema „Diebstahl geistigen Eigentums". Ferner ist er für Mitarbeiter-Trainings und Weiterbildung zuständig und überwacht auch – falls nicht separat zugeordnet – zusammen mit dem **Chief Legal Officer (CLO)** den **Compliance**-Bereich des Unternehmens. Eine ähnliche Bezeichnung lautet **Chief Information Security Officer (CISO)**, wobei hier tatsächlich nur die Informations- und Kommunikationsrisiken gemeint sind.

Chief Technical Officer (CTO)	Technischer Leiter

Ein Chief Technical Officer (CTO) ist als Führungsmitglied für die IT-Umgebung und -Struktur einer Firma verantwortlich. Während auch ein Chief Information Officer oder ein Chief Data Officer ähnlich positioniert sind, unterscheidet sich ein CTO von diesen klar durch seine Rolle bei IT- und Software-Entwicklungsprojekten, bei denen er ebenfalls federführend tätig ist.

(Cocktail Party) One Liner	Einzeiler

Ein Cocktail Party One Liner ist ein prägnanter und verständlicher Satz, der potenziellen Geschäftspartnern auf ansprechende Weise eine kurze Übersicht über die grundlegende Idee eines Startups geben soll. Hintergrund des Ausdrucks ist eine Situation, in der man beispielsweise auf einem Apéro oberflächliche, aber wichtige Kontakte knüpft und dabei wenig Zeit hat, ausschweifend von seinen Plänen zu erzählen.

Code of Conduct	Verhaltenskodex

Unter dem Code of Conduct versteht man (meist schriftliche) Leitlinien für das Verhalten von und in Unternehmungen, die für alle Angestellten gelten. Sie enthalten neben allgemeinen Leitbildern, z. B. einer Verpflichtung zur Wertschätzung diverser Lebensentwürfe oder einem nachhaltigen Umgang mit der Umwelt, oft auch Terms, die bei einem Verstoß zu Abmahnungen oder sogar Entlassungen führen können. Während Codes of Conduct im Allgemeinen die Zugehörigkeit zu einer Firma steigern können, bergen sie die große Gefahr, dass schwammige Formulierungen (z. B. „Verpflichtung zu moralisch einwandfreiem Verhalten") dazu genutzt werden können, um unliebsame Mitarbeitende, z. B. bei der Gründung eines Betriebsrats, loszuwerden.

Compliance	Rechtskonformität

Im Unternehmenskontext bezeichnet Compliance die Einhaltung von gesetzlichen Vorschriften, internen Richtlinien und ethischen Standards. Dazu gehören die Datensicherheit und die Vorsorge vor Betrugsmechanismen (s. a. **KYC**) genauso wie das Verhindern der Bevorzugung Angestellter aufgrund ihres Geschlechts, Alters oder ihrer ethnischen Zugehörigkeit. Ein effektives Compliance Management beinhaltet Schulungen, regelmäßige **Audits** und Mechanismen zur Meldung und Untersuchung von Verstößen.

Compassion Fatigue	Mitgefühlsmüdigkeit

Der Begriff Compassion Fatigue stammt ursprünglich aus der Psychologie und bezeichnet den (erschöpfungsbedingten) Verlust an ständigem Mitgefühl bei Angehörigen Kranker oder Menschen aus Helferberufen, die aufgrund ständiger Ausgesetztheit mit Traumata nicht mehr „schwingungsfähig" sind. Im Medienbereich gilt der Begriff jedoch auch für das Alltagsphänomen, inmitten von Schlagzeilen und permanenter Reizüberflutung nur noch vergleichsweise abgestumpft oder teilnahmslos auf Nachrichten oder Werbebotschaften zu reagieren.

Corporates	Großunternehmen

Unter Corporates versteht man „herkömmliche" Großunternehmen und Konzerne, die in der Startup-Welt als potenzielle Käufer und Investoren infrage kommen (s. a. **CVC**), aber auch gelegentlich als Negativbeispiel für starre Arbeits- und Innovationskultur herangezogen werden. In der heutigen Zeit arbeiten viele junge Talente lieber in kleinen innovationsgetriebenen Startups, sodass im **War for Talents** klassische Corporates vor neuen Herausforderungen stehen (s. a. **New Work**).

Cost per Hire	Kosten pro Einstellung

Mit Cost per Hire wird zum Ausdruck gebracht, wie viel an externen und internen Kosten aufgewendet wird, um eine bzw. mehrere Stellen innerhalb einer Firma zu besetzen. Je nach Hierarchielevel fallen hierbei unterschiedliche Kosten an. So wird für das Nachwuchs-Recruiting eher Geld in Employer Branding, Workshops und ggf. Assessment Center gesteckt, während höhere Positionen eher mit Ausgaben für Headhunter verbunden sind. Ein ehrliches Cost per Hire berücksichtigt dabei nicht nur die effektiven Einstellungen, sondern bezieht auch die Kündigungen neuer Mitarbeiter innerhalb einer Karenzzeit (z. B. Probezeit) mit ein.

Cottage Business	Herkömmliches Unternehmen

Als Cottage Business werden Firmen bzw. Geschäftsmodelle bezeichnet, die ihr Geld vorrangig mit nichtdigitalen Produkten und Leistungen verdienen, z. B. Dachziegel oder Futtermischungen. Implizit wird darunter auch ein „traditionelles" Geschäftsgebaren verstanden, das weniger auf Risiko und Skalierung, sondern mehr auf Stabilität und Deckungsbeiträge setzt. Im Zuge des Aufstiegs der Digital Economy, aber auch ihrer Krisen, suchen viele Unternehmen aus der Startup-Branche, aber auch klassische **KMU**s heute eine Mischform, bei der digitale Leistungen und Vertriebswege mit konservativeren Ansätzen, z. B. bei der Refinanzierung und beim Organisationsaufbau, zusammenfinden.

Creator Economy	-

Creator Economy, auch Age of the Creator genannt, bezeichnet einen Trend bzw. ein Phänomen in digitalen Volkswirtschaften, dass private Erzeuger von medialen Inhalten, z. B. **Blogger, Vlogger** und **Influencer,** aufgrund großer medialer Reichweite hohe Summen verdienen und damit selbst zu einem potenten Unternehmen werden können. Im Gegensatz zur **Old Economy** brauchen sie hierfür weder hohe Investitionen in Technik noch einen Promoter bzw. Verleger, wie es früher beispielsweise Filmproduktionsfirmen und Plattenlabels waren. Die Creator Economy hat damit das kreative Business stark demokratisiert – faktisch kann jeder nun zum Creator, also zum Produzenten werden und seine gesamte Wertschöpfungskette selbst in der Hand halten.

Cultural Fit	-

Unter einem „Cultural Fit" versteht man die Eignung eines Bewerbers für ein Unternehmen, bezogen auf seinen Charakter und sein Werteverständnis in Hinblick auf die Firmenkultur. Dazu gehören allgemeine Faktoren wie Motivation, Team- und Kritikfähigkeit, aber indirekt auch politische und soziale Einstellungen sowie die Bereitschaft, die Firmenkultur „mitzutragen" und sich mit ihr zu identifizieren. Da gerade in Großunternehmen ein Großteil der Arbeitsteilung und Projektorganisation indirekt stattfindet, trägt die Prüfung auf den Cultural Fit dazu bei, die Fluktuation und damit auch die **Cost per Employment** (**CPE**), also die gesamten Kosten einer Einstellung, zu senken.

Customised Employment (CE)	-

Unter Customized Employment wird ein individueller Einstellungsprozess verstanden, bei dem Arbeitgeber und Bewerber (oftmals mit Handicaps) in einem wechselseitigen Prozess des Erwartungsmanagements prüfen, wie eine Zusammenarbeit für beide Seiten fruchtbar werden kann. Beispielsweise zählen dazu Arbeitnehmer mit Asperger-Syndrom, aber auch seh- oder hörgeschädigte Menschen.

Deep Work	Vertiefte Arbeit

Der Begriff „Deep Work" wurde vom US-Informatikprofessor Cal Newport geprägt und bezeichnet eine Phase des vertieften Denkens und Arbeitens ohne Störungen von außen. Gegenbegriff ist der Ausdruck „**Shallow Work**", der beispielsweise Telefonate oder das Beantworten von E-Mails beinhaltet.

Déformation Professionnelle	-

Der Ausdruck Déformation professionelle (wörtlich übersetzt „berufliche Verwahrlosung") ist eine ironische Anspielung auf den französischen Begriff „Formation professionelle" (dt. Berufsausbildung) und beschreibt, wie Menschen durch ihren Beruf bestimmte Marotten oder Verhaltensauffälligkeiten entwickeln, z. B. dass ein Unternehmensberater auch im Freundeskreis permanent ungefragt „berät". Die Déformation professionelle ist somit mehr als sog. Betriebsblindheit, denn sie bezieht sich auch auf Verhaltensweisen im Alltag.

Delayering	-

Unter Delayering versteht man die Eliminierung von (zumeist mittleren) Hierarchieebenen in Organisationen, wodurch Senior Manager und Angestellte auf unteren Ebenen enger zusammenarbeiten können. Der Vorteil ist, dass das Machtgefüge im mittleren Management durchbrochen wird, das oft bewusst eine gute Zusammenarbeit zwischen höheren und „niederen" Stufen verhindern will. Ein möglicher Nachteil ist die simple Erhöhung des Workloads für höhere Manager, aber auch der mangelnde Einblick in Machbarkeiten und Arbeitsprozesse in den „unteren" Stufen.

Demo Day	-

Der Demo Day markiert den Abschlusstag eines Inkubators, eines Workshops oder Accelerators. Innerhalb einer Abschlussveranstaltung präsentieren die teilnehmenden Startups ihre Ideen, Unternehmen oder Produkte vor anderen Firmen,

Investoren oder der Öffentlichkeit. Ein Demo Day markiert auch einen guten **Reality Check**, bei dem Gründer*innen von externen Personen und Institutionen Feedback erhalten (s. a. **Reality Spread**).

Dependent Contractor	Scheinselbstständigkeit

Eine Scheinselbstständigkeit liegt vor, wenn Unternehmen externe Kräfte als Freelancer beschäftigen, de facto aber bereits Grundzüge einer Festanstellung vorliegen. Diese entsteht, wenn z. B. ein Großteil der Arbeitszeit oder des Umsatzes auf einen oder zwei Auftraggeber verwendet werden. Während eine festgestellte Scheinselbstständigkeit für den Auftraggeber oft empfindliche Nachzahlungen von Sozialabgaben und die (nachträgliche) Gewährung von Urlaubstagen beinhaltet, erhalten Selbstständige zu Beginn ihrer Tätigkeit eine „Schonfrist", da der erste Auftraggeber naturgemäß 100 % der Umsätze erzielt.

Diversity Management	Diversitätsmanagement

Diversity Management ist ein Instrument des Personalwesens in Unternehmen und hat zum Ziel, Diskriminierungen aufgrund von ethnischer Herkunft, Geschlecht und sexueller Präferenzen zu reduzieren sowie im Gegenzug die Vielfalt und das Verständnis für unterschiedliche Identitäten bzw. Lebensauffassungen zu fördern. Hintergrund sind nicht nur Antidiskriminierungs- und **Equal Opportunity**-Ansätze im Arbeitsrecht, sondern auch die Tatsache, dass gemischte Teams bzw. Unternehmen mit einer hohen Vielfalt i. d. R. bessere Innovationen hervorbringen.

Disruptive	Disruptiv

Disruptive, eigentlich ursprünglich „Disruptive Innovation", steht für einen Geschäftsansatz, bei dem kleine Unternehmen durch radikale Innovation den regulären, kostenintensiven Wettbewerb in einem Markt umgehen und sofort eine Führungsposition übernehmen können, indem sie herkömmliche Geschäftsmodelle in diesem Markt ad absurdum führen und deren lineare Weiterentwicklung „abreißen" (lat. disrumpere = zerreißen). Diese Disruption kann sich sowohl auf Produkte beziehen (z. B. Google Maps, das Straßenkarten überflüssig macht) als auch auf herkömmliche Wertschöpfungsketten wie in den Fällen Airbnb bzw. Uber, die jeweils Megaanbieter von Ferienwohnungen bzw. Taxis sind, obwohl die selbst keinerlei Immobilien oder Fahrzeuge besitzen. Manche disruptiven Modelle umfassen auch beides, z. B. im Musik-Streaming-Markt, wo sowohl klassische CDs (Produkt) als auch Plattenlabels (Wertschöpfungskette) umgangen werden können.

Donut Economy	-

Die Donut Economy ist ein Konzept bzw. eine Metapher der britischen Ökonomin Kate Raworth. Sie beschreibt einen Ring von ganzheitlichen Handlungsmöglichkeiten zwischen einer äußeren Grenze des nachhaltigen Wirtschaftens, z. B. die Limitation planetarischer Ressourcen oder mit dem Klima verbundene Bedrohungen, und einem inneren Ring, der unsere sozialen Bedürfnisse, z. B. den Zugang zu Nahrung und Bildung, beschreibt.

Dry Income	Illiquides Einkommen

Unter Dry Income werden Einkommensbestandteile verstanden, die sich z. B. aufgrund von Lock-ups (Haltefristen) oder steuerlichen Regelungen, z. B. bei Employee Stocks, VSOP oder Sachbezügen wie Firmenwagen, monetär oder sogar negativ auswirken. Das Ausdruck „Dry" bezieht sich dabei auf das Gegenteil von Liquidität, weil er im Gegensatz zu Geldleistungen die Liquidität nicht erhöht.

Early Stage	Frühphase eines Startupss

„Early Stage" bezeichnet die frühe Entwicklungsphase eines Startups, in der grundlegende Aspekte des Geschäftsmodells und der Produktidee etabliert und getestet werden. In dieser Phase erfolgen die Entwicklung von Prototypen und ersten Versionen des Produkts sowie die Kundengewinnung. Oft wird Kapital von Investoren benötigt, um diese frühen Entwicklungs- und Marketingmaßnahmen zu finanzieren.

Ecosystem	Ökosystem

Ein Ökosystem bezeichnet ursprünglich eine Gemeinschaft lebender Organismen in Verbindung mit den externen Komponenten ihrer Umwelt, die untereinander als System interagieren. Im Startup-Bereich wird dieser Begriff auf Innovationscluster angewandt, die ähnliche Ziele und Kulturen aufweisen und dabei als Marktbegleiter, aber auch als Zulieferer und Nachfrager auftreten, welche z. B. im Rahmen des **Agenda-Settings** nach außen den Markt gleichermaßen befruchten. Seltener wird auch ein Produkt als Ökosystem angepriesen, das z. B. als Multifunktionsplattform ganze Branchen und deren Nachfrage abbilden soll.

Elevator Pitch	-

Der Elevator Pitch bezeichnet einen Unternehmens-Pitch oder eine Sales Proposition, der bzw. die so kompakt und einprägend ist, dass man ihn bzw. sie auch während einer Aufzugfahrt (engl. Elevator Ride) einem Interessenten oder Investor präsentieren könnte. Der Elevator Pitch muss folglich in 30 bis 60 s alle prägnanten Informationen eines Geschäftsmodells auf einfachste Weise darstellen und dabei am besten noch einen Eindruck von der Motiviertheit und Überzeugungskunst des Präsentators geben.

Employee Silence	-

Employee Silence (dt. Mitarbeiterschweigen) bezeichnet das Phänomen, wenn Angestellte es vorziehen, sich über Probleme oder negative Konsequenzen von zu treffenden Unternehmensentscheidungen auszuschweigen. Dies kann an einer Atmosphäre der Angst oder Bestrafung von Fehlern liegen, oder dass Vorgesetzte oder Kolleg*innen Teil des betreffenden Problems sind. Auch die Regel, dass Überbringer von schlechten Nachrichten und „Ausscherer" meist bei Beförderungen übergangen werden, kann zur **Employee Silence** führen.

Employee Stock Option Plan (ESOP)	Mitarbeiteraktien-Programm

Ein Employee Stock Option Plan sieht vor, dass Mitarbeiter über die Jahre ihrer Anstellung im Unternehmen oder bei Erreichen gewisser Vorgaben Anteile am Unternehmen beziehen. Da das deutsche GmbH-Recht vorsieht, Anteilseigner im Handelsregister festzuschreiben, und Aktienbezüge hierzulande auch steuerlich schwieriger als in den USA gehandhabt werden, wird im deutschsprachigen Raum ein ESOP meist über Anteilsoptionen (**Shadow Stocks**) geregelt, die virtuelle „Als-ob"-Anteile am Unternehmen darstellen und lediglich bei Ausscheiden oder im Fall eines Exits monetarisiert werden.

Employer Branding	Arbeitgeber-Marketing

Unter Employer Branding werden Aktivitäten eines Unternehmens verstanden, die eigene Marke nicht nur für Kunden, sondern auch für potenzielle Arbeitnehmer attraktiv zu machen und entsprechende Kampagnen zu kreieren. Oft verschwimmen dabei die Grenzen zwischen Produkt und Arbeitskultur (z. B. bei Unternehmensberatungen) sowie zwischen Außen- und Innenwahrnehmung (z. B. bei Computerfirmen).

Encore Career	-

Die Encore Career beschreibt eine „zweite" Karriere nach der Pensionierung oder dem bewussten Ausscheiden aus rein wirtschaftlich orientierten Unternehmen, die mehr Wert auf sozial oder ökologisch förderliche Arbeitsinhalte legt. Dies kann z. B. in Form eines Stiftungsvorsitzes geschehen, den Unternehmer nach ihrer aktiven Zeit in der Firma in Vollzeit übernehmen, oder über das Wechseln in einen pädagogischen Beruf aus einer Unternehmensberatung heraus.

End of Message (EOM)	Ende der Nachricht

EOM steht im Email- oder Messaging-Kontext für „Ende der Nachricht" und wird meist in der Betreffzeile einer Mail verwendet, um klarzumachen, dass außerhalb des Betreffs keine weitere Nachricht enthalten ist.

End of Month (EOM)	Monatsende

EOM steht im Bereich Accounting und Controlling für End of Month und wird häufig als Co-Bezeichnung für KPIs benutzt, die auf das Monatsende hin prognostiziert werden, z. B. EOM Sales.

Entrepreneur	Unternehmer*in

Als Entrepreneur wird neudeutsch ein meist junger Unternehmer bezeichnet, der mit seiner Gründung oder Firma einen risikoaffinen, dynamischen Wachstumskurs verfolgt. Seriengründer werden der Logik folgend auch **Serial Entrepreneurs** genannt, wobei oft ein Blick lohnt, wie viele dieser Gründungen auch erfolgreich waren.

Epic	-

Das Wort Epic ist eine Umschreibung für „gigantisch" bzw. „theaterwürdig" und beschreibt sowohl Qualität als auch Ausmaß einer Aktion bzw. eines Ergebnisses. Dabei kann der Ausdruck auch für eigentlich negative Vorkommnisse verwendet werden, z. B. für „Epic Fails", die einen gigantischen, erinnerungswürdigen Fehlschlag bezeichnen.

Evangelist/Thought Leader	Vordenker/Meinungsbildner

Als Evangelist bzw. Thought Leader werden Meinungsführer und Experten zu gewissen Themen bezeichnet, wobei die Bezeichnung meist von den Personen selbst stammt und nicht von ihrer „Anhängerschar".

Executive Summary	Zusammenfassung

Ein Executive Summary liefert als kompakter Abschnitt in einem Dokument oder als einseitiges Schriftstück einen zusammenfassenden Überblick, z. B. über den Inhalt, die Ziele und die Teilnehmer eines Projekts. Es soll seinen Lesern die schnelle Entscheidung ermöglichen, ob die weiteren Inhalte für sie relevant sind. Für Gründer ist es daher wichtig, ihre Executive Summary sehr prägnant und gleichzeitig vielversprechend darzustellen, da dies darüber entscheidet, ob potenzielle Partner oder Investoren über diesen Abschnitt hinaus an weiteren Informationen interessiert sind.

Extrensic Motivation	Extrinsische Motivation

Als extrinsische Motivation werden Motive z. B. für die Mitarbeit in Unternehmungen verstanden, die sich nicht direkt aus der Tätigkeit bzw. Sache selbst ergeben, sondern „von außen", z. B. durch Gehalt und Ansehen, erzeugt werden. Im Rahmen des „New Work" ist häufig zu beobachten, dass Menschen heutzutage jedoch mehr nach dem Gegenpart, also der intrinsischen Motivation (Intrinsic Motivation), suchen, um eine Tätigkeit aufzunehmen und v. a. über längere Zeit beizubehalten.

Face-to-Face (F2F)	Von Angesicht zu Angesicht

Mit Face-to-Face, oft auch einfach als F2F abgekürzt, werden Treffen oder Meetings in der realen Welt verstanden, die nicht per Telefon oder Webvideo abgehalten werden.

Facetime	Anwesenheit(spflicht)

Facetime ist nicht nur der Name einer Videotelefonie-Software, sondern steht für ein Phänomen in der Arbeitswelt, bei der Angestellte auch zu späterer Stunde im Büro verbleiben müssen, selbst wenn ihre Arbeit getan ist. Der Ausdruck stammt dabei aus dem Investment-Banking, wo es lange zum guten Ton gehörte, auch abends im Büro zu bleiben, allein um Motivation und Anwesenheit zu zeigen.

Fallback (Solution)	Plan B

Im Startup-Kontext bezeichnet „Fallback" einen Plan B oder eine alternative Strategie, die umgesetzt wird, wenn die ursprüngliche Vorgehensweise nicht wie erwartet funktioniert. Typische Fallbacks können alternative Geschäftsmodelle (s. a. **Pivot**) oder der Zugang zu zusätzlichen Finanzierungsquellen wie z. B. **Gesellschafterdarlehen** sein.

Fair Enough	-

„Fair Enough" ist ein populärer mündlicher Ausdruck aus dem Englischen, mit dem auf eine überraschende, aber logische Argumentation des Gegenübers geantwortet wird, z. B. wenn ein Mitarbeiter klarmacht, warum er nicht an einem Employee-Event teilnehmen möchte. Er drückt aus, dass man den Argumenten des Gegenübers Gewicht verleiht und diese akzeptiert, selbst wenn man einer anderen Logik folgt.

Fear of Missing Out (FOMO)	Angst, etwas zu verpassen

Die Fear of Missing Out, abgekürzt FOMO, steht i. d. R. für eine Situation, bei der bislang zurückhaltende Investoren dann doch „anbeißen" in der Angst, womöglich aus Unkenntnis einiger weiterer Faktoren ein gutes Investment zu verpassen. Dies ist häufig zu beobachten, wenn nach einer anfänglichen Absage plötzlich prominente Investoren an Bord eines Startups kommen (s. a. **Signaling**), und trägt nicht selten irrationale Züge.

Feelgood Manager	-

Ein Feelgood Manager ist Teil des Human Ressource Management. Im Gegensatz zu „echten" HR-Managern, die u. a. für Einstellungen zuständig sind, kümmert sich ein Feelgood Manager hauptsächlich um Mitarbeiterbelange und -wohlbefinden. Dazu gehören Events und die vernünftige Ausstattung des Arbeitsplatzes genauso wie regelmäßige Umfragen zur Mitarbeiterzufriedenheit und Verbesserungsmöglichkeiten.

Fishbowl Discussion	Innenkreis-Außenkreis-Methode

Eine Fishbowl (dt. Goldfischglas)-Diskussion ist eine Methode zur Durchführung von Gesprächskreisen. Dabei sitzt eine überschaubare Anzahl an aktiven Gesprächsteilnehmern in einem Innenkreis, während weitere „stille" Teilnehmer als Beobachter in einem Außenkreis verweilen. Möchte ein Mitglied des Außenkreises selbst zu Wort kommen, so kann er entweder auf einem möglichen freien Stuhl im Innenkreis Platz nehmen oder löst einen der aktiven Teilnehmer im Innenkreis durch ein Zeichen ab, z. B. per Klopfen auf die Schulter.

Fringe Benefits	Lohnzulagen, freiwillige Lohnnebenleistungen

Unter Fringe Benefits werden außergehaltliche und i. d. R. freiwillige Zusatzleistungen eines Arbeitgebers verstanden. Diese können z. B. kostenlose oder subventionierte Verpflegung, einen Betriebskindergarten, aber auch Gesundheitsprogramme oder die Möglichkeiten eines Sabbaticals umfassen. Fringe Benefits spielen im **War for Talents**, gerade bei der Generation Z, eine erhebliche Rolle im Bereich HR und **Employer Branding**. Startup-Gründer sollten jedoch bei aller Großzügigkeit aufpassen, dass diese Annehmlichkeiten in Arbeitsverträgen explizit als freiwillige und widerrufbare Arbeitgeberleistungen dargestellt werden, da daraus sonst mittelfristig, z. B. bei der Schließung eines kostenlosen Brotzeit-Services, ein einklagbarer Anspruch der Mitarbeiter entstehen kann.

Full-Time Employee (FTE)	Vollzeitbeschäftigte, Vollzeitäquivalent

Unter einem FTE (Full-Time Employee) versteht man eine Vollzeitstelle bzw. deren Anzahl in einem Unternehmen. Der deutsche Begriff Vollzeitäquivalent bezieht sich darauf, dass gerade in Startups nicht alle Stellen einer 40-Wochen-Stunde entsprechen und daher z. B. jährliche Personalkosten nicht allein anhand der beschäftigten Mitarbeiter überschlagen werden können. Arbeiten in einem Unternehmen daher mehrere Halbtagsbeschäftigte, zählen deren Stellen jeweils nur als 0,5 FTE oder anderweitig äquivalent.

| Get out of the Building (GOOB) | - |

Get out of the Building (dt. wörtlich „geh aus dem Gebäude") bzw. in Kurzform GOOB beschreibt ein Prinzip bzw. eine Aufforderung im Startup-Bereich, neue Produkte und Geschäftsmodelle nicht im „stillen Kämmerlein" zu konzipieren, sondern von Anfang an konsequent mit und am Kunden „außerhalb der vier Wände" zu entwickeln.

| Gig Economy | - |

Die Gig Economy bezieht sich auf ein System von Arbeits- und Verdienstmöglichkeiten, bei dem Menschen kurzfristige Aufträge oder Jobs („Gigs") über Plattformen wie Uber, Fiverr oder TaskRabbit erledigen, z. B. als Fahrer, Grafiker oder Programmierer. Während diese Gig Economy zahlreiche Vorteile bietet, nämlich unabhängige, flexible und schnelle Verdienste, hat sie jedoch auch Schattenseiten, wie z. B. (oftmals) fehlende Sozialversicherung, Preis-Dumping und prekäre Lebensverhältnisse von Dienstleistern.

| Growth-Hacking | - |

Growth Hacking bezieht sich auf unkonventionelle und experimentelle Methoden, um mit möglichst geringem finanziellem oder zeitlichem Aufwand ein großes Wachstum, z. B. von Verkaufszahlen, Kunden oder Followern in sozialen Medien, zu erzeugen. Dazu gehören z. B. virale Marketingstrategien, **Guerilla-Marketing**-Aktionen oder Belohnungen für Weiterempfehlungen (**Referrals**).

| Gut Feeling | Bauchgefühl |

Der Ausdruck Gut Feeling bezieht sich auf ein intuitives Bauchgefühl z. B. zur Wahrscheinlichkeit eines Abschlusses mit einem Investor oder umgekehrt, ob ein Startup mit seinem Geschäftsmodell erfolgreich sein wird. Das Gut Feeling kann z. B. das Ergebnis eines ersten **Chemistry Check** zwischen zwei möglichen Geschäftspartnern sein.

| Hardball | Kampf mit harten Bandagen |

„Hardball" bzw. „Hardball spielen" bezeichnet einen Kampf bzw. eine Verhandlung mit harten Bandagen. Ursprünglich aus dem Baseball-Sport kommend, wird der Begriff im Business-Alltag gebraucht, um möglichen Kontrahenten zu zeigen, dass man auch „auf die harte Tour" agieren kann.

Hard Facts/Soft Facts	Harte Faktoren/Weiche Faktoren

Harte bzw. sog. weiche Faktoren stehen für zwei Varianten ausschlaggebender Fakten bzw. Kriterien bei geschäftlichen Prozessen, z. B. bei der Aufnahme eines Startups in ein Investoren-**Portfolio**. Während die Hard Facts dabei vorrangig auf Zahlen und andere unveränderliche Informationen wie z. B. Umsatzentwicklung und sonstige **KPIs** abstellen, spielen Soft Facts wie die Gründerstory, die Chemie zwischen möglichen Partnern (s. a. **Gut Feeling, Chemistry Check**) oder generelles Vertrauen ineinander ebenfalls eine erhebliche Rolle bei Geschäftsentscheidungen im Startup-Alltag.

HEART Framework	-

Das HEART Framework ist ein Modell zur Evaluierung von Verhaltensveränderungen und ihrer Auswirkungen auf Gesundheit und Wohlbefinden. Der Begriff HEART steht dabei für Habits, Emotions, Attitudes, Routines und Thoughts. Beispiele für die Nutzung von HEART Framework sind z. B. öffentliche Kampagnen zur Gesundheitsförderung, therapeutische Trainings oder edukative Programme in der Verhaltensmedizin.

Hockey Stick	-

Der Ausdruck Hockey Stick (dt. Hockeyschläger) steht in seiner charakteristischen Form für die typische Verlaufskurve von Umsatz- und Geschäftsprognosen bei Startups, bei denen nach einem ersten Knick nach unten plötzlich steile Gewinne erwartet werden. Da diese meist nur auf Hypothesen und z. T. überzogenen Erwartungen bzw. Selbstbildern beruhen, wird der Ausdruck hauptsächlich ironisch und spöttisch verwendet. Ein anderer und neutralerer Ausdruck für den Hockey Stick ist die sog. **J-Curve**, die einen ähnlichen Verlauf von Werten beschreibt.

Holocracy	Holokratie

Holokratie ist ein Ansatz aus der Organisationstheorie, der zum Ziel hat, eine flexible, selbstorganisierende und schnell anpassbare Organisation zu schaffen, die durch Kreativität, Eigenständigkeit und Kollaboration besser auf Veränderungen reagieren kann. Dabei werden starre Top-down-Hierarchien aufgebrochen und durch kleinere Teams mit individuellen Entscheidungsbefugnissen ersetzt. Damit sollen Unternehmen besser auf unsichere und teilweise widersprüchliche Unternehmensumfelder reagieren können (s. a. **VUCA**).

Human Resources (HR)	Personalabteilung

Human Resources bzw. seltener **Human Relations** ist ein Teilbereich der Personalarbeit, der sich mit der Arbeitsorganisation und den ihr unterworfenen sozialen Beziehungen und Interaktionen innerhalb eines Unternehmens beschäftigt. Zu den Hauptaufgaben von Human Relations gehören neben der Personalsuche und Stellenbesetzung auch die allgemeine Förderung einer positiven Arbeitskultur, das soziale Konfliktmanagement, die Erhaltung der Mitarbeitermotivation und die gesamte Personalentwicklung, z. B. durch Weiterbildungsprogramme.

In Case You Missed It (ICYMI)	

ICYMI steht für „In Case You Missed It" (zu Deutsch „falls du es verpasst hast") und ist eine Abkürzung, die verwendet wird, um auf Inhalte aufmerksam zu machen, die zuvor geteilt oder besprochen wurden. Sie dient dazu, sicherzustellen, dass auch diejenigen, die es ursprünglich verpasst haben, darauf aufmerksam werden. Häufig wird ICYMI auf Social-Media-Plattformen wie Twitter oder in Werbe-E-Mails genutzt, um wichtige oder interessante Inhalte hervorzuheben, die bereits geteilt wurden.

Incubator	Inkubator

Ein Startup-Inkubator ist ein Programm oder eine Organisation, das bzw. die junge Unternehmen unterstützt und diesen hilft, sich zu entwickeln und erfolgreich zu werden. Startups erhalten in einem Inkubator oft technische und administrative Ressourcen, Mentoring, Netzwerkmöglichkeiten und finanzielle Förderung, um ihre Geschäftsidee entwickeln und verwirklichen zu können. Während manche Inkubatoren hauptsächlich „In-House"-Unternehmen fördern, müssen externe Startups in fremden Inkubatoren manchmal auch aufpassen, nicht finanziell, strategisch oder anteilsbezogen „geschluckt" zu werden.

Insecure Overachiever	-

Unter einem Insecure Overachiver versteht man unsichere Leistungsträger, die trotz hoher Auszeichnungen, einer sehr guten Position und einem oftmals charismatischen Auftreten große Angst davor haben, zu versagen oder nichts zu erreichen. Branchen wie das Consulting, das Investment-Banking, aber auch die Medien- und Startup-Branche ziehen solche Charaktere überproportional an. Ähnlich, aber nicht gleich ist das sog. **Imposter-Syndrom**, bei dem nachweislich sehr erfolgreiche Menschen weiterhin das Gefühl haben, nur durch Zufall oder Fehleinschätzungen an ihre Position gekommen zu sein.

Intro	-

Ein Intro (Abkürzung für Introduction, dt. Einführung) steht für ein Einander-Vorstellen z. B. zweier Geschäftspartner durch einen Dritten oder das Vorstellen eines Startup-Gründers gegenüber einem Investor. Dies geschieht meist per Mail. Intros spielen gerade im Startup-Leben eine entscheidende Rolle. Sie zeigen, wie gut Gründer vernetzt sind und ob sie es bereits geschafft haben, andere relevante Personen von ihrer Idee zu überzeugen. Manche VCs reagieren daher nicht auf sog. direkte Kaltansprachen (**Cold Call**) von Startups, sondern nur, wenn ein Intro einer ihnen bekannten und akkreditieren Person vorliegt.

Invention Assignment Agreement	Erfindungsübertragungsvertrag

Ein Invention Assignment Agreement (dt. Erfindungsübertragungsvereinbarung) ist ein rechtlicher Vertrag, mit dem ein Arbeitnehmer die eigenen Rechte an einer Erfindung an seinen Arbeitgeber überträgt. Solche Verträge sind v. a. bei Einstellungen im Kreativ- und Entwicklungsbereich üblich und sollen verhindern, dass Arbeitnehmer die Rechte an ihren Erfindungen einklagen, welche sie im Rahmen ihrer Anstellung entwickelt haben.

Job Enlargement	-

Job Enlargement bezieht sich auf eine Arbeitsplatzgestaltung, bei der einem Mitarbeiter mehr Aufgaben gegeben werden. Dies kann geschehen, um seine Routinen zu erweitern und durch die implizite Anerkennung seiner Fähigkeiten die Arbeitsplatzzufriedenheit zu erhöhen. Auf der anderen Seite findet Job Enlargement jedoch auch bei Unterbeschäftigung und in Konfliktsituationen statt, wenn die Verzahnung von Aufgaben zwischen Beteiligten nicht gut funktioniert und man dadurch auch die Einsicht für fremde Erwartungen bzw. Perspektiven anderer erhöhen möchte.

Job Enrichment	-

Unter „Job Enrichment" versteht man eine Form der Arbeitsgestaltung, durch die Arbeitnehmer mehr Verantwortung und Autonomie bei der Durchführung ihrer Arbeitsaufgaben erhalten. Dies kann dadurch erreicht werden, dass sie mehr Kontrolle über den Ablauf ihrer Arbeit erhalten oder mehr Verantwortung für den Gesamtablauf eines Projekts übernehmen. Im Vergleich zum **Job Enlargement**, das vor allem den Umfang der Arbeit erhöht, dient Job Enrichment in erster Linie als Anerkennungs- und Motivationsmaßnahme.

Job Sharing	-

Job Sharing ist ein Überbegriff für die von mehreren Personen geteilte Verantwortung bzw. Arbeitszeit innerhalb einer Stelle, z. B. als Projektmanager. Es kommt dann zum Einsatz, wenn z. B. eine Mitarbeiterin nach ihrer Babypause erst wieder stufenweise in einen Job einsteigen kann, oder als Vorbereitung für ein Sabbatical, bei dem für eine neue Besetzung eine gewisse Einarbeitungszeit erforderlich ist (s. a. **Job Tandem**).

Job Tandem	-

Job Tandem ist eine spezielle Form des Job Sharing, bei der zwei Mitarbeiter gemeinsam eine Stelle teilen. Im Gegensatz zu traditionellem Job Sharing, bei dem die Mitarbeiter getrennte Aufgabenbereiche übernehmen, teilen sich die Mitarbeiter im Job Tandem eine Stelle und arbeiten eng zusammen, um die Aufgaben und Verantwortlichkeiten der Stelle abzudecken. Ein Beispiel kann z. B. die Position einer Vertrauensperson für Mitarbeiter eines Unternehmens sein, die sich zwei verschiedene Beschäftigte teilen.

Johari-Window	-

Das „Johari Window" ist ein Modell der Interaktion und Kommunikation zwischen Individuen, welches dabei hilft, das Selbstbild und das Bild, das andere von uns haben, zu verstehen und zu verbessern. Es arbeitet mit vier Dimensionen:

1. Öffentliches Selbstbild: Dies sind die Eigenschaften und Verhaltensweisen, die wir anderen offenlegen und die von ihnen wahrgenommen werden.
2. Verborgenes Selbstbild: Dies sind die Eigenschaften und Verhaltensweisen, die wir anderen verbergen und die Dritten nicht bekannt sind.

3. Bekanntes Selbstbild: Dies sind die Eigenschaften und Verhaltensweisen, die wir anderen offenlegen und die von ihnen wahrgenommen werden, aber auch die Eigenschaften, die uns andere mitgeteilt haben.

4. Unbekanntes Selbstbild: Dies sind die Eigenschaften und Verhaltensweisen, die weder wir noch andere kennen.

Das Johari-Modell kann verwendet werden, um Kommunikation und Verständnis in Teams, Beziehungen und Gruppen zu verbessern, da Selbst- und Fremdbilder in respektvoller Atmosphäre offengelegt und erläutert werden.

Keep it Simple Stupid (KISS)	-

Das KISS-Prinzip steht für eine Aufforderung bei der Produktentwicklung, aber auch bei Präsentationen und Pitches, Aussagen, Funktionen und Wesenszüge eines Geschäftsmodells oder Produkts extrem simpel zu halten. Gerade im Technikbereich tendieren Gründer dazu, sich oftmals in Funktionalitäten zu verlieren, während die – meist einfacher gestrickten – Kunden oder Investoren aus den Augen verloren werden.

Key Employees	Schlüsselmitarbeiter

Als Key Employees gelten Mitarbeiter eines Unternehmens, die einen essenziellen Wertbeitrag für den Unternehmenserfolg liefern. Im Startup-Bereich sind dies natürlich v. a. **CTOs** und Lead Developer, aber auch entsprechende Sales-Talente, die allesamt meist über Anteile oder sog. **ESOPs** an das Unternehmen gebunden werden sollten.

Later Stage	-

Later Stage beschreibt eine spätere Phase innerhalb eines Wachstumsverlaufs, die von kontinuierlichem, dafür nicht mehr exponentiell steigendem Wachstum gekennzeichnet ist. Als Later Stage werden auch solche Startups bezeichnet, die sich auf dem Markt etabliert haben und nun langsam zu „echten Corporates" werden. Eine alternative Bezeichnung hierfür ist auch **Grown-up** (dt. groß geworden).

Lean Startup	-

Lean Startup bezeichnet eine zentrale Entwicklungs- und Innovationsmethode für Startups und Unternehmen. Sie legt den Fokus auf schnelle und iterative Tests von Geschäftsideen, um frühzeitig Feedback von Kunden zu erhalten und das Produkt oder die Dienstleistung entsprechend an den optimalen **Product Market Fit** anzupassen. Zu zentralen Begriffen bzw. Instrumenten der Lean-Startup-Methode zählen u. a. das **Minimum Viable Product (MVP)**, das **Customer Development**, das **Business Model Canvas, Split Tests** und sog. **Pivots**, d. h. ein schnelles Umschalten der Unternehmensstrategie bei ausbleibendem Anfangserfolg.

Low Hanging Fruits (LHF)	**Einfach erreichbares Ziel**

Low Hanging Fruits (dt. für „tief hängende Früchte") steht als Begriff für naheliegende und einfach umsetzbare Ziele bzw. Aktionen, die zu einem schnellen Vorteil führen. Beispielsweise kann ein zum Verkauf angebotenes Unternehmen nicht betriebsnotwendiges Vermögen verkaufen oder Gesellschafterdarlehen zurückführen, um dem Käufer den Kauf einfacher und attraktiver zu machen. Oder ein Startup hat während des Fundraisings ein gutes Produkt, aber eine schlecht konzipierte Website. Durch eine schnelle Überarbeitung dieser Website, also das „Pflücken" dieser Low Hanging Fruits, kann sein Wert daraufhin weit über die damit verbundenen Kosten hinaus ansteigen.

Lucky Shot	-

Im Kontext des Startup Investing bezieht sich „Lucky Shot" auf eine Situation, bei der ein Investor durch Zufall oder Glück in ein erfolgreiches Unternehmen investiert, das plötzlich stark an Wert gewinnt.

Magic Roundabout	-

Als Magic Roundabout (wörtlich übersetzt „Karussell" bzw. „Kreisverkehr") wird ein Arbeitseinsatz verstanden, bei dem Mitarbeiter nach einer durchgearbeiteten Nacht nur kurz nach Hause zurückkehren, z. B. um zu duschen und frische Bekleidung anzuziehen, und danach wieder im Büro erscheinen. Während solcher Einsatz lange als Teil einer „heroischen Arbeitskultur" v. a. im Investment-Banking galt, haben Nachrichten über erschöpfungsbasierte Todesfälle junger Mitarbeiter mittlerweile dafür gesorgt, derlei Überbeanspruchungen von Angestellten deutlich kritischer zu sehen.

Magic Sauce	**Erfolgsrezept**

Die „Magic Sauce" bezeichnet im Startup-Kontext eine Art **USP** bzw. „Erfolgs-rezept" im Sinne „was unseren Geschäftsansatz besonders macht" (s. a. **Sticky-ness**). Hier geht es sowohl beim Produkt als auch beim Pricing um ein „unwider-stehliches Argument" dafür, ersteres käuflich zu erwerben (s. a. **Added Value, Lock-in**). Wie auch das Wort „**Disruption**" ist „Magic Sauce" im Startup-Leben häufiger in Gebrauch, als es die jeweiligen Geschäftsmodelle hergeben.

Meetup	Zusammenkunft

Ein Meetup symbolisiert eine organisierte Zusammenkunft meist Gleich-gesinnter, z. B. im Rahmen eines (virtuellen) Stammtischs oder eines Live-Webmeetings von Forennutzern oder Fans eines bestimmten Table-Top-Spiels. Der Name ist dabei gleichlautend mit dem Unternehmen einer Online-Software, die es Personen über soziale und geografische Grenzen hinweg ermöglicht, sich zu ge-meinsamen Themen zusammenzufinden und in verschiedenen Städten regelmäßige Treffen zu organisieren.

Mentoring	-

Im Startup-Kontext bezeichnet Mentoring die Beziehung zwischen einem er-fahrenen Fachmann oder Unternehmer (**Mentor**) und einem weniger erfahrenen Gründer oder Teammitglied (**Mentee**). Der Mentor bietet Ratschläge, Unterstüt-zung und Wissen, um dem Mentee bei der Bewältigung von Herausforderungen und der Entwicklung des Unternehmens zu helfen. Während früher viele Accelera-tors ihr Mentoring als herausragenden Wertbeitrag des Programms priesen, wird dieser Begriff mittlerweile auch sehr inflationär für teils mittelmäßige Ratschläge verwendet.

Month over Month (MOM)	-

Month over Month, abgekürzt MoM, steht für einen Faktor, der im Durchschnitt von Monat zu Monat wächst oder sinkt, z. B. ein MoM Revenue Growth von 5 %. Im Gegensatz zu einer sog. **CAGR (Compound Annual Growth Rate)** verwen-den Startups gern MoM-Werte, um sie dann als durchschnittliches Wachstum zu präsentieren, obwohl die CAGR deutlich darunter liegt.

Month to Date (MTD)	-

Month to Date, meist abgekürzt als MtD, steht für eine bestimmte Zielgröße, die seit Monatsbeginn erreicht wurde, z. B. der Revenue MtD als Ertrag seit Beginn des aktuellen Monats.

Moonshoot	-

Unter einem Moonshot (frei übersetzt „Mondlandung") versteht man eine einmalige herausragende Leistung. So kann z. B. der Einstieg eines herausragenden Investors oder eine strategische Allianz mit einem Branchenführer als Moonshot bezeichnet werden, aber auch eine individuell-biografische Leistung, die anderen über das Leben hinaus im Gedächtnis bleibt.

Networking, Openness, Participation & Agility (NOPA)	**Vernetzung, Offenheit, Partizipation & Agilität (VOPA)**

VOPA ist eine Abkürzung für die Begriffskombination „Vernetzung, Offenheit, Partizipation und Agilität". Diese vier Eigenschaften sollen es Unternehmen erlauben, auf die **VUCA** genannten Herausforderungen der modernen Geschäfts- und Arbeitswelt zu reagieren. Mit der Ausrichtung auf eine VOPA-Organisation einhergehen sollen explizit auch der Abbau von Hierarchien, das Annehmen von Veränderungen, Raum für Experimente und die bessere Teilhabe von Mitarbeitenden an Entscheidungsprozessen.

New Economy	-

Die New Economy bezieht sich in Abgrenzung zur **Old Economy** auf moderne, technologiegetriebene Wirtschaftszweige, die oft digitale Produkte und Dienstleistungen anbieten. Beispiele hierfür sind Technologieunternehmen wie Software- und Hardware-Entwickler, Internetplattformen, E-Commerce-Unternehmen und Streaming-Dienste (s. a. **SaaS**). Charakteristisch für die New Economy sind hohe Innovationsgeschwindigkeit, schneller Markteintritt und der Fokus auf überdurchschnittlichem Wachstum bei globaler Vernetzung und einer flexibleren Arbeitskultur (s. a. **New Work**).

New Pay	-

New Pay steht für ein neues Konzept gegenüber herkömmlichen Zahlungsverfahren wie Bargeld, Schecks oder Kreditkarten. Dazu gehören u. a. mobile

Zahlungskonzepte über das Handy mit biometrischer Sicherheitserkennung, Micro-Payment-Verfahren für das (regelmäßige) Transferieren kleiner Beträge und sog. Wallets, d. h. das Aufbewahren, Handeln und Bezahlen mit Kryptowährungen.

NewCo	Neugesellschaft

Der Begriff NewCo wird als rechtlich-technischer Überbegriff für neu zu gründende Unternehmen verwendet, die im Rahmen einer Ausgründung (s. a. **Carve-out, Spin-off**) ins Leben gerufen werden müssen, aber noch keinen eigenen Namen tragen. Gelegentlich werden dafür auch sog. Mantel- oder Vorratsgesellschaften (**Shell Companies**) genutzt, die von dritten Anbietern als „leere Hülle" bereits registerlich eingetragen wurden und gegen Gebühr ihrem eigentlichen (neuen) Zweck zugeführt werden (s. a. **SPAC**).

No-Brainer	-

Unter einem No-Brainer versteht man ein Szenario bzw. eine Handlungs-reaktion, die so klar und offensichtlich angebracht ist, dass es keiner weiteren Überlegungen bedarf. Der Begriff wird z. B. benutzt, um eine Kaufentscheidung oder Customer Adaption so einfach und zwingend zu machen, dass das „Gehirn" einfach ausgeschaltet bleiben kann (s. a. **Rocket Science**).

No Frills	-

Der Ausdruck „No Frills" bezieht sich auf schnelle, direkte und „schnörkellose" Umsetzungen von Plänen oder Aktionen. Während der verwandte Ausdruck „Hands-on" eher einen generellen, Output-orientierten Arbeitsstil „ohne Schnick-schnack" bezeichnet, ist „No Frills" eher auf einzelne Aktionen gerichtet, z. B. die Kontaktierung eines durch ein Intro vorgestellten Investoren, bei der keine Förm-lichkeiten erwartet oder gewollt sind.

No Strings Attached	Keine Fallstricke

Der Ausdruck „No Strings Attached" drückt im Rahmen eines Angebots oder einer anderen geschäftlichen Gelegenheit aus, dass damit keine „versteckten Fall-stricke" oder Verpflichtungen einhergehen.

Non-Compete Clause (NCC)	Wettbewerbsklausel

Eine Wettbewerbsverbotsvereinbarung ist ein Vertrag oder eine Klausel, die es einem Mitarbeiter oder Partner verbietet, für einen bestimmten Zeitraum (i. d. R. 6 bis 24 Monate) für einen Wettbewerber der Firma zu arbeiten oder selbst ein Wettbewerbsunternehmen zu gründen. Während derlei Regelungen auf den ersten Blick, gerade in Arbeitsverträgen mit **Key Employees,** attraktiv erscheinen, haben sie erhebliche(!) Auswirkungen im Fall einer Kündigung, da das deutsche Arbeitsrecht u. U. vorsieht, dass der Arbeitgeber auch nach dem Ausscheiden des Mitarbeiters zur Weiterzahlung der Hälfte des Gehalts verpflichtet ist, sollte dieser aufgrund des Wettbewerbsverbots keine neue Anstellung finden.

North Star	-

Unter einem „North Star" (dt. Polarstern) versteht man ein Leitbild, das ähnlich wie in der Seefahrt, wo man sich an Gestirnen orientiert, eine Vorgabe oder ein Ziel für ein Startup setzt. Die sog. **North Star Metric** bezeichnet dementsprechend KPIs, die für das eigene Unternehmen tatsächlich maximal ausschlaggebend sind (s. a. **Vanity Metrics**).

Old Economy	-

Die Old Economy steht im Gegensatz zur **New Economy** für traditionelle Industriezweige und Geschäftsmodelle, die zumeist physische Güter produzieren und vertreiben. Beispiele hierfür sind die Automobilindustrie, die Stahlproduktion, die Öl- und Gasindustrie sowie der Bergbau. Charakteristisch für die Old Economy ist der Fokus auf physische Produkte sowie hohe Investitionen in Anlagen, Maschinen und Infrastruktur. Im Gegensatz zur Startup-Welt laufen Innovationsprozesse i. d. R. langsamer und die Arbeitskultur ist starrer und hierarchiegetriebener.

Onboarding	-

Mit dem Ausdruck Onboarding wird, wörtlich übersetzt, das An-Bord-Nehmen eines Mitarbeiters oder Kunden bezeichnet. Dazu gehört z. B. das Aufnehmen von personenbezogenen Daten, die Ausstattung mit entsprechenden „Bordmitteln" wie einem eingerichteten Arbeitscomputer, aber auch das Einführen in die Unternehmenskultur. SaaS-Unternehmen entwickeln hier oft auch einen „Walk-Through" durch das neu erworbene Produkt, z. B. mithilfe eines Audio- oder Video-Guides. Das Gegenteil ist das sog. **Offboarding,** also der bewusst und strukturiert gestaltete Abschiedsprozess, meist eines Mitarbeiters. Die Qualität des On- und Offboardings, gerade im HR-Bereich, ist entscheidend für die Qualität der

Arbeitgeber-Arbeitnehmer-Beziehungen und beeinflusst stark die Mitarbeiterbindung, -motivation und -weiterempfehlung.

Out of Office (OOO)	Abwesenheit

Die Abkürzung OOO steht für Out of Office und wird meist für Autoreply-
Abwesenheitsnachrichten im E-Mail-Verkehr verwendet.

Outplacement	-

Unter Outplacement wird im Gegenzug zum Employment eine „Freistellung"
von Mitarbeitern verstanden, die i. d. R. nicht mit einer Kündigung verbunden ist,
sondern im Rahmen einer freiwilligen Aufhebung des Arbeitsverhältnisses, oft kombiniert mit einer Abfindung und/oder einem externen Karrierecoaching, vonstatten-
geht. Ziel ist es, eine Neuordnung der Berufslaufbahn ohne den Schatten eines
„Rausschmisses" zu begünstigen und – zumindest in der Idee – weichere Phasen
eines Übergangs zwischen zwei Anstellungen zu ermöglichen (s. a. **Encore Career**).

Outsourcing	-

Outsourcing bezeichnet die Auslagerung von Geschäftsprozessen oder -funk-
tionen an externe Dienstleister. Dies geschieht oft, um Kosten zu senken, Effizienz
zu steigern oder aufgrund von Fachkräftemangel (s. a. **MINT-Fächer**) Zugang zu
spezialisierter Expertise zu erhalten. In diesem Kontext spricht man auch von
Near-Shoring, wenn die betreffenden Leistungen im nahen Ausland (meist Osteu-
ropa) erbracht werden, bzw. von **Offshoring** bzw. **Far-Shoring**, wenn in ein weit
entferntes Niedriglohnland (z. B. Bangladesch) ausgewichen wird.

Part-Time Employee (PTE)	Teilzeitbeschäftigte*r

Unter einem Part-Time Employee (PTE) versteht man im Gegensatz zu einem
Full-Time Employee (FTE) einen Beschäftigten in Teilzeit, der i. d. R. nicht mehr
als 30 Wochenarbeitsstunden für das Unternehmen tätig ist. PTEs und FTEs werden v. a. bei sog. Headcounts wichtig, bei denen die Arbeitszeiten aller Beschäftigten auf die Gesamtleistung des Unternehmens hochgerechnet wird.

Pivot	-

Unter einem Pivot versteht man eine oft radikale Änderung des Produkt- oder Geschäftsmodells (engl. to pivot = umschwenken). Dies geschieht z. B., wenn innerhalb des **Product Market Fit** festgestellt wird, dass für das Gesamtprodukt nur wenig Kundenakzeptanz oder Wechselbereitschaft vorhanden sind, aber ein Teil davon hohen Wert für eine andere Käufergruppe oder Branche erzeugt. Viele große Internet-**Unicorns** wie Netflix, Twitter und YouTube, aber auch andere berühmte Gründungen wie Starbucks, Nintendo und Nokia haben im Laufe ihrer Geschichte größere Pivots erlebt.

Plain Vanilla	-

Mit Plain Vanilla wird die Gewöhnlichkeit bzw. fehlende Besonderheit von Dingen und Zuständen beschrieben, z. B. von Produkten ohne besondere oder aufregende Features. Der Begriff stammt aus dem Bereich der Eisdielen und beschreibt den „langweiligsten" Geschmack, sprich „einfache Vanille" ohne weitere Zutaten.

Pomodoro-Technique	-

Die Grundidee der Pomodoro-Technik liegt in der klaren Trennung von Arbeit und Pausen, wobei nach konzentrierten Arbeitsphasen (Pomodori) von meist 25-minütiger Dauer fünfminütige Pausen stattfinden. Ziel der Technik ist es, Menschen mit Konzentrationsproblemen zu ermöglichen, durch klar getimte Abläufe einen besseren Arbeitsfokus zu ermöglichen.

Probation	Probezeit

Das deutsche Arbeitsrecht erlaubt, im Rahmen einer Festanstellung eine sog. Probezeit (engl. Probation) von einer Dauer bis zu sechs Monaten zu vereinbaren, innerhalb derer dem Angestellten ohne Angabe von Gründen mit einer Frist von 14 Tagen gekündigt werden darf. Innerhalb dieser Probezeit ist es – entgegen landläufiger Vorstellungen – dem Arbeitnehmer durchaus erlaubt, anteiligen Urlaub zu nehmen. Bei Auszubildenden beträgt die maximale Probezeit vier Monate.

Project Manager (PM)	Projektmanager (PM)

Ein Project Manager ist federführend bzw. verantwortlich für die erfolgreiche Konzipierung und Durchführung eines Projekts. Dabei hat er sowohl das Team zu führen als die Einhaltung von Zeitrahmen und Budgets zu verantworten. Die Inhalte der Projekte können dabei weit variieren und reichen von der Umsetzung kleinerer Produktentwicklungen bis zur Errichtung neuer Dependancen.

Quarter over Quarter (QoQ)	-

Quarter over Quarter steht für die quartalsweise Entwicklung von Kennzahlen wie z. B. Verschuldung oder Gewinn bestimmter Unternehmungen oder Volkswirtschaften.

Questions and Answers (Q&A)	Fragen und Antworten (F&A)

Unter einer Q&A wird i. d. R. eine allgemeine Fragerunde verstanden, z. B. wenn ein Experte zu einem Thema eingeladen wird oder Startups im Rahmen einer Veranstaltung einen Investor „löchern" dürfen. Umgekehrt sollten sich Startups gut vorbereiten, wenn ein potenzieller Investor einen Termin für eine Q&A anberaumen will (s. a. **AMA**).

Ramen Profitable	-

Ramen Profitable ist der Ausdruck für Startups, die gerade genug erwirtschaften, um ihren Gründern „eine heiße Suppe" (jap. Ramen = Nudelsuppe) zu ermöglichen. Dies kann einerseits als positives Zeichen gewertet werden, da die Firmen **Cash Flow Positive** sind, andererseits sind sie oft ein Stoppschild für Investoren, da ein unklares **Signaling** bezüglich des weiteren Wachstums besteht.

Rational	-

Ein Rational ist als zielorientierter Handlungsstrang bzw. grundlegende Motivation eines Akteurs zu verstehen. Das Rational eines Investors kann es z. B. sein, in einer Branche mehrere Startups zu finanzieren, um Netzwerkeffekte zu schaffen. Ziel von **Sales Proposals, Investment Decks** oder strategischen Überlegungen eines Startups muss es insofern sein, das jeweilige Rational des Gegenübers zu entschlüsseln, zu verstehen und dementsprechend zu unterfüttern.

Reality Spread	Realitätslücke

Der Reality Spread steht für eine Kluft zwischen Selbstwahrnehmung und Realität z. B. von Startups, die sich selbst bereits als globales Erfolgsmodell betrachten, während Geschäftsmodell, Team und Performance erhebliche Schwächen zeigen. Da ein gewisser Größenwahn zum Grundcharakter jeder Startup-Ambition zählt und ggf. auch Mitarbeiter in schwierigen Zeiten bei Laune hält, gehört es zu den wichtigsten Aufgaben von Gründern, diese doppelten Realitäten gegenüber dem Markt, Investoren, Mitarbeitern, aber auch gegenüber sich selbst zu erkennen und produktiv zu managen.

Research and Development (R&D)	Forschung und Entwicklung (F&E)

Mit Research and Development, im Alltag häufig als R&D abgekürzt, ist die – meist unternehmensinterne – Forschungs- und Entwicklungsabteilung eines Unternehmens gemeint. Während große Unternehmen meist über eigene R&D-Abteilungen verfügen, steht der deutsche Ausdruck F&E (Forschung und Entwicklung) oft auch für unternehmensexterne Forschungsverbünde, z. B. mit Universitäten und (halb-)staatlichen Forschungsinstituten.

Revenue Shares	Umsatzbeteiligung

Unter Revenue Shares wird eine erfolgsabhängige Vergütungskomponente verstanden, die Mitarbeiter oder Kooperationspartner am Umsatz beteiligt. Damit kann die finanzielle Kompensation von Partnern an den Unternehmenserfolg gekoppelt werden.

Roadmap	Meilensteinplan

Eine Roadmap ist ein grober „Fahrplan", in dem ein Weg zur Erreichung kleinerer und größerer Zwischenziele (Milestones) aufgezeichnet wird. Dieser kann sowohl einen Markteintritt (s. a. **GTM**) umfassen als auch längerfristige Ziele bis zum Exit enthalten. Während Action Plans auch konkrete Schritte zur Umsetzung beinhalten, ist eine Roadmap eher eine grobe Vorgabe und enthält nicht selten auch „**Storytelling**" Elemente für Investoren und die Gründer selbst.

Rocket Science	Raketenwissenschaft

Rocket Science, meist negierend im Ausdruck „das ist keine Rocket Science"
verwendet, drückt aus, dass es sich bei bestimmten Aufgaben oder Geschäftsmodellen nicht um Raketenwissenschaft oder „Hexenwerk" handelt, sondern um
Dinge und Umstände, die naheliegend und einfach nachvollziehbar sind und mit
dem gesunden Menschenverstand geregelt werden können.

Sabbatical	Bezahlte Auszeit

Unter einem Sabbatical wird eine (mitunter weiterhin vergütete) Auszeit eines
angestellten Mitarbeiters verstanden, in welcher er oder sie persönliche oder berufliche Bildungsziele verfolgt oder sich auch um private Interessen, z. B. Familien-
pflege, kümmert. Dabei werden z. T. Zeitarbeitskonten durch Vollzeitarbeit innerhalb eines Teilzeitarbeitsvertrags genutzt oder das Sabbatical wird inhaltlich mit
dem Arbeitgeber abgestimmt (z. B. im Rahmen der Ausbildung zum Wirtschaftsprüfer) und dann als bezahlter Sonderurlaub gewährt.

Self-Fulfilling Prophecy	Selbsterfüllende Prophezeiung

Eine Self-Fulfilling Prophecy ist eine Prognose, die sich quasi allein durch An-
kündigung bewahrheitet. Dazu gehören beispielsweise Aktientipps von bekannten
Starinvestoren, die dafür sorgen, dass allein aufgrund der Kaufempfehlung der
Aktienkurs steigen wird. Aber auch schlechte Wahlprognosen einer Partei unterhalb der 5-Prozent-Grenze können zu Self-Fulfilling Prophecies gehören, wenn
potenzielle Wähler ihre Stimme damit als „verschenkt" werten und entsprechend
anders oder gar nicht wählen.

Serial Entrepreneur	Seriengründer

Ein Serial Entrepreneur, Seriengründer oder Serienunternehmer ist eine Person,
die hintereinander, manchmal auch parallel eine Mehrzahl von Unternehmen grün-
det bzw. führt. Während es tatsächlich einige prominente Gründer gibt, die mit Serial Entrepreneurship einen bemerkenswerten Track Record aufgebaut haben, sind
die meisten (oft selbst ernannten) Serial Entrepreneurs häufig Menschen, die mehrere Ideen gleichzeitig verfolgen, wobei keine nennenswerten Erfolge erzielt werden (s. a. **Wantrepreneur**).

Shallow Work	-

Shallow Work steht im Gegensatz zu **Deep Work** für oberflächliche Arbeiten, wie z. B. das Beantworten von Mails. Nach seinem Wortschöpfer, dem Informatikprofessor Cal Newport, besteht eines der Probleme der heutigen Ökonomie darin, dass die Anteile von Shallow Work viel zu hoch sind.

Shit-Sandwich	-

Ein Shit Sandwich steht für ein eigentlich drastisch negatives Urteil, das jedoch in schmeichelnde, aufmunternde Worte verpackt ist. Ein Beispiel ist die eine (vernichtende) Absage eines Investors, die mit einer standardisierten Danksagung und guten Wünschen für die Zukunft verbunden ist.

Slash-Career	-

Unter einer Slash Career, auch Portfolio Career genannt, versteht man ein Berufsleben, das neben einer Basisanstellung noch weitere, meist als Freelancer ausgeübte Jobs beinhaltet. Dies kann entweder künstlerischen und selbstverwirklichenden Ambitionen geschuldet sein, z. B. eine Tätigkeit als Musiker oder Coach, aber auch schlichtweg einer schlechten Bezahlung im Hauptjob.

Small and Medium Enterprises (SME)	Kleine und mittlere Unternehmen (KMU)

SMEs (dt. KMUs) bezeichnen kleine und mittlere Unternehmen, unter denen meist eher klassische „**Brick and Mortar**"-Firmen mit traditionellen Geschäftsmodellen verstanden werden (z. B. Handwerk, verarbeitende Industrie). Wichtig wird die Unterscheidung zu Großunternehmen nicht nur im B2B-Vertrieb, bei dem SMEs als sog. **Corporates** unterschiedlich adressiert werden müssen, sondern auch beim Thema Fördermittel, die in Sachen Förderfähigkeit eine Obergrenze für Umsatz und Mitarbeiteranzahl vorsehen. Obwohl Startups in diesem Fall rein technisch wegen ihrer Größe auch als SMEs gezählt werden, unterscheiden sie sich jedoch generell aufgrund ihrer unterschiedlichen Kultur und Ausrichtung deutlich von klassischen KMUs, sodass man i. d. R. Startups auch nicht als KMUs bezeichnet.

Social Venture	Sozialunternehmen

Ein Social Venture ist im Gegensatz zu einem „normalen Startup" ein Jungunternehmen, das mit seinem Geschäftsmodell soziale Verbesserungen erzielen will oder innerhalb der Sozialwirtschaft agiert. Oft wird die wirtschaftliche Ausrichtung des

Social Venture dabei mit den sog. **SDGs (Sustainable Development Goals)** der Vereinten Nationen verknüpft, die eine übergreifende, weltweite Agenda für die Verbesserung sozialer (und ökologischer) Zustände gesetzt haben (s. a. **Impact Investing**).

Stealth Mode	-

Unter einem Stealth Mode wird ein Zustand eines Startups verstanden, dessen Entwicklung bzw. zukünftiges Produkt noch komplett unter Verschluss gehalten wird. Der Name leitet sich von amerikanischen Tarnkappenbombern (Stealth Bomber) ab. Während manche Startups im Stealth Mode tatsächlich an bahnbrechenden Innovationen arbeiten, wird der Begriff jedoch auch missbräuchlich verwendet, um einen gewissen Hype um neue Startups zu erzeugen.

Sweet Spot	Effektiver Punkt

Als Sweet Spot, im Deutschen frei übersetzt mit „effektivem Punkt", wird im Startup-Kontext ein Thema oder Argument verstanden, bei dem das Gegenüber „Musik hört" und auf die Linie des Anbieters umschwenkt. Diesen Punkt gilt es in Verhandlungen, Vertriebsgesprächen oder Investmentangeboten zu treffen. Tatsächlich gibt es den Begriff Sweet Spot auch in der Musik und bezeichnet die optimale Hörerposition in einem Raum mit mehreren Lautsprechern, wo die Akustik am lebendigsten wird.

Too Long Didn't Read (TL;DR)	-

TL;DR steht für „Too Long; Didn't Read" (dt. „zu lang; nicht gelesen"). Die Abkürzung wird gern verwendet, um z. B. am Anfang eines Textes Lesern mit Zeitmangel eine prägnante Zusammenfassung zu geben. Manchmal wird er auch ironisch dafür verwendet, dass man einen Text o. Ä. aus Zeitgründen selbst nicht gelesen hat.

To the Moon	-

Hinter dem Begriff „To the Moon" steht die Hoffnung bzw. Absicht, dass bestimmte Startups oder Kryptowährungen in kurzer Zeit eine extrem hohe Bewertung erreichen (s. a. **Moonshoot**). Der deutsche Ausdruck „etwas zum Mond schießen" drückt zwar das Gegenteil aus, trifft jedoch ebenfalls auf viele derartige Hoffnungsträger zu.

Track Record	Erfolgshistorie

Unter einem Track Record wird eine Art Erfolgshistorie verstanden, die belegt, dass eine Person, z. B. ein Gründer, aber auch eine Investment Company sowohl das Können als auch das Gespür für Erfolge hat. Je besser der Track Record ist, desto leichter wird es, Investoren, Unterstützer und Anleger für ein Projekt zu finden, was manchmal zu „**Self-Fullfilling Prophecies**" führt.

True North	-

True North ist eine angelsächsisches Slangvokabel und meint frei übersetzt „wahrer Kern". Unter „True North KPIs" können also folglich solche KPIs bzw. Metriken verstanden werden, die ohne Umschweife und „Kennzahlenkosmetik" die wahre Entwicklung eines Startups angeben (s. a. **Vanity Metrics**).

Underperformer	-

Unter Underperformer versteht man ein Unternehmen oder eine Person, das bzw. die im Vergleich zu anderen, z. B. anderen Portfolio-Unternehmen oder Kollegen, schlechter abschneidet. Im Startup-Kontext wird der Begriff meist ironisch bzw. spöttisch benutzt. Konträr dazu steht der sog. **Outperformer**, der innerhalb einer Gruppe zu den besten gehört und über den Leistungsdurchschnitt weit herausragt.

Unicorn	Einhorn

Unter einem Unicorn (dt. Einhorn) werden Startups verstanden, die bei einer Finanzierungsrunde die Bewertung von 1 Mrd. Dollar bzw. Euro überschritten haben. Parallel spricht man von **Decacorns**, **Dragons** bzw. **Hectacorns**, wenn die Bewertung 10, 12 bzw. 100 Mrd. überschreitet. Insgesamt werden jedoch nur die allerwenigsten Ventures eine solche Bewertung erleben: Studien gehen von drei bis fünf Startups pro einer Million Gründungen aus, die die Bewertung von 1 Mrd. Dollar bzw. Euro überschreiten werden.

Up or Out	-

„Up or Out", manchmal auch als „**Grow or Go**" bezeichnet, steht für eine Arbeitgeberpraxis, bei der Angestellte sich kontinuierlich für die nächste Karriere-stufe qualifizieren oder entsprechend das Unternehmen verlassen müssen. Gerade bei Unternehmensberatungen soll so verhindert werden, dass sich Mitarbeiter auf einer bestimmten Position „einnisten", ohne weiter überdurchschnittliche Leistungen zu erbringen.

Valley of Death (VoD)	Tal des Todes

Der Begriff „Valley of Death" (dt. Tal des Todes) bezeichnet eine häufig vorkommende und mitunter lang andauernde Phase, in der Startups bereits ein Produkt auf dem Markt haben, jedoch noch keine nennenswerten Umsätze erzielen. Die „Todesgefahr" eines „Verhungerns auf offener Strecke" liegt darin, dass eine etwaige vorausgegangene **Seed-Finanzierung** auf den **Product Launch** selbst abgezielt hat, danach aber oft keine großen Mittel mehr für Marketing und Sales-Aktivitäten für ein starkes Umsatzwachstum vorhanden sind. Letzteres ist jedoch zwingend für jede weitere Finanzierung (s. a. **Traction**), da sich Investoren nach dem **Go-to-Market** nicht mehr mit Visionen, sondern nur mit starken, positiven **KPI**s überzeugen lassen.

Value-added	Wirtschaftlicher Mehrwert

Der Value-added bezeichnet den Wertgewinn durch eine Entscheidung oder ein Produkt. Während der Begriff ursprünglich aus der Finanzwirtschaft stammt (s. a. **ROI**) und einen wirtschaftlichen Zugewinn nach Abzug von Kapitalkosten bezeichnet, ist der Ausdruck „Value-added" mittlerweile in die Startup-Umgangssprache gewandert und kann auch auf die Vorteilhaftigkeit einer Mitarbeitereinstellung oder einer Kooperation angewandt werden.

Venture	Wagnis-Unternehmen

Der Begriff Venture bedeutet in seiner eigentlichen Form ein „Wagnis" und stammt ursprünglich aus einer Zeit der Handels- und Seeschifffahrt, in der jede Handelsfahrt bzw. der dafür vorgesehene Bau eines Schiffes gleichzeitig ein „Geschäft" und auch ein „Wagnis" war. Heute steht der Begriff synonym für Projekte, Startups oder Unternehmungen, die bezüglich ihrer Technologie oder ihres Unternehmenserfolgs einen ähnlichen „Aufbruch ins Ungewisse" darstellen. Während der darauf aufbauende Begriff **Venture Capital** nahezu ausschließlich in der Startup-Finanzierung verwendet wird, gibt es für die Schifffahrtbranche dagegen geschlossene Fonds.

Virtual Stock Option Program (VSOP)	Virtuelles Mitarbeiterbeteiligungsprogramm

Ein VSOP steht im Unternehmenskontext für ein virtuelles Mitarbeiteraktien-Programm (Virtual Stock Option Plan). Dabei werden Angestellte nicht „echt" im Sinne eines SPAs an der Firma beteiligt, sondern es wird ein schuldrechtlicher Vertrag geschlossen, der die Mitarbeitenden z. B. im Fall eines **Exits** derart entlohnt, als hätten sie eine festgeschriebene Anzahl von Anteilen besessen. Der Vorteil solcher VSOPs ist, dass sowohl steuerrechtlich als auch gesellschaftsrechtlich weitaus weniger Aufwand entsteht und auch eine große Anzahl von Angestellten auf einmal beteiligt werden kann.

Volatility, Uncertainty, Complexity & Ambiguity (VUCA)	-

VUCA ist ein Begriff innerhalb der Organisationsentwicklung und steht für die Herausforderungen der heutigen (Arbeitnehmer- und Kunden-)Welt. Es ist ein Akronym, das sich aus den Begriffen Volatility(dt. Volatilität), Uncertainty(dt. Unsicherheit), Complexity (dt. Komplexität) und Ambiguity (dt. Mehrdeutigkeit) zusammensetzt. In der sog. VUCA-Welt verändern sich Ansprüche, Regeln und Gewohnheiten von Kunden und Arbeitnehmern bzw. der gesamten Unternehmensumwelt so schnell, dass feste Targets und Strategien nicht mehr wirklich greifen. Was letztlich hilft, ist, durch gute Organisationsentwicklung Teams ebenfalls flexibel und voraussehend zu machen und mit entsprechenden Handlungsvollmachten zu versehen, um auf der taktischen bzw. Mikroebene besser auf Umweltchancen und -bedrohungen reagieren zu können.

Walking Dead	Lebende Leichen

Mit „Walking Dead" werden solche Startups bezeichnet, die zwar noch im öffentlichen Raum (z. B. als Website) existieren, im eigentlichen Sinne eines geplanten Wachstums aber bereits „tot" sind. Häufig entstehen „Walking Deads" nach Streitereien im Gründerteam, in deren Folge **Key Founders** das Team verlassen haben, während ein oder zwei „einsame Kämpfer" – nicht selten aufgrund Geldmangels im Nebenjob – noch versuchen, die Firma irgendwie am Leben zu halten.

Wantrepreneur	Möchtegern-Unternehmer

Unter einem Wantrepreneur werden Personen verstanden, die den Anschein eines Startup-Gründers geben, während die eigentliche Gründung (und vor allem ein erfolgreiches Fundraising) nie stattfindet. Während solche Personen bei Veranstaltungen noch häufig als „Gründungsinteressierte" bezeichnet werden, ist die Grenze zum „Schaumschläger" auf Dauer recht schmal.

War for Talents	Kampf um Talente

Der War for Talents steht für die Herausforderungen von Startups und Unternehmen, jeweils die besten Talente für die benötigten Positionen zu finden. Vor allem in den sog. **MINT-Fächern** (Mathematik, Informatik, Naturwissenschaften und Technik) fehlen gerade in Deutschland Zehntausende von Fachkräften, was dazu beiträgt, dass viele Firmen ihre Software-Entwicklung im Ausland forcieren (s. a. **Near-Shoring**)

Week over Week (WoW)	Woche für Woche

WoW ist eine Abkürzung für verschiedene Parameter oder KPIs in einer Unternehmung, die „Woche für Woche" neu gemessen werden, z. B. WoW User Growth.

White Collar	Berufliche Tätigkeit in der Wirtschaft

Unter einem White Collar (Job) wird eine Tätigkeit verstanden, bei der man mit „weißem Kragen" (engl. Collar) unterwegs ist, d. h. nicht in der Fertigung oder im Lager, sondern in der Verwaltung bzw. im Management arbeitet. Im Gegensatz zum „**Blue Collar**", der sich auf den Kragen eines Arbeiter-Blaumanns (Overall) bezieht, macht sich ein „White Collar" folglich die Hände nicht schmutzig, was vor allem im Begriff „**White Collar Crime**" zum Ausdruck kommt, bei dem sich angebliche „Saubermänner" aus Management und Gesellschaft auf Kosten von Anlegern oder der Allgemeinbevölkerung bereichern, während der „Schmutz" von anderen beseitigt wird.

White Paper	-

Unter einem White Paper versteht man eine kurze thematische Abhandlung eines bestimmten Themas (z. B. KI im Healthcare-Bereich), die in Form einer Zusammenfassung, einer persönlichen Meinung oder eines Leitfadens veröffentlicht

4 Organisation, Work Life & Startup Culture 207

wird. Der Ausdruck „White" stammt dabei ursprünglich von der Farbe des Dokumentenpapiers in angelsächsischen Behörden, in denen Dokumente wie z. B. Studien auf „weißem Papier" auch an die Öffentlichkeit durften. Während White Papers lange Zeit vor allem in der akademischen Welt zum Tragen kamen, sind sie mittlerweile auch ein Instrument des **Content Marketing** bzw. **Native Advertising**, um unterschwellige Unternehmensleistungen innerhalb eines Themenkomplexes zu positionieren.

Wokeness	-

Wokeness bedeutet, sich der eigenen Privilegien bewusst zu werden und sie in einen größeren gesellschaftlichen Kontext einzuordnen. Typische Privilegien sind beispielsweise, in den Kategorien Geschlecht, Religion, Sexualität oder Hautfarbe einer gesellschaftlich „hochrangigeren" Gruppe anzugehören, über bessere finanzielle Ressourcen zu verfügen oder leichteren Zugang zu Bildung zu haben. Wokeness spielt im Rahmen des **Diversity Management** eine große Rolle in der **New Work**-Bewegung.

Workation	-

Eine Workation ermöglicht es Beschäftigten, Arbeit und Erholung an einem Ort ihrer Wahl zu kombinieren. Dieses Konzept setzt sich aus den englischen Begriffen „Work" und „Vacation" zusammen. Es handelt sich jedoch eher um eine Auszeit vom gewohnten Arbeitsumfeld als um einen herkömmlichen Urlaub im Sinne des Arbeitsgesetzes.

Workforce Management	Personaleinsatzplanung

Im Workforce Management geht es darum, für den laufenden Betrieb (z. B. Lagerlogistik) anhand von Bedarfsanalysen und Prognosen entsprechende Schichtpläne für die Personaleinsatzplanung zu erstellen. Ein gutes Workforce Management erkennt nicht nur vorausschauend „Peaks" (dt. Spitzen) in der Auslastung, wie z. B. im Weihnachtsgeschäft oder am Valentinstag, sondern setzt auch fachlich wie persönlich stimmige Teams zusammen, die im Fall eines aktuellen Ausfalls auch über entsprechende **Fallback**-Mitarbeiter verfügen.

Year over Year (YoY)	Jahr für Jahr

Der Ausdruck Year over Year (YoY) gibt die Entwicklung eines Unternehmens-parameters (s. a. **KPI**) im Jahresrhythmus an, z. B. YoY Growth.

Year to Date (YtD)	Jahresumsatz zum Stand heute

Mit dem Ausdruck YtD wird ein Unternehmensparameter „zum Stand heute" seit Jahresbeginn gekennzeichnet, so z. B. YtD-Revenue (Jahresumsatz zum Stand heute).

Zebra	Zebra

Der Begriff Zebra bzw. die zugrunde liegende Zebra-Bewegung möchte einen Gegenentwurf zur **Unicorn**-Kultur unter den Startups schaffen, die ihrer Meinung nach auf schierer Orientierung an Größe, Gegnerschaft, Gier und mangelnder Nachhaltigkeit basiert. Stattdessen setzt sie auf Prinzipien wie Kollektivität, nach-haltiges Wirtschaften und einen gesellschaftlichen Auftrag.

Zombie Startup	-

Ein Zombie-Startup ist, wie der Name schon sagt, ein mehr totes als lebendiges Unternehmen. Meist sind erhoffte Investitionen ausgeblieben, Mitgründer haben das Unternehmen verlassen und die Firma geistert nur noch als Website-Fassade ohne echten Geschäftsbetrieb durch den Äther.

Technology, Coding & Nerd-Stuff 5

Zusammenfassung

Egal ob Accounts Payable, Sunk Cost oder Unit Economics: Auch wenn die meisten Startups in der Anfangsphase keinen echten CFO brauchen, so zahlt es sich nicht zuletzt im Hinblick auf die eigene Profitabilität bzw. das Finanzamt aus, frühzeitig die jeweiligen Fachwörter aus den Bereichen Finanzwirtschaft und Recht zu kennen. Und spätestens wenn die sehnlichst herbeigewünschte Finanzierung platzt, füllen sich Begriffe wie Cash Burn Rate (CBR) und Runway für jede Gründer*in schnell mit Leben. Denn Startups mögen über eine ganz spezifische Innovationskraft und Arbeitskultur verfügen – am Ende aber ist auch für sie dasselbe Handels-, Bilanzierungs- und Insolvenzrecht wie für „normale" Unternehmen gültig. Es lohnt sich also, die grundlegenden Ausdrücke in diesem Kapitel nicht nur zu überfliegen, sondern zu verstehen – und ab dem Moment, wenn ein Startup die Gewinnschwelle (Break-even) überschritten hat, machen sie auch richtig Spaß.

301 (Weiterleitung)	-

Bei einer 301-Weiterleitung antwortet der Webserver dem anfragenden Client (Browser oder Googlebot) einer Webseite, dass die angeforderte Webadresse (URL) dauerhaft verschoben wurde („301 moved permanently") und nun unter einer neuen URL erreichbar ist. Für einen User sowie entsprechende Clients hat die 301-Weiterleitung den Vorteil, dass man nicht auf einer **404-Fehlerseite** landet, sondern zu der ursprünglich gewünschten Seite gelangt, die lediglich unter einer anderen URL erreichbar ist.

© Der/die Autor(en), exklusiv lizenziert an Springer Fachmedien Wiesbaden   209
GmbH, ein Teil von Springer Nature 2025
M. Grumbach, *Das große Startup-Dictionary*,
https://doi.org/10.1007/978-3-658-46586-5_5

404 (Error)	-

Beim Error 404 handelt es sich um eine Fehlermeldung eines Webservers, die dann entsteht, wenn Inhalte bzw. Webadressen geladen werden sollen, für die keine (oder fehlerhafte) Inhalte existieren. Google bzw. andere Clients und Suchmaschinen bewerten eine hohe Anzahl von 404-Fehlern negativ, da sie diese als Anzeichen für eine schlecht gepflegte Website ansehen.

Adaptive Software Development (ASD)	-

Adaptive Software Development (ASD) ist ein Ansatz aus der Produktentwicklung, mit dem starre Ansätze des Developments aufgebrochen und stattdessen möglichst schnelle (Teil-)Resultate erzielt bzw. hervorgerufen werden sollen. Dieses schnelle Sichtbarmachen wird **Emergence** genannt und dient auch der Motivation der Beteiligten. Statt eines im Vorhinein festgelegten Wasserfall-Modells gibt es im ASD-Ansatz die strukturierenden Elemente „Speculate" (dt. Hypothetisieren und Planen), „Collaborate" (dt. Umsetzen) und „Learn" (dt. Lernen und Auswerten), die als laufende Interaktionen den Prozess flexibel und Output-orientiert halten sollen.

Airdrop	-

Ein Airdrop steht im Zusammenhang mit der Blockchain für eine kostenlose Verteilung von **Coins** an einen bestimmten Nutzerkreis, sei es als Willkommensgeschenk bei der Registrierung bei einer Krypto-Börse oder als Reward z. B. bei einem ICO, für Erwähnungen in sozialen Medien oder dem Teilen von Inhalten.

Altcoins	**Alternative Kryptowährungen**

Unter dem Sammelbegriff Altcoins (Abkürzung für Alternative Coins) werden alle Kryptowährungen zusammengefasst, die nicht Bitcoin sind, wie z. B. Ethereum oder Dogecoin. Diese bieten z. T. auch alternative Funktionen wie die Nutzung von Apps oder sie verwenden beim Mining weniger Ressourcen. Eine sog. **Altcoin Season** entsteht, wenn der Bitcoin im Kurs fällt und im Gegenzug viele Altcoins im Preis steigen.

Application Programming Interface (API)	**Programmierschnittstelle**

API steht für Application Programming Interface, also eine Programmierschnitt-
stelle, die eine Kommunikation bzw. einen Datenaustausch zwischen verschiedenen
Software-Programmen erlaubt, ohne dass dafür jedes Mal neuer Code geschrieben
werden muss. Beispiele sind z. B. die Weitergabe von Transaktionsdaten zwischen
einem eCommerce-Shop und einem Kreditkartenanbieter, aber auch der Log-in zu
einer Software mittels eines bereits vorhandenen Google- oder Facebook-Profils.
Während die API-Fähigkeit einer Software heutzutage mitentscheidendes Akzeptanz-
kriterium ist, haben sich manche Startups wiederum ausschließlich auf die Aus-
tauschfähigkeit bzw. Konnektierbarkeit von unterschiedlichen Software-Daten spezialisiert und bieten Workarounds oder Emulatoren an, mithilfe derer die unter-
schiedlichsten Apps bzw. Daten miteinander verknüpft werden können.

Array	Datenreihe

Ein Array ist eine (strukturierte) Reihe von Elementen, Werten oder Daten, die
i. d. R. einem einzelnen Parameter zugeordnet sind und beliebig erweitert werden können.

Artificial Intelligence (AI)	Künstliche Intelligenz (KI)

Künstliche Intelligenz (KI) ist ein interdisziplinärer Forschungsbereich, der
sich mit der Entwicklung selbstständig agierender Computersysteme beschäftigt,
die – zusätzlich versehen mit enormen Rechenfähigkeiten – die menschliche Ko-
gnition simulieren. Dazu gehört z. B. die reziproke und (pro-)aktive Lernfähigkeit,
eine nichtstatische Problemlösungskompetenz, das Verstehen von Sprache sowie
die Fähigkeit, Muster zu erkennen und Prognosen zu treffen. KI wird mittlerweile
in einer ganzen Reihe von Funktionen und Branchen eingesetzt. Dazu gehören beispielsweise die Gesichtserkennung, autonomes Fahren, die Kryptografie, das
selbstständige Interagieren mit Kunden über Chats, aber auch das eigenständige
Kreieren von Bildern, Texten oder sogar Websites.

Backdoor	-

Eine Backdoor (dt. Hintertür) ist eine Sicherheitslücke bzw. ein Kanal für **Malware** bzw. manuelle Hacking- und Phishing-Aktivitäten, die bzw. der einem Angreifer nach einer Website-Infizierung weiterhin einen unbemerkten Fernzugriff ermöglicht. Es handelt sich um einen alternativen Zugangsweg zur Webseite bzw. zu den
dort liegenden Datenbanken, der die Hürden für normale Zugriffsrechte umgeht.

Big Data	-

Big Data ist ein Begriff, der auf den computergestützten Umgang mit sehr großen Datenmengen abzielt, etwa für die Prognose von Aktienmärkten, das Auswerten von Patientendaten oder die Meteorologie. Diese Datenmengen übersteigen die
Kapazitäten herkömmlicher Datenverarbeitungssysteme und müssen daher mithilfe neuer Technologien, z. B. der sog. künstlichen Intelligenz (KI) verarbeitet und
analysiert werden. Big Data umfasst sowohl strukturierte, also in gewisser Form
normierte Daten (z. B. Datenbanken) als auch unstrukturierte bzw. semistrukturierte
Daten (z. B. Texte, Bilder, Videos).

Breadcrumbs	-

Als Breadcrumbs (dt. Brotkrümel) werden Navigationshilfen innerhalb einer
Webseite bezeichnet, die unabhängig von Hauptmenüs funktionieren (z. B. ein
„Zurück"-Button). Die Trennzeichen werden typischerweise durch Pfeile, Sym-
bole, Grafiken oder Buttons dargestellt. Der Ausdruck „Brotkrümel" stammt dabei
tatsächlich aus dem Märchen „Hänsel und Gretel", in dem die beiden Titelfiguren
Brotkrümel streuen, um den Weg zurück nach Hause zu finden.

Bubble Sort	-

Bubble Sort bezeichnet einen Sortieralgorithmus, in dem Zahlenreihen paar-
weise nach einem Sortierkriterium (teil-)geordnet und so oft durchlaufen werden,
bis die gesamte Zahlenreihe in der richtigen Sortierfolge steht.

Bucket Sort	-

Ein Bucket Sort ist ein vergleichender Sortieralgorithmus. Er sortiert einzelne
Elemente, indem er sie in sog. Buckets (dt. Eimer) oder Bins (dt. Behälter) verteilt
und dann einen anderen Algorithmus verwendet, um wiederum den Inhalt der
einzelnen Buckets bzw. Bins zu sortieren. Die separat sortierten Buckets werden
dann zum Schluss aneinandergehängt, um das final sortierte Array zu erhalten.

C (Programmiersprache)	-

C ist eine universelle und weit verbreitete Programmiersprache, die in den frühen 1970er-Jahren entwickelt wurde. Sie beruht auf imperativen und chrono-

logischen Prozeduren, d. h., der Quellcode enthält zeitlich aufeinanderfolgende „Befehle", wie sie früher z. B. an Maschinen weitergegeben wurden. C bzw. ihre zahlreichen Weiterentwicklungen wie z. B. C# oder C++ werden heute ebenso als Programmiersprachen wie auch als Systemsprachen, z. B. innerhalb von Unix-Systemen, eingesetzt. Auch andere Sprachen wie Java, JavaScript oder PHP orientieren sich an der Grundstruktur von C.

Cache	Pufferspeicher

Im Hardware-Bereich ist der Cache-Speicher oder Cache Memory eine Chip-Komponente, die als temporärer Speicherbereich bzw. Pufferspeicher bei der Computer- bzw. Software- oder Internet-Nutzung dient. Im Gegensatz zum „normalen" Arbeitsspeicher (**RAM**) arbeitet er deutlich schneller, jedoch mit weitaus geringerer Speicherkapazität. Damit verknüpft, steht Cache im Software-Bereich ebenfalls für einen Speicher, in dem wiederholt eingegebene und standardmäßig benötigte Daten und Inhalte (z. B. Cookies bei Internetseiten, Bilder auf Webseiten) zur schnelleren Datenverarbeitung bzw. Output-Lieferung gespeichert und abgerufen werden.

Canonical Tag	Kanonischer Link

Ein Canonical Tag bzw. Link gibt innerhalb eines HTML-Dokuments an, wo im Fall von Duplicate Content die originale Quelle dieser Inhalte zu finden ist. Beispiele sind z. B. Artikelangaben auf Produktseiten, die für verschiedene Produktversionen (z. B. Größe, Farbe) gleich sind. Damit wird Suchmaschinen wie Google die Möglichkeit gegeben, statt mehrerer Seiten mit **Duplicate Content** eine einzige Quelle als original auszuweisen, und damit zu verstehen, dass die mehrfache Ausspielung von Inhalten gewollt ist.

CAPTCHA	-

Ein CAPTCHA (Completely Automated Public Turing test to tell Computers and Humans Apart) ist ein Sicherheitsmechanismus, der verwendet wird, um zu unterscheiden, ob der Nutzer einer Webseite ein Mensch oder ein automatisiertes Programm (s. a. **Webcrawler, Bot**) ist. Es stellt dem Nutzer Aufgaben, wie das Erkennen und Eingeben von verzerrtem Text oder das Identifizieren bestimmter Bilder, die für Menschen leicht, für Computer jedoch schwer zu lösen sind. CAPTCHAs helfen, Missbrauch und Spam auf Webseiten zu verhindern, indem sie automatisierte Zugriffe blockieren.

Clean Code	-

Clean Code hat als Prinzip der Software-Programmierung seinen Ursprung im gleichnamigen Buch von Robert Cecil Martin. Als „Clean" (dt. sauber) werden dort nicht nur gut lesbare, änderbare und wartungsfähige Elemente des Codes selbst bezeichnet, sondern auch Dokumente, Konzepte und Prinzipien, die der Erstellung eines sauberen Codes dienen. Hintergrund ist, dass in der Software-Entwicklung Code oft auf schnelle, „dreckige" Effektivität hin erzeugt wird, was auf lange Sicht eine hohe Fehleranfälligkeit und Wartungsintensität erzeugt.

Cloud Computing	-

Cloud Computing ist die Bereitstellung von IT-Ressourcen wie Servern, Speichern, Datenbanken, Netzwerken, Software und Analysefunktionen über das Internet („die Cloud"). Es ermöglicht Nutzern den Zugriff auf diese Ressourcen ohne eigene Infrastruktur, wodurch Flexibilität, Skalierbarkeit und Kosteneffizienz gesteigert werden. Cloud Computing wird in verschiedenen Modellen angeboten, darunter **Infrastructure as a Service (IaaS)**, **Platform as a Service (PaaS)** und **Software as a Service (SaaS)**.

Compiler	-

Ein Compiler ist ein Software-Programm, das komplexere Befehlsketten, z. B. aus sog. Programmier-„Hochsprachen" wie C++ oder Java, in einfachere und direkter ausführbare Maschinenbefehle übersetzt. Der endgültig ausgegebene Code des Compilers ist dann vollständig binär, d. h., er besteht aus reinen 0/1-Zeichenketten, die direkt von Hardware-Prozessoren gelesen werden können. Damit helfen Compiler, komplexere Applikationen zunächst in einer Hochsprache zu entwerfen und dann Hardware-gerecht, z. B. innerhalb von Robotern, zur Anwendung zu bringen.

Content Management System (CMS)	Redaktionssystem

Ein Content Management System ist eine Software, meist bestehend aus einer Datenbank und einfachen bis komplexen Tools, um Inhalte wie Texte oder Medien in verschiedenen Formen attraktiv, dynamisch und v. a. flexibel editier- und ergänzbar darzustellen. Dabei können verschiedenen internen Nutzern auch unterschiedliche Rechte zugeteilt werden (z. B. Medienerstellung vs. Medienlöschung). Bekannte CMS sind z. B. WordPress, Joomla oder Shopify.

Cookie Dropping	-

Cookie Dropping (auch **Cookie Stuffing**) ist eine illegitime Form des Affiliate Marketing, bei der ein Website-Nutzer z. B. eines Blogs ein oder mehrere Drittanbieter-Cookies von weiteren (meist kommerziellen) Seiten erhält, die nichts mit der Blog-Website zu tun haben. Wenn der Besucher im späteren Verlauf tatsächlich auf die empfohlene Zielseite, z. B. die eines Produktanbieters, geht und eine vorher definierte Aktion einleitet (z. B. Newsletter abonnieren, Produkt kaufen), erhält der Cookie Stuffer im Rahmen eines Affiliate-Netzwerks eine automatische Provision von der Ziel-Website, ohne dass deren Inhalte wirklich beworben wurden.

Crawler	-

Ein Crawler ist ein Mikro-Programm, welches das Internet eigenständig nach Inhalten durchsucht und Webseiteninhalte ausliest und indexiert. Crawler sind damit die Grundlage dafür, dass z. B. Suchmaschinen funktionieren und relevante Ergebnisse zu einzelnen Suchanfragen generieren können. Crawler lesen jedoch nicht nur grundlegende Inhalte aus – als teilweise Bots oder Spider sammeln sie auch E-Mail-Adressen oder ziehen Informationen aus Datenbanken. In der Regel sind die meisten Webseiten offen für Crawler, um in Suchmaschinenergebnissen gefunden zu werden. Durch spezielle Tools können jedoch „gute" von „schlechten" Crawlern unterschieden und getrennt werden.

CRUD	-

Der Begriff CRUD ist eine Abkürzung und bezieht sich auf die vier grundlegenden Operationen, die bei der Nutzung und Verwaltung von persistenten (auf Dauerhaftigkeit angelegten) Speichern zum Einsatz kommen. Dazu gehören die Befehle „Create" (Datensatz anlegen), „Read" bzw. „Retrieve" (Datensatz lesen), „Update" (Datensatz aktualisieren) sowie „Delete" bzw. „Destroy" (Datensatz löschen). Innerhalb des Anwendungsalltags werden diese meist über grafische Oberflächen (GUIs) bzw. über sog. Persistenz-Schichten ausgeübt, die z. B. dafür sorgen, dass Objekte mehrfach anwählbar sind, Befehle erst nach einer sekundären Tasteneingabe (z. B. ENTER) ausgeführt oder konträre Befehle bei gleichzeitiger Nutzung durch mehrere Administratoren erkannt und ggf. temporär geschützt werden.

Data Mining	Datengewinnung/Datensammlung
(DM)	

Data Mining ist ein meist von **Machine Learning** unterstützter, systematischer Prozess, um Muster aus einer Vielzahl zunächst ungeordneter Daten, z. B. aus Logistik- oder Produktionsprozessen, zu erkennen, die bei der weiteren Planung helfen. Dabei kommen Methoden aus der Informatik, Mathematik und Statistik zum Einsatz, die helfen, Informationen zu klassifizieren, Cluster zu bilden und vor allem Wechselwirkungen und Abhängigkeiten zu erkennen. Obwohl nahe mit Big Data verwandt, steht letzteres eher für einen generellen Ansatz, große Datenmengen zu analysieren (was oftmals bereits an der Datenzugänglichkeit scheitert), während Data Mining tatsächlich für eine konkrete Methode steht, mit der z. B. Banken Risikoanalysen durchführen.

Decentral Application	Dezentrale Anwendung
(DApp)	

DApps bezeichnen dezentrale Anwendungen innerhalb einer Blockchain, die nach außen wie „normale" Anwendungen, z. B. Browser, Computerspiele oder soziale Netzwerke, funktionieren, jedoch nicht auf einem zentralen, Daten sammelnden Rechner liegen, sondern innerhalb eines auf einer Blockchain basierenden **P2P-Netzwerks**, das einerseits Nutzerdaten in kleinen Portionen auf viele Server verteilt und damit gegen Daten-Hacks absichert, auf der anderen Seite aber auch über eine eigene Kryptowährung Anwender „belohnen" kann, z. B. für die Partizipation an Kampagnen.

Decentralized Finance	-

Decentralized Finance umschreibt Blockchain-basierte Finanzplattformen bzw. -transaktionen, bei denen es jedoch nicht um Coins, sondern um (Peer) **Smart Contracts** geht, mit denen über ein öffentliches Handelsregister (**Public Ledger**) beispielsweise Hypotheken vergeben, Versicherungen abgeschlossen oder Wertpapiere getauscht werden können. Dadurch entstehen Marktplätze, die im Gegensatz zu klassischen Finanzinstitutionen unabhängiger, schneller und transparenter sind, jedoch auch über wenig bis keinerlei Betrugsschutz bzw. Einlagensicherung verfügen.

Ledger	-

Während ein Ledger normalerweise ein (elektronisches) Handelsregister bezeichnet, wie es z. B. Banken für die Protokollierung von Wertpapier-Transaktionen benutzen, beschreibt ein Decentralized bzw. Distributed Ledger eine Protokoll- bzw. Aufzeichnungstechnik innerhalb einer Blockchain, bei der die Einträge nicht an einer Stelle, sondern über ein dezentral verteiltes (engl. Distributed) Netzwerk erstellt und archiviert werden.

Domain	(Internet-)Domäne

Eine Domain ist ein namensbasierter Teil einer Internet-Adresse, die einen bestimmten Anbieter von Inhalten, z. B. eine News-Seite oder einen Online-Händler, im Internet identifiziert. Eine Domain wird verwendet, um eine eindeutige Adresse für Websites, E-Mail-Server, Dateiserver und andere Dienste im Internet zu erstellen. Sie hat dabei folgende grundlegenden Bestandteile:

1. Top-Level-Domain (TLD): Dies ist die höchste Ebene der Domain-Hierarchie und identifiziert die sog. Domain-Endung wie .com, .de, .io, .net und andere Kürzel.

2. Second-Level-Domain (SLD): Dies ist die nächstniedrigere Ebene der Hierarchie und identifiziert den Namen oder die Marke, die mit der Domain verbunden ist. Beispiele für SLDs sind Google, Amazon, Facebook und andere Anbieter.

3. Subdomains: Dies sind Teile der Domain, die vor der Second-Level-Domain stehen und einen spezifischeren Teilbereich der Website oder des Dienstes identifizieren können. Beispiele für Subdomains sind mail.google.com, music.apple.com oder Ähnliches. Die Domain steht in enger Verbindung zum Domain Name System (DNS), einem System zur Übersetzung von Domains in IP-Adressen. Jede Domain hat dabei eine eindeutige IP-Adresse, die von einem **DNS-Server** verwaltet wird. Wenn ein Benutzer eine URL (Uniform Resource Locator) in den Browser eingibt, wird eine Anfrage an das DNS-System gesendet, das die **IP-Adresse** der angeforderten Domain zurückgibt. Anschließend wird die IP-Adresse verwendet, um eine Verbindung zum Webserver herzustellen und die angeforderten Inhalte zu übertragen.

Domain Name System (DNS)	-

Das Domain Name System (DNS) ermöglicht es Computern und anderen Geräten, auf Websites und andere Online-Ressourcen im Internet zuzugreifen. Es konvertiert den Namen (Domain) einer Website oder einer anderen Online-Ressource in eine sog. IP-Adresse, die aus einer Reihe von Zahlen besteht (z. B. 192.158.1.38). Wenn ein Benutzer eine URL, also eine Adresse in Form einer Zeichenkette wie

z. B. Amazon.com, in einen Browser eingibt, fragt sein Computer bei einem globalen DNS-Server nach der IP-Adresse, die mit der Domain verbunden ist. Der DNS-Server antwortet mit der IP-Adresse und ermöglicht es dem Computer, eine Verbindung zur Ressource herzustellen. Das DNS ist ein wichtiger Teil des Internets, da es eine einfache und benutzerfreundliche Möglichkeit bietet, auf Online-Ressourcen zuzugreifen. Anstatt sich die IP-Adressen aller Websites und anderer Ressourcen zu merken, können Benutzer einfach die Domainnamen eingeben, die sie besuchen möchten.

Don't Repeat Yourself (DRY)	-

Don't Repeat Yourself (DRY), auch bekannt als „**Once And Only Once**" (dt. „einmal und nur einmal"), ist ein sog. Clean-Code-Prinzip aus der Software-Entwicklung. Es sieht vor, dass Code-Bestandteile nur einmal niedergeschrieben und dann mit Querverweisen/Referenzen verwendet werden sollen, u. a. damit nachträgliche Änderungen nur an der Originalstelle eingepflegt werden müssen.

Favicon	-

Ein Favicon ist ein kleines Symbol, Icon oder Logo, das von Internetbrowsern verwendet wird, um eine Website auf wiedererkennbare Weise zu kennzeichnen. Es erscheint z. B. auf sog. Tabs, im Verlauf oder in der Lesezeichenliste und enthält meist das Logo des Unternehmens, welches die Webseite zur Verfügung stellt.

Spam	-

Spam bzw. Spamming bezeichnet meist massenhafte unerwünschte Mails oder andere Beiträge in der Online-Welt. Ein **Spam Blog**, umgangssprachlich Splog, präsentiert z. B. keine wirklichen eigenen Inhalte, sondern greift oft wahllos fremden Content, v. a. Hyperlinks, auf, um Traffic und ggf. Affiliate-Einkommen zu generieren. Dabei konnte vor allem in früheren Jahren eine hohe Suchmaschinenplatzierung z. B. für die Unterkunftssuche erzielt werden, ohne dass die Inhalte wirklich seriös oder unique waren. Nicht zu verwechseln ist der Begriff mit **Blog Spamming**, wo teilweise mit **Bots** gezielt (Affiliate-)Hyperlinks in die Kommentarbereiche seriöser Blogs gesetzt werden. Unter **Forum Spamming** werden meist durch sog. Bots verursachte, massenhafte Kommentare in User-Foren bezeichnet, die meist nichts mit den ursprünglichen Thread-Themen zu tun haben. Inhalte kann z. B. Werbung für Diätpillen oder Potenzmittel sein. Manchmal geht es beim

Forum Spamming aber auch nur darum, durch das Hinterlassen von Hyperlinks bestimmte Websites zu promoten (s. a. **Link Juice**). Intelligente Bots können dabei auch sog. **CAPTCHA**-Regeln übergehen. Der Begriff „Spam" stammt ursprünglich aus einem Sketch der britischen Comedy-Gruppe Monty Python. Der Sketch wurde 1970 in der Serie „Monty Python's Flying Circus" ausgestrahlt. Darin wiederholen die Schauspieler immer wieder das Wort „Spam" (eine Marke für Dosenfleisch), während sie in einem Café ein Gericht mit Spam anpreisen. Die Wiederholung und Überflutung mit dem Wort „Spam" führte schließlich dazu, dass der Begriff im Internet verwendet wurde, um unerwünschte Inhalte und Nachrichten zu beschreiben, die in großen Mengen verschickt werden.

General Ledger	**Hauptbuch**

General Ledger, zu Deutsch Hauptbuch, ist ein zentrales System in der **Blockchain-Technologie**. Es fungiert als Speicherort für alle (Finanz-)Transaktionen und ermöglicht es, die Transparenz, Eindeutigkeit und Fälschungssicherheit dieser Transaktionen sicherzustellen. Es dient auch als Quelle für **Audits** und Analysen und ist ein wichtiger Bestandteil einer Blockchain-basierten Organisation oder Anwendung. Das Besondere ist hierbei, dass im Gegensatz zu anderen sog. Hauptbüchern, die z. B. innerhalb von Banken alle Wertpapierorder speichern, der General Ledger einer Blockchain dezentral, d. h. auf vielen separaten und privaten Rechnern gespeichert wird. Damit werden derartige Systeme unabhängig von einer zentralen Instanz, hier beispielsweise der Bank.

General Public License (GPL)	-

Die General Public License (GPL) ist eine der bekanntesten Open-Source-Lizenzierungen und wird häufig für freie Software verwendet. Die GPL legt fest, wie Software, die unter dieser Lizenz veröffentlicht wird, genutzt, verbreitet und modifiziert werden darf. Hintergrund und übergeordnetes Ziel sind, dass die Software für jedermann frei zugänglich und nutzbar bleibt. Die wichtigsten Bestimmungen der GPL beinhalten:

1. Freie Verwendbarkeit: Jeder darf die Software nutzen, verändern und weitergeben.
2. Quellcode-Verfügbarkeit: Der Quellcode der Software muss mit der Software bereitgestellt werden, damit jeder ihn einsehen und ändern kann.

3. Rechte-Weitergabe: Wenn jemand die Software weitergibt, müssen alle Rechte, die durch die GPL erhalten wurden, an den Empfänger weitergegeben werden.
4. Keine Einschränkungen: Es dürfen keine Einschränkungen bei der Verwendung, Änderung oder Weitergabe der Software gemacht werden.
5. Haftungsausschluss: Die Autoren der Software übernehmen keine Verantwortung für eventuelle Schäden, die durch die Verwendung der Software entstehen.

GitHub	-

GitHub ist eine bekannte und gern genutzte Plattform für die Administration und kontrollierte Veröffentlichung von Software-Projekten. Sie bietet Entwicklern die Möglichkeit, ihren Code zu speichern, zu verwalten und zu teilen sowie an Projekten von anderen Entwicklern mitzuarbeiten. GitHub nutzt das Versionskontrollsystem Git, um Änderungen an Code-Dateien zu verfolgen und zu verwalten. Die Plattform bietet auch eine Vielzahl von Tools und Funktionen, darunter ein Ticket-System für Problemberichte, ein Wiki-System für Dokumentation und ein integriertes System für Code-Bewertung und Feedback.

Graphical User Interface (GUI)	Grafische Benutzeroberfläche

Ein Graphical User Interface (GUI) ist eine visuelle Benutzeroberfläche, die es Anwendern ermöglicht, mit einer Software, einer Anwendung oder einem Betriebssystem zu interagieren. Die Arten des GUI reichen dabei von kleinen Displays oder einfachen Buchstabendarstellungen bis hin zu großen Touch-Displays. Das GUI ermöglicht Benutzern, auf einfachere und intuitivere Weise mit einem Computer zu kommunizieren, als komplexe Befehle über eine Kommandozeile einzugeben.

Hackathon	Programmiermarathon

Ein Hackathon ist ein von dritter Seite organisiertes Event, bei dem unterschiedliche Entwickler und Designer aufeinandertreffen, um innerhalb eines festgelegten Zeitrahmens an einer Aufgabe bzw. Problemlösung zu arbeiten, z. B. einer kleinen App zur Müllvermeidung. Ziel ist es, in kurzer Zeit im Rahmen eines spaßigen Events eine funktionierende Lösung für ein bestimmtes Problem oder eine Idee zu entwickeln. Nachdem jedoch immer mehr Hackathons veranstaltet werden, auch um kostenlos an wertvolle Coding-Leistungen zu kommen, ist das allgemeine Interesse daran nicht mehr so hoch.

Blockchain-Technologie	-

In der Blockchain-Technologie beziehen sich „Forks" auf Änderungen des Protokolls, das die Regeln für die Übertragung von Daten in einer Blockchain festlegt. Eine **Hard Fork** ist eine umfassende Änderung des Protokolls, die nicht rückwärtskompatibel ist. Dies bedeutet, dass Knoten, die das neue Protokoll nicht unterstützen, die Blockchain nicht mehr verwenden können. Bei einer **Soft Fork** können Knoten, die das neue Protokoll nicht unterstützen, weiterhin Teil der Blockchain bleiben.

Hash-Funktion	-

Eine Hash-Funktion ist eine mathematische Funktion, die eine Eingabe (meist eine Zeichenkette) in eine feste Länge und eindeutige Ausgabe (den sog. Hash-Wert oder „Digest") umwandelt. Eine gute Hash-Funktion sollte einerseits deterministisch (für die gleiche Eingabe liefert sie immer den gleichen Hash-Wert) und eindeutig (zwei verschiedene Eingaben liefern zwei unterschiedliche Hash-Werte) sein, andererseits bei kleinen Eingabeänderungen große Änderungen im Ergebnis erzeugen, um Hacking-Versuchen vorzubeugen. Hash-Funktionen werden im Startup- bzw. IT-Bereich in vielen Bereichen verwendet, wie beispielsweise bei digitalen Signaturen, bei der Überprüfung der Integrität von Daten, bei der Speicherung sicherer Passwörter und in der Blockchain-Technologie.

Hidden div	-

Hidden div ist ein HTML-Element in der Webentwicklung, dessen Sichtbarkeit für die Endnutzer deaktiviert wird, während sie für bestimmte Funktionen oder Interaktionen verfügbar sein soll. Beispiele sind temporäre Speicher für Informationen, die für eine spätere Verarbeitung verfügbar sein müssen oder unter bestimmten Bedingungen angezeigt werden sollen, z. B. bei einem Klick auf einen Button oder eine Lightbox.

Hodl	-

Der Ausdruck Hodl bezeichnet eine „Hold"-Strategie in Bezug auf Bitcoins, also das Halten und Abwarten trotz z. T. erheblicher Kursveränderungen. Entstanden ist der Ausdruck durch den Rechtschreibfehler eines angetrunkenen Benutzers eine Bitcoin-Forums, der während eines Kurseinbruchs „I am hodling" schrieb.

Der Fehler avancierte jedoch bald zum Meme und ist heute geläufiger Ausdruck für das Halten der Währung bei Kursschwankungen.

| Honeypot | - |

Der Begriff Honeypot (dt. Honigtopf) wird meist im IT-Kontext verwendet und steht für ein attraktiv wirkendes, vermeintlich schlecht geschütztes (Hacker-)Angriffsziel, das jedoch dazu dient, Daten über den Angreifer zu sammeln oder von anderen Zielen abzulenken. Schließen sich mehrere solcher Ziele zusammen, spricht man auch von einem **Honeynet**.

| PHP | - |

PHP (Hypertext Preprocessor) ist eine äußerst populäre, Server-seitige Skriptsprache, die hauptsächlich für die Entwicklung von dynamischen Webseiten und Webanwendungen verwendet wird. Mit PHP kann man Datenbanken verwalten, Formulare verarbeiten, Cookies und Sessions verwalten und vieles mehr. Das PHP-Skript wird auf dem Server ausgeführt und generiert HTML-Code, der an den Browser gesendet wird. Der Benutzer sieht nur das endgültige Ergebnis im Browser, ohne Zugang zu den PHP-Quellcodes.

| HTTP/HTTPS | - |

HTTP (Hypertext Transfer Protocol) und HTTPS (Hypertext Transfer Protocol Secure) sind Protokolle, die für die Übertragung von Website-Daten wie Texten, Bildern, Videos und anderen Inhalten wie z. B. Zahlungsinformationen im World Wide Web verwendet werden. HTTP steht dabei für ein ungesichertes Protokoll, während HTTPS für eine durch eine SSL-Verschlüsselung gesicherte Version von HTTP steht, die dafür sorgt, dass die individuell ausgetauschten Daten zwischen dem jeweiligen Benutzer und dem Server geschützt sind und nicht von Dritten eingesehen werden können.

| Insertion Sort | - |

Ein Insertion Sort ist ein einfacher Sortieralgorithmus. Hier werden zwei Teil-Arrays verwaltet: ein sortiertes und ein unsortiertes. Ein Element aus dem unsortierten Array findet seine richtige Position im sortierten und fügt sich dort ein, ähnlich wie Rommé-Karten in der Hand sortiert werden.

Internet of Things (IoT)	Internet der Dinge

Das Internet of Things (IoT) bezieht sich auf ein Netzwerk von physischen Geräten, Fahrzeugen, Häusern und anderen Gegenständen, die mit elektronischen Sensoren und anderen Technologien ausgestattet und in der Lage sind, Daten zu sammeln und zu übertragen. Diese Geräte können über das Internet miteinander kommunizieren und Daten mit anderen Geräten, Anwendungen und Diensten teilen. Anwendungsbereiche sind z. B. das Gesundheitswesen, der Transport und Verkehr, digitales Farming und der Sicherheitsbereich.

Internet Protocol (IP)	Internetprotokoll (IP)

Das Internet Protocol (IP) ist ein grundlegendes Netzwerkprotokoll, das verwendet wird, um Daten im Internet, aber auch in privaten und unternehmenseigenen Netzwerken zu übertragen. Es bestimmt, wie Datenpakete von einem Computer an einen anderen über das Internet gesendet werden, und nutzt dabei sog. **IP-Adressen**, die aus Zahlenketten mit Ziffern von 1 bis 255 bestehen (z. B. 192.168.0.1). Jeder Computer, der an das Internet oder ein internes Netzwerk angeschlossen ist, besitzt eine eindeutige IP-Adresse. Während diese in den meisten internen Netzwerken auch als Zahlenkombination genutzt und verarbeitet werden, stützt sich das Internet auf ein anderes System. Hier können statt eindeutiger Zahlenketten auch einfache Domain-Namen bzw. namensbasierte Internetadressen wie z. B. Amazon. com aufgerufen werden, die leichter merkbar sind. Über das sog. **Domain Name System (DNS)** werden diese Namen dann in entsprechende IP-Adressen umgewandelt und als Webseiteninhalte ausgegeben.

Java	-

Java ist eine objektorientierte, plattformunabhängige Programmiersprache mit Schwerpunkt auf Sicherheit und Automatisierung, die sich großer Beliebtheit erfreut. Sie hat starke Netzwerkfähigkeiten und eine reiche Bibliothek. Java legt zudem großen Wert auf Sicherheit und verfügt über eine automatische Speicherverwaltung.

JavaScript	-

JavaScript ist eine dynamische, skriptbasierte Programmiersprache, die für die Client-seitige Webentwicklung verwendet wird. Sie ermöglicht die Interaktivität und Animation von Websites und ist integraler Bestandteil von HTML, CSS und dem Web. JavaScript läuft im Browser und erfordert keine Compiler oder spezielle Entwicklungsumgebungen.

Jira	-

Jira ist eine leistungsstarke und flexible Projektmanagement-Software auf Cloud-Basis, die hauptsächlich für die Verwaltung von Software-Entwicklungs-projekten verwendet wird. Sie bietet eine Vielzahl von Plugins und administrativen Funktionen, darunter Aufgabenmanagement, Zeitverfolgung, Projekt- und Ressour-cenplanung, Dashboards und Berichte.

Kotlin	-

Kotlin ist eine moderne Programmiersprache, die zur Entwicklung von An-wendungen für die Java-Plattform und das Android-Betriebssystem entwickelt wurde. Kotlin bietet eine Vielzahl fortschrittlicher Funktionen wie Null-Sicherheit, Funktionsausdrücke, Extension-Methoden und eine starke Typisierung, die es Ent-wicklern erleichtern, sicheren und effizienten Code zu schreiben.

Lazy Mint	-

Lazy Mint bzw. Lazy Minting steht für eine Methode im Bereich der Blockchain-basierten **NFT**s (Non-Fungible Tokens), bei der letztere erst dann geprägt bzw. erzeugt werden, wenn sie verkauft oder in irgendeiner anderen Weise verwendet werden. Im Gegensatz dazu werden bei einer traditionellen Prägung NFTs im Vo-raus geschaffen und bereitgestellt, auch wenn sie noch nicht verkauft werden. Lazy Minting bietet einige Vorteile, wie beispielsweise eine höhere Effizienz bei der Verwaltung von NFTs und eine größere Skalierbarkeit. Es ermöglicht auch eine bessere Kontrolle über die Verfügbarkeit von NFTs und kann die Ausgabekosten reduzieren, da es nicht notwendig ist, NFTs im Voraus zu prägen und zu speichern.

Machine Learning (ML)	Maschinelles Lernen (ML)

Maschinelles Lernen ist ein Teilbereich der künstlichen Intelligenz, bei dem Computeralgorithmen selbstständig lernen und Vorhersagen treffen können, ohne explizit programmiert zu werden. Die Algorithmen nutzen große Datenmengen, um Muster und Beziehungen zu erkennen und teilweise proaktiv auf neue Situationen anwendbar zu sein. Es gibt drei Haupttypen von maschinellem Lernen: Supervised, Unsupervised und Reinforcement. „**Supervised Learning**" bezieht sich auf eine Methode, bei der ein Algorithmus auf Basis von bekannten Daten und Labels mithilfe externer Bewertungen und Korrekturen „trainiert" wird, um Vorhersagen über neue Daten zu treffen. Beim „**Unsupervised Learning**" versucht der Algorithmus ohne weitere Anleitung selbst Muster und Strukturen in den Daten zu erkennen. „**Reinforcement Learning**" schließlich bezieht sich auf eine Methode, bei der der Algorithmus durch „Belohnungen und Bestrafung" lernt, wie er Entscheidungen treffen soll, um bestimmte Ziele zu erreichen.

MATLAB	-

MATLAB (Matrix Laboratory) ist eine hochspezialisierte Software-Umgebung für numerische Berechnungen, Datenanalyse und visuelle Darstellungen, aber auch eine eigens programmierbare Plattform, die es Benutzern ermöglicht, eigene Funktionen und Tools zu entwickeln und mit anderen Anwendungen und Programmiersprachen zu integrieren. MATLAB hat dabei eine einfache visuelle Oberfläche und wird oft in den Bereichen Ingenieurwissenschaften, Mathematik, Physik, Finanzen und den sog. Life Sciences (z. B. Bioinformatik) eingesetzt.

Meme Coins	-

Meme Coins oder **Shit Coins** sind Begriffe, die verwendet werden, um Kryptowährungen oder Token zu beschreiben, die keinen nachweisbaren Wert oder Nutzen haben und i. d. R. als Scherz oder aus Witz gehalten werden. Diese Kryptowährungen werden oft aus dem Zweck heraus erstellt, schnell Gewinne zu erzielen, anstatt eine praktische Anwendung zu liefern oder ein Problem zu lösen.

Meta-Tag	-

Meta-Tags sind HTML-Tags, die verwendet werden, um Informationen über eine Webseite bereitzustellen, die nicht auf der Seite selbst angezeigt werden, sondern in den Quellcode eingebettet sind. Diese Informationen wie z. B. Keywords oder Inhaltsbeschreibungen können von Suchmaschinen gelesen und verwendet werden, um die Relevanz einer Webseite für bestimmte Suchbegriffe besser zu beurteilen und anhand der Erläuterung besser darstellen zu können (vgl. **Google Schema, SERP**).

NFT	-

NFT steht für Non-Fungible Token (dt. nicht austauschbarer Token). Dabei handelt es sich um einen einzigartigen digitalen Token, z. B. ein digitales Gemälde, dessen Einzigartigkeit und Nicht-Multiplizierbarkeit durch die Blockchain-Technologie garantiert wird. NFTs werden oft für den Verkauf bzw. die Sammlung digitaler Kunstwerke, von Musik und anderer digitaler Güter verwendet. Sie ermöglichen sowohl die Übertragung von Besitzrechten als auch das Mitverdienen an weiteren Verkäufen zu einem höheren Preis auf transparente und sichere Weise, wobei erwähnt werden muss, dass sich diese Sicherheit nur auf den technologischen Aspekt bezieht, während NFTs als Wertobjekt hochspekulativ sind und i. d. R. über keinerlei gesicherten Gegenwert verfügen.

Nodes	-

Nodes sind Teilnehmer innerhalb eines **Blockchain-Netzwerks**, die eine Kopie der Blockchain auf ihren eigenen Computern gespeichert haben. Diese Nodes sind für die Überprüfung und Übertragung von Transaktionen zuständig und stellen so sicher, dass die Integrität und Sicherheit der Blockchain gewahrt bleibt. Außerdem sind Nodes für die Überprüfung von Blöcken verantwortlich, die in die Blockchain aufgenommen werden sollen, und bestätigen, dass alle Regeln und Protokolle eingehalten werden.

Not Your Keys, Not Your Coins	-

Der Ausdruck „Not Your Keys, Not Your Coins" bezieht sich auf das Halten von Kryptowährungen wie Bitcoin in Wallets von Drittanbietern und beschreibt den Umstand, dass in einem dezentralen Netzwerk wie der Blockchain nur dann Sicherheit über die eigenen Wertgegenstände herrscht, wenn man den Besitz auch direkt mit dem eigenen „Schlüssel" nachweisen kann. Sobald man die eigenen Werte jedoch Dritten anvertraut, ist der eigene Besitz auch den Fehlern und der Angreifbarkeit dieser Drittanbieter ausgeliefert, was in Form von Betrugsfällen, Diebstahl und Insolvenzen im Kryptobereich immer wieder vorkommt. Die Empfehlung „**Be Your Own Bank**" (dt. „sei deine eigene Bank") steht ebenfalls im Zusammenhang mit dieser Gefahr.

Object-Oriented Programming (OOP)	-

Object-Oriented Programming (OOP) ist ein Konzept innerhalb der Software-Entwicklung, bei dem ein Programm als Sammlung von Objekten verstanden und dargestellt wird. Jedes Objekt verfügt dabei über eine eindeutige Funktion bzw. Aufgabe und kann für sich modifiziert, reorganisiert und erweitert werden. Das OOP bietet hierdurch mehrere Vorteile:

1. Modularität: Durch die Strukturierung von Daten und Funktionalität in Form von Objekten kann man sicherstellen, dass Änderungen an einem Teil des Systems keine negativen Auswirkungen auf andere Teile haben.
2. Wiederverwendbarkeit: Mit OOP kann man Code wiederverwenden, indem man Klassen und Objekte definiert, die immer wieder genutzt werden können.
3. Übersichtlichkeit: Da OOP die Daten und Funktionalität in logischen Einheiten organisiert, werden das Verständnis und die Übersicht über den Code erleichtert.
4. Erweiterbarkeit: Durch Vererbung kann man bestehende Klassen erweitern, ohne den bestehenden Code zu ändern, was es ermöglicht, die Funktionalität eines Systems schrittweise zu erweitern.
5. Abstraktion: Mit OOP kann man komplexe Systeme auf höherer Ebene abstrahiert darstellen, wodurch es einfacher wird, das System zu verstehen und zu verwalten.

Open Source	-

Das Prinzip des Open Source-Gedankens bezieht sich auf Software-Produkte, deren Quellcode frei verfügbar und änderbar ist. Dies bedeutet, dass jeder im Rahmen einer sog. General Public License (GPL) die Software herunterladen, untersuchen, ändern und weiterverteilen kann. Einige bekannte Beispiele für Open Source-Software sind Linux, Apache HTTP Server und MySQL. Die zugrunde liegende Motivation hinter Open Source-Software ist zum einen, den Software-Markt zu demokratisieren und im Gegensatz zu marktdominierenden Monopolisten eine technologische, aber auch ideelle Alternative zu bieten. Ein anderer Grund kann sein, dass man als Plattformanbieter die Software zur freien Weiterentwicklung zur Verfügung stellt, um im Rahmen eines Ökosystems schnell über neue Nutzer, Bibliotheken und Zusatzfunktionen zu verfügen.

Page Speed	**Ladegeschwindigkeit einer Seite**

(Google) Page Speed bezieht sich auf die Ladezeiten von Webseiten und ist neben der Bewertung des sog. Contents (Inhalt) ein elementar dafür, wie Suchmaschinen Webseiten bezüglich ihrer Relevanz und damit der späteren Ranking-

Positionen bewerten. Die Page Speed wird dabei maßgeblich von der technischen Effizienz des zugrunde liegenden Codes, aber auch vom Umfang der zu ladenden Mediendateien wie z. B. Bildern sowie der Schnelligkeit des dahinterliegenden Servers beeinflusst.

Pair Programming	-

Pair Programming ist eine Software-Entwicklungsmethode, bei der zwei Entwickler zusammen an einem Computer arbeiten, um ein Programm zu schreiben. Die beiden Entwickler teilen sich die Aufgaben auf, wobei meist einer die Eingabetastatur bedient und der andere überprüft und Feedback gibt. Diese Methode wird oft als sehr effektiv angesehen, da sie neben besserer Fehlerkontrolle und einer summierten Erfahrung auch das „Sich-Verlieren" einzeln arbeitender Programmierer verringert.

Perl	-

Perl ist eine allgemeine Programmiersprache, die für viele Anwendungen einsetzbar ist, insbesondere für Textverarbeitung, Datenbankmanagement, Systemadministration und Webentwicklung. Perl zeichnet sich durch seine Flexibilität und Vielseitigkeit aus und ist einfach zu erlernen, aber bei fortgeschrittener Komplexität schwer zu meistern. Ein weiteres Merkmal von Perl ist die Fähigkeit, Reguläre Ausdrücke und String-Manipulationen effizient zu verarbeiten. Außerdem bietet es eine große Anzahl an Bibliotheken und Tools für fast jeden Einsatzbereich.

Plugin	-

Ein Plugin ist eine Software-Komponente eines Drittanbieters, die ein bestehendes System um bestimmte Komponenten erweitert. Ein bekanntes Beispiel ist das Webseiten-System Wordpress, das als Basis-System kostenlos ist, jedoch viele erweiterte Funktionen erst über bezahlte Plugins ermöglicht. Als sog. Add-on können Plugins hier zwar ohne das Basis-System nicht existieren, erhöhen jedoch allein durch ihre Anzahl und die angebotenen Funktionen dessen Popularität (s. a. **Netzwerkeffekt**).

Privacy by Design	-

Privacy by Design ist ein Konzept, bei dem Datenschutz von Anfang an in die Entwicklung und Gestaltung von Produkten, Dienstleistungen und Prozessen integriert wird. Es geht darum, Datenschutzrechte von Benutzern und Kunden von Anfang an in die Überlegungen einzubeziehen und dafür zu sorgen, dass sie automatisch geschützt werden, ohne dass der Benutzer aktiv Maßnahmen ergreifen muss. Das Ziel von Privacy by Design ist es, eine hohe Datensicherheit und Privatsphäre für Benutzer und Kunden sicherzustellen.

Proof-of-Burn **(PoB)**	-

Proof-of-Burn (PoB) ist ein Konsensalgorithmus in der Blockchain-Technologie, bei dem Benutzer eine bestimmte Menge an Kryptowährungen verbrennen, um eine Ressource oder einen Anspruch auf die Blockchain zu erwerben. „Verbrennen" bedeutet, dass die Münzen unwiderruflich aus dem Verkehr gezogen werden, um zu beweisen, dass der Benutzer bereit ist, einen Einsatz zu tätigen. PoB wird oft in kleineren Blockchains verwendet, um die Sicherheit und das Engagement der Nutzer zu fördern, und kann auch dazu beitragen, Inflation und Spam-Angriffe zu vermeiden.

Proof-of-Stake **(PoS)**	-

Proof-of-Stake (PoS) ist ein Konsensalgorithmus in der Blockchain-Technologie, bei dem Benutzer ihre Kryptowährung als Einsatz („Stake") bereitstellen, um Blöcke zu validieren und zu verifizieren. Anstatt wie bei Proof-of-Work (PoW) Rechenleistung bereitzustellen, bezieht sich PoS auf die Höhe des Einsatzes eines Benutzers. Je größer der Einsatz, desto höher ist die Wahrscheinlichkeit, dass der Benutzer ausgewählt wird, um einen Block zu validieren. PoS bietet eine energieeffizientere Alternative zu PoW und hilft, auch bei hoher Auslastung die Funktionalität der Blockchain zu garantieren.

Proof-of-Work **(PoW)**	-

Proof-of-Work (PoW) ist ein Konsensalgorithmus in der Blockchain-Technologie, bei dem Benutzer Rechenleistung bereitstellen, um Transaktionen zu validieren und Blöcke zu verifizieren. Der Algorithmus erfordert, dass ein Be-

nutzer eine bestimmte Rechenaufgabe löst, um den nächsten Block in der Blockchain hinzuzufügen. Der Prozess verbraucht Energie und dient als Absicherung
gegen böswillige Akteure, die versuchen könnten, die Blockchain zu manipulieren.
PoW wird oft in älteren Blockchains wie Bitcoin verwendet und hat Nachteile wie
einen hohen Energiebedarf und langsame Transaktionsgeschwindigkeiten.

Public Key/Private Key	-

Public Key und Private Key sind kryptografische Schlüsselpaare, die in der
Blockchain-Technologie verwendet werden. Ein Public Key dient als öffentlicher
Identifikator eines Benutzers und kann verwendet werden, um Kryptowährungen
zu senden oder zu empfangen. Ein Private Key dient als geheimer Identifikator und
kann verwendet werden, um Transaktionen zu unterzeichnen und zu bestätigen. Es
ist wichtig, den Private Key sorgfältig zu schützen, da jeder, der Zugang dazu hat,
die Kontrolle über alle Transaktionen erhält, die mit dem entsprechenden Public
Key verbunden sind (s. a. **Seed Phrase**).

Phyton	-

Python ist eine gut lesbare, interpretierte Programmiersprache, die für eine Vielzahl von Anwendungen eingesetzt wird, z. B bei der Webentwicklung oder wissenschaftlichen Datenanalysen. Sie zeichnet sich durch eine einfache Syntax aus und
verfügt über eine große Anzahl an Bibliotheken, Paketen und Funktionen. Darüber
hinaus unterstützt Python die sog. dynamische Typisierung und bietet neben einer
hohen Kompatibilität und Skalierungsmöglichkeit auch Einsteigern schnelle An-
wendungsmöglichkeiten.

Refactoring	**Code-Überarbeitung**

Refactoring ist ein Prozess zur Umstrukturierung von Software-Code, ohne
dessen ursprüngliche Funktionalität zu verändern. Ziel ist es, den vorliegenden
Code durch viele kleine Veränderungen z. B. in der Lesbarkeit, der logischen
Struktur oder der übergreifenden Systematik zu optimieren, ohne den finalen Output des Codes zu verändern.

Ruby on Rails (RoR)	-

Ruby on Rails (RoR) ist ein flexibles Framework, das auf der Programmiersprache Ruby basiert. Es bietet eine geschlossene Umgebung mit eigenen Skripten, Bibliotheken und einem Ruby-Interpreter, die es im Vergleich zu anderen Sprachen einfacher macht, Datenbank-basierte Webseiten oder Applikationen von Web 2.0-Anwendungen zu entwickeln.

Rust	-

Rust ist eine sehr populäre Programmiersprache, die bei Mozilla entstanden ist und für Systemprogrammierung und Webentwicklung genutzt wird. Ursprünglich als Hobbyprojekt begonnen, wird sie heute durch eine aktive Community und mit finanzieller Unterstützung von Mozilla gepflegt. Rust steht zwischen niederen Sprachen wie C und abstrahierten Sprachen wie Java und bietet eine hohe Sicherheit durch die antizipative Behandlung von Fehlern.

Scala	-

Scala ist eine 2004 eingeführte Programmiersprache mit eigenem Interpreter, die die Vorteile von objektorientierter und funktionaler Programmierung vereint. Sie bietet einen präziseren Programmierstil im Vergleich zu anderen Allzweck-Sprachen wie Java und reduziert die notwendige Code-Menge.

Schema	-

Schema bzw. Schema.org bezeichnet eine Zusammenarbeit der Suchmaschinen Google, Bing, Yahoo und Yandex, die Webseitenbetreibern hilft, spezielle Seiteninhalte durch vorgegebene Rich Snippets bzw. sog. Markup Language einheitlich zu kennzeichnen, damit diese Inhalte von Suchmaschinen besser ausgelesen und weiterverarbeitet werden können. Beispiele sind z. B. Kundenbewertungen, Konzertdaten oder Orte von Niederlassungen, die von Suchmaschinen aufgrund ihrer speziellen internen Markierung gut aufbereitet in separaten Boxen dargestellt werden können.

Search Engine Results Page (SERP)	Suchergebnisseite

Als Search Engine Results Page (dt. Suchergebnisseite), kurz SERP, wird die Darstellung der Suchergebnisse in Suchmaschinen wie Google bezeichnet.

Eine SERP besteht aus organischen Suchergebnissen, d. h. aus Listings von Seiten, die allein durch ihre Relevanz hervorstechen, sowie bezahlten Suchtreffern (z. B. Google Ads) und den sog. SERP-Features, bei denen von der Suchmaschine bei entsprechenden Keywords zusätzliche Widgets wie Karten, Öffnungszeiten oder Kundenbewertungen eingeblendet werden.

Security by Design	-

Security by Design, auch als Secure by Design bezeichnet, ist ein Ansatz aus der IT- und Software-Entwicklung, der die Sicherheit der Hard- oder Software bereits ab der Phase der Ideenfindung über den gesamten Lebenszyklus bis zum End of Live eines Produkts berücksichtigt. Der Ansatz beinhaltet Maßnahmen wie die Reduzierung der Angriffsfläche, den Einsatz von Verschlüsselung und Authentifizierung sowie die Abtrennung von sicherheitskritischen Bereichen. Durch die fortschreitende Verschmelzung von IT und OT (Operational Technology) sowie der immer engeren Verzahnung von Soft- und Hardware, z. B. innerhalb des **Internet of Things**, gewinnt Security by Design immer mehr an Bedeutung.

Seed Phrase	-

Die Seed Phrase, auch als Seed Recovery oder Backup bezeichnet, dient innerhalb der Blockchain als Zugangsmethode zu einem **Krypto-Wallet**. Sie besteht aus einer Reihe von Wörtern, die entweder aus 12 oder 24 Begriffen bestehen. Mit ihrer Hilfe kann man im Fall eines Verlusts seiner Wallets jederzeit wieder auf das eigene Kryptovermögen zugreifen und es gleichzeitig vor dem Zugriff unbefugter Dritter schützen.

Single Point of Truth (SPOT)	-

Der Single Point of Truth (SPOT) oder **Single Source of Truth** (SSOT) bezieht sich auf die Praktik, Daten in einem Unternehmen auf einer zentralen Plattform zu sammeln statt in den getrennten Datensilos unterschiedlicher Abteilungen oder Niederlassungen. Alle betrieblichen Systeme wie z. B. CRM- oder ERP-Systeme, aber auch Forschung und Entwicklung nutzen durch Einsatz eines SPOT die gleiche Datenbasis, sodass alle Mitarbeiter Zugang zu demselben Wissen haben. Eng damit verknüpft ist auch der Begriff **Single Version of Truth**. Dieser bezieht sich weniger auf den Speicherort der Daten als vielmehr darauf, dass sich alle Beteiligten auf eine einheitliche Datenbasis einigen und entsprechende Unterschiede harmonisieren.

Secure Sockets Layer (SSL)	-

Das Secure Sockets Layer (SSL) ist ein früheres Sicherheitsprotokoll, das für die sichere Übertragung von Daten im Internet entwickelt wurde und heute oft in Zusammenhang mit dem **HTTPS-Protokoll** verwendet wird. Das SSL-Protokoll stellt eine sichere Verbindung zwischen einem Client, z. B. einem Web-Browser, und einem Server her. Es verschlüsselt die Daten, die zwischen diesen beiden Geräten übertragen werden, und stellt sicher, dass nur die beteiligten Parteien Zugang zu den Daten haben. Heutzutage ist es üblich, dass Webseiten, wenn sie von Google indiziert und in Suchmaschinenergebnissen aufgeführt werden, über ein entsprechendes SSL-Protokoll verfügen, um Nutzerdaten sicher und für Dritte unzugänglich zu verschlüsseln.

Single Sign-on (SSO)	Einmalanmeldung

Single Sign-on (SSO) steht für einen Anmeldemechanismus bei Computersystemen oder Software-Diensten, bei dem man sich nur einmal anmelden muss, um danach Zugriff auf alle Services und Ressourcen verschiedener Dienste zu erhalten. Separate Anmeldungen für jeden Dienst werden dabei nicht mehr benötigt. Der Benutzer hat eine einzige Identität, die nach entsprechender Authentifizierung für alle anderen Dienste gültig ist.

Smart Contracts	Intelligente Verträge

Smart Contracts, zu Deutsch auch als intelligente Kontrakte bezeichnet, sind elektronische, vertragsbasierende Mini-Programme innerhalb einer Blockchain, die eingesetzt werden, um Geschäftsabläufe automatisch zu regeln. Sie helfen z. B. innerhalb von Lieferketten oder dem **Internet of Things**, standardisierte Transaktionen wie z. B. Eigentumsübergänge dezentral ohne den Einsatz dritter Parteien und dabei gleichzeitig fälschungssicher, transparent und nachvollziehbar zu protokollieren.

Staking	-

Staking ist eine Alternative zum klassischen Mining innerhalb von Kryptowährungssystemen. Werden bei Letzterem Rechenleistungen innerhalb der Blockchain zur Verfügung gestellt, um durch Lösungen mathematischer Gleichungen neue Blöcke und Coins zu erzeugen (sog. **Proof-of-Work (PoW)**), verlagert sich das Staking auf den zeitweisen Einsatz eigener Coins innerhalb der Blockchain, um einen Konsens zur Schaffung neuer Blöcke zu erzeugen. Während die Coin-Geber für die zeitweise Überlassung mit Prämien, ähnlich einer Verzinsung, belohnt werden, schont das Staking vor allem Rechenleistungen und Energiebedarfe der dafür geeigneten Blockchains und kann damit auch höheren Auslastungen standhalten.

Structured Query Language (SQL)	-

Structured Query Language, meist nur unter der Abkürzung SQL bekannt, ist eine sehr populäre Datenbanksprache zur Organisation, Erweiterung und Verknüpfung von relationalen Datenbanken. Viele kommerzielle Software-Anbieter, z. B. Microsoft, IBM, SAP und Oracle, bieten darüber hinaus proprietäre Anwendungen an, um komplexere Anwendungen innerhalb dieser Datenbanken zu realisieren, z. B. SAP HANA.

Uniform Resource Locator (URL)	-

Der Ausdruck Uniform Resource Locator (URL) steht für eine spezifische Zeichenkette, die eine bestimmte Ressource im World Wide Web, z. B. eine Website, aber auch eine im Internet hinterlegte (Medien-)Datei eindeutig identifiziert und lokalisiert. Die URL besteht dabei aus verschiedenen Grundbestandteilen:

1. Protokoll: Dies ist das Übertragungsprotokoll, das verwendet wird, um auf die Ressource zuzugreifen. Beispiele sind **HTTP** oder **HTTPS**.
2. Domain: Dies ist der Name der Website oder der Domain, die die Ressource hostet.
3. Pfad: Dies ist der spezifische Pfad zur Ressource innerhalb der Domain.
4. Dateiname: Dies ist der Name der Datei oder der Seite, auf die verwiesen wird. Zum Beispiel ist die URL „https://www.example.com/path/to/page.html" eine Adresse für eine bestimmte Webseite, die über das HTTPS-Protokoll aufgerufen werden kann. Die Domain lautet „www.example.com", der Pfad lautet „/path/to" und der Dateiname lautet „page.html".

Wallet	Geldbörse

Unter einem Wallet ist eine (virtuelle) Geldbörse zu verstehen, mit der Kunden entweder mittels NFC-Technologie kontaktlos bezahlen können oder in der Währungen, z. B. Kryptowährungen, gehalten werden. Die Wallets entwickeln sich dabei immer mehr zu dezentralen Applikationen (s. a. **DeFi**), die weitaus mehr können als „halten und bezahlen". Der Spruch „**Not Your Keys, Not Your Coins**" (dt. „nicht deine hinterlegten Schlüssel, nicht deine Coins") besagt dabei aber auch, dass in Wallets von Drittanbietern gehaltene Coins letztlich immer auch möglichen Betrugs- und Insolvenzszenarien ausgesetzt sind.

YAGNI	-

YAGNI steht als Abkürzung für „You Aren't Gonna Need It" (dt. „du wirst es nicht brauchen"). Es bezeichnet ein Prinzip des Extreme Programming (XP), welches vorgibt, dass in einem Programm erst dann Funktionalitäten implementiert werden sollen, wenn sie tatsächlich benötigt werden. Hintergrund ist, dass im Hinblick auf zukünftige Funktionserweiterungen oftmals schon entsprechende Vorbereitungen in Programmen getroffen werden, die sich hinterher jedoch als dysfunktional und hinderlich erweisen.

Company Setup, Investments & Fundraising

6

Zusammenfassung

Egal, ob von Business Angels, Convertibles oder VC-Money die Rede ist: Vielen Menschen scheint vorzuschweben, dass Fundraising der Kerninhalt jedes Gründer*innen-Lebens ist. Dabei können auch B&M Business Founder ihr Unternehmen zum erfolgreichen Exit führen – und das ganz ohne einen einzigen Cent an fremdem Funding. Zugegeben: Im Hinblick auf die medial vermittelten Millionen, traumhaften Aufstiege und katastrophalen Abstürze scheint das Startup-Geschäft ein direkter Verwandter des Show-Business zu sein. Doch auch im Letzteren gilt: Man sollte keinen Vertrag unterschreiben, ohne das Kleingedruckte zu lesen. Und schon mancher CEO wähnte sich als UHNWI, bevor ihn Dilutions und Liquidation Preferences wieder auf Normalmaß zurechtstutzten. Ein Trostpflaster: Auch die GPs von Venture-Capital-Firmen müssen fundraisen und konstant Ergebnisse liefern. Das lässt GründerInnen und Investor*innen am Ende des Tages zusammenrücken – selbst wenn nicht immer ein Unicorn dabei herausspringt.

Angel Financing	-

Unter Angel Financing versteht man i. d. R. Frühphasen-Investments (s. a. **Seed Stage**, **Pre-Seed Money**), die von vermögenden Privatpersonen getätigt werden und im Investmentprozess weniger von harten Kriterien (s. a. **KPI**, **GTM-Roadmap**) als vom prinzipiellen Glauben in das Gründerteam und dessen Geschäftsidee abhängen.

| Angel Fund | - |

Unter einen Angel Fund versteht man einen Investmentfonds für Frühphasen-Finanzierungen, der im Gegensatz zu Venture Capital Funds meist informell aufgezogen ist und lediglich aus Gründen der Steuerersparnis und einer vereinfachten Administration in Form einer GmbH & Co. KG, einer **LLP** oder einem ähnlichen Vehikel organisiert ist. Der Vorteil solcher Angel Funds ist ein oft sehr persönliches Verhältnis zu den Investoren (**LPs**), die aufgrund der Tatsache, dass sie vornehmlich eigenes Geld investieren, i. d. R. auch relativ schnell und unkompliziert handeln können.

| Angel Group | - |

Unter einer Angel Group versteht man einen (meist informellen) Zusammenschluss mehrerer Business Angels, die sich gegenseitig über Investment Opportunities informieren und aufgrund eines internen Vertrauensverhältnisses und ggf. eines externen Netzwerks auch relativ schnell größerer Summen stemmen können. Nicht selten bestehen Angel Groups auch aus populären Gründern und Investoren (s. a. **Dealflow**, **Club Deal**).

| Angel Investor | - |

Ein Angel Investor ist eine Alternativbezeichnung für den Business Angel. Meist handelt es sich um eine Person, die aus dem eigenen Privatvermögen investiert und nicht an einen **Fonds** gebunden ist.

| Angel Mafia | - |

Angel Mafia ist ein etwas angeberischer Ausdruck für informelle Gruppen von **Business Angels**, die immer wieder gemeinsam in Unternehmen investieren (z. B. die sog. PayPal-Mafia oder Shopify-Mafia, die sich aus den Gründern bzw. Erstinvestoren der Firmen zusammensetzt).

| Angel Round | - |

Unter eine Angel Round wird eine von privaten **Business Angels** getragene Finanzierungsrunde, meist in frühen Phasen eines Startups, verstanden (s. a. **Seed Money**).

| Annex | Anhang |

In einem Annex, manchmal auch Appendix oder Addendum genannt, werden Nachträge zu einem Vertrag aufgelistet. Dies können z. B. Nachvereinbarungen sein, die man nicht (mehr) zum Bestandteil eines bereits unterzeichneten Vertrags machen möchte, als auch Ereignisse, die während der Vertragserstellung noch offen waren (z. B. das Erreichen von **Milestones** zur Preisfindung, Ernennung eines Beiratsvorsitzenden).

Asset Purchase Agreement (APA)	Kaufvertrag

In einem APA werden die Kaufinhalte, Konditionen, Garantien und Zahlungsmodalitäten bei einer Vermögensübertragung (z. B. einem Firmenverkauf) innerhalb eines sog. Asset Deal geregelt. Im Gegensatz zu einem **Share Purchase Agreement (SPA)** bzw. Anteilskauf innerhalb eines Share Deal werden diese Vermögenswerte nicht über den Kauf von Firmenanteilen übertragen, sondern direkt erworben (z. B. Software, Markenrechte etc.). Damit wird es dem Käufer ermöglicht, gezielt einzelne Firmenwerte oder Vermögensgegenstände zu kaufen, ohne z. B. Schulden oder nachteilige Verträge mit Dritten zu übernehmen, die innerhalb der verkaufenden Firma entstanden sind.

Bad/Good Leaver	-

In einer Good Leaver/Bad Leaver-Regelung wird im Rahmen eines Beteiligungsvertrags (meist in der Frühphase) geregelt, unter welchen Umständen Gründer ihre Anteile beim (frühzeitigen) Verlassen der Firma behalten dürfen oder abgeben müssen. Damit wird verhindert, dass z. B. ein **CTO** im Gründerteam vor der Fertigstellung des Produkts die Firma verlässt und trotzdem seine Anteile behält. Weitere Regelungen beinhalten z. B. eine Kündigung aufgrund schlechter Performance oder der Umgang mit dem Anteilsbesitz bei einer schwerwiegenden Erkrankung. Insgesamt ist diese Regelung elementar, um die Anteile der Gründer zusammenzuhalten und Sanktionen für gewisses Fehlverhalten zu haben, ohne dass es zu langwierigen gerichtlichen Auseinandersetzungen kommt.

Bail-out	Rettungsaktion

Der Begriff Bail-out ist rechtlich nicht klar definiert, bezeichnet aber i. d. R. eine Rettungsaktion für notleidende Unternehmen bzw. Startups. Dies kann z. B. über einen Rettungsschirm einer Bank oder eines Investors erfolgen. Das Pendant dazu ist der Bail-in, bei dem im Fall des Zusammenbruchs einer Firma deren Gesellschafter für die Sanierung mitzahlen bzw. haften müssen.

Basket	Haftungsfreigrenze

Während im Optionsgeschäft ein Basket eine bestimmte Form von Finanzderivaten bezeichnet, steht Basket im Startup-Bereich für den Umgang mit Garantien und Zusagen seitens des Startups bei einem Exit z. B. an einen strategischen Käufer. Ein Basket im Kaufvertrag sorgt dafür, dass bei einem Bruch von (meist kleineren) abgegebenen Zusagen oder Garantien der Verkäufer (z. B. Rechtssicherheit eines Online-Shops, Menge an Ware im Lager) weder der Kaufvertrag platzt noch sofort Reparationsforderungen seitens der Käufer entstehen, sondern dass die entstandenen Benachteiligungen der Käufer solange in einem Korb (Basket) gesammelt werden, bis ein gewisser Schwellenwert erreicht ist, der dann zu Nachverhandlungen oder entsprechenden Schadensersatzforderungen führt. Diese Regelung dient dazu, nachträgliche Bagatellforderungen im Rahmen eines **Exits** zu vermeiden, den Käufer jedoch abzusichern, dass er bei systematischer Schlamperei den Kaufpreis durch entsprechende Rückzahlungsforderungen nachträglich anpassen kann.

Blue Chip	Standardwerte

Als Blue Chips werden in erster Linie die großen Konzerne bzw. Standardwerte in führenden Aktienindizes wie dem Dax oder dem amerikanischen S&P 500 bezeichnet. Sie stehen für große Stabilität und Marktmacht. Im Startup-Kontext wird der Ausdruck jedoch auch für sonstige Branchenführer oder Großunternehmen verwendet, die sich als mögliche **Exit-Kanäle** oder prestigeträchtige Kunden eignen. Der Ausdruck Blue Chips stammt dabei ursprünglich aus dem Bereich des Glücksspiels und stand für den wertvollsten Joker beim Kartenspiel bzw. den teuersten (blauen) Jeton im Casino.

Boilerplates	Das übliche Kleingedruckte

Wörtlich mit „Kesselplatte" übersetzt, steht der Begriff für vorgefertigte und nicht selten schlampig aneinandergereihte Standardformulierungen, z. B. in Gesellschaftsverträgen. Viele Law Firms, auch im Startup-Bereich, arbeiten mit festen Standardtexten, die dann individuell für Startup-Verträge zusammengebaut werden. Von Boilerplates wird dann gesprochen, wenn diese Textbausteine im fertigen Vertrag nicht glatt wirken und z. B. auf bestimmte Sachverhalte (z. B. **Ves-**

ting) mehrfach oder inkonsistent eingehen. Hier ist es für Gründer lohnend, sich bei der Law Firm direkt auf Partnerebene zu beschweren, um evtl. das angegebene (und oft nicht wirklich aufgewandte) Stundenhonorar der Law Firm zu reduzieren.

Bootstrapping	Innenfinanzierung

Bootstrapping bedeutet im Deutschen wörtlich „Stiefelriemen" und bezieht sich (Fun Fact!) auf die Geschichte des Barons von Münchhausen, der sich der Legende nach an den eigenen Stiefelriemen aus einem Sumpf zog. Hier wird der Begriff jedoch nicht im Kontext von Startup-Betrügereien verwendet, sondern nimmt darauf Bezug, dass sich ein Startup, zumindest für eine Weile, komplett aus eigenen Mitteln (z. B. Ersparnissen der Gründer) finanziert, ohne dass weiteres externes Kapital hinzugezogen wurde. Gerade bis zur Fertigstellung eines Proof-of-Concept macht der Bootstrapping-Ansatz für Startups extrem Sinn, da i. d. R. erst nach gewissen Milestones und Vorleistungen die Bewertung der Firma auf ein relevantes Maß steigt.

Bridge Financing	Überbrückungsfinanzierung

Eine Bridge-Finanzierung oder kurz **Bridge** kommt dann ins Spiel, wenn z. B. vor einem Börsengang (**IPO**) oder einer anvisierten (aber noch nicht realisierten) Finanzierungsrunde weitere Mittel zum laufenden operativen Betrieb einer Firma gebraucht werden. Während diese Form der Finanzierung vor einem IPO durchaus Sinn machen kann und sich – je nach Kondition der Kapitalgeber – über sog. **Quick Flips** sehr schnell viel Geld verdienen lässt, ist i. d. R. der Ruf nach einer Bridge-Finanzierung seitens eines Startups oder seiner Investoren kein gutes Zeichen, da der nächste **Milestone** oder die nächste offizielle Finanzierungsrunde offensichtlich nicht mehr durch eigene Mittel realisiert werden kann.

Bulge Bracket	Führende Investmentbank

Der Ausdruck Bulge Bracket ist ein traditionelles Slang-Wort aus dem Investment Banking und bezeichnet die internationalen Top-Investmentbanken (seltener auch Wirtschaftskanzleien) wie z. B. Merrill Lynch, Morgan Stanley, Goldman Sachs, JP Morgan Chase u. a. Der Name Bulge Bracket (wörtlich übersetzt „hervorgewölbte Klasse") stammt dabei von den sog. **Tombstones**, auf denen – ähnlich wie auf einem Pokal – die an einem spezifischen Deal beteiligten Banken (aber auch Law Firms und Advisors) je nach Bedeutung hierarchisch aufgeführt werden, wobei die wichtigen Firmen dort in größerer Schrift hervorgewölbt stehen.

Business Angel (BA)	Privatinvestor

Ein Business Angel ist eine zumeist vermögende Privatperson (s. a. **HNWI/UHNI**), die im Rahmen von Renditeabsichten, aber auch aus persönlichem Interesse oder Leidenschaft private, d. h. nicht Fonds-gebundene Investments in junge Firmen tätigt. Dabei kann neben dem eigentlichen Kapital des Business Angel auch dessen Netzwerk oder Know-how einen konkreten Wertbeitrag für das Startup liefern. Während prominente Business Angels ein echter Booster in Sachen **Signaling** für junge Startups sein können, gibt es jedoch auch viele selbsternannte Business Angels, die aus Unerfahrenheit, aber auch aus Inkompetenz oder Gier weitere Finanzierungsrunden erheblich erschweren können. Es lohnt sich daher für Gründer, ihre potenziellen Business Angels auf deren Leumund hin zu prüfen. Ausgleichend muss man jedoch sagen, dass Business Angels trotz einer guten Bewertung in der Frühphase das höchste Risiko beim Startup-Aufbau tragen, und aufgrund von nachfolgenden Liquidationspräferenzen entgegen der Annahme vieler auch nur in Ausnahmefällen die höchste Rendite beim Exit erwirtschaften.

Buy-out (B/O)	Unternehmenskauf

Ein Buy-out ist die Übernahme einer Firma, meist im Rahmen von Anteilsverkäufen. Dabei gibt es verschiedene Unterformen: Bei einem Owner Buy-out (OBO) erwirbt der Gründer/Eigentümer die Mehrheit an der Firma. Im Fall eines **Employee** oder **Management Buy-out** (**EBO/MBO**) bestehen die Mehrheitserwerber aus den Angestellten oder dem Management. Ein **Leveraged Buy-out** (**LBO**) bedeutet, dass der Kaufpreis mithilfe von Fremdkapital/Darlehen gestemmt wurde, das nicht selten über einen **Debt Push-down** dann innerhalb der Firma bilanziert wird. Ein **MBI** (**Management Buy-in**) schließlich steht dafür, dass die Mehrheitsübernahme mithilfe eines externen Managements realisiert wurde, das nach dem Kauf auch die Führung der Unternehmung übernimmt. Während Letzteres tatsächlich meist für einen erfolgreichen Exit steht, kommt der Owner Buy-out bzw. Employee Buy-out meist dann ins Spiel, wenn externe Investoren oder Mitgesellschafter nicht mehr an einen Erfolg glauben, dem Gründer und seinem Team jedoch die Chance geben, das Startup nun mit eigener Vision fortzuführen.

Cap	Obergrenze

Ein Cap regelt die Obergrenze von bestimmten Parametern (z. B. Zinsen oder Bewertungen) bei Finanzierungsverträgen. Im Startup-Bereich kommen Caps meist bei **Wandeldarlehen** zur Geltung, wenn der Darlehensgeber verlangt, dass er bei der Wandlung des Darlehens in Anteile im Rahmen einer Finanzierung diese zu einer geregelten maximalen Bewertungshöhe erhält, ganz gleich, wie viel andere Investoren bei derselben Finanzierungsrunde dafür zahlen müssen. Liegt z. B. hier der Cap im Wandeldarlehensvertrag bei einer Bewertung von 2 Mio. Euro, während die offizielle Bewertung 5 Mio. Euro beträgt, erhält der Darlehensgeber seine gewandelten Anteile zu einem erheblich günstigeren Preis. Während derartige Cap-Regelungen für frühe (Fremd-)Kapitalgeber extrem attraktiv sein können und Startup-Gründern als Incentivierung dienen, können sie auch eine erhebliche Gefahr für das Zustandekommen späterer Finanzierungsrunden darstellen, wenn spätere Investoren nicht einsehen wollen, dass ein früherer Kapitalgeber dieselben Anteile für einen Bruchteil des neu verhandelten Preises erhalten soll.

Capital Increase	Kapitalerhöhung

Die Kapitalerhöhung ist im Startup-Kontext das eigentliche Endziel des **Fundraisings**, bei dem das Unternehmen neue Gesellschafter gegen Zeichnung neuer Anteile aufnimmt. Ein kleiner Teil des frischen Kapitals fließt dabei ins Stammkapital, während der Löwenanteil in die Kapitalrücklagen aufgenommen wird. Die Kapitalerhöhung wird beim sog. **Signing** beschlossen, nachdem die Konditionen der Finanzierungsrunde ausgehandelt wurden (s. a. **Negotiation Phase**). Die eigentliche Finalisierung der Finanzierungsrunde findet jedoch erst dann statt, wenn alle Investoren die vereinbarten Gelder eingezahlt haben und die Kapitalerhöhung beim Handelsregister eingetragen wurde (s. a. **Closing**).

Cap Table	Kapitalisierungstabelle

Ein Cap Table gibt – meist in Form einer Excel-Tabelle – an, wie sich die Anteile eines Startups auf die diversen Gesellschafter verteilen. Dabei geht es nicht nur um die statische Abbildung jetziger Anteile, sondern auch und vor allem darum, welche Konsequenzen gewisse Bewertungen oder Konditionen (z. B. Vorzugspreise bei der vorherigen Ausgabe von Wandeldarlehen) im Rahmen einer neuen Finanzierungsrunde auf die zukünftige Verteilung hätten. Damit wird das Cap Table auch zum Recheninstrument, mit dem der Gründer den geeigneten Zeitpunkt und die idealen Bedingungen für zukünftige Finanzierungsrunden – zumindest aus ihrer Sicht – hypothetisch simulieren können. Ein konkretes und typisches Beispiel wäre z. B. die

Frage: „Wenn wir in zwei Jahren eine **B-Runde** zu einer Bewertung von 20
Mio. Euro erreichen, wie viel Euro wären meine persönlichen Anteile dann wert?"

Carried Interest (Carry)	Gewinnbeteiligung

Unter Carry versteht man den (prozentualen) Anteil an dem Erlös aus Exit-
Verkäufen, der dem Management von **Venture Capital Funds** laufend oder nach
Ablauf der jeweiligen Fund-Laufzeit zufließt. Zum Hintergrund: In der Regel gehört
dem Management eines Venture Capital Fund das investierte Geld nicht selbst. Um
dieses Management zu einer besseren Fund-Performance zu incentivieren oder allzu
leichtsinniges Investieren zu verhindern, wird ein (Groß-)Teil der Managementver-
gütung an der Fund-Performance festgemacht, die sich i. d. R. hauptsächlich aus
den Exit-Erlösen der beteiligten Startups zusammensetzt. Neben einer Grundver-
gütung (der sog. **Management Fee**) erhält das Management also auch und vor
allem eine Vergütung aus den Exit-Erlösen, die weitere Regelungen wie z. B. einer
Hurdle Rate oder dem **Clawback** unterliegt.

Change of Control (CoC)	Kontrollwechsel (im Unternehmen)

CoC steht für ein Ereignis, bei dem eine Firma durch eine Neuordnung im Ge-
sellschafterkreis de facto einen neuen Mehrheitseigner erhält. In verschiedenen
Vertragsverhältnissen, die auf den ersten Blick nichts mit dieser Veränderung im
Gesellschafterkreis zu tun haben, z. B. bei Wandelverträgen oder bei **Vesting**- bzw.
ESOP-Regelungen mit den Gründern oder Mitarbeitern, löst ein solches Ereignis
dennoch bestimmte Neuregelungen aus. So kann ein CoC zur Folge haben, dass ein
Wandeldarlehensgeber schon vor Eintreten seiner eigentlichen Wandlungsoption
die Wandlung seines Darlehens in Anteile oder die Rückzahlung inklusive einer
Sonderprämie verlangen kann. Oder die Schlüsselmitarbeiter haben die Wahl, ihre
virtuellen Anteile schon vor Ablauf des eigentlich vereinbarten Vestings realisieren können.

Change of Ownership (CHOW)	Geschäftsübergang

Die Change of Ownership (CHOW) bezieht sich, wie auch der Begriff Change
of Control (CoC), auf neue (Mehrheits-)Eigentümersituationen innerhalb einer
Firma. Doch während der Terminus CoC hauptsächlich für eine neue Anteils- und
Kontrollmehrheit im Gesellschafterkreis steht, bezieht sich der Change of Owner-

ship tatsächlich auf einen Betriebsübergang, z. B. im Rahmen eines Unternehmenskaufs. Dies bedeutet, dass die Firma nun auch operativ durch den neuen Eigentümer bzw. Mehrheitsgesellschafter geführt wird.

Clawback	Rückzahlungsverpflichtung (des Carried Interest)

Eine Clawback-Vereinbarung regelt im Rahmen von Venture Capital Funds, ob und wie hoch das Management bereits erhaltene Ausschüttungen im Rahmen des **Carried Interest** wieder zurückzahlen muss, wenn in der weiteren Laufzeit des Funds dessen Gesamtrendite durch gescheiterte Beteiligungen erheblich sinkt, z. B. unter einer zuvor vereinbarte **Hurdle Rate**. Diese Regelung verhindert, dass erste größere Erfolge (z. B. ein **Unicorn-Exit**) für eine überdurchschnittliche Ad-hoc-Erfolgsvergütung des Fund Management sorgen, die eigentlichen Geldgeber des Funds (**LPs**) jedoch durch weitere zahlreiche Fails eine weitaus schlechtere Durchschnittsrendite erhalten.

Cliff	Minimale Halteperiode für das Vesting

Das sog. Cliff regelt in den Mitarbeiter- oder Gründerbeteiligungsverträgen, wie lange ein Mitarbeiter bzw. Gründer mindestens im Unternehmen beschäftigt sein muss, um überhaupt einen Anteil am Unternehmen zu erhalten. Im Zusammenhang mit Gründerbeteiligungen entsteht hier oft Verwirrung, da die Gründer ja de facto bereits bei der Gründung des Unternehmens die Hauptanteilseigner sind. In der Regel wollen Investoren jedoch verhindern, dass Gründer zu früh ihre Beteiligung zu Geld machen oder dass Teams auseinanderbrechen und zerstrittene Schlüsselmitarbeiter das Unternehmen samt ihrer Anteile verlassen. Durch ein Cliff wird folglich geregelt, nach wie vielen Monaten/Jahren derlei Anteile wirklich in das Eigentum der Gründer bzw. Mitarbeiter übergehen. Da das deutsche GmbH-Recht einen derartigen Eigentumsvorbehalt nicht vorsieht, wird hier im Vertragsbereich mit ausweichenden Mitteln wie Einziehungsrechten oder Andienungspflichten gearbeitet, die in der Praxis auf denselben Effekt hinauslaufen.

Closing	Geschäftsabschluss (nach Unterzeichnung)

Ein Closing bezeichnet den erfolgreichen und endgültigen Geschäftsabschluss nach(!) der Vertragsunterzeichnung (**Signing**). Hintergrund ist, dass z. B. bei Beteiligungsverträgen auch nach der eigentlichen Vertragsunterzeichnung zunächst die Einzahlung der versprochenen Finanzmittel bzw. die Änderungsnotiz im

Handelsregister erfolgen muss, bevor das Geschäft wirklich abgeschlossen ist. Gerade bei Geschäften oder Beteiligungen mit weit entfernten Partnern kann es hier nach dem Signing mitunter noch zu unangenehmen Überraschungen kommen, sodass das berühmte **Closing Dinner** denn auch aus gutem Grund erst bei voller und irreversibler Rechtswirksamkeit des getätigten Geschäfts abgehalten wird.

Club Deal	Syndiziertes Investment

In einem Club Deal schließen sich mehrere Investoren oder Business Angels zu einem gemeinschaftlichen Investment zusammen. Bedingt ist dies z. B. dadurch, dass einzelne Investoren nicht bis zur vollen Höhe des benötigten Kapitals gehen wollen, sich in der laufenden Kontrolle des Unternehmens kapazitär überfordert sehen oder aus Vertrauensgründen weitere, ihnen bekannte und genehme Investoren an Bord haben wollen, die mitunter auch eine operative Tätigkeit im Beirat oder sogar im Management übernehmen. **Club Deals** können hier unter den Investoren quasi per Handschlag ablaufen oder sogar innerhalb eines eigenen, neu gegründeten **Investmentvehikels (SPV)**, in dem alle Anteile der einzelnen Investoren gebündelt werden.

Co-Investment	-

Ein Co-Investment bezeichnet ein Investment, bei dem der genannte Investor weder die Kapitalmehrheit des benötigten Investments aufbringt noch i. d. R. ein selbstständiges direktes Investment-Controlling seines eingesetzten Kapitals übernimmt. Dies macht Co-Investments für die untergeordneten Kapitalgeber neben dem Vorteil eines gemeinschaftlichen **Risiko-Splittings** auch zu einer Vertrauenssache, die i. d. R. vom Renommee und der Erfolgsgeschichte des Lead-Investors getrieben wird. In der Startup-Welt ist es nicht ungewöhnlich, dass das Fundraising hier deutlich an Fahrt gewinnt, wenn ein renommierter Lead-Investor gefunden ist, dem sich weitere Verhandlungspartner, die bis dato zurückhaltend waren, nun plötzlich als **Co-Investoren** anschließen.

Collateral	(Kredit-)Sicherheit

Unter einem Collateral versteht man i. d. R. eine Sicherheit (z. B. Immobilien), die von einem Darlehensnehmer als Sicherheit für einen möglichen Kreditausfall gestellt wird. Da im Startup-Bereich derartige Sicherheiten begrenzt sind, gibt es spezielle Förderdarlehen, bei denen Landes- oder Förderbanken diese Kreditsicherheiten übernehmen. Entgegen üblichen Meinungen bedeutet dies jedoch nicht, dass ein Kreditausfall für die Gründer*innen keine Auswirkungen hätte – die Förderinstitute sorgen hier lediglich für ein Zustandekommen des Kredits, aber nicht für einen Blankoscheck im Fall eines Zahlungsausfalls.

| Comfort Letter | Patronatserklärung |

Unter einem Comfort Letter versteht man i. d. R. ein Dokument, in dem bestimmte Sachverhalte und Angaben von Unternehmensgründern, z. B. zu Umsätzen, erstellten Jahresabschlüssen und Vermögenslagen einer Firma, „offiziell" durch einen Wirtschaftsprüfer o. Ä. bestätigt werden. Dies geschieht z. B. im Rahmen eines Börsengangs, bei dem noch vor Ausgabe eines öffentlichen Wertpapierprospekts bzw. der Bekanntgabe des IPOs erste Lead-Investoren gefunden und eingebunden werden sollen. Seltener dient der Comfort Letter auch als Ersatz für eine Due Diligence in sehr frühen Unternehmensphasen, z. B. bei einer **Seed-Finanzierung**.

| Committed Capital | Zugesagtes Kapital |

Im Startup-Bereich versteht man unter Committed Capital den Betrag, den ein Investor bzw. mehrere Investoren in der Summe tatsächlich innerhalb einer Finanzierung bereitstellen wollen. Innerhalb des Fundraisings fragen neu angesprochene Investoren daher regelmäßig nach dem Kapital, das bereits „committed" (dt. verpflichtet) wurde. Dabei unterscheidet man auch zwischen sog. **Soft Commitments**, bei denen lediglich eine erste Bereitschaft für eine bestimmte Summe angezeigt wurde, und **Hard Commitments**, die im Rahmen von **LoIs**, **MoUs** oder anderen Dokumenten bereits schriftlich angekündigt wurden. Gründer sollten sich jedoch bewusst darüber sein, dass auch bei Hard Commitments in Form nicht rechtsbindender Verträge jederzeit noch unangenehme Überraschungen und Enttäuschungen drohen können.

| Conditional Offer | Bedingtes Angebot |

Ein Conditional Offer ist ein (meist von Investoren ausgesprochenes) Angebot, einem Startup unter Einhaltung bestimmter Bedingungen frische Finanzierungsmittel bereitzustellen. Diese Bedingungen können z. B. ein Zeitfenster sein, um ein Investment zu eher investorenfreundlichen Konditionen mithilfe eines Ablaufdatums besser verhandeln zu können. Aber auch die Bedingung, z. B. weitere Investoren mit einer Mindestgesamtsumme an **(Soft/Hard) Commitments** zu finden, gehört zur gängigen Praxis, ebenso wie die Forderung, ein Investment an bestimmte Umsatzziele oder das Erreichen anderer Milestones zu knüpfen.

Conversion Option	Wandeloption

Eine Conversion Option bedeutet das Recht, einen Anspruch innerhalb eines Vertrags (z. B. Kreditvertrags) in einen anderen Anspruch (z. B. auf Firmenanteile) zu wandeln. Dieses Wandlungsrecht spielt im Startup-Bereich insbesondere bei Wandelverträgen eine tragende Rolle. Conversion Options kommen jedoch z. B. auch im Versicherungsbereich bzw. im Kreditwesen vor, bei dem in bestimmten Fällen wahlweise auf andere Vermögenswerte des Kreditnehmers zurückgegriffen werden kann.

Convertible Loan/Convertible Note (CN)	Wandeldarlehen

In der Startup-Praxis stehen Convertibles i. d. R. für Wandeldarlehen, die von einem Kapitalgeber zunächst als verzinsliches und rückforderbares Darlehen (Fremdkapital) ausgegeben werden, im Rahmen von zukünftigen Finanzierungsrunden oder anderer **Liquidity Events** jedoch mit einem Wandlungsrecht (**Call Option**) versehen sind, um das ursprünglich ausgegebene Darlehen in Eigenkapital in Form von Unternehmensanteilen zu wandeln. Convertibles haben sich in der Praxis als sehr beliebtes und effektives Finanzierungsinstrument erwiesen. Zum Ersten können langwierige Diskussionen über eine Firmenbewertung erst einmal entfallen bzw. verschoben werden, da die Wandlung der Anteile erst im Rahmen einer offiziellen Finanzierungsrunde stattfindet. Zum Zweiten entfällt auch der aufwendige Gang zum Notar, da innerhalb des Gesellschafterkreises keine Veränderung stattfindet. Zum Dritten ermöglicht ein Convertible gerade für Investoren in Früh- oder Krisenphasen, ihre Finanzspritze individuell und z. T. extrem investorenfreundlich zu verhandeln, z. B. mithilfe von **Discounts** oder **Caps**, und dabei immer auch auf eine volle Rückzahlung des Darlehens pochen zu können.

Corporate Venture Capital (CVC)	-

Corporate Venture Capital (CVC) ist eine Sonderform der Venture-Capital-Finanzierung, bei der nicht nur die investierten Fonds-Gelder aus dem Vermögen großer Unternehmen (meist börsennotierte Konzerne) stammen, sondern das Investmentteam zusätzlich angehalten ist, diese Investments ebenso im Rahmen einer vorgegebenen Konzernstrategie (z. B. industrie- oder technologiegebunden) zu investieren. In der Praxis hat sich CVC, gerade für die Startups, als zweischneidiges Schwert erwiesen. Zum einen führt die vorgegebene Strategie des Corporates nicht selten zu Einmischungen ins operative Startup-Management bzw. zur Abhängigkeit von Kooperationen. Zum anderen ist gerade CVC, sofern dies vorab nicht ausdrücklich in entsprechenden Beteiligungsverträgen geregelt wurde, oftmals ein Hemmschuh für weitere, freie Venture Funds, in diese Startups zu investieren, da gerade im Erfolgsfall sehr unterschiedliche Interessen hinsichtlich eines Exits, z. B. im Rahmen eines **Trade Sale** an weitere Konzerne, vorherrschen.

Covenant	Bedingende Schutzklausel

Sogenannte Covenants dienen als Schutzklauseln innerhalb von Rechtsdokumenten, z. B. Kredit- oder Beteiligungsverträgen. Sie dienen beispielsweise dazu, Venture-(Debt)-Kapitalgeber vor Fehlangaben durch die Gründer zu schützen oder nach einem – auch unverschuldeten – Bruch (**Breach**) dieser Auflagen neue, z. T. auch weitreichende Rechte einzuräumen. Typische Covenants beziehen sich beispielsweise auf Parameter wie Eigenkapitalquoten, Liquidität oder Kapitaldienstfähigkeit, die bei Unter- bzw. Überschreitung gewisser Schwellenwerte (**Floor, Cap**) dem Kapitalgeber ein außerordentliches Kündigungsrecht einräumen. Aber auch die Performance des Startups (z. B. anhand von Umsatzzahlen) kann ein Covenant in einem Beteiligungsvertrag darstellen, bei dem im Rahmen eines Klauselbruchs ein vorherig vereinbarter Anteilspreis nachträglich reduziert wird. Im Rahmen von sog. **Cross-Default Covenants** kann ein Kapitalgeber darüber hinaus vereinbaren, dass ihm im Fall eines Covenant Breach mit anderen Vertragspartnern dieselben Rechte zustehen wie den Vertragspartnern selbst, auch wenn die einzelnen Covenants dieser Partner nicht direkt in seinem Vertrag enthalten sind.

Cover Letter	Begleitschreiben

In einem Cover-Letter (heute überwiegend in E-Mail-Form) werden die wichtigsten Eckpunkte z. B. eines Investment Proposal oder Pitch Deck noch einmal knackig für den Adressaten (z. B. Business Angel) zusammengefasst. Das Erstellen solcher Anschreiben im Startup-Bereich ist eine Kunst für sich und sollte neben kompakten(!) Angaben zum Team und zum Vorhaben auch erste nennenswerte Erfolgserfahrungen beinhalten. Es empfiehlt sich gerade bei Erstansprachen im Seed-Bereich, solche Anschreiben zunächst einmal zu trainieren und ggf. Feedback von erfahreneren Gründern einzuholen.

Cram-down	Außerordentliche Verwässerung

Bei einem Cram-down werden Altinvestoren im Rahmen einer neuen (meist krisenhaften) Finanzierungsrunde gezwungen, einen (Groß-)Teil ihrer früheren vertraglichen Rechte (z. B. im Rahmen der Liquidationspräferenzen oder Vorkaufsrechte) komplett oder teilweise aufzugeben. Dies geschieht meist dann, wenn ein Startup unter den alten Konditionen keinen neuen Investor finden konnte und sich ein neuer (Krisen-)Kapitalgeber für einen Einstieg ein gänzlich neues Setting ausbedingt. Dabei muss ein Cram-down nicht zwangsläufig mit einer schlechteren Bewertung (**Down Round**) einhergehen. In der Regel aber geschehen Cram-downs meist im Rahmen einer Krisen- bzw. Restrukturierungsfinanzierung zu einer deutlich gesunkenen Unternehmensbewertung, bei der z. B. ein Sanierer in das Unternehmen einsteigt und im Vorfeld ausgeschlossen werden soll, dass einzelne (Klein-)Gesellschafter diese Sanierung durch unangemessene Forderungen verhindern können.

Crowd-Investment	-

Crowd Investment ist eine Spezifikation des Crowdfundings, bei der die bereitgestellten Gelder der Crowd dem Startup als echtes Eigenkapital dienen, d. h. dass jeder Kleininvestor über ein entsprechendes Vehikel (**SPV**) wirklich auch Anteilseigner der Firma ist. Diese Form des Crowdfundings ist, vor allem aus Gründersicht, mit gewissen Schwierigkeiten behaftet, da die Investoren bzw. die Verwalter des SPV, wie jeder andere Gesellschafter auch, gesetzlich festgeschriebene Rechte haben, so z. B. ein Stimm- und Vetorecht bei Gesellschafterversammlungen bzw. ein Einsichtsrecht in unternehmerische Daten. Gerade bei Crowdfundings, bei denen sich angekündigte Produkte wie z. B. Hardware nach dem Funding verzögern oder fehlerbehaftet sind, kann diese Konstruktion zu empfindlichen Problemen führen, da die Crowd in diesem Fall nicht nur als enttäuschter Konsument auftritt, sondern auch als mächtiger (Teil-)Inhaber der Firma, der im Zweifelsfall über das weitere Wohl und Wehe der Firma mitentscheiden kann.

Crowd-Lending	-

Crowd Lending ist eine Spezifikation des Crowdfundings, bei der das eingesammelte Kapital in Form eines Darlehens an das Startup ausgegeben wird. Um eine bilanzielle Überschuldung und generell die Macht der einzelnen Darlehensgeber einzuschränken, wird dieses meist als nachrangiges **Mezzanine-Kapital** ausgegeben. Dies bedeutet, die Rückvergütung der Crowd (neben sog. Payment in Kind in Form von angekündigten Produkten) ist allgemein an den Unternehmenserfolg gekoppelt und erlischt im Fall einer Insolvenz ohne weitere Ansprüche, z. B. an das Privatvermögen der Gründer.

Crowdfunding	-

Crowdfunding steht für eine Sonderform der Startup-Finanzierung, bei der sich zahlreiche Kleininvestoren (die Crowd) im Rahmen eines Finanzierungsprojekts zusammenfinden, um durch eine Akkumulation relativ kleiner Beträge eine am Ende doch ausreichende Summe bereitstellen zu können. In der Regel findet ein Crowdfunding über entsprechende Anbieter-Plattformen statt, die sowohl die (rechtliche und operative) Organisation der Finanzierung als auch einen Marketing-kanal hierfür anbieten. Damit wird das Crowdfunding oftmals auch mit der Absicht verbunden, nicht nur Kapital, sondern auch Aufmerksamkeit für ein Produkt zu ge-nerieren und diese ersten Erfolge auch weiteren institutionellen Investoren als **Proof of Concept** zur Verfügung stellen zu können. Nicht selten haben sich Crowd-funding-Kampagnen in der Vergangenheit als reines Finanzierungsinstrument als schwierig erwiesen. Sei es, dass angekündigte Produkte nur mit großer Verspätung oder Bugs geliefert wurden, oder dass sich der Investmenterfolg nach Abzug aller Vermittlungs- und PR-Kosten, und vor allem im Vergleich zu den **Opportunitäts-kosten** der Gründer, als nicht wirklich rentabel erwies.

Crowdsourcing	-

Unter Crowdsourcing werden unternehmerische Instrumente verstanden, die einen Teil der operativen, vertrieblichen oder entwickelnden Arbeit von Startups an eine Vielzahl externer Zuarbeiter (Crowd) auslagern. Ein prominentes Beispiel ist das Internet-Lexikon Wikipedia, das zum Großteil von der Arbeit externer, un-bezahlter Dritter getragen wird, die einzelne Einträge erstellen oder aktuell korri-gieren. Dies gilt auch für viele Support-Foren, wo einzelne User – im offiziellen Namen einer Firma – weiteren Nutzern Tipps bei Problemen geben. Als weiteres Beispiel seien groß angelegte Produkttests von noch nicht finalisierten Produkten (z. B. Computerspielen) genannt, bei denen von der Crowd nicht nur technische Bugs zurückgemeldet werden, sondern auch inhaltliche Schwächen oder Ele-mente, die aufgrund großer Begeisterung ausgebaut werden sollen. Damit ver-schwinden Grenzen innerhalb der klassischen Definition einer Wertschöpfungs-kette. Nutzer können hier plötzlich auch zu Lieferanten werden – und umgekehrt. Als Nachteil bzw. Gefahr des Crowdsourcings sei jedoch genannt, dass die Quali-täts- und Sicherheitskontrolle, vor allem bei kritischen Produkten wie Software, nun deutlich schwieriger gerät und im Zweifelsfall kritische Auswirkungen auf die Gesamtunternehmung haben kann.

Dead Pool	Startup-Friedhof

Der Dead Pool bezeichnet den meist inoffiziellen Friedhof eines VC-Portfolios, in dem sich gescheiterte Firmen bzw. Investments tummeln. Meist werden diese Firmen jedoch kurz nach ihrer Insolvenz von der Portfolio-Seite der VCs genommen, sodass nur durch eine entsprechende tiefergehende Recherche wirklich herausgefunden werden kann, welche dieser Investments tatsächlich gestorben sind.

Deal Breaker	Bruch der Vertragskonditionen

Ein Deal Breaker steht für die Nichterfüllung oder den Bruch einer Vertragsklausel oder Vereinbarung, aber auch für ein (nicht konformes) Verhalten, das einen Deal, z. B. ein Investment oder den Verkauf eines Startups, zum vorzeitigen „Platzen" bringt. Typische Deal Breaker sind z. B. öffentliche Verlautbarungen eines Vertragspartners vor dem eigentlichen Signing, bewusste Falschinformationen bei der **Due Diligence**, aber auch mangelndes Engagement eines Gründers.

Deal Flow	Zufluss an Neugeschäft

Der Begriff Deal Flow bezeichnet, wie viele – und vor allem wie viele brauchbare – Anfragen in Form von Pitch Decks oder (Co-)Investmentofferten bei einem VC innerhalb seines Tagesgeschäft eingehen. Denn nicht nur Startups brauchen Investoren – dies gilt auch umgekehrt. Am Deal Flow eines VC zeigt sich folglich auch sein Standing in Sachen Renommee und Bekanntheit, und so ist er langfristig auch ein Garant für die Neuauflage seines Funds (s. a. **Track Record**).

Deal Lead	Konsortialführer

Unter Deal Lead versteht man die Person (oder Investmentfirma), die innerhalb einer Finanzierungsrunde die Führung der Kommunikation und Organisation auf der Kapitalgeberseite übernimmt. Während der Lead Investor meist auch den größten Geldbetrag bereitstellt, muss der Deal Lead nicht immer zum größten Kapitalgeber gehören. Mitunter sind es auch kleinere Investoren bzw. Venture Capital Funds, die stark an ein Startup glauben und dann parallel zu den Gründern auch die Ansprache und Koordination weiterer Kapitalgeber mitorganisieren.

Deal Structure	Deal-Struktur

Innerhalb der Deal Structure wird der zeitliche, finanzielle und rechtliche Ablauf einer (gemeinschaftlichen) Finanzierung geregelt. Sie kann z. B. einen Mix aus Eigen- und Fremdkapitalzufuhr beinhalten, die Abfolge von Teilzahlungen

(**Drip Feed**) oder bestimmte Konditionen und Sonderrechte. Während in einem SPA alle Details geregelt sind, dient die **Deal Structure** zumeist als grober Überblick, z. B. für neu angesprochene Investoren, die z. B. hören möchten, ob bereits weitere prominente VCs oder Business Angels an einem Deal teilnehmen und welche Gesamtsumme zu welcher Bewertung vereinbart wurde.

| Debt Financing | Fremdfinanzierung |

Debt Financing steht übergreifend für die Finanzierung von Firmen durch Fremdkapitalinstrumente wie z. B. klassische Hausbankkredite oder Unternehmensanleihen. Im Startup-Bereich kommt jedoch mithilfe des **Venture Debt** ein relativ neues Instrument hinzu, bei dem die prozentuale Rückzahlung bzw. Vergütung eines klassischen Darlehens (d. h. ohne die Ausgabe offizieller Gesellschaftsanteile) hauptsächlich an die zukünftige Umsatzentwicklung gekoppelt ist. Dies soll verhindern, dass ein Startup, welches i. d. R. keine Sicherheiten stellen kann, aufgrund eines festen Kreditvertrags in akute Zahlungsunfähigkeit gerät und somit die Insolvenzanmeldungspflicht greift. Im Gegenzug wird jedoch ein prozentualer Umsatzanteil verlangt, der in der Höhe nicht selten dem Anteil klassischer Marketingkosten entspricht und in der Laufzeit so strukturiert ist, dass der Venture Debt-Geber für sein Risiko überdurchschnittlich vergütet wird (s. a. **Money Multiple**). Während diese Konstruktion des Venture Debt meist für skalierbaren eCommerce mit ausreichend bewiesener Marktakzeptanz angewandt wird, kommt er in der Frühphasenfinanzierung von Startups bzw. in entwicklungsintensiven Branchen nachvollziehbarerweise kaum zum Einsatz.

| Dilution | Verwässerung |

Der Begriff der Dilution bezieht sich auf die sog. Verwässerung der (Alt-)Gesellschafter im Rahmen neuer Finanzierungsrunden, die beinhaltet, dass ein Gesellschafter mit einem festen Anzahl an Anteilen im Laufe jeder **Kapitalerhöhung** in Form von neuen Anteilsausgaben einen immer geringeren prozentualen Anteil an der Firma besitzt. Zur Erläuterung: Innerhalb von Finanzierungsrunden erhalten Startups ihr frisches Kapital nicht, wie zuweilen angenommen, durch den Verkauf alter Anteile der Gründer an die Neugesellschafter, sondern durch Ausgabe neuer Anteile zu einem festgelegten **Anteilspreis**. Der Hintergrund ist einfach zu verstehen: Nachdem sich die Anteile der Gründer in ihrem privaten Besitz befinden, würde das Kapital aus einem einfachen Anteilsverkauf den Gründern privat zufließen, nicht aber, wie von den Investoren beabsichtigt, dem Unternehmen. Folglich findet die Finanzierung im Rahmen einer sog. Kapitalerhöhung statt, bei der vom

Unternehmen neue Anteile zu einem vorher definierten Anteilspreis an die Neu-
investoren ausgegeben werden. Dies bedeutet jedoch auch, dass der Gesamtwert
des Unternehmens, z. B. bei einem Exit, im Zuge des **Startup-Lebenszyklus** auf
immer mehr Anteilseigner verteilt wird. Während ein Anteilseigner mit 5000 Anteilen zu Beginn einer GmbH-Gründung (i. d. R. mit insgesamt 25.000 Anteilen)
noch 20 % am Unternehmen hält, sind es nach einer Kapitalerhöhung mit einer
Neuausgabe von 10.000 Anteilen nur noch ca. 14 %. Diese Verwässerung bzw. Dilution sagt jedoch nichts über einen tatsächlichen Wertverlust aus, im Gegenteil:
Nachdem sich im Laufe einer Startup-Entwicklung auch der Gesamtwert des Startups mitunter radikal erhöht, können 5 % innerhalb eines überragenden Exits oft
mehr wert sein als 20 % bei einem nur mittelmäßigen Firmenverkauf. Nichtsdestoweniger schauen Gründer, aber auch Investoren i. d. R. reflexartig auf ihre mögliche Verwässerung, wenn es zu Bewertungsdiskussionen im Zuge neuer Finanzierungsrunden kommt. Über weitere Instrumente wie die sog. **Liquidation Preferences** und andere Werkzeuge lässt sich die Aufteilung eines möglichen
Exit-Erlöses **(Waterfall)** jedoch noch weiter verfeinern und sorgt nicht selten für
Überraschungen bei unkundigen Gesellschaftern, die trotz höherem prozentualem
Anteil am Ende doch weniger erhalten als andere Gesellschafter mit geringerem
Prozentsatz, aber besserem Investmentvertrag (**SPA**).

Dilution Protection (Provision)	**Verwässerungsschutz**

Eine Dilution Protection ist regelmäßiger Bestandteil von Beteiligungsverträgen und beinhaltet einen Schutz von Investoren bei sog. **Down Rounds**, also
Finanzierungsrunden, bei denen die aktuelle Firmenbewertung (deutlich) unter
jener der vorherigen Finanzierungsrunde liegt. Sie soll verhindern, dass Altinvestoren, die i. d. R. ein höheres Risiko tragen, von einer schlechten Startup-
Performance in Mitleidenschaft gezogen werden, während sich neue Investoren
dann günstig unter Preis einkaufen können. Diese Schutzmechanismen können im
Zweifelsfall über nachträgliche Anteils-Bezugsrechte zum Nennwert (1 Euro) bei
folgenden Finanzierungsrunden gestaltet werden, die den Altinvestor in Summe so
stellen, als wäre er zum niedrigeren Kurs der Down Round eingestiegen, oder über
Anteils-Abtretungsverpflichtungen der Gründer an die Altinvestoren. Ferner kann
ein voller Verwässerungsschutz (**Full Ratchet**) oder ein anteiliger Verwässerungsschutz (sog. **Weighted Average Anti-Dilution**) vereinbart werden. Derlei Ver-
wässerungsschutzklauseln können im Worst Case bei schlechter Ausgestaltung
heftige Anteilsverluste für die Gründer zur Folge haben, was aus Gründen der Incentivierung die Gewinnung neuer Investoren zusätzlich erschwert. Nicht zu verwechseln sind solche Klauseln jedoch weder mit der allgemeinen Verwässerung im

Rahmen von **Up-Rounds** zu einer höheren Bewertung, die im Beteiligungsgeschäft ganz normale Praxis sind, noch mit dem gesetzlich gesicherten Bezugsrecht von Altgesellschaftern, die immer das Recht haben, neue Anteile zum Nennwert zu kaufen, um sich vor Verwässerung zu schützen, von diesem Recht aber durch entsprechende Beteiligungsverträge Abstand nehmen müssen.

Discount	Preisabschlag

Ein Discount bedeutet einen Preisabschlag bzw. Nachlass auf einen regulären Kaufpreis. Während Discounts im Rahmen eines sog. Couponing (Rabattmarken-Ausgabe, z. B. in Zeitungen) heute vor allem in den USA als fester Teil von Geschäftsmodellen genutzt werden, bezieht sich der Ausdruck Discount im deutschsprachigen Startup-Bereich vor allem auf Abschläge auf Anteilspreise, z. B. im Rahmen eines **Wandeldarlehens**, dessen Geber einen Discount (i. d. R. um die 25 %) auf die Anteilspreise der nächste Runde erhält.

Double Bottom Line (DBL)	-

Das Konzept einer Double Bottom Line (DBL) kommt fast ausschließlich im **Impact Investing-** bzw. **Sustainable Startup**-Bereich zur Geltung. Es zielt darauf ab, unter dem Strich nicht nur den finanziellen Erfolg der Unternehmung z. B. in Form von Umsätzen oder Jahresüberschüssen zu messen, sondern auch anhand von nichtbilanziellen Erfolgskennzahlen wie z. B. CO_2 Ersparnissen, gespendeten Mahlzeiten, verhinderten Infektionen oder der Quadratkilometerzahl gereinigter Meeresoberflächen. Während diese Kennzahlen eine erhebliche Rolle im Erfolgs-Controlling von Impact Startups spielen, z. B. durch entsprechende Stiftungen im Investorenkreis, sind allgemeine Versuche, derlei Erfolgskennzahlen zum regelmäßigen, auch steuerlich messbaren Bestandteil von Unternehmenserfolgen zu machen, bis dato aufgrund ihrer Komplexität gescheitert.

Down Round	Investmentrunde mit Preisabschlag

Unter einer Down Round versteht man eine Finanzierungsrunde, deren **(Pre-Money/Post-Money-)**Bewertung unterhalb der Anteilspreise der letzten Kapitalerhöhung liegt. Erwartungsgemäß gehören Down Rounds nicht zum Idealfall eines Startup-Lebens. Sie treten jedoch nicht nur im Rahmen echter Misserfolge auf, sondern z. B. auch dann, wenn aufgrund der Popularität eines Gründers eine **Seed-Runde** mehrfach überzeichnet war und in der Folge des Markteintritts lediglich eine Korrektur erfolgte. Nichtsdestoweniger sollten Gründer darauf achten, auch im Fall euphorischer Frühfinanzierer genug Spielraum für eine weitere Bewertungserhöhung bei Folgefinanzierungen zu haben, da Down Rounds ein extrem schlechtes **Signaling** für die Zukunft abgeben.

Drag-along Rights	Mitverkaufsrechte

Drag-along Rights sind regelmäßiger Bestandteil von Beteiligungsverträgen und regeln das Recht für einzelne Investoren, bei einem externen Kaufangebot für ihre direkt gehaltenen Anteile auch andere Gesellschafter beim Verkauf mitziehen (engl. Drag) zu können. Während diese Rechte für Investoren in späteren Runden (z. B. **B-Rounds** und **C-Rounds**) essenziell sind, um außerhalb eines Börsengangs ihre Investmentrendite über einen (meist unabdinglichen) Total-Verkauf der Unternehmung realisieren zu können, ist gerade in frühen Phasen mit derlei Ausgestaltungen eher vorsichtig umzugehen. Sie können im Extremfall dazu führen, dass kleinere Business Angels nicht nur mitten auf der Strecke zu einem für sie ausreichenden Kurs aussteigen und damit das Ende des Startups markieren, sondern auch durch alleiniges (und bis dato ungenutztes) Festschreiben der genannten **Drag-along Rights** weitere Investoren abschrecken. Durch entsprechende **Andienungsrechte** im Beteiligungsvertrag können solche Szenarien zwar abgemildert werden, sorgen im Fall eines Ausstiegs jedoch regelmäßig für langwierige Querelen im Gesellschafter- und Gründerteam.

Drip Feed	-

Als Drip Feed bezeichnet man die gestaffelte Auszahlung einer Investment-Gesamtsumme an ein Startup. Dies ist manchmal mit dem Erreichen von bestimmten Milestones und etwaigen sequenziellen Preiskorrekturen begründet. Manchmal jedoch macht zu viel Geld auf dem Konto auch Gründer einfach zu gierig und sorgt für mangelnde Umsicht, z. B. bei der Ausstattung neuer Büros und der intensiven Ausgestaltung von Geschäftsreisen. Nicht zuletzt schützt ein Drip Feed auch Investoren vor einem Totalverlust ihres Investments, wenn sich nach den ersten Zahlungen bereits eine drohende Insolvenz abzeichnet.

Drive-by Deal	-

Unter einem Drive-by Deal versteht man i. d. R. eine Art Booster-Investment in beachtlicher Höhe durch einen institutionellen Investor mit der Absicht, durch enorm gesteigerte operative Aufwendungen in kurzer Zeit den Unternehmenswert zur Börsenfähigkeit zu treiben, um durch ein IPO in relativ kurzer Zeit eine über-durchschnittliche Rendite zu erwirtschaften. Während solche geradezu in Cowboy-Manier durchgeführten Drive-by Deals während der sog. New Economy dann auch ein Grund für die damalige Dot-Com-Blase waren, machen gezieltere Investments dieser Art heutzutage durchaus Sinn. Ein Beispiel hierfür kann sein, wenn nach einer **C-** oder **D-Runde** aufgrund der Wettbewerbssituation kein angemessener Käufer bzw. Exit Funnel existiert und die geeignete Road to Exit allein über einen IPO realisiert werden kann, der weitere Anforderungen an Umsatzgröße und Unternehmenswert stellt.

Dry Powder	Uninvestiertes Kapital

Der Begriff Dry Powder stammt aus der Zeit der Seekriege des 17. Jahrhunderts (im Sinne von genug trockenem Schwarzpulver in der bordeigenen Kriegskasse) und bezeichnet die Summe innerhalb eines Venture Fund, die von den **LP**s (Kapitalgebern) bereits zugesagt, durch die VC-Firma bzw. das entsprechende Management (**GP**) aber noch nicht abgerufen wurde. Während es auf den ersten Blick zunächst vorteilhaft erscheint, innerhalb einer Laufzeit eines Funds auch für die bestehenden Portfolio-Unternehmen „genug trockenes Pulver" zu haben, ist letzteres nicht selten ein zweischneidiges Schwert. Zum einen bedeutet dies auch, dass zum bisherigen Zeitpunkt des Funds nicht genügend attraktive Investmentziele (**Targets**) gefunden wurden, was teilweise etwas über die Startup-Szene, aber auch über den Deal Flow des VC aussagt. Zum anderen sinkt mit steigender Fund-Laufzeit auch der Renditedruck auf noch nicht eingesetzte Mittel, während die (Anteils-) Preise verbliebener attraktiver Targets weiter steigen.

Due Diligence (DD)	Sorgfältige (Unternehmens-)Prüfung

Mit dem Terminus Due Diligence wird im Rahmen einer Unternehmens- oder Finanztransaktion eine tiefergehende Prüfung des zu verkaufenden oder zu finanzierenden Unternehmens bezeichnet. Sie wird entweder durch entsprechende Servicer (z. B. eine Wirtschaftsprüfungsfirma) durchgeführt oder durch ein eigenes Team des Investors bzw. Käufers. Auftraggeber der DD ist zumeist der Käufer, da dieser i. d. R. für die entsprechende Sorgfaltspflicht im Rahmen der Transaktion verantwortlich ist, was allerdings nicht immer heißt, dass der Käufer bzw. Investor – vor allem im Fall eines Abbruchs – auch die Kosten der DD trägt. Regelmäßige Elemente der DD sind nicht nur die Prüfung und Validierung finanzieller oder bilanzieller Kennzahlen (**Financial DD** bzw. **Commercial DD**), sondern

z. B. auch mögliche unerkannte Produktrisiken, die Sicherung von Markenrechten, ungünstige Mitarbeiter- oder Lieferantenverträge aus Arbeitgeber- bzw. Erwerbersicht (**Legal DD** bzw. **HR DD**) sowie sog. Compliance-Themen wie z. B. Geldwäsche (**Regulatory DD**), Steuerschulden (**Tax DD**) oder – seltener – ökologische Langzeitrisiken, z. B. bei der Übernahme einer Tankstellenkette (**Ecological DD**). Während bei Letzterer die sog. Auditors (Prüfer) tatsächlich auch vor Ort sind, findet im Startup-Bereich die DD zumeist ausschließlich digital innerhalb eines sog. Digitalen Datenraums (**Data Room**) statt. Hier werden die (meist sensitiven) Unternehmensdokumente über einen Dritten für ausgewählte externe Prüfer innerhalb einer digitalen Aufsicht zugänglich gemacht, ohne dass sie ohne Weiteres heruntergeladen werden können. Während eine ausführlichere DD vor allem bei späten Finanzierungen wie einer **C-Runde** oder bei einem **IPO** eine Rolle spielt und mit empfindlichen Haftungsanforderungen verbunden ist, reicht bei normalen Startups meist eine Bereitstellung der gängigen Unternehmensinformationen und Erfolgsnachweise, üblicherweise ergänzt durch einen **Comfort Letter** eines WP.

Early Exit	-

Early Exit beschreibt einen (auch als Buchtitel veröffentlichten) systematischen Strategieansatz von Basil Peters, der darauf abzielt, mit gezielten Seed-Investments bereits in der Frühphase eines Startups einen Return on Investment durch entsprechende frühe Exits bzw. Anteilsverkäufe zu erzielen. Dieser Ansatz richtet sich vor allem an Business Angels, deren Investment lediglich einen **Proof-of-Concept** bzw. **Go-to-Market** realisieren soll und die weder an Fonds-Laufzeiten noch an feste **Investment Multiples** gebunden sind. Peters argumentiert, dass eine Wertsteigerung im Sinne eines **Money Multiple** (z. B. x 4) in frühen Phasen eines Startups leichter zu realisieren ist, und vor allem, dass eine weitere Wertsteigerung des jeweiligen Investments (nicht des Startups) auf der operativen Seite durch immer höheren Wachstumsaufwand, den Eintritt neuer Wettbewerber, auf der Kapitalseite zudem durch Liquidationspräferenzen neuer Investoren sowie durch allgemeine **Dilution** i. d. R. verhindert wird. Dieser Early Exit kann durch sog. **Secondary Sales** realisiert werden, also einen simplen Weiterverkauf der Anteile.

Early Stage	Anfangsphase, Frühstadium

Unter der Early Stage eines Startups versteht man eine Frühphase, in der eigene Produkte als **Minimum Viable Product** (**MVP**) vorliegen, und nun ein mit Testen und Optimieren verbundener Weg zum offiziellen Markteintritt angestrebt wird. In der Regel haben Early Stage-Startups bereits ein festes Team und erste, wenn auch geringere externe Finanzmittel erhalten.

| Earn-out Clause | Preisanpassungsklausel |

Unter einer Earn-out-Regelung versteht man eine Konstruktion, bei der die Verkäufer einer Firma (Startup) einen Teil ihrer Exit-Erlöse nicht vollständig und ad hoc, sondern erst im Verlauf weiterer Monate bzw. Jahre durch den Käufer erhalten. Dies kann mehrere Gründe haben: Zum einen möchte der Käufer sicherstellen, dass die Angaben der Verkäufer sowie abgegebene Garantien über das Startup zutreffen, bevor der volle Kaufpreis ausgezahlt ist (s. a. **Representations and Warranties**). Zweitens dient eine Earn-out-Regelung auch einer dynamischen und nachträglichen Kaufpreisanpassung, z. B. wenn ein Teil des Kaufpreises an die Umsatzentwicklung nach der Unternehmensübergabe gekoppelt ist. Drittens macht sowohl für den Käufer als auch das Gründerteam eine gestaffelte Auszahlung durchaus Sinn, weil sie sowohl die Liquidität des Käufers als auch (unter Umständen) die steuerliche Belastung der Gründer schont.

| Equity Financing | Eigenkapitalfinanzierung |

Equity Financing bezeichnet alle gängigen Instrumente einer unternehmerischen Eigenkapitalfinanzierung. Sie haben allesamt gemein, dass die Kapitalvergabe mit Eigentumsanteilen und ggf. Mitspracherechten an der Firma verbunden ist, während die entsprechende Rendite i. d. R. nicht über Zinszahlungen, sondern eine im Vorfeld vereinbarte Erfolgsbeteiligung (z. B. beim Exit) geregelt ist. Solche Eigenkapitalfinanzierungen haben stets den Vorteil, dass sie die Firma nicht mit festen Schulden belasten, die ein Startup selbst bei ansehnlichem Wachstum in die Überschuldung treiben können. Als Nachteil jedoch ist ihnen gemein, dass sie Kapitalgeber i. d. R. zu Miteigentümern der Firma macht, die die Strategie des Teams wie auch das Schicksal des gesamten Startups beeinflussen können. Zu einer Sonder- bzw. Mischform dieser Eigenkapitalfinanzierungen gehören sog. **Mezzanine-Instrumente**, die sowohl Eigenschaften von Eigen- als auch Fremdkapital aufweisen, jedoch – zumindest im VC-Bereich – nur eine stark untergeordnete Rolle spielen.

| Equity Kicker | Anreizvergütung durch Eigenkapital |

Als Equity Kicker bezeichnet man i. d. R. eine Incentivierung von Kapitalgebern (manchmal aber auch Teammitgliedern), zusätzlich zu einer festen Kompensation bzw. Vergütung auch in Form von Anteilen vom Unternehmenserfolg zu profitieren. Ein Equity Kicker wird z. B. bei Nachrangdarlehen eingesetzt, um neben einer Festverzinsung auch eine Komponente für entsprechende Über-renditen einzubauen, die z. B. an den Umsatz des Unternehmens oder seine (zu-künftige) Bewertung gekoppelt ist. Als echter Equity Kicker wird dabei eine tat-sächliche gesellschaftsrechtliche Beteiligung am Unternehmen in Form von An-teilen bezeichnet, während auf der Liquiditätsseite (erst einmal) kein Geld an die Begünstigten fließt. Im Fall eines sog. **Virtual Equity Kicker** (auch **Non-Equity Kicker**) fließen dagegen anstelle einer Unternehmensbeteiligung echte Zahlungen an die Begünstigten, z. B. in Form von Boni oder Sonderaus-schüttungen, die an im Vorfeld zu erreichende **Milestones** oder andere Events gekoppelt waren. Hier spricht man synonym auch von sog. Phantom Warrants bzw. **Shadow Warrants**, da der Equity Kicker in seiner Höhe und Ausgestaltung einer Anteilsbeteiligung ähnelt, aber nicht mit einem tatsächlichen Anteilsbesitz verbunden ist.

Equity Offerings	-

Während sich ein Equity Offering im allgemeinen Geschäftsleben auf das An-gebot bzw. die Ausgabe neuer Stammaktien von großen Unternehmen bezieht, ver-steht man im Startup-Leben darunter meist eine Offerte für neu rekrutierte Team-mitglieder, neben einer Gehaltsvergütung auch an der Wertsteigerung des Un-ternehmens bzw. seiner Unternehmensanteile zu partizipieren. Um hier die Ausgestaltung schon im Vorfeld transparent zu machen, ist für Startups zu empfeh-len, sich bereits früh über entsprechende Mitarbeiterbeteiligungsprogramme (**Em-ployee Stock Ownership Plan** bzw. **ESOP**) Gedanken zu machen. Nicht selten gibt es auch in Gründerteams intensive Debatten, wie und in welcher Form man zukünftige Mitarbeiter auch zu Miteigentümern an der Firma machen sollte. Mittlerweile ist diese Mitarbeiterbeteiligung gerade bei größeren Startups gang und gäbe, auch wenn das deutsche GmbH- und Steuerrecht die Ausgestaltung die-ser Beteiligungen nicht immer leicht macht.

Escrow	Treuhandkonto

Unter einem Escrow versteht man ein meist von einer Anwalts-, Steuer- oder Notarkanzlei verwaltetes Treuhandkonto. Es kommt beispielsweise dann zum Ein-satz, wenn neue Investoren, gerade aus dem Ausland, ihre Solvenz (Zahlungsfähig-keit) noch vor einer notariellen Kapitalerhöhung nachweisen sollen. Oder wenn nach einem Unternehmensverkauf ein Teil des Kaufpreises bis zum Ablauf vereinbarter Gewährleistungspflichten für den Verkäufer zwar hinterlegt, aber noch nicht zugriffsfähig gemacht werden soll. In Deutschland sind derlei Escrows relativ teuer und auch z. B. aus Sicht der Geldwäschegesetzgebung (GWG) relativ komplex, sodass sie im Startup-Leben nur im begründeten Einzelfall eingesetzt werden sollten.

Exit	Startup-Verkauf

Unter einem Exit versteht man den (mehrheitlichen) Verkauf eines Startups an eine neue Kontrollmehrheit. Während die meisten Exits immer noch in Form eines Verkaufs an sog. Strategen, d. h. große Unternehmen mit einer strategisch ausgerichteten Motivation (z. B. im Sinne einer Technologie-Eingliederung oder Portfolio-Komplementarität) erfolgen, sind in den letzten Jahren auch die Verkäufe an reine Finanzinvestoren (sog. **Trade Sale**) sowie entsprechende Börsengänge (**IPO**) als Exit-Kanäle gestiegen. Während Letztere tatsächlich nur für große Startups mit mindestens hoch zweistelligem, wenn nicht dreistelligem Millionenumsatz infrage kommen, spielen bei strategischen Käufen die dahinterliegenden **Assets**, d. h. einzelne Vermögenswerte wie eine neue Technologie oder ein kompetentes Team, eine entscheidende Rolle. In sehr seltenen Fällen wird der Exit auch in Form eines Rückkaufs der Anteile von Fremdgesellschaftern durch den Gründer realisiert, der nach dieser Bereinigung das Startup mit einer neuen Strategie weiterführen will.

Exit Route	-

Unter einer Exit Route, **Exit Strategy** oder **Road to Exit** versteht man nicht nur den rechtlichen und steuerlichen Weg zum Exit auf den letzten Metern bis zu einem Verkauf, sondern auch eine gründliche Klärung in der Frühphase des Startups, auf welchem Weg zukünftige Investoren ihre finalen Renditen aus einem Anteilsverkauf realisieren können. Gerade institutionelle Investoren wie **VCs** investieren nur dann, wenn es für das Produkt oder das Tätigkeitsfeld eines Startups auch wirklich einen ausreichend großen und starken Käufermarkt gibt. Dementsprechend werden bei einer Investitionsentscheidung neben üblichen Risiken (wie z. B. einem fehlenden **Product Market Fit**) auch verkaufsseitige Risiken geprüft, z. B. ein Eintritt zukünftiger Wettbewerber, regulatorische Hindernisse oder ein geringer Käufermarkt. Es lohnt sich daher für Gründer immer, bereits im Vorfeld neben den Käufern ihrer Produkte auch immer an mögliche Käufer ihrer Unternehmung zu denken, um bei Diskussionen mit Investoren passende Antworten für eine mögliche Exit Route abgeben zu können. Nicht zuletzt sollte bei einer Road to Exit immer auch auf die Laufzeit der verschiedenen eingebundenen **Venture Capital Funds** geachtet werden, um die diversen internen und externen Zeitfenster für einen möglichen Exit auszubalancieren.

Exit Window	-

Von einem Exit Window spricht man entweder dann, wenn sich Gründer und Investoren, z. B. im Rahmen einer Finanzierung bzw. eines **SPA**, über einen Zeitplan des geplanten Verkaufs des Startups abstimmen, z. B. weil der Fonds eines Investors nach einer bestimmten Zeit abläuft oder wenn überraschend, z. B. zum Start der Wachstumsphase, ein unerwartetes Angebot eines potenziellen Käufers vorliegt.

Finder's Fee	Provision, Vermittlungsgebühr

Eine Finder's Fee, wörtlich übersetzt „Findergebühr" (seltener auch als **Referral Income** oder **Referral Fee** bezeichnet), ist eine Vermittlungsprovision, die i. d. R. an eine private Person fließt, welche ein Geschäft oder ein Transkation mit Dritten ermöglicht hat, z. B. ein Investment über Kontakte aus dem privaten oder geschäftlichen Netzwerk. Gerade beim Fundraising in der Frühphase spielen solche Finder's Fees immer wieder eine Rolle und betragen i. d. R. 2 % bis maximal 5 % der angestrebten Transaktion, sind aber i. d. R. mit äußerster Vorsicht zu betrachten. Zum einen verdienen echte Business Angels ihr Geld nicht mit dem Vermitteln von Kapital anderer, sondern eigenen Investments. Zum anderen tummeln sich in diesem Segment einer Fee-basierten Kapitalsuche viele Personen ohne echtes, belastbares Netzwerk, die mit ungezielten Ansprachen Dritter dem Ruf des Startups eher schaden als nutzen. Nicht zuletzt sehen es auch seriöse Investoren ungern, wenn von ihrem Investment in ein Startup sofort wieder ein Teil des Geldes für vergangene Vermittlungstätigkeiten abgezogen wird.

Firesale	Notverkauf

Unter einem Firesale versteht man den (Not-)Verkauf eines Startups an einen externen Käufer, z. B. aufgrund akuter Liquiditätsprobleme. Dabei handelt es sich nicht um einen Exit im klassischen Sinne, da der Kaufpreis i. d. R. deutlich unter der Bewertung der letzten Runde liegt (s. a. **Down Round**) und sowohl dem Team als auch den Investoren einen Großteil der in den Beteiligungsverträgen ausgehandelten Rechte und Erlösansprüche verloren geht (s. a. **Cram-down**). Nicht selten ist der Firesale die letzte Möglichkeit, ein Startup außerhalb eines drohenden

Insolvenzverfahrens schnellstmöglich loszuwerden. In Wirklichkeit jedoch sprechen auch viele Gründer aus Gründen der Gesichtswahrung immer noch von einem
Firesale, während der Verkauf ihres Startups tatsächlich aus einem Insolvenzver-
fahren mit einhergehendem Totalverlust der Unternehmung heraus getätigt wurde.

First Stage/Early Stage (Financing)	Erstfinanzierung

Die First Stage- bzw. Early Stage-Finanzierung bezieht sich auf Investments in
der Frühphase eines Startups. In der Regel werden hierbei die Entwicklung zur
Marktreife sowie der erste Markteintritt finanziert (s. a. **Proof-of-Concept**). Inner-
halb dieser Frühphasen fallen die entsprechenden Unternehmensprüfungen (s. a.
Due Diligence) und Beteiligungsverträge (**SPA**) einfacher aus als in späteren Pha-
sen und auch der Investorenkreis ist i. d. R. ein anderer (s. a. **Business Angel**).
Nicht selten kommen hier Mischformen aus eigenen Mitteln, Friends & Family,
Stipendien bzw. Fördermitteln und auch Wandeldarlehen zum Einsatz, bis ein
MVP bzw. Proof-of-Concept erreicht wird, der eine valide Bewertung und den
Einstieg institutioneller Investoren möglich macht.

Flat-Round	-

Eine Flat Round bezeichnet eine Finanzierungsrunde zum ähnlichen Anteilspreis
der vorausgegangenen Runde. Während jedoch ein sog. **Secondary Signing**, d. h. ein
Nachzeichnen von Anteilen zum Anteilspreis bei einer kürzlich(!) stattgefundenen
Runde, eher als klares Anzeichen eines Erfolgs gedeutet werden kann, steht die Flat
Round tatsächlich für einen Misserfolg bezüglich der Unternehmenswertentwicklung
zwischen zwei separat intendierten Runden mit klarem Zeitabstand.

Floor	Untergrenze

Im Gegensatz zum Cap regelt ein Floor eine Untergrenze von bestimmten Parametern bei einem (Finanzierungs-)Vertrag. Dies kann z. B. eine Zinsuntergrenze
im Rahmen eines **Venture Debt**-Vertrags sein, in dem die Rendite ansonsten an
den zukünftigen Umsatz gekoppelt ist, oder aber ein Mindestpreis bei einer An-
teilsveräußerung eines Gesellschafters im Vorfeld eines **IPO**.

Follow-on/Follow-up Investment	Folgeinvestition

Unter einem Follow-up Investment versteht man eine Folgeinvestition eines
(meist institutionellen) Investors. Dies kann u. U. als positives **Signaling** verstan-

den werden, da der Investor von der Entwicklung des Startups überzeugt ist und seinen Einsatz erhöht. Nicht selten jedoch wird auch unfreiwillig nachgeschossenes Kapital als Follow-up Investment dargestellt, z. B. wenn das Unternehmen mehr Geld verbrennt als erwartet oder das Fundraising für eine neue Finanzierungsrunde nur schleppend verläuft. In einzelnen Fällen verlangen neue Investoren auch ein entsprechendes **Commitment** alter Geldgeber, um zu gewährleisten, dass hier nicht ein Dummer gefunden werden soll, um den (Miss-)Erfolg eines Startups auf eigene Kosten weiter in die Zukunft zu schieben.

Founder's Agreement	Gründervertrag

In einem Founder's Agreement legen die Gründer eines Startups mithilfe eines Vertrags fest, wie zukünftige Rollen, Rechte und Anteilsverteilungen aussehen sollen. Während die Inhalte in manchen Punkten einem kleinen Beteiligungsvertrag ähneln können, enthält ein guter und wirkungsvoller Gründervertrag auch weitere Elemente, z. B. die Aufteilung von Rechten an eigens entwickelten Technologien, interne Weisungsbefugnisse und Abstimmungsmodalitäten (s. a. **Quorum**) sowie Vereinbarungen zu möglichen Gehältern. Im Gegensatz zu echten Beteiligungsverträgen kann der Gründervertrag auch im Vorfeld der eigentlichen Gründung (z. B. GmbH) erfolgen und löst in der Konsequenz eine Gesellschaft bürgerlichen Rechts (GbR) unter den Gründern aus, die auch ohne notariellen Eintrag eine entsprechende Schuldnergemeinschaft bildet. Gründer sollten daher einem Founder's Agreement nur dann zustimmen, wenn sie tatsächlich und unwiderruflich ein Unternehmen gründen wollen, und in den Vertrag auch einen entsprechenden Passus zum Umgang bzw. zur Abstimmung über zukünftige finanzielle Ausgaben und Belastungen aufnehmen.

Founder's Shares	Gründeranteile

Unter Founder's Shares versteht man diejenigen Anteile, die in einem Startup in Summe von den Gründern gehalten werden. Während gute Investoren i. d. R. Wert darauf legen, dass diese auch in Folgefinanzierungsrunden hoch genug bleiben, um die Gründer dauerhaft zu einem anständigen Exit-Erlös zu motivieren, gelten im Rahmen von Startup-Beteiligungsverträgen spezielle Regeln für den Umgang mit Gründeranteilen (s. a. **Vesting, Good/Bad Leaver, Cliff, Andienungspflicht**), um im Fall eines Fehlverhaltens bzw. vorzeitigen Ausscheidens zu verhindern, das mit diesen Anteilen kontraproduktiv umgegangen wird. Aber auch intern sind die Gründeranteile bzw. ihre Verteilung regelmäßig Bestandteil heftiger Debatten über den Wert der eigenen Rolle und entsprechenden Leistungen im Team, selbst wenn ein Exit noch in weiter Ferne liegt. Es empfiehlt sich daher, bereits vor der Gründung die wesentlichen Anteilsverteilungen innerhalb eines internen **Founder's Agreement** festzuhalten.

Friends & Family (& Fools) Round (FFF)	-

Der Begriff Friends & Family (manchmal auch „**Friends, Family & Fools**", **FFF**) bezieht sich auf Gelder in sehr frühen Phasen eines Startups (s. a. **Seed Stage**), die z. B. aufgrund eines noch fehlenden Produkts von Freunden, der eigenen Familie oder anderen „nützlichen Idioten" (Fools) eingesammelt werden. Es empfiehlt sich hier, trotz der nötigen Euphorie und dem Glauben an den Erfolg der Unternehmung immer im Blick zu haben, welche Auseinandersetzungen und Fehden bei einem tatsächlichen Scheitern im privaten Umfeld entstehen könnten, und bei aller Leidenschaft immer auch den möglichen Totalverlust eines solchen FFF-Investments mit zu kommunizieren. Nicht selten hat sich hier auch ein entsprechendes schriftliches Dokument bewährt, in dem dieses Verlustrisiko für alle FFF-Investoren aufgeführt und bestätigt wird, um rechtliche Auseinandersetzungen im Nachhinein zu vermeiden.

Full Ratchet	-

Full Ratchet ist ein Teil der **Anti-Dilution Protection** und bezieht sich im Startup-Bereich auf einen (kompletten) Ausgleich von Anteilsverlusten fremder Investoren, die im Zuge einer **Down Round** entstehen können. Hier müssen die Gründer aus den eigenen Anteilen heraus diese Investoren so stellen, als hätten sie ihre Anteile zum Preis der Down Round erworben. Alternativ kann dies auch mithilfe einer Ausgabe von neuen Anteilen zum Nennwert (1 Euro) an die Altinvestoren geschehen. Full Ratchet-Vereinbarungen als Element eines Verwässerungsschutzes können bei einer Schlecht-Performance eines Startups erdbebenartige Verschiebungen im Gesellschafterkreis auslösen und weitere Investments, z. B. aufgrund massiv gesunkener **Founder's Shares**, geradezu verunmöglichen. Es empfiehlt sich daher, eine solche Konstruktion im Beteiligungsvertrag, soweit es geht, auszuschließen.

Fund Size	Fondsvolumen

Die Fund Size zeigt das Fondsvolumen eines (**Venture Capital**) Fund an. Während der Hinweis auf die Fund Size auch Aussagen über das Renommee und den

Track Record eines VC enthält, kann eine Debatte über Fund Sizes mitunter phallische Züge entwickeln. Für Startups ist eine Fund Size dagegen durchaus ein Indikator, ob Follow-up Investments in die eigene Firma theoretisch möglich sind oder aber Querelen drohen, wenn ein alter Lead Investor durch einen neuen abgelöst werden muss. Parallel zur Fund Size sollte man als Gründer auch immer einen Blick auf die Laufzeit des entsprechenden VC Fund haben, um das strategische Zeitfenster des Investors für einen Exit kennenzulernen (s. a. **Drag-along Rights, Road to Exit**).

Funding	Finanzierung

Unter Funding versteht man allgemein sowohl die (aufsummierten) Finanzmittel, die ein Startup bei einer Finanzierungsrunde oder innerhalb seiner Existenz eingesammelt hat, als auch den Prozess des Fundraisings selbst, in dem die Aussage „ „Wir sind im Funding" stets deutlich besser klingt als „Wir sind im Fundraising".

General Partner (GP)	Komplementär

Unter einem General Partner oder GP wird im Startup-Bereich das (Top-)Management(vehikel) eines Venture Capital Fonds verstanden, das i. d. R. aus sog. Partnern besteht. Hintergrund dieser Bezeichnung ist, dass sich die meisten aktiven VCs in Form einer sog. **Limited Liability Partnership (LLP)** organisieren, die in den Grundzügen einer deutschen Komplementärgesellschaft ähnelt. Innerhalb dieser Konstruktion gibt es quasi ein Managementvehikel (Komplementär bzw. General Partner), das die Gelder angeschlossener Geldgeber (Komplementäre bzw. Limited Partner) verwaltet und einsetzt. Wenn in der Startup-Szene von VCs gesprochen wird, ist also i. d. R. allein der GP gemeint, unter dessen Markennamen der Fonds dann auch öffentlich auftritt. Mitunter jedoch gibt es Mischformen, z. B. bei den VC-Armen großer Verlagshäuser oder anderer erfolgreicher Unternehmerfamilien, die als **Limited Partner (LP)** nicht nur Geldgeber sind, sondern letztlich auch in das Investment-Management des GPs involviert sind und nicht selten den Namen des VC stellen. Nicht zu verwechseln sind solche Konstruktionen allerdings mit sog. Corporate Venture Capital (CVC), bei dem die eingesetzten Gelder nicht aus dem Privatvermögen der Unternehmer stammen, sondern direkt vom Konzern, und hauptsächlich für strategische Investments zur Verfügung gestellt werden.

Haircut	(Forderungs-)Abschlag

Ein Haircut steht für einen (deutlichen und heftigen) Abschlag auf einen Finanz-wert, wie z. B. ein rabiater Rückschnitt ausstehender Kreditforderungen oder anderer Ansprüche Dritter. Ziel eines solchen „Haare-Lassens" ist stets, im Fall einer Krise oder Missentwicklung eines Startups entsprechende Bewertungen, Forderungen und Ansprüche radikal neu zu ordnen, um ein Weiterleben der Firma zu ermöglichen. Im Fall einer drohenden Zahlungsunfähigkeit bzw. Insolvenz können entsprechende Haircuts, z. B. bei Lieferantenforderungen, eine anstehende Insolvenz zumindest hinausschieben, wovon alle Gläubiger trotz ihres Forderungsabschlags profitieren. Nicht selten werden solche Haircuts unter den Gläubigern **pari passu** bzw. **pro rata**, d. h. zu gleichen (Verlust-)Anteilen organisiert, um eine mögliche rechtswidrige Bevorzugung einzelner Gläubiger zu vermeiden. Gängige Praxis ist auch, die Überwindung der Krise mit einem sog. **Besserungsschein** (**Warrant**) für die Gläubiger zu verknüpfen, um nach einer erfolgreichen Restrukturierung zumindest einen Teil des Forderungsverzichts auszugleichen.

High Net Worth Individual (HNWI)	Hochvermögende Person

Ein **High Net Worth Individual** (HNWI) ist eine Person, die über ein signifikantes Vermögen, i. d. R. im zweistelligen Millionenbereich, verfügt. Bei noch reicheren Personen spricht man auch von **UHNWI**, also **Ultra-High Net Worth Individual**.

Holding Company (HoldCo)	Unternehmensbeteiligungsgesellschaft (UBGG)

Eine Holding Company oder HoldCo ist ein (oft im Ausland angesiedeltes) Firmenvehikel, das dem alleinigen Zweck dient, Anteile an weiteren Unternehmungen zu halten. Dies kann steuerlichen Aspekten geschuldet sein oder auch dem Zweck einer besseren Vermögensverwaltung. Von HoldCo-Konstruktionen wird auch im **Private Equity**-Bereich Gebrauch gemacht, wenn verschiedene Geldgeber über eine **Holding** zum Mehrheitsgesellschafter eines Unternehmens werden wollen, ohne dabei die Gesellschafterstruktur durch direkte, individuelle Beteiligungen zu zersplittern.

Holding Period	Haltedauer

Unter der Holding Period versteht man die (Mindest-)Haltedauer eines Investments bzw. Unternehmensanteils. Die vertragliche Festlegung von Holding Periods dient der allgemeinen Planungssicherheit von Investmentkonstruktionen, z. B. wenn mehrere Investoren den längerfristigen Aufbau einer Firma bzw. eines Startups planen und verhindern wollen, dass einer der Partner vor einer gewissen Frist ausschert. Bei Gründern dient die Vereinbarung einer Holding Period im Rahmen des **Vestings** dazu, den Zugriff auf die **Founder's Shares** an eine bestimmte Leistungserbringung zu knüpfen (s. a. **Cliff, Good/Bad Leaver**). Nicht zuletzt gibt es auch allgemeine, rechtsbindende Vorschriften zur Mindesthaltedauer von Anteilskäufen, z. B. im Rahmen eines **Börsengangs** oder bei **Crowd Investments**.

Home Run	-

Unter einem Home Run versteht man ein Investment bzw. einen Startup-Exit, der einem Investor mindestens das 20-Fache seines Kapitals einspielt. 20-fach deswegen, weil angesichts der großen Ausfallrate innerhalb von Startup-Investing-Portfolios bei einem Exit bereits das 10-Fache an **Money Multiple** benötigt wird, um angesichts von **Dead Pools** und **Living Deads** die erwartete Rendite des VC Fund zu erwirtschaften. Andere Definitionen des Home Run gehen bei den Multiples noch höher, was unterstreicht, dass der Terminus Home Run weniger einen Fachbegriff als ein Slang-Wort darstellt, das einfach ausdrücken soll, dass man mit einem speziellen Investment einen im wahrsten Sinne des Wortes „kapitalen" Sieg davongetragen hat.

Hurdle Rate	Mindestverzinsung

Der Begriff der Hurdle Rate kommt aus dem institutionellen Fund Management und beschreibt eine festgelegte Mindestverzinsung, die ein **Investment Fund** einspielen muss, bevor auch das jeweilige Fund Management-Team (s. a. **GP**) mit Boni und Erfolgsbeteiligungen (**Carry**) bedacht wird. In der Regel liegt diese Hurdle Rate bei 6–8 %. Viele VCs verzichten jedoch auf eine Hurdle Rate und regeln die Ausschüttungen an Fonds-Geldgeber (**LPs**)und das Management-Team über andere Konstruktionen, da eine Hurdle Rate das Investmentverhalten des Management-Teams oft negativ beeinflusst und zu risikoaversen Strategien führt, die jedoch gerade im Bereich Wagniskapital unangebracht sind.

Impact Investing	Nachhaltiges Investieren

Der Begriff des Impact Investing umfasst Anlage- und Investmentstrategien, die in sog. Impact oder Sustainable Startups mit dezidiert nachhaltigen Produkt- und

Service-Ansätzen investieren, z. B. im ökologischen oder Fair-Trade-Bereich. Während das Impact Investing oft auch durch die Herkunft und Bereitstellung der jeweiligen Fonds-Mittel definiert ist (z. B. durch Stiftungen mit entsprechend gemeinnützigem oder nachhaltigem Ansatz), muss dennoch unterschieden werden, ob allein der angestrebte Impact auf die (soziale oder ökologische) Umwelt des Startups zum entscheidenden Investmentkriterium wird oder – zusätzlich zum guten Zweck des Startups – das Investment trotzdem klassischeren, Renditegetriebenen VC-Strategien mit angepeiltem Exit folgt. Generell lässt sich sagen, dass der übliche Exit-Markt für Impact bzw. **Sustainable Startups** erheblich kleiner ist als innerhalb konventioneller Industrien, auch wenn sich hier vor allem im Textil- und Lebensmittelbereich eine Trendwende für nachhaltige Startup-Ansätze anzeigt.

Information Memorandum (Info-Memo) (IM / CIM)	-

Ein sog. Information Memorandum bzw. Info-Memo kommt dann zum Einsatz, wenn ein Unternehmen mögliche Kaufinteressenten ansprechen und nach dem Austausch einer Vertraulichkeitserklärung (NDA) mit ersten, meist grafisch aufbereiteten Unternehmensinformationen versorgen möchte. Im Gegensatz zu einem **Pitch Deck** ist das Info-Memo zumeist auf die Unternehmensvergangenheit ausgerichtet und zielt nicht auf Investments, sondern einen Verkauf der Unternehmung ab. Das Info-Memo bildet demnach eine mögliche Grundlage für persönliche Managementgespräche mit anschließendem **LoI** bzw. einer **Due Diligence**. Auch bei einer Startup-**Insolvenz** kommen Info-Memos bei der Käufersuche im Rahmen eines **Asset Deal** (Verkauf der reinen Vermögenswerte ohne Übernahme von Anteilen) zur Geltung. Hier kann man nicht selten beobachten, dass besonders ehemalige Wettbewerber ein prinzipielles Kaufinteresse vorgeben, während sie in Wahrheit allein die Neugier auf interessante Informationen im Info-Memo treibt.

Information Rights	Einsichtsrechte

Unter Information Rights werden die Rechte von Anteilseignern eines Startups zusammengefasst, sich auch unabhängig von Gesellschafterversammlungen oder Quartalsberichten einen Einblick in die zugrunde liegenden Geschäfte zu verschaffen. Im deutschen GmbH-Gesetz ist dieses Einsichts- und Auskunftsrecht schriftlich festgelegt, jedem Gesellschafter auf Verlangen unverzüglich Auskunft über die Angelegenheiten der Gesellschaft zu geben und die Einsicht der Bücher und Schriften zu gestatten. In der Startup-Praxis jedoch ist ein solcher Alleingang eines

Gesellschafters in Sachen Geschäftsauskunft eher unüblich und sollte mit den weiteren Gesellschaftern abgestimmt werden. In einigen Fällen, z. B. wenn ein Gesellschafter nachträglich bei einem Wettbewerber eingestiegen ist, kann eine solche Auskunft sogar verweigert werden.

Initial Coin Offering (ICO)	Krypto-Börsengang

Bei einem Initial Coin Offering (ICO) handelt es sich um eine Art von Crowdfunding-Kampagne, bei der Unternehmen Kryptowährungen wie Bitcoin oder Ethereum sammeln, um ein neues Projekt oder Produkt zu finanzieren. Bei einem ICO werden normalerweise detaillierte Informationen zu dem Projekt bereitgestellt, einschließlich seiner Vision, Ziele, Funktionalität und Roadmap. Die Investoren können dann entscheiden, ob sie in das Projekt investieren möchten, wobei hervorzuheben ist, dass ICOs nicht reguliert und damit gewissen Verlust- oder sogar Betrugsrisiken ausgesetzt sind.

Initial Public Offering (IPO)	Börsengang

Unter einem Initial Public Offering (IPO) versteht man einen Börsengang einer Unternehmung im Rahmen einer Erstemission (daher Initial, dt. erstmalig) von öffentlich handelbaren Anteilen (**Aktien**). Da derlei IPOs zumindest in Deutschland äußerst aufwendig sind und zahlreichen regulatorischen Anforderungen unterliegen, lohnt sich ein Börsengang hierzulande i. d. R. nur ab einem dreistelligen Millionenumsatz und erfordert sowohl eine erfolgreiche Vorabplatzierung im Rahmen einer Road Show als auch umfängliche PR-Maßnahmen, um einen guten Ausgabepreis (möglichst mit Überzeichnung) sowie eine dauerhaft stabile Kursentwicklung zu gewährleisten. Um einen IPO als **Road to Exit** für deutsche Startups administrativ und regulatorisch zu erleichtern, hat die deutsche Börse nach angelsächsischem Vorbild auch neue Börsensegmente geschaffen, in denen ein IPO bzw. eine Börsennotierung geringeren Transparenz- und vor allem Reporting-Pflichten unterliegt. Nach einigen diesbezüglichen IPOs gab es in der Startup-Branche eine Zeit lang Versuche, z. B. unter Zuhilfenahme von bereits börslich zugelassenen **SPAC**-Konstruktionen diese Anzahl der IPOs im Venture-Bereich weiter zu erhöhen, was u. a. an notorisch schlechten Finanzierungsalternativen und **Exit Windows** (s. a. **D-Round, Trade Sales**) für sehr große Ventures liegt. Dies wurde und wird jedoch nicht nur von Anlegervereinigungen und SPAC-Kritikern als problematisch gesehen, die nicht zu Unrecht die Gefahr eines börslichen (Insider-)Spiels auf Kosten von Kleinanlegern befürchten. Auch ein großer deutscher Mega-Investor hat sich nach anfänglichen Versuchen wieder von einer börslichen Notierung zurückgezogen, was als **Going Private** bzw. De-Listing bezeichnet wird. Generell ist ein IPO tatsächlich eher als finale Exit-Variante zu betrachten und eignet sich demnach auch weniger als Finanzierungsalternative on the Move.

Institutional Investor	Institutioneller Anleger

Unter institutionellen Investoren bzw. Anlegern versteht man Organisationen, die mit externem Kontrollorgan versehen sind und deren Zweck es ist, innerhalb einer vorgegebenen Investmentstrategie (vornehmlich fremde) Gelder gewinnbringend anzulegen bzw. erfolgreich zu investieren. Dazu gehören neben Investmentgesellschaften, Investmentfonds und Stiftungsfonds auch Versicherungsgesellschaften, **Family Offices**, Pensionsfonds und Staatsfonds. Während man klassische VC-Finanzierer aufgrund geringerer Regulierung im Alltagsgebaren nicht wirklich zu den institutionellen Investoren zählt, ist Venture Capital als Investmentsegment durchaus zu einer (ergänzenden) Anlagekategorie mancher institutioneller Investoren geworden, bei der eigene Gelder innerhalb separat geführter VC Funds angelegt werden.

Investment Bank (IB)	Investmentbank (IB)

Eine Investmentbank ist ein Finanzdienstleistungsunternehmen, das im Gegensatz zu einer klassischen Bank nicht über ein Einlagengeschäft mit Privat- und Geschäftskunden verfügt, sondern seine Rendite mit dem Anlegen von Geldern bzw. dem Verkauf von Finanzprodukten sowie entsprechend spezialisierten Dienstleistungen verdient. Dazu gehören die Vermögensverwaltung bzw. Aktivität auf verschiedenen Kapitalmärkten (**Asset Management**), der Bereich Unternehmensfinanzierung (**Corporate Finance**), die Recherche und das Erstellen neuer Produkte (Research & Financial Engineering) sowie die Unterstützung bei größeren unternehmerischen Ver- und Zukäufen sowie Börsengängen (**M&A, Transaction Services**). Während klassische Investmentbanken angelsächsischer Prägung nur selten als Investoren im Venture-Capital-Bereich auftreten, haben sich jedoch zur selben Zeit einige große VC-Finanzierer selbst zu einer Art hybrider Investmentbank entwickelt, die mitunter riesige Funds verwalten und neben herkömmlichem **Equity Financing** auch neuere Instrumente wie **Venture Debt** und **Finetrading** anbieten.

Investment Round	Finanzierungsrunde

Als Investment Round oder **Funding Round** (dt. Finanzierungsrunde) wird jedes Vorhaben zur Startup-Finanzierung bezeichnet, das in Form eines (vor-)strukturierten Projekts durchgeführt wird und sich vom Erstellen von Investmentunterlagen (s. a. **Pitch Deck**) über die systematische Ansprache von Investoren (s. a. **Fundraising**) und etwaige Verhandlungen bis zum **Signing** und **Closing** eines Beteiligungsvertrags erstreckt. In der Außenkommunikation sollte allerdings erst von einer wirklichen, intendierten Runde gesprochen werden, wenn ein Term Sheet, mindestens jedoch ein **LoI** vorliegt, um dem Ruf der Dampfplauderei zu entgehen.

Investment Strategy	Anlagestrategie

Unter einer Investment Strategy versteht man die Anlageziele eines Fonds oder eines Investors. Dazu gehören die Bevorzugung bestimmter Branchen oder Geschäftslösungen ebenso wie die favorisierten Zeitpunkte und Investitionssummen innerhalb des Unternehmenslebenszyklus. Investmentstrategien sind bei sog. **LLP**s auch schriftlich festgelegt, um zu verhindern, dass der **Managing Partner** eines Fonds nonkonforme Entscheidungen trifft.

Investor Control Sheet (ICS)	-

Ein Investor Control Sheet (ICS) wird immer dann (meist in tabellarischer Excel-Form) angelegt, wenn es innerhalb eines Fundraisings bzw. einer Finanzierungsrunde darum geht, diverse parallele Ansprachen von bzw. Verhandlungen mit Investoren übersichtlich zu koordinieren. Ein gutes ICS enthält daher neben einer Long List bzw. Short List von Investoren auch eine Übersicht über die bereits erfolgten Schritte, etwaige Preisvorstellungen sowie im Zweifelsfall auch Informationen dazu, über welche Person ein Intro stattgefunden hat. Damit kann ein ICS nicht nur den Stand des **Fundraisings** und eventuell favorisierter Partner wiedergeben, sondern es verhindert im Zweifelsfall auch peinliche Doppelansprachen, z. B. über parallele **Intros**, die dem Ruf eines Ventures extrem schaden können.

Lead Investor	-

Unter einem Lead Investor wird i. d. R. derjenige Kapitalgeber eines Startups verstanden, der entweder durch die Höhe seines (akkumulierten) Investments oder durch seine längste Gesellschafterhistorie im Startup die anstehende Finanzierungs-runde anführt. Nicht selten koordinieren Lead Investors auch die Verhandlungs-kommunikation auf Investorenseite oder sprechen sogar weitere **Co-Investoren** in ihrem Netzwerk auf die vorliegende **Investment Opportunity** an.

Letter of Intent (LoI)	Interessensbekundung

Unter einem Letter of Intent (LoI), einer **Expression of Interest (EoI)** oder auch einem **Memorandum of Unterstanding (MoU)** versteht man eine ernst zu nehmende, aber noch nicht rechtsbindende Interessensbekundung bzw. Absichtser-klärung zwischen Geschäftspartnern bzw. Käufern oder Investoren eines Startups. Diese Absichtserklärung soll, verbunden mit einer Vertraulichkeits- oder Ex-klusivitätsklausel, im Vorfeld einer Transaktion (z. B. **Investment** oder **Exit**) das Interesse beider Parteien an einem möglichen Geschäft in schriftlicher Form be-kräftigen, ohne dass bereits über kritische Details (z. B. Investmenthöhe oder Kauf-preis) gestritten werden muss. Während eine solche Absichtserklärung generell als nicht rechtsbindend gilt (**Non-Binding Clause**), gibt es dennoch Situationen, in denen es bei Abbruch zu Vertragsstrafen (**Break-up Fees**) oder Schadensersatz-forderungen kommen kann, z. B. wenn nachzuweisen ist, dass ein Kaufinteressent aus reiner Neugier Einblick in ein Geschäft erhalten wollte, aber keineswegs in der Lage war, einen möglichen Kaufpreis zu zahlen. Während die genannten Begriffe in der Praxis synonym verwendet werden, enthält ein klassisches Memorandum of Unterstanding jedoch nicht nur generelle Absichtsbekundungen, sondern auch An-gaben, welche offenen Punkte vor einer zukünftigen Einigung noch geklärt werden müssten, sowie erste Angaben zu einer Roadmap bis zum Abschluss (z. B. Häufig-keit von Managementgesprächen, Inhalte einer Due Diligence). Derlei Angaben finden sich auch in einer sog. **Instruction to Proceed (ItP)**, mit der ein LoI oder eine EoI sukzessive ergänzt werden können.

Limited Liability Company (LLC)	-

Eine Limited Liability Company (LLC) ist eine Geschäftsform in den Ver-einigten Staaten, bei der die Eigentümer nicht persönlich für die Schulden oder Verbindlichkeiten des Unternehmens haften. LLCs sind rechtlich und steuerlich sehr flexibel gestaltbar, und auch wenn sich der Vergleich mit deutschen GmbHs aufdrängt, sind letztere deutlich strenger geregelt, z.B. was das Stammkapital oder die Haftung der Geschäftsführer betrifft.

| Limited Partnership (LP) | - |

Eine Limited Partnership (LP) besteht aus mindestens einem voll haftenden Gesellschafter (General Partner) und einem oder mehreren Teilhabern (Limited Partner). Während die General Partner persönlich und unbeschränkt für Schulden und Fehler haften, sind die Limited Partner nur bis zur Höhe ihrer Einlage verantwortlich. Sie investieren in das Unternehmen, haben aber kein Mitspracherecht bei Geschäftsentscheidungen. Während diese Unternehmensform für Startups selbst kaum eine Rolle spielt, ist sie die häufigste Rechtsform von sog. **Venture Capital Investoren.**

| Liquidation | Liquidation |

Unter einer Liquidation versteht man die Auflösung oder Zerschlagung eines Unternehmens, wobei dessen Vermögenswerte zunächst an die Gläubiger und Kreditoren des Unternehmens, dann erst an die Anteilseigner verteilt werden. Dies ist meist im Rahmen einer Insolvenz der Fall. Es gibt jedoch auch Liquidationen bestehender Startups ohne Insolvenz, wobei die Gründer meist unterschätzen, wie langwierig und ggf. auch kostspielig ein derartiges Verfahren ist, da z. B. mehrere Bilanzen erstellt werden müssen.

| Liquidation Event | Liquidationsereignis |

Ein Liquidity Event, zu Deutsch etwas umständlich „Liquidationsereignis", bezieht sich auf einen Anlass, der den Gesellschaftern oder Investoren eines Startups ermöglicht, ihre Anteile zu Geld zu machen. Solche Ereignisse sind gerade für Investoren entscheidend, da sie klare Ausstiegspunkte aus ihrem Investment markieren. Zu typischen Liquidity Events gehören beispielsweise ein (Mehrheits-)Verkauf des Unternehmens (s. a. **Change of Control, CoC**), ein **Börsengang** oder ein **Secondary Sale** an andere Anteilseigner. Die Konditionen für derartige Events sind meist im **Share Purchase Agreement (SPA)** geregelt.

| Liquidation Preference (LP) | Liquidationspräferenz |

Die Liquidation Preference ist eine übliche Klausel bei **Beteiligungsverträgen**, die beinhaltet, wie durch einen etwaigen Exit erlöste Gelder an die Gesellschafter bzw. Investoren ausgeschüttet werden sollen. Entgegen vieler herkömmlicher Meinungen werden diese bei einem Exit nicht **pro rata**, also entsprechend den Anteilsverhältnissen der Gesellschafter aufgeteilt, sondern fließen gemäß weiterer Bestimmungen in einem sog. **Waterfall** von oberen Gesellschaftern bzw. Investoren an die unteren (darunter auch die Gründer). Die LP bestimmt, dass zunächst ein bestimmter Investor eine Art Mindestverzinsung bzw. Money Multiple seines Investments erhält, bevor weitere Mittel im restlichen Gesellschafterkreis verteilt werden. Dabei gilt nicht selten das **Last In First Out (LIFO)**-Prinzip, dass die neuesten Investoren der Company gesondert bevorzugt werden. Bei der LP gibt es grob genommen zwei Ausgestaltungen, nämlich die anrechenbare und die nicht anrechenbare. Bei der **anrechenbaren LP**, hierzulande die gängigste Form bei Beteiligungsverträgen, erhält der Investor über seine bevorzugte Ausschüttung nur dann weitere Mittel, wenn sich dies aus einer weiteren Pro-rata-Verteilung an die Restgesellschafter ergibt und er sonst schlechter dastünde. Bei einer **nicht anrechenbaren LP** erhält der Investor aus dem restlichen Betrag seinen Pro-rata-Anteil und partizipiert damit doppelt an der Erlösverteilung (**Double Dip**).

Liquidation Waterfall	-

Der Liquidation Waterfall regelt, in welcher Höhe und Reihenfolge durch einen Exit-Erlös generierte Gelder an die Gesellschafter, Investoren und Gründer eines Startups fließen, und ist Kernbestandteil eines jeden Beteiligungsvertrags. Für beteiligte Gründer lohnt sich, bereits im Zusammenspiel von **Liquidation Preferences**, (prognostizierter) **Dilution**, etwaigen **Down Rounds** (ggf. mit **Anti-Dilution Protection**) und möglichen **Drag-along Rights** verschiedener Investoren diverse Exit-Szenarien bereits im Vorfeld einer Finanzierungsrunde durchzuspielen, um ein besseres Gefühl für den ganz persönlichen Exit-Cash-in zu bekommen. Auch sog. **Floors** und **Caps** bei der Unternehmensbewertung sowie **Discounts** auf Wandeldarlehen sollten hier Berücksichtigung finden.

Lock-up Period	Haltefrist/Spekulationsfrist

Die Lock-up Period dient als Bestandteil von Investmentverträgen der Regelung, wie lange bestimmte Anteile gehalten werden müssen, bevor es zu einer Weiterveräußerung kommen darf. Diese Regelung ist z. T. frei vereinbar, z. B. innerhalb von GmbH-Beteiligungsverträgen, wo durch das **Vesting** der Gründer Restriktionen gelten, die im Kern einer Lock-up Period ähneln. Im Rahmen von **Börsengängen (IPO)** gelten jedoch auch feste gesetzliche Bestimmungen für eine Lock-up Period. Dies dient vor allem dem Anlegerschutz, um zu verhindern, dass Anteilsbesitzer vor dem Börsengang, u. U. durch privilegiertes Wissen über den tatsächlichen Wert des Unternehmens, schnelle Kasse machen wollen.

| Management Buy-In (MBI) | - |

Unter einem Management Buy-in (MBI) versteht man den Kauf bzw. die Übernahme einer Unternehmung in Form einer Anteilsmehrheit, wobei die Käufer auch die neue Unternehmensführung bzw. das Management stellen. Dies geschieht z. B. bei nachfolgebedingten Übernahmen im Mittelstand, aber auch bei Restrukturierungen, für die ein weiterhin gutes Kerngeschäft identifiziert wird, das jedoch nun anders gemanagt werden muss.

| Management Buy-Out (MBO) | - |

Bei einem Management Buy-out übernimmt bzw. erwirbt das bestehende Management (bis dato im Angestelltenverhältnis) die Kontrollmehrheit einer Firma (s. a. **CoC**) und wird dadurch zum Eigentümer bzw. (Mit-)Gesellschafter der Unternehmung. Dies geschieht oft im Rahmen einer Nachfolgeregelung im Mittelstand, wo nach dem Tod bzw. Ausscheiden des Alteigentümers eine Lösung gesucht wird, wie eine Firma mit bestehender Erfahrung weitergeführt werden kann, und gleichzeitig etwaige Erbansprüche ausbezahlt werden können. Nicht zu verwechseln ist der MBO jedoch mit Beteiligungsprogrammen für Mitarbeiter und Manager (s. a. **ESOP**), da es sich bei einem MBO um einen echten Unternehmenskauf mit entsprechender (externer) Finanzierung handelt und nicht um eine Mitarbeiterbeteiligung, die v. a. motivierenden Zwecken dient.

| Management Fee | Managementgebühr/Verwaltungsgebühr |

Unter der Management Fee versteht man die Gebühr (engl. Fee), die im Rahmen eines (Venture) Fund Management an das organisatorische Team (**Fund Management**) entrichtet werden muss und aus der entsprechende Gehälter gezahlt werden. Die Höhe der Fee richtet sich i. d. R. prozentual am verwalteten Fonds-Vermögen aus und beträgt meist um die 2 %. Davon unabhängig sind sowohl die Erfolgsvergütungen (**Carry**), die für eine gute Performance der Fund-Erlöse, z. B. durch entsprechende **Exits**, gezahlt werden, als auch die üblichen administrativen Kosten (Steuern, Verwaltungsgebühren), die im Rahmen einer Fonds-Konstruktion entstehen.

| Market Capitalization (Market Cap) | Marktkapitalisierung/Börsenwert |

Unter der Marktkapitalisierung versteht man den aktuellen öffentlichen Marktwert einer börsennotierten Firma, bei dem die Anzahl der ausstehenden Aktien mit
dem aktuellen Tageskurs multipliziert wird. Gemäß verschiedener Größenklassen
der Marktkapitalisierung spricht man hier entsprechend auch von **Large-Cap**-,
Mid-Cap- und **Small-Cap**-Unternehmen, wobei beachtet werden sollte, dass die
Begriffe Mid-Cap und Small-Cap auch für sog. **KMU** (kleine und mittlere Unternehmen) im nicht börsennotierten Mittelstand verwendet werden, die i. d. R. deutlich geringere Umsätze und Bewertungen erzielen als börsennotierte Mid-Caps.

Material-Adverse-Chance Clause (MAC)	-

Sogenannte MAC-Klauseln dienen im Vorfeld von Transaktionen wie Unter-
nehmenskäufen und -Finanzierungen dazu, bestimmte Sonderkonstellationen oder
Ereignisse (Events) festzulegen, unter denen von einer bereits unterzeichneten,
aber noch nicht vollzogenen (s. a. **Signing/Closing**) Transaktion zurückgetreten
werden kann. In der Regel zählen dazu vor allem externe Ereignisse wie der Verlust
einer unternehmensnotwendigen Geschäftslizenz, Verstöße gegen Regulierungsauflagen, aber auch mögliche Geldwäscheskandale, Naturkatastrophen, terroristi-
sche Anschläge, militärische Konflikte oder weltweite Finanzkrisen. Während
MAC-Klauseln diese Ereignisse allgemein, meist zum Schutz eines Käufers oder
Investors, formulieren, beinhalten sog. **MAE** (**Material Adverse Event**)-Klauseln
bereits während der Verhandlungen bekannte Umstände bzw. Risiken, die sich aber
erst im Nachhinein als konkret und unwiderruflich herausstellen.

Mergers & Acquisitions (M&A)	-

Mergers and Acquisitions (M&A) ist ein allgemeiner Begriff, der sich auf die
Konsolidierung von Unternehmen oder durch verschiedene Arten von Finanztransaktionen bezieht. Dazu gehören Fusionen, Übernahmen, Konsolidierungen und
Akquisitionen durch das eigene Management. In der Startup-Welt gibt es zumeist
dann Berührungspunkte zu M&A-Themen, wenn ein Verkauf der Firma geplant ist
und eine sog. **M&A Boutique** mit der Suche nach möglichen Interessenten beauf-
tragt wird. Auch im Startup-Insolvenz- oder -Krisenfall kommen mitunter spezialisierte M&A-Beratungen zum Einsatz (hier spricht man auch von **Distres-
sed M&A**).

Mezzanine Financing	Mezzanine-Finanzierung

Unter Mezzanine-Finanzierung versteht man bestimmte Finanzierungsin-
strumente, die von ihrem Charakter her zwischen klassischem Eigenkapital (Partizipation am Erfolg, dafür keine Rückzahlungsverpflichtung) und herkömmlichen
Darlehen (i. d. R. rückzahlbar, dafür ohne Stimmrechte und mit nach oben be-
grenztem Zins) liegen. Dazu gehören neben den in der Startup-Praxis populären
Wandeldarlehen auch **stille Beteiligungen** und sog. **Nachrangdarlehen**, die den
Vorteil haben, dass sie in der Bilanz nicht (unbedingt) als Fremdkapital bilanziert
werden und damit dazu beitragen, die Überschuldung eines Startups als möglichen
Insolvenzantragsgrund zu verhindern. Allen mezzaninen Finanzierungsformen ist
gemein, dass sie im Insolvenzfall mit einem Rangrücktritt versehen sind, was sie
prinzipiell risikoreicher macht, dafür die Höhe der effektiven Rendite neben einer
festen Verzinsung auch eine Erfolgskomponente enthält, die an die Entwicklung
des Startups gekoppelt ist.

Micro-VC	-

Unter einem Micro-VC versteht man eine Venture Capital Fonds-Konstruktion
mit deutlich geringerer Fund Size, deren Gelder i. d. R. ausschließlich von Privatpersonen stammen und von der **Ticket Size** auch weit unter denen eines herkömmlichen VC liegen. Des Weiteren finanziert sich das Management eines Micro-VC
nahezu ausschließlich über Erfolgskomponenten, z. B. bei Portfolio-Exits. Auch
wenn in den USA einige Hundert solcher Micro-VC Funds existieren und einige am-
bitionierte VC-Manager oder Startup-Entrepreneure oft verlockt sind, einen eigenen
Micro-VC aufzubauen, so zeigt die Praxis, dass kleine Funds mit kleinen Tickets nur
selten eine wirkliche Rendite erwirtschaften, da weder große Verhandlungsmacht
noch gute Verlustausgleichsmechanismen durch Querfinanzierungen im Portfolio
existieren, die administrative Arbeit jedoch (fast) dieselbe ist.

Momentum	-

Der Begriff Momentum ist schwierig ins Deutsche zu übersetzen. Er steht am
ehesten für einen Zeitpunkt, zu dem Geschwindigkeit und Druck entstehen, also
etwas „ins Rollen" kommt. Für Startups gilt es, gerade beim Fundraising, durch
kluge Kommunikation dieses Momentum bei Investoren zu erzeugen (s. a.
FOMO), um sie schneller zu einem **Commitment** zu bewegen. Dies kann z. B. der
Verweis auf ähnliche Transaktionen im Umfeld oder der **LoI** eines bekannten Investors sein.

(Money) Multiple	Investment-Multiplikator

Ein **Money Multiple** gibt an, um welchen Faktor ein Investor seinen Einsatz bei einem Investment nach einem Exit vervielfacht hat. Im Gegensatz zu aufwendigeren Verfahren wie **Return on Investment (ROI)** oder **Discounted Cash Flow (DCF)** gibt ein Multiple relativ schnell Auskunft darüber, ob und wie stark sich ein Investment gelohnt hat. Dabei wird im Vergleich zu einer klassischen Renditeberechnung wie einer Effektivverzinsung auf den Faktor Laufzeit der Anlage verzichtet. Da dieser aber letztendlich über den **Startup Lifecycle** bzw. die **Fund-Laufzeit** überschaubar bleibt, gilt der Multiple in der Praxis als gängige und aussagekräftige Faustformel für die Beurteilung von Investments.

Most Favoured Nation (MFN)	Meistbegünstigtenklausel

Der Ausdruck „Most Favoured Nation" (MFN) bezieht sich auf Regelungen (sog. Terms) in Verträgen, die es einzelnen Kontraktpartnern erlauben, mit denselben (guten) Konditionen und Rechten ausgestattet zu werden wie die am besten („Most Favoured") behandelten Partner in anderen Verträgen. Dies ermöglicht es z. B. bei einer Finanzierungsrunde mit aufeinanderfolgenden Wandeldarlehen, jeweils auf die Regelungen abzustellen, die der am besten behandelte Vertragspartner erhält, selbst wenn dessen Vertrag dabei später zustande kommen sollte. Der Begriff „Nation" leitet sich dabei tatsächlich historisch von der Welthandelsorganisation (WTO) ab, die Handelsabkommen mit verschiedenen Nationen durch die MFN-Regelung gerechter gemacht hat.

Negotiation Phase	Verhandlungsphase

Im Fundraising-Kontext ist die Negotiation Phase die Verhandlungsphase, in der Startups und potenzielle Investoren die Bedingungen der Finanzierung besprechen und aushandeln. Dazu gehören die Höhe der Finanzierungsrunde (s. a. **Ticket Size**) und die Bewertung des Startups (s. a. **Pre-Money/Post-Money**), aber auch eine Vielzahl von anderen sog. Terms (Bedingungen) wie z. B. **Informationseinsichtsrechte**, **Vesting** und **Anti-Dilution**-Regelungen. Um die Dauer und Komplexität einer Negotiation Phase in Schach zu halten, lohnt es sich, im Umgang mit Investoren bereits frühzeitig sog. **Term Sheets** auszutauschen, in denen die Eckpunkte der zukünftigen Finanzierungsrunde bereits festgehalten sind.

Option Pool	Optionspool

Mit einem Option Pool bezeichnet man diejenigen Anteile in einem Startup, die für die Gründer, vor allem aber auch für jetzige und spätere Mitarbeiter reserviert sind (s. a. **ESOP**). Damit möchte man Mitarbeiter incentivieren und aufgrund bestimmter Cliffs auch zum Verbleib im Unternehmen motivieren, ohne diese Anteile zunächst direkt zu verteilen. Da sich sowohl die Anzahl der Mitarbeiter als auch der Wert der Anteile im Laufe eines Startup-Lebens stark unterschiedlich entwickeln können, wird dementsprechend auf sog. Anteilsoptionen zurückgegriffen, d. h., ein Mitarbeiter erwirbt im Laufe seiner Unternehmenszugehörigkeit (immer mehr) Optionen auf einen Anteilserlös, der dann bei einem Exit so ausgeschüttet wird, als hätte der Mitarbeiter diese Anteile direkt gehalten. In Deutschland empfiehlt sich diese Variante einer virtuellen Anteilsbeteiligung (s. a. **Shadow Options**) auch aus Gründen des hierzulange relativ komplexen Steuer- und Gesellschaftsrechts.

Other People's Money (OPM)	Anderer Leute Geld

Ursprünglich der Titel eines Films, beschreibt OPM eine Strategie zum Erfolg, die ohne jegliche finanzielle Eigenbeteiligung funktionieren soll, z. B. ein stetig wachsendes Immobilienvermögen komplett über Darlehen und Fördermittel gegenzufinanzieren. Im Startup-Bereich bezeichnet man mit OPM jedoch nicht nur die Verluste von anderen, es steht auch für einen zu laxen Umgang mit eingeworbenen Geldern. Investoren sehen es daher gern, wenn Startup-Gründer aus Gründen des **Signaling** und **Risk Sharing** auch eigene Mittel investieren (s. a. **Skin in the Game**), während es die Geldgeber von VC-Fonds ebenso präferieren, wenn das VC-Management entsprechend eigene Gelder mit in den Fund steckt.

Oversubscription	Überzeichnung

Unter eine Oversubscription versteht man normalerweise eine Überzeichnung von Aktien bei einer Neuemission an der Börse, d. h., es gibt mehr Kaufinteressenten als angebotene Anteile. In der Startup-Welt bezieht sich der Begriff auf eine vergleichbare Konstellation innerhalb einer Finanzierungsrunde, wenn das (Soft) **Commitment** der Investoren den ursprünglich angedachten Finanzierungsbedarf (s. a. **Ticket Size**) übersteigt. Diese Konstellationen sind jedoch die Ausnahme und für den Großteil der Gründer gilt weiterhin die Weisheit: „Take the Money When You Get it, Not When You Need it."

Pay to Play (P2P)	-

Pay-to-Play steht als Prinzip für eine Teilnahme an etwas, z. B. einer wichtigen Konferenz oder Finanzierungsrunde, die man nur durch finanzielle Zahlungsbereitschaft erhält. Innerhalb des Gesellschaftsrechts bedeutet Pay-to-Play eine Regelung, die bestehende Anteilseigner verpflichtet, an jeder weiteren Kapitalerhöhung gemäß ihrem Anteil an der Firma teilzunehmen, was bei fehlender Bereitschaft zu einem schleichenden „**Squeeze-out**" führt. Des Weiteren bedeutet Pay-to-Play in gewissen Wirtschaftsräumen auch den Umstand, für den Marktzugang bzw. die Teilnahme an Ausschreibungen Bestechungsgelder zahlen zu müssen.

Pari Passu Clause	Gleichrangigkeitsklausel (Pari-passu-Klausel)

Pari passu ist eine lateinische Phrase und bedeutet frei übersetzt „im gleichen Schritt". Damit gemeint sind jedoch gleiche Bedingungen, die übergreifend für alle Parteien innerhalb einer Interessen- oder Anspruchsgruppe gelten. Beispiele hierfür sind Bezugsrechte bei GmbH-Anteilsausgaben, die für jeden Gesellschafter in gleicher Weise erteilt werden, oder die Gleichbehandlung von Gläubigern (z. B. Lieferanten und Kreditgeber) in einem Insolvenzfall. Ein weiteres Beispiel bezieht sich auf das Zusammenspiel von kommerziellen Investoren und öffentlichen Fördermittelgebern, bei denen letztere das **Commitment** des Investors pari passu spiegeln und so für jeden Euro des Investors einen eigenen Euro zu denselben Konditionen investieren.

Performance Based Vesting	-

Der Begriff Performance-based Vesting bezieht sich auf Anteilsoptionspläne für Gründer und Mitarbeiter, die statt eines zeitlichen Mindestverbleibs im Unternehmen (auch) das Erreichen von Milestones oder Erfolgsvereinbarungen zum Kriterium für den Erhalt von Anteilen oder entsprechenden Optionen machen. Während im deutschsprachigen Raum ein Performance-based Vesting für Gründer eher die Ausnahme darstellt, macht eine solche Konstruktion beim Recruiting bzw. der Incentivierung von stark erfolgskritischen Positionen, z. B. **CMO** oder **CSO**, durchaus Sinn.

Phantom Stocks	Virtuelle Anteile

Unter Phantom Stocks versteht man Bezugsrechte oder Rechte auf Anteilserlöse für die Mitarbeiter eines Startups (s. a. **ESOP**). Im Gegensatz zu echten Beteiligungen am Stammkapital erhalten Mitarbeiter so einen Anteil an einem Exit, ohne dass sie echte Anteile halten. Dies hat für das Startup neben einem Stimmrechtsausschluss für Mitarbeiter den Vorteil, dass letztere erst nach einer gewissen Verbleibdauer im Unternehmen von dieser Art der Erfolgsbeteiligung profitieren (s. a. **Vesting, Cliff**) und bei frühzeitigem Ausscheiden kein komplizierter Notartermin für die Rückübertragung nötig ist. Außerdem lässt sich damit auch ein **Stock Option Pool** aufbauen, der bei steigenden Mitarbeiterzahlen eine dynamische Neuverteilung ermöglicht. Nicht zuletzt haben Phantom Stocks, gerade in Deutschland, gegenüber eine Direktbeteiligung auch steuerliche Vorteile, da die Steuerwirksamkeit der Option erst beim Exit fällig wird.

Pitch	Verkaufspräsentation

Unter einem Pitch versteht man eine persönlich vorgetragene Verkaufspräsentation, die im Startup-Bereich meist in einem Fundraising-Kontext zur Anwerbung neuer Finanzmittel stattfindet. Dieses Werben in Form einer Präsentation, die neben harten Fakten auch Auskunft über die Verkäuferfähigkeiten der Gründer geben soll, ist eine Kunst für sich und reicht von einem sog. **Elevator Pitch**, dessen Länge 30 s nicht überschreiten sollte, bis hin zu **Pitch Contests**, in denen Gründer zu Entertainmentzwecken gegeneinander antreten. Auch wenn Investoren ihre Investmententscheidung i. d. R. mit weiteren Informationen und Prüfungen des Unternehmens verbinden, so ist der direkte, persönliche Pitch vor ihnen ein Schlüsselelement des Startup-Erfolgs und sollte von Gründerteams bereits im Vorfeld, ggf. auch mit Kamera-Equipment, geübt und einstudiert werden.

Pitch Deck	Startup-Präsentation

Ein Pitch Deck, auch **Investment Deck** genannt, ist eine kompakte Präsentation (z. B. im PowerPoint-Format), mit dem Startups möglichen Investoren einen kompakten Überblick über ihr Vorhaben geben. Ein gutes Pitch Deck sollte neben der generellen Idee des Startups auch Angaben über den Markt (s. a. **Market Size**) sowie Produkt- und Wettbewerbsvorteile enthalten, Angaben über prinzipielle Deckungsbeiträge und Finanzierungsbedarfe, eine Roadmap zum Markteintritt bzw. geplanten Wachstum sowie Informationen über den Hintergrund der Gründer und deren bisherige Erfolge. Nachdem **VC-Investoren** pro Woche bis zu 30 Pitch Decks erhalten und jedem einzelnen beim ersten Überfliegen nur wenige Augenblicke gewidmet werden, ist ein klarer Aufbau des Pitch Deck essenziell für dessen Attraktivität. Aus Investorensicht sollte das Pitch Deck daher folgende Aussagen klar belegen:

a) Es gibt ein kompetentes, komplementäres Team mit einer gewissen Erfolgshistorie.

b) Man operiert mit einem innovativen, möglichst wettbewerbsgeschützten Produkt in einem extrem großen oder stark wachsenden Markt, in dem es auch genügend Kaufinteressenten bei einem Exit gibt.

c) Das Produkt ist skalier- und ggf. auch internationalisierbar.

d) Ein erster Beweis für den Proof-of-Market ist erbracht oder es gibt sogar zahlende Kunden.

Pooled Investment Vehicle (PIV)	-

Ein Pooled Investment Vehicle (PIV) ist eine meist in einer Personengesellschaft mit beschränkter Haftung (LLP) organisierte Kapitalgesellschaft, in der mehrere bis viele Investoren ihre Kapitaleinlagen bündeln, um gemeinschaftlich zu investieren. Während ein **SPV (Single Purpose Vehicle)** meist nur eine Zweckgesellschaft zu einem einmaligen Anlass bildet (z. B. eine Firmenübernahme), besteht ein PIV meist länger und dient mehreren Investments. Die Vorteile solcher PIVs sind eine größere Verhandlungsmacht im **Deal Flow** bzw. bei **Investment Opportunities**, interne **Netzwerkeffekte** sowie geringere individuelle Kosten für die Administration. Während einige erfolgreiche Gründer und **Business Angels** in Deutschland ihr Geld tatsächlich in PIVs poolen, hat sich das PIV als Investmentvehikel für ein größeres Publikum, außer im Immobilienbereich, nicht wirklich durchsetzen können.

Portfolio	Portfolio

Unter einem Portfolio wird im Startup-Kontext die Sammlung von Startups verstanden, in die ein VC im Laufe seines Bestehens investiert hat. Während VCs bezüglich ihres industriellen oder technologischen Fokus individuelle Investmentvorlieben pflegen, birgt eine zu starke Konzentration auf ein einzelnes Segment auch entsprechende **Cluster-Risiken** im Sinne einer Diversifizierung, die eventuelle Synergien zwischen einzelnen Startups überlagert oder letztere sogar zur Kannibalisierung treibt. Nichtsdestoweniger ist es hilfreich, wenn ein VC bei nichtkompetitiven Startups in seinem Portfolio, z. B. in unterschiedlichen eCommerce-Bereichen, auch für einen Wissenstransfer zwischen den Gründern sorgt. Startups sollten beim **Fundraising** genau diese Vorlieben und etwaiges Expertenwissen bei entsprechenden VCs auch berücksichtigen und ansprechen, um bei einem **Pitch** Punkte zu machen.

| **Pre-Emptive Rights** | **Bezugsrecht/Vorzeichnungsrecht** |

Pre-Emptive Rights (dt. Vorzeichnungsrechte) sind Rechte, die bestehenden Anteilseignern eines Unternehmens gewährt werden, um ihnen die Möglichkeit zu geben, ihren prozentualen Anteil am Unternehmen zu erhalten, wenn neue Anteile ausgegeben werden. Diese Rechte verhindern somit die Verwässerung (**Dilution**) der Altgesellschafter.

| **Pre-Money/Post-Money** | - |

Die Begriffe Pre-Money und Post-Money tauchen im Rahmen von Finanzierungsrunden auf und stehen für die Bewertung, die ein Startup vor (pre) der Runde aufruft, bzw. den Wert, den sich nach (post) der Runde durch das zusätzlich eingesammelte Kapital ergibt. Beide Werte spielen vor allem dann eine Rolle, wenn die jeweiligen prozentualen Anteile im Rahmen der Runde errechnet werden sollen. Ein Beispiel: Ein Startup ruft eine Pre-Money-Bewertung von 1 Mio. Euro auf, ein Investor möchte 250.000 Euro investieren. Gemessen an der Pre-Money-Bewertung wäre dieser Betrag 25 % wert. Da dieser Wert jedoch das Kapital nicht berücksichtigt, das der Investor zuführt, steigt der Post-Money-Wert der Firma entsprechend auf 1,25 Mio. Euro. Laut Beteiligungsvertrag bzw. beim Eintrag ins Handelsregister erhält der Investor folglich nur noch 20 % der Anteile. Elementar wird dieser Pre-/Post-Unterschied dann, wenn z. B. Startups in der **Seed Phase** zu einer niedrigen Firmenbewertung einen Kapitalbetrag einsammeln, der in Summe die Pre-Money-Bewertung sogar übersteigt.

| **Pre-Seed** | **Frühphasen-Finanzierung** |

Der Begriff Pre-Seed bezieht sich auf äußert frühe (Finanzierungs-)Stadien von Startups, in denen Produktideen lediglich als (meist loses) Konzept existieren, Teams oft noch aus Interessenten bestehen und eine echte Company noch nicht gegründet ist. Während solche Pre-Seed-Phasen finanziell i. d. R., wenn überhaupt, dann nur durch entsprechende (universitäre) Förderprogramme unterstützt werden, gibt es dennoch Ausnahmen für respektable Pre-Seed-Investments, z. B. wenn der Hauptgründer bereits über einen entsprechenden **Track Record** verfügt.

| **Pre-Series A** | - |

Unter **Pre-Series A** versteht man eine Phase zwischen einer **Seed**-Finanzierung und einem (anvisierten) Series-A-Investment. Meist hat in dieser Phase der **Pro-**

duct Launch bzw. **Go-to-Market** bereits stattgefunden, während es darum geht, bis zur nächsten Runde den **Proof-of-Market** und möglichst viel **Traction** aufzubauen. Manchmal wird eine **A-Round**-Finanzierung auch als Pre-Series A bezeichnet, wenn diese nicht so hoch wie erwartet ausgefallen ist und Gründer dies damit verschweigen bzw. umdeklarieren wollen.

Private Equity (PE)	Außerbörsliche Unternehmensbeteiligungen

Unter Private Equity (PE) versteht man generell Eigenkapitalbeteiligungen, die nicht über den Kauf öffentlich handelbarer (daher „private") Aktien stattfinden. Im Beteiligungssektor ist Private Equity jedoch eine eigene Investmentklasse und bezeichnet sog. **Private Equity Funds** mit (Mehrheits-)Beteiligungen an größeren mittelständischen Firmen, die dann i. d. R. über eine Laufzeit von 4–8 Jahren im Ergebnis optimiert und anschließend weiterverkauft werden. Auch wenn einige große Private Equity Funds bestimmte Venture Funds eingerichtet haben, sind PE-Engagements im Startup-Sektor relativ selten, und kommen meist auch nur bei **C-** und **D-Runden** milliardenschwerer **Unicorns** zum Einsatz.

Private Investment for Public Equity (PIPE)	-

Unter einem PIPE-Deal versteht man eine Zuteilung größerer Aktienpakete an finanzstarke Investoren außerhalb der Börse und i. d. R. zu einem geringeren Preis (**Discount**) als zum aktuellen Aktienkurs bzw. Emissionspreis eines Börsengangs. PIPE-Deals kommen in Deutschland v. a. im Zuge sog. **SPACs** zum Tragen, also IPOs mit Mantelgesellschaften, die es einem größeren Startup erlauben, mit geringerem Regulierungsaufwand als üblich an die Börse zu gehen. Da PIPE-Investoren meist auch Zugang zum Managementteam und zum Datenraum erhalten, verfügen sie i. d. R. auch über bessere Informationen als Privatanleger und werden üblicherweise nach dem Investment durch eine sog. **Black-out Period** bzw. **Lock-up Period** an einer allzu schnellen, Insider-basierten Gewinnmitnahme gehindert.

Private Placement (Memorandum)	Privatplatzierung

Unter einem Private Placement versteht man die Platzierung von Aktien oder Firmenanteilen über ein sog. **Private Placement Memorandum (PPM)** innerhalb eines nichtöffentlichen Investorenkreises, der sich aus **Family Offices**, (halb-)institutionellen Investoren sowie gelegentlich auch vermögenden Privatpersonen (**HNWI**) zusammensetzt. In der Regel sind die Mindest-Tickets für ein Investment hoch sechsstellig, wenn nicht darüber. Der Emittent bzw. das kapitalsuchende Unternehmen spart sich dadurch Transaktionskosten sowie einen Großteil des Regulierungsaufwands einer öffentlichen Platzierung. Im Gegenzug zu sog. **Club-Deals**, bei denen sich eine kleine Gruppe privater Investoren auch privat meist kennt, laufen Private Placements jedoch formeller ab und kommen in der Startup-Welt eher in späteren Wachstumsphasen zum Einsatz.

Pro rata	**quotenmäßig, anteilig**

Der Begriff pro rata bedeutet im Startup-Kontext, dass alle Empfänger einer Leistung oder Inhaber eines Rechts gemäß ihrer Anteile, d. h. ohne spezielle Bevorzugung, behandelt werden. Pro-rata-Regelungen kommen z. B. bei Bezugsrechten von Altgesellschaftern bei Neubeteiligungen zum Einsatz, wo für sie das Recht besteht, neue Anteile zum Preis der Runde gemäß der eigenen, alten Beteiligung zu zeichnen. Auch wenn sich eine Pro-rata-Regelung zunächst fair anhört, kann es durch zu leichtsinnige Vergabe von Pro-rata-Bezugsrechten zu strategischen Dilemmata bei Kapitalerhöhungen und sogar zu neuen Stimmenmehrheiten zulasten der Gründer kommen. Es empfiehlt sich daher, derartige Rechte nur größeren Investoren einzuräumen und kleinere Gesellschafter unter 5 % von einem derartigen Automatismus auszuschließen.

Purchase and Sale Agreement (PSA)	**Kauf- und Verkaufsvertrag**

Ein Kauf- und Verkaufsvertrag (engl. Purchase and Sale Agreement) ist ein rechtsverbindlicher Vertrag zwischen Käufer und Verkäufer, der die Bedingungen für den Verkauf von Waren oder Dienstleistungen festlegt. Im Startup-Bereich kann ein solcher Vertrag verwendet werden, um die Bedingungen für den Verkauf von Anteilen an einem Unternehmen oder einer Tochtergesellschaft zu regeln. Der Vertrag enthält normalerweise Informationen wie den Preis, die Zahlungsbedingungen, die Übertragungsdaten und die Garantien des Verkäufers.

Quick Flip	-

Unter einem Quick Flip, zu Deutsch „schneller Umschlag", wird im Wirtschaftskontext das schnelle Kaufen und Wiederverkaufen z. B. von Unternehmensanteilen verstanden, um einen schnellen Gewinn zu erzielen. Beispiele sind das

Kaufen von Firmenanteilen vor einem anstehenden Börsengang oder das Realisieren von Optionen aus einem Wandeldarlehen mit anschließendem **Secondary Sale**.

Quorum	Kleinste beschlussfähige Stimmenanzahl

Ein Quorum bezeichnet, bezogen auf die Startup-Welt, die Stimmanzahl bzw. Stimmenmehrheit bei Entscheidungen im Gesellschafterkreis, damit eine Abstimmung Gültigkeit erhält. In GmbHs gilt hierfür i. d. R. eine einfache Stimmenmehrheit (50 % + X), wobei jeder Gesellschafter eine Stimme pro gehaltenem Anteil erhält. Möchten Gründer dies verhindern, um z. B. trotz eines Gründeranteils von nur 30 % bestimmte Entscheidungen verhindern zu können, empfiehlt sich, dies vorab in der GmbH-Satzung festzulegen. Eine andere Möglichkeit ist das sog. **Stimmen-Pooling**, bei dem ein (gewählter) Repräsentant in der Gesellschafterversammlung gleich für mehrere Anteilseigner spricht und bei Abstimmungen entsprechend votiert.

Red Flag	Warnsignal

Der Begriff Red Flag stammt ursprünglich aus dem maritimen Bereich, wo das Hissen von roten Flaggen traditionell auf eine Gefahrenlage hinweist. Im Wirtschafts- bzw. Startup-Kontext steht er entsprechend entweder für ein konkretes Warnsignal, z. B. wenn in einer **Due Diligence** herauskommt, dass Gründer potenziellen Investoren falsche Geschäftszahlen angegeben haben, oder für ein generelles Bauchgefühl, dass mit dem Gegenüber, z. B. einem Business Angel oder einem möglichen Geschäftspartner, „etwas nicht stimmt" (s. a. **Gut Feeling**). Red Flags können dementsprechend auch zu sog. **Deal Breakers** werden, die zum kompletten Abbruch von Verhandlungen im Rahmen einer **Finanzierungsrunde** oder eines möglichen **Exits** führen.

Red Herring	Ablenkungsmanöver

Ein Red Herring (dt. frei übersetzt „Finte", wörtlich „roter Hering") ist ein Ablenkungsmanöver meist in (Verkaufs-)Gesprächen, das auf falsche Fährten führen oder von wichtigen Fragen ablenken soll. Während Red Herrings ein Standardinstrument beim Schreiben von Romanen und Drehbüchern sind, begegnet man ihnen im Startup-Kontext mitunter bei Gesprächen mit Business Angels ohne Geld und anderen selbst ernannten Netzwerkern.

Representations and Warranties (RW)	Zusicherungen und Gewährleistungen

Representations and Warranties (RW) stehen für Zusicherungen und Gewähr-leistungen und damit einen festen Ausdruck bzw. Abschnitt in (Unternehmens-) Kaufverträgen, worin die Verkäufer dem Käufer bestimmte Eigenschaften oder Angaben (z. B. über Umsätze oder gewährte Lizenzen) zusichern. Während „War-ranties" als alleinstehender Ausdruck auch bei normalen Käufen, z. B. im B2C-eCommerce, als einfache Garantien und Gewährleistungen verstanden wer-den können, gehen RW in ihrer Komplexität, aber auch ihren Rechtsfolgen bei Ver-stößen i. d. R. weit darüber hinaus (s. a. **Basket, MAC**).

Reverse Vesting	-

Reverse Vesting ist eine seltene Form des Vesting, bei dem ein Gründer oder Mitarbeiter seine Anteile bereits vom Start weg erhält und es im Fall eines Aus-scheidens (s. a. **Good Leaver, Bad Leaver**) lediglich eine (anteilige) Rückkaufs-option durch die Restgesellschafter gibt. Diese Konstruktion wird, auch aufgrund steuerlicher und gesellschaftsrechtlicher Komplikationen, allerdings nur in Aus-nahmefällen angewendet, z. B. wenn ein **Serial Entrepreneur** mit entsprechendem **Track Record** bereits in einer **Pre-Seed Phase** große Erfolgsaussichten – und Ver-handlungsmacht – repräsentiert.

Right of First Refusal (RoFR)	Vorkaufsrecht

Ein Vorkaufsrecht (engl. Right of First Refusal, RoFR) legt im Beteiligungsver-trag fest, dass bei Vorliegen eines Angebots Dritter zur Übernahme der Anteile eines Gesellschafters zunächst andere Gesellschafter angefragt werden müssen, diese Anteile zu denselben Konditionen zu erwerben. Damit sollen die Alt-gesellschafter bei einer Verkaufsabsicht Einzelner geschützt und ggf. auch bevor-zugt behandelt werden. Ungeachtet dessen gibt es in den meisten Beteiligungsver-trägen auch weitere Bestimmungen wie eine **Vinkulierung** von Anteilen, mit der jegliche Verkaufsabsicht von Anteilen immer auch die Zustimmung der weiteren Gesellschafter erfordert.

Secondary Purchase	Weiterverkauf

Unter dem **Secondary Purchase** wird ein Weiterverkauf einer Firma z. B. an einen Finanzinvestor verstanden. Im Gegensatz zum **Secondary Sale**, der sich auch auf einzelne, kleinere Anteilspakete bezieht, steht der Secondary Purchase eher für den Er-werb einer Kontrollmehrheit über ein Unternehmen (s. a. **Change of Control, CoC**).

Secondary Sale	Weiterverkauf

Unter einem Secondary Sale, umgangssprachlich auch Secondary genannt, wird der Weiterverkauf von (Startup-)Anteilen an einen Dritten, manchmal auch an einen Mitgesellschafter verstanden. Anlässe sind dafür z. B. die Bereinigung von sehr uneinheitlichen Gesellschafterstrukturen, der Ausstieg eines Business Angel vor einer größeren Investmentrunde, aber auch der Verkauf von Anteilen an Interessenten vor(!) einem **Börsengang**, bei dem ein nennenswerter **Money Multiple** durch den **IPO** erwartet wird, den die Gründer aufgrund einer Haltefrist nach dem IPO nicht spontan realisieren können (s. a. **Quick Flip, Lock-up Period**).

Seed Money	Startkapital

Unter Seed Money versteht man erste Finanzmittel im fünf- oder sechsstelligen Bereich, um einem Startup-Team bei der Realisierung erster Ideen zu helfen. Der Ausdruck Money zeigt im Gegensatz zum Investment, dass ein **Business Angel** mitunter auch Spielgeld bzw. Taschengeld auf den Tisch legt, um zu sehen, wie ein Team wirklich performt und sich damit für echte Investments qualifiziert (s. a. **Drip Feed**). Andere, offiziellere Ausdrücke hierfür sind **Seed Capital, Seed Funding** bzw. **Seed Investment**.

Seed Round	Seed-Runde

Eine Seed-Round ist eine Finanzierungsrunde in der Anfangsphase eines Startups, in der es meist darum geht, ein vorgestelltes Konzept zu einem echten Produkt zu machen. Seed Rounds werden in den meisten Fällen von **Business Angels** bestritten und erreichen i. d. R. Beteiligungshöhen von niedrigen fünf- bis mittleren sechsstelligen Beträgen, wobei sich gelegentlich auch Familienmitglieder und Freunde an der Finanzierung beteiligen (s. a. **FFF**).

Seed Stage	Anlaufphase

Die **Seed Stage** oder auch **Seed Phase** steht für eine Phase der Unternehmensgründung, bei der die Produkt- und Teamentwicklung aus einem reinen Konzeptstadium herausgetreten ist und – oft einhergehend mit der Gründung einer echten Kapitalgesellschaft – nun parallel an der Produkt- bzw. Prototypenerstellung sowie an der Einwerbung erster Investorengelder (**Seed Money**) gearbeitet wird (s. a. **Seed Round, FFF, Business Angel**). Befindet sich das Startup noch in der bloßen Ideenphase, spricht man auch vom **Pre-Seed**-Stadium.

Series A/B/C/D	Finanzierungsrunde

Unter einer Series A/B/C/D wird im angelsächsischen Raum nicht nur eine Finanzierungsrunde verstanden, sie gibt je nach Konnotierung mit den Buchstaben A bis D auch an, wo sich das Startup innerhalb seines Wachstums befindet. Enthalten Series-A-Investments i. d. R. eine Kapitalhöhe von 4 bis 12 Mio. Euro und finden meist kurz nach der Markteinführung statt, so gelten die Series B bis D bereits als **Growth Investments** (dt. Wachstumsfinanzierungen) und gehen betraglich weitaus höher bis zum dreistelligen Millionenbetrag oder dem Börsengang als Alternative zur Series D.

Shadow Stocks/Phantom Stocks	Phantomaktie

Unter Shadow bzw. Phantom Stocks versteht man virtuelle Anteils- bzw. Aktienoptionen, meist im Sinne der Mitarbeiterbeteiligung (s. a. **ESOP**). Dabei erhält der Mitarbeitende keine Aktien der Gesellschaft, sondern wird lediglich vertraglich so gestellt, als würde er entsprechende Aktien der Gesellschaft halten. Der Vorteil solcher fiktiven Anteile ist neben steuerlichen und gesellschaftsrechtlichen Vereinfachungen (s. a. **Dry Income**), dass diese virtuellen Anteile auch keinerlei Stimmrechte und Informationsrechte erhalten. Mitarbeitende werden somit zwar am Unternehmenserfolg beteiligt, können aber weder ihre Anteile vor einem **Exit** verkaufen noch sich gegen die Strategie der Hauptinvestoren stellen.

Share Price	Anteilspreis

Unter dem Share Price wird ein Anteilspreis einer Kapitalgesellschaft verstanden. Während bei (börsennotierten) Aktiengesellschaften der Share Price über den aktuellen Tageskurs ermittelt wird, gilt bei GmbH-Unternehmen zunächst immer ein sog. Nennwert von 1 Euro pro Anteil, worauf dann bei Beteiligungen oder Anteilskäufen ein Aufschlag erhoben wird, der der individuellen **Pre-** bzw. **Post-Money**-Bewertung entspricht. Hier ergibt sich der entsprechende Anteilspreis folglich nicht über den Markt (Börse), sondern über individuelle Verhandlungen.

Share Purchase Agreement (SPA)	Anteilskaufvertrag

In einem Share oder auch Stock Purchase Agreement (SPA) werden alle Bedingungen und Abläufe eines Anteilskaufs geregelt, z. B. im Rahmen einer Kapitalerhöhung, bei der neue Investoren einsteigen. Das SPA enthält neben der Festlegung des Anteilspreises auch weitere Regelungen, z. B. über den Verwässerungsschutz von Altgesellschaftern (s. a. **Dilution Protection**), die Rechte bezüglich eines Weiterverkaufs (s. a. **Drag-along, Tag-along**) und die präferierte Bevorzugung bzw. Auszahlung bei Exit-Verkäufen (s. a. **Liquidation Preference**). SPAs können gerade in späteren Startup-Phasen einen erheblichen Umfang erzeugen, weswegen es ratsam ist, neben einem vorgezogenen **LoI** oder **Term Sheet**, das zumindest grundlegende Vereinbarungen festhält, auch immer einen erfahrenen Anwalt für Gesellschaftsrecht miteinzubeziehen.

Shareholders' Agreement	Gesellschaftervereinbarung

Im Shareholders' Agreement, zu Deutsch Gesellschaftervereinbarung, halten die Anteilseigner einer Unternehmung ihre gegenseitigen Rechte und Pflichten fest, z. B. Regeln beim Weiterverkauf von Anteilen, Informationspflichten der Geschäftsführung oder die Bestimmung von Beiräten. Die Inhalte der Gesellschaftervereinbarung sind in Deutschland durch das GmbH-Gesetz bzw. Aktiengesetz geregelt, bieten jedoch weitreichende Möglichkeiten zu individuellen Regelungen.

Shareholder List	Gesellschafterliste

Eine Shareholder List steht für ein Verzeichnis, das alle Anteilseigner des Unternehmens auflistet. Diese Liste enthält i. d. R. Informationen wie die Namen der Gesellschafter, ihre Kontaktinformationen, Anzahl und Art der gehaltenen Anteile sowie das Datum des Erwerbs dieser Anteile (s. a. **Cap Table**).

Shell Corporation	Briefkastenfirma

Eine Shell Corporation ist eine Art Firmenhülle, die entweder nur auf dem Papier existiert oder lediglich dazu da ist, Gelder aus anderen Ventures zu erhalten oder zu verwalten. In Deutschland kennt man Shell Corporations als Briefkastenfirmen, die keine eigenen Geschäfte betreiben.

Signaling	-

Unter Signaling versteht man die gerade in Fundraising-Prozessen extrem wichtige „Signalgebung" von Startups an Investoren, die potenziellen Interessenten Sicherheit bezüglich ihrer Investmententscheidung geben soll. Dies können z. B. vorliegende **Soft Commitments, LoIs** oder **Term Sheets** sein – oder der Verweis auf gerade stattfindende Transaktionen in ähnliche Startups (s. a. **Comparables**).

| Signing | Vertragsunterzeichnung |

Im Fundraising-Kontext bezeichnet „Signing" den Moment, in dem alle Vertragsparteien die Investitionsvereinbarungen offiziell unterzeichnen (s. a. **SPA**). Dies markiert das Ende der Verhandlungsphase (**Negotiation Phase**) und den formellen Abschluss der Bedingungen für die Finanzierung. Nach dem Signing erfolgt i. d. R. der „**Closing**"-Prozess, bei dem die vereinbarte Investitionssumme tatsächlich überwiesen und die Anteile übertragen werden.

| Silent Partner | Stiller Gesellschafter |

Ein Silent Partner stellt einen sog. stillen Gesellschafter dar, der zwar (indirekt) Anteile an der Gesellschaft oder einem unternehmerischen Projekt hält, jedoch nicht stimmberechtigt ist und auch anderweitig keine aktive Beeinflussung ausübt.

| Simple Agreement for Future Equity (SAFE) | - |

Ein Simple Agreement for Future Equity (SAFE) ist ein in Deutschland noch relativ neues und oftmals unbekanntes Vertragswerk für die Finanzierung von Startups außerhalb von konkreten Finanzierungsrunden. Ähnlich einem Wandeldarlehen erlaubt SAFE es einem Investor, sein Investment bei späteren Finanzierungsrunden oder einem frühzeitigen Exit (sog. **Liquidity Events**) in Anteile umzuwandeln, aber auch z. B. etwa im Fall der Konkursanmeldung oder Nichteinhaltung von Leistungsvereinbarungen zurückzufordern. Der Vorteil eines SAFE ist eine unkomplizierte Finanzierung in einem einfachen Vertrag, der nach herrschender Regel auch nicht notariell beglaubigt werden muss.

| Skin in the Game | - |

Skin in the Game steht im Startup-Kontext dafür, dass die Gründer eigenes Geld ins Unternehmen einbringen. Dies soll dafür sorgen, dass bei einer Insolvenz auch die Gründer einen schmerzlichen Schaden davontragen, was die Performance erhöhen und allzu leichtfertiges „Geldausgeben" vermeiden soll (s. a. **Principal Agency Theory**).

| Sounding | Vorfühlen |

Unter Sounding versteht man ein meist inoffizielles Vorfühlen oder „Herantasten" an Dritte, um etwas in Erfahrung zu bringen. So kann z. B. im Rahmen von Startup-Finanzierungsrunden ein Sounding bei potenziellen Investoren stattfinden, womit schon im Vorfeld des späteren **Pitches** angetestet wird, ob die geplante Unternehmensbewertung bzw. Finanzierungshöhe als nachvollziehbar bzw. attraktiv empfunden wird.

Special Purpose Company/Vehicle/Entity (SPC/SPV/SPE)	**Zweckgesellschaft**

Eine Special Purpose Company, zu Deutsch Zweckgesellschaft, ist eine Unternehmenskonstruktion (z. B. GmbH oder Kommanditgesellschaft), die zu dem Zweck gegründet wird, finanzielle Risiken innerhalb eines Firmenverbunds auszugliedern (z. B. in Form einer Wertpapiergesellschaft), oder die als Vehikel dazu dient, Investments verschiedener Kapitalgeber zu bündeln, und nach Ablauf einer Frist (z. B. einer Fondslaufzeit) wieder aufgelöst wird. Nicht zu verwechseln ist der Begriff mit einer Mantel- oder Vorratsgesellschaft, deren Zweck es ist, als fertige leere Gesellschaft (z. B. GmbH) Dritten zur Verfügung gestellt zu werden, die schnell und ohne Vorlaufzeit eine GmbH zu ihren eigenen Zwecken brauchen und dabei notarielle und registerliche Fristen umgehen wollen.

Specified Purpose Acquisition Company (SPAC)	**Mantelgesellschaft für den Börsengang**

Specified Purpose Acquisition Companies (SPACs) sind Aktiengesellschaften ohne eigenen Geschäftsbetrieb, die allein dazu dienen sollen, durch eine Übernahme bzw. entsprechend vorausgegangenes Fundraising eine fremde Firma zu übernehmen, um ihr im neuen eigenen Mantel in Form einer Aktiengesellschaft den Börsengang zu ermöglichen. Hintergrund ist, dass Firmen vor einem Börsengang intensive Prüfungsprozeduren über sich ergehen lassen müssen, vor allem was finanzielle Risiken betrifft. Durch die Konstruktion eines SPAC mit anschließender Übernahme und Verschmelzung auf die Aktiengesellschaft können derlei Prüfungsprozesse oft umgangen werden. SPACs sind im deutschsprachigen Raum umstritten und ziehen regelmäßig die kritische Aufmerksamkeit von Anlegerschutzverbänden auf sich.

Spray and Pray	-

Der Ausdruck Spray and Pray ist Namenspate für eine (Startup-)Investment-strategie, bei der kleinere Summen Geld im Gießkannenprinzip („Spray") auf meh-rere Startups verteilt und dann gehofft wird („Pray"), dass sich ein oder mehrere Startups zu höheren Bewertungen bzw. Erfolgen „durchschlagen können". Waren derlei Strategien in frühen Phasen des Startup-Universums noch häufiger anzu-treffen, so sind gerade **VC-Investoren** in den letzten Jahren deutlich konservativer geworden und setzen eher auf wenige, dafür kapitalintensivere Investitionen. Im Bereich der Acceleratoren sind jedoch weiterhin Spray and Pray-Strategien anzu-treffen, mit denen man hofft, durch kleinere Investments in eine Menge Startups einen „**Lucky Shot**" zu erzielen.

Strategic Investor	Strategischer Investor

Unter einem strategischen Investor wird im Startup-Bereich ein Investor aus dem Unternehmensbereich verstanden, der im Gegensatz zu einem VC auch strate-gische Ziele mit dem Investment verfolgt. Diese können z. B. in der Sicherung auf den Zugriff einer neuen Technologie liegen oder der Ergänzung des eigenen Produktportfolios dienen. In der Vergangenheit haben sich derartige Investments (s. a. **Corporate Venture Capital, CVC**) allerdings nicht selten als problematisch erwiesen, da es häufig zu Interessenkonflikten mit rein finanzorientierten Ge-sellschaftern kommt, die unklare Exit-Strategie, gerade im Kombination mit **Drag-along Rights** für den strategischen Investor, nicht selten neue Investoren bei Folge-runden abschreckt und dem strategischen Investor damit ein Machtmittel für ein-seitige Finanzierungsverhandlungen verleiht.

Success Fee	Erfolgshonorar

Eine Success Fee bezeichnet ein Erfolgshonorar, das im Fall eines Erfolgs (meist eine Vermittlung) an einen Auftragnehmer bezahlt wird. Gerade im Fundraising-Bereich werden bei einer erfolgreichen Kapitalvermittlung regelmä-ßig derartige Success Fees ausbezahlt. Startups sollten hierbei jedoch darauf ach-ten, dass Investoren es ungern sehen, wenn ein Teil ihres Geldes nicht beim Start-up, sondern beim Vermittler landet, selbst wenn er oder sie zum Netzwerk des Investors gehört.

Super Angel	-

Unter einem Super Angel werden äußerst erfolgreiche bzw. vermögende Privat-personen aus dem Startup-Umfeld bezeichnet (s. a. **HNWI**), die meist systematisch und nicht selten auch medienwirksam in eine Reihe von zukunftsträchtigen Startups investieren.

Sweat Equity	-

Unter Sweat Equity wird – in Abgrenzung zu rein finanziellen Unternehmensbeteiligungen – ein Bezug von Unternehmensanteilen gegen echte schweißtreibende Arbeit verstanden. In Einzelfällen bezeichnet es auch einen Eigenbeitrag zu einem Immobilienerwerb in Form von Arbeitsstunden auf einer Baustelle, z. B. bei genossenschaftlichen Bauprojekten. Nicht zu verwechseln ist der Begriff mit dem ähnlichen Ausdruck **Sweet Equity**, der lediglich einen Preisvorteil auf Unternehmensanteile für interne Mitarbeiter oder eng verbundene Personen bezeichnet.

Sweet Equity	Preisnachlass auf Eigenkapitalzeichnung

Sweet Equity steht für den Bezug von Unternehmensanteilen z. B. in Form von Aktienpaketen für Schlüsselmitarbeiter, deren Preis aus Anreizgründen „versüßt", d. h. verbilligt ist. Im Gegensatz zu **Shadow Stocks** und **Stock Options** werden dabei jedoch echte Anteile übernommen und ggf. im Aktien- bzw. Handelsregister eingetragen.

Tag-along	Mitverkaufsrecht

Eine Tag-along-Klausel gibt als regelmäßiges Element von Beteiligungsverträgen bestimmten Gesellschaftern das Recht, ihre Anteile bei einer Offerte an andere Gesellschafter zum selben Anteilpreis auf Wunsch mitzuverkaufen. Im Gegensatz zum **Drag-along Right**, bei dem der Gesellschafter, der die Offerte erhält, die anderen Gesellschafter zum Mitverkauf verpflichten kann, ist hier jedoch nur eine etwaige Option, nicht aber eine Pflicht zum Verkauf vorgesehen.

Tear sheet	-

Ein Tear Sheet ist im VC- bzw. Startup-Bereich ein einseitiges, kompaktes (Online-)Dokument, das einem Investor knapp und präzise die wichtigsten Daten und Entwicklungen über ein Investment bzw. eine Portfolio Company verrät. Der Ausdruck Tear Sheet stammt noch aus der vordigitalen Zeit, als derartige Seiten aus einem größeren Kompendium herausgerissen und dem Interessenten zugeschickt wurden.

Tender Offer	Übernahmeangebot

Ein Tender Offer bezeichnet i. d. R. ein öffentliches Übernahmeangebot eines Aktionärs oder externen Investors, die Mehrheitsanteile der Firma zu übernehmen. Meist sind derartige Offerten auch zeitlich befristet, um Aktionäre schneller zum Verkauf zu überreden bzw. bei sich abzeichnender Unterschreitung der Anteilsmehrheit das Angebot entsprechend zurückzunehmen.

Tender Right	Andienungsrecht

Das Andienungsrecht ist ein vertraglich vereinbartes Recht, das einem Gesellschafter ermöglicht, seine Anteile an einen bestimmten Käufer oder eine bestimmte Gruppe von Käufern (hier meist die Altgesellschafter) zu einem vorher festgelegten Preis oder zu bestimmten Bedingungen zu verkaufen. Dadurch erhält der verkaufende Gesellschafter die Sicherheit, seine Anteile „loszubekommen", selbst wenn es dafür keinen externen Markt gibt. Auf der anderen Seite schützt es die Altgesellschafter vor dem Einstieg neuer und womöglich unliebsamer Investoren.

Term Sheet (TS)	-

Ein Term Sheet ist ein meist einfach gehaltenes Arbeitsdokument, worin im Vorfeld einer Transaktion, z. B. eines Investments, die Bereitschaft der Parteien zum Vertragsabschluss sowie die grundlegenden Vertragsgegenstände und -konditionen festgehalten werden. Auch wenn ein Term Sheet keinen eigentlichen Vertrag darstellt und keine rechtsbindende Wirkung hat, gelten im Bereich der Vertraulichkeit bzw. der Exklusivitätszusage durchaus zivilrechtliche Regelungen im Rahmen eines vorvertraglichen Schuldverhältnisses. In der Regel dient jedoch ein Term Sheet dazu, eine Absichtsbekundung zu untermauern und die folgende Vertragserstellung, auch aus Kostensicht, allen Beteiligten gegenüber zu rechtfertigen. Dies gilt vor allem für das **Fundraising**, bei dem bestehende Term Sheets mit Investoren als **Signaling** für weitere Interessenten genutzt werden können, bevor es zum eigentlichen Vertrag (**SPA**) kommt (s. a. **Commitment**).

Ticket	-

Mit dem Begriff Ticket bzw. **Ticket Size** wird der individuelle Beitrag eines Investors oder Fremdkapitalgebers bei einer Finanzierung beschrieben.

Transitional Services Agreements (TSA)	-

Ein Transitional Service Agreement (TSA) ist ein übergangsweiser Dienstleistungsvertrag und kommt v. a. bei Unternehmensverkäufen bzw. Aufspaltungen zum Tragen, bei denen die auszugliedernde Einheit (s. a. **Target**) bzw. der Käufer eine Zeit lang noch auf Leistungen der Verkäuferin, z. B. im Bereich IT oder Personalbuchhaltung, angewiesen ist, bis die Einheit selbstständig funktionsfähig und beim Erwerber vollständig eingegliedert ist.

Up-Round	-

Eine Up Round bezeichnet eine Finanzierungsrunde (z. B. Series A) zu einem höheren Wert der vorausgegangenen Runde (z. B. Seed Round). Nachdem Investoren wie VCs ihre Rendite nicht über jährliche Ausschüttungen, sondern über Anteilsverkäufe realisieren, ist diese avisierte Wertsteigerung zwischen einzelnen Finanzierungsrunden nicht nur Kernbestandteil und Motivator jeglichen Fundraisings, sondern auch letztlich der zwingende Faktor des gesamten Startup-Geschäfts.

Valuation	Bewertung

Unter der Valuation versteht man im Startup-Bereich die **Pre-** bzw. **Post-Money**-Bewertung eines Startups. Während sich diese innerhalb der Venture-Capital-Finanzierung eher an Faustformeln, Vorstellungen und Gepflogenheiten von Gründern und Investoren orientiert, ist die Valuation von Finanzanlagen und reifererUnternehmen(s.a.**WACC,DCF**)eineeigenehandwerklich-wissenschaftliche Sparte und bedient sich hierbei teils recht grober und auf Erfahrungen basierender, teils aber auch hochkomplexer finanzmathematischer Modelle.

Venture Capital (VC)	Wagnis-/Risikokapital

Als Venture Capital, zu Deutsch Wagnis- oder Risikokapital, werden (Eigenkapital-)Finanzierungen bezeichnet, die in frühen Unternehmens- bzw. Projektphasen erfolgen und i. d. R. mit hohen Risiken, aber auch entsprechenden Renditepotenzialen verknüpft sind. Der Ursprung solcher Finanzierungen liegt im späten Mittelalter bei der Finanzierung von kriegerischen Raubzügen bzw. maritimen Expeditionen, deren Ausgang im Vorhinein ungewiss war. Mittlerweile ist der

Wagniskapitalbereich jedoch fester Bestandteil der Unternehmensfinanzierung und unterliegt weitgehenden Standardisierungen. Interessant ist hierbei, dass nahezu alle Renditeuntersuchungen der Branche ergeben, dass die erzielten Durchschnittsrenditen aufgrund vieler Investmentausfälle nicht wirklich über denen in anderen, risikoärmeren Anlagekategorien liegen.

Venture Capitalist (VC)	Wagnis-/Risikokapitalgeber

Als Venture Capitalist werden spezialisierte Investmentfonds, aber auch vermögende (und meist bekannte) Personen bezeichnet, die sich auf die Finanzierung im Wagniskapitalbereich spezialisiert haben. Letztere haben in diesem Bereich nicht selten auch einen **Track Record** als erfolgreicher Investor oder Gründer vorzuweisen. Aufgrund der Abenteuerlichkeit mancher Vorhaben, aber auch dem damit verbundenen Reiz spricht man seltener auch von **Adventure Capital**.

Venture Debt	-

Unter Venture Debt versteht man Wagnisfinanzierungen, die im Gegensatz zu Venture Capital nicht als Eigenkapital gegen die Ausgabe von Anteilen, sondern als rückzahlbare Kreditfinanzierung vergeben werden. Da ein Kreditausfall im Venture- bzw. Startup-Bereich deutlich höher ist als bei klassischen Unternehmen und meist auch keine Sicherheiten gestellt werden können, laufen Venture Debt-Finanzierungen im Startup-Bereich anders ab als bei traditionellem Fremdkapital. So werden hier v. a. zeitlich befristete Wachstumsphasen nach einem erfolgreichen Proof-of-Market finanziert, um durch aggressives Wachstum die **Pre-Money-Bewertung** für Folgerunden überproportional zu steigern. Im Gegenzug wird mit den Venture Debt-Gebern statt fester Zins- und Tilgungszahlungen häufig eine Umsatzbeteiligung vereinbart, die aufgrund des hohen Ausfallrisikos nicht selten einen zweistelligen Zins für den Kreditgeber erzeugt.

Vesting	Garantie/Anspruch

Unter dem Begriff Vesting läuft eine Reihe von Themen zusammen, die sich allesamt darauf fokussieren, wie und in welcher Form Firmengründer auf ihre Anteile nach dem Einstieg eines oder mehrerer Investoren zugreifen können. Hintergrund ist, dass sich gerade in Frühphasen vor einem **Product Launch** in Gründerteams noch viel tun kann, sowohl im Guten als auch im Schlechten. Die Idee hinter einem Vesting soll hier Investoren, aber auch Mitgründer vor schlecht agierenden Teammitgliedern schützen, die bei einem Ex-ante-Zugriff auf ihre Anteile auch bei Schlechtleistung, Kündigung oder persönlichem Fehlverhalten weiterhin Gesellschafter der Firma wären. Daher sieht die Grundkonstruktion des Vestings vor, dass Gründer erst nach einem gewissen Verbleib im Unternehmen (meist 2–5 Jahre) über den vollen Zugriff auf ihre Anteile verfügen sollen. Dies wird i. d. R. über einen **Vesting-Plan** geregelt, der vorsieht, dass Gründer nach einer Phase ohne jeglichen Anteilszugriff (Cliff) sukzessive jeden Monat einen Teil ihrer Anteile (virtuell) überschrieben bekommen. Damit dies gerade in Deutschland nicht jedes Mal mit einer neuen notariellen Verfügung geschehen muss, bedient man sich hier einer gegenteiligen Konstruktion, bei der den Restgesellschaftern eine sog. einseitige **Call-Option** (Kaufoption) vorliegt, von der sie z. B. bei einem Vertrauensbruch seitens eines der Gründer Gebrauch machen und dessen Anteile zum Nennwert (evtl. plus einer gewissen Abfindung) automatisch übernehmen können (**Performance-based Vesting, Accelerated Vesting, Bad Leaver/Good Leaver**).

Vesting Schedule	-

Unter einer Vesting Schedule oder einem **Vesting Plan** versteht man den meist im Shareholder oder Share Purchase Agreement festgehaltenen Ablaufplan, wann und in welcher Form die Gründer auf die ihnen zustehenden Anteile zugreifen können. Hintergrund dieser Regelung ist, zu verhindern, dass einzelne Gründungsteammitglieder vor Ablauf einer Wohlverhaltensphase (s. a. **Bad Leaver**) bzw. vor Erreichen bestimmter Leistungsziele (**Milestones**) zu vollwertigen Anteilseignern an der Firma werden. Daher werden die Anteile sukzessive, z. B. pro Monat, oder nach Ablauf einer Frist (**Cliff**) den Gründern zur vollumfänglichen Verfügung übertragen – hier spricht man auch von linearem Vesting (**Linear Vesting**). Eine andere Form der Übertragung ist das **Performance-based Vesting**, bei dem nicht vordefinierte Zeiträume, sondern entsprechende Leistungsziele (z. B. Milestones) Auslöser (Trigger) für die Anteilsverfügung sind. Zuletzt gibt es auch weitere solcher **Triggering Events** (dt. auslösende Ereignisse), z. B. ein unerwartet frühes Kaufangebot zum Exit, das auch vor Ablauf der Vesting Period bzw. vor dem Erreichen der Milestones den Gründern die vollumfängliche Anteilsverfügung bzw. den vollen Exit-Erlös aus dem Anteilsverkauf gewährt. Hier spricht man auch von **Accelerated Vesting** bzw. **Trigger-Accelerated Vesting**.

Vintage Year	-

Der Begriff Vintage Year bezeichnet das Jahr, in dem ein bestimmter Fund eines Venture-Capital-Investors erstmalig aktiv wurde. Dies ist insofern von Bedeutung, als gegen Ende der Laufzeit eines Funds die Risikobereitschaft eines VC-Investors i. d. R. abnimmt, um die bis dato erzielte Durchschnittsrendite nicht zu gefährden. Des Weiteren sinkt die Investitionsbereitschaft eines Funds in ein Startup, wenn dessen hypothetischer **Exit** über die Laufzeit des Funds hinausreicht, da dann die möglichen Exit-Erlöse nicht mehr innerhalb der Fund-Laufzeit ausgeschüttet werden können.

(Virtual) Data Room (VDR)	Virtueller Datenraum (VDR)

Ein (virtueller) Datenraum (VDR), auch als **Deal Room** bezeichnet, ist ein digitaler und mit spezieller Verschlüsselung bzw. Zugriffsrechten geschützter Ort, wo im Zuge einer **Due Diligence** sensible und wichtige Verkäufer- bzw. Unternehmensinformationen eingesehen und überprüft werden können, ohne dass z. B. aufwendige Vor-Ort-Prüfungen beim Verkäufer nötig sind. VDRs unterliegen i. d. R. einer unterschwelligen 24/7-Überwachung eines spezialisierten, digitalen Anbieters, der z. B. mit detaillierten Logs prüfen kann, welche Dokumente von wem angesehen wurden, oder der das Ausführen von Downloads oder automatisierten Bildschirmfotografien verhindern kann.

Voting Right	Stimmrecht

Unter Voting Rights werden im Startup-Bereich v. a. Stimmrechte der Anteilseigner bezeichnet, um bei Gesellschafterversammlungen über wichtige geschäftliche Entscheidungen abstimmen zu können (s. a. **Quorum**). Während es im angelsächsischen Gesellschaftsrecht möglich ist, innerhalb von Firmen bestimmte Anteile mit drastisch erhöhten oder reduzierten Stimmrechten ausgegeben, zählt im deutschen GmbH-Recht immer ein Anteil als eine Stimme. Nichtsdestoweniger gibt es auch hierzulande bestimmte Instrumente wie das **Stimmen-Pooling** oder den Bezug von stimmrechtslosen Mitarbeiteranteilen (s. a. **Phantom Stocks**, **ESOP**), die helfen sollen, geschäftliche Abstimmungen im Sinne der Gründer zu harmonisieren.

Vulture Capitalist/Investor	Heuschrecken-Investor

Ein Vulture Investor ist ein Unternehmenskäufer, der marode Firmen aufkauft und nach einer meist heftigen Sanierung (s. a. **Asset Stripping**) gewinnbringend verkauft. Häufig nutzen Vulture Investors nichtsystemische, d. h. externe Insolvenz- oder Krisengründe einer Unternehmung aus (z. B. Zahlungsverschleppung durch einen Großkunden), während das eigentliche Geschäft noch intakt ist. Daher werden sie nicht selten auch als Geier-Kapitalisten (engl. Vulture) oder Heuschrecken-Investoren bezeichnet.

Waterfall	Wasserfall-Modell

Unter einem Waterfall bzw. Wasserfall-Modell werden im Investmentbereich die Auszahlungen bei einem Exit verstanden, die nach einem meist im **Share Purchase Agreement (SPA)** festgelegten Schlüssel an Kapitalgeber und Gründer verteilt werden (s. a. **Liquidation Preferences, Double Dipping**). Im Konstruktionsdesign bzw. im **Product Development** versteht man unter einem Waterfall eine lineare (d. h. Schritt für Schritt durchgeführte) Methode der Produktentwicklung, die von der Erstellung eines Anforderungskatalogs über die Planung und Implementierung festen und meist irreversiblen Schritten folgt und damit im Gegensatz zu den meisten agilen und iterativen Methoden steht, wobei auch Undo- und Überarbeitungsschritte möglich sind.

Window Dressing	Bilanzkosmetik/Bilanzverschönerung

Mit Window Dressing wird ein Aufhübschen von Unternehmenskennzahlen wie Bilanzen oder Gewinnprognosen bezeichnet. Während dies bis zu einem gewissen Grad allgemeiner Usus bei Unternehmensverkäufen oder Investmentanfragen ist und z. B. eine optimistische Angabe von Marktzahlen nicht strafbar ist, gibt es bei der Fehlaussage zu internen Unternehmenszahlen und **KPIs** eine Nähe zum Wirtschaftsbetrug (s. a. **Due Diligence**).

Window of Opportunity	Zeitlich begrenzte Gelegenheit

Ein Window of Opportunity beschreibt ein günstiges Zeitfenster, z. B. um einen Investor zu einem **Term Sheet** zu bewegen, nachdem das eigene Unternehmen bzw. Startup eine wichtige strategische Kooperation verkündet hat. Derartige Windows of Opportunity haben meist ein zeitliches Ablaufdatum. Gerade beim Fundraising muss daher darauf geachtet werden, dass man derartige Gelegenheiten „eintütet, solange sie noch warm sind" (s. a. **Momentum**).

Zombie Fund	-

Ein Zombie Fund ist ein Investmentfonds, der aufgrund von Schlecht-Performance (Malperformance) oder mangelnder Sichtbarkeit nur noch als Hülle bzw. Marke existiert, aber keine neuen Gelder einsammelt.

Stichwortverzeichnis

© Der/die Herausgeber bzw. der/die Autor(en), exklusiv lizenziert an Springer
Fachmedien Wiesbaden GmbH, ein Teil von Springer Nature 2025
M. Grumbach, *Das große Startup-Dictionary*,
https://doi.org/10.1007/978-3-658-46586-5

The manufacturer's authorised representative in the EU is Springer
Nature Customer Service Centre GmbH, Europaplatz 3, 69115 Heidelberg,
Germany. If you have any concerns regarding our products, please
contact ProductSafety@springernature.com

Printed and bound by CPI Group (UK) Ltd, Croydon, CR0 4YY
28/04/2026
02098513-0004